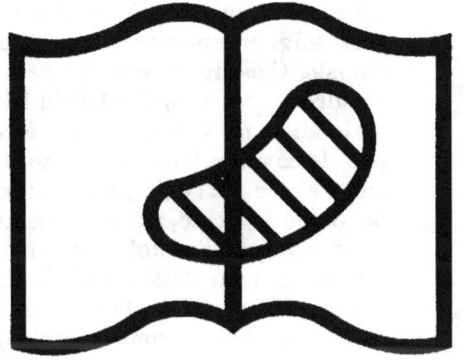

Documents manquants (pages, cahiers...)

Original illisible

COLLECTION DES ÉCONOMISTES

ET DES RÉFORMATEURS SOCIAUX DE LA FRANCE

———

La Collection publiera des éditions des auteurs ou traducteurs français les plus intéressants pour l'histoire des doctrines économiques et sociales.

Elle s'efforcera d'être avant tout *un bon instrument de travail*. Elle constituera un recueil d'œuvres intégralement reproduites, dont le texte sera soigneusement établi, et non pas un simple recueil de morceaux choisis. Chaque volume formera un tout distinct. De sobres notices contiendront tout ce qui est utile à la pleine intelligence de chaque *ouvrage*, mais elles ne viseront pas à être des études d'*auteurs* ou de *doctrines* : peu de commentaire et peu de biographie. A chaque jour suffit sa peine : autre chose est l'édition d'un texte, autre chose est l'histoire d'un auteur ou d'une doctrine, autre chose aussi la recherche biographique.

Le manque d'un tel instrument de travail s'est fait sentir depuis de longues années déjà. La *Collection des principaux Économistes* publiée vers le milieu du siècle dernier, épuisée depuis longtemps, est devenue fort rare ; les documents qu'elle contient sont, en outre, en nombre beaucoup trop restreint : nous nous proposons d'être beaucoup plus larges dans le choix des livres à réimprimer.

Nous pensons donc rendre service à tous ceux qu'intéresse l'évolution de la pensée humaine en leur offrant cette nouvelle collection qui leur rendra facilement accessibles et dans de bonnes conditions les sources françaises de l'histoire des doctrines économiques et sociales.

Pour le moment nous publions simultanément 3 volumes *physiocratiques*, savoir :

1. *Dupont de Nemours*, De l'origine et des progrès d'une science nouvelle (1768), avec notice et index analytique par *A. Dubois*, professeur à l'Université de Poitiers, ix-40 pp. in-8, 1909 .... 1 fr. 50

2. *Baudeau*, Première introduction à la philosophie économique (1771), avec notice et index analytique par *A. Dubois*, professeur à l'Université de Poitiers, xiv-viii-192 pp. in-8, 1909 .... 6 fr. 25

3. *Le Mercier de La Rivière*, L'ordre naturel et essentiel des sociétés politiques (1767), avec notice par *Edgard Depitre*, professeur agrégé à l'Université de Lille, xxxvii-viii-405 pp. in-8, 1909............. 12 fr. 50

Dix autres volumes sont en préparation. Nous nous proposons de publier 5 ou 6 volumes par an. La collection entière se composera de 50 volumes environ.

Les souscripteurs à la collection entière bénéficieront d'une réduction de 20 % sur les prix marqués.

Poitiers et Paris, octobre 1909.

PAUL GEUTHNER,
Libraire-Éditeur.

A. DUBOIS,
Professeur d'économie politique et d'histoire des doctrines économiques à la Faculté de droit de l'Université de Poitiers.

COLLECTION DES ÉCONOMISTES
ET DES RÉFORMATEURS SOCIAUX DE LA FRANCE

LE MERCIER DE LA RIVIÈRE

L'ORDRE NATUREL ET ESSENTIEL
DES SOCIÉTÉS POLITIQUES.

MACON, PROTAT FRÈRES, IMPRIMEURS.

COLLECTION DES ÉCONOMISTES
ET DES RÉFORMATEURS SOCIAUX DE LA FRANCE

LE MERCIER DE LA RIVIÈRE

L'ORDRE NATUREL ET ESSENTIEL

DES SOCIÉTÉS POLITIQUES

1767

PUBLIÉ AVEC UNE NOTICE PAR

Edgard DEPITRE
PROFESSEUR AGRÉGÉ A LA FACULTÉ DE DROIT
DE L'UNIVERSITÉ DE LILLE

PARIS
LIBRAIRIE PAUL GEUTHNER
68, RUE MAZARINE, 68

1910

NOTICE

L'auteur de l'*Ordre naturel et essentiel des sociétés poli-tiques* connaît la fortune de quelques écrivains secondaires qui furent avant tout des disciples : on ne les lit guère pour eux-mêmes, — j'entends par là que ce n'est point leur pen-sée propre qu'on cherche surtout dans leurs œuvres. Cha-cun sait que, traducteurs bien plutôt qu'inventeurs, ils ne sont qu'un écho des idées qu'ils entendirent émettre autour d'eux. Lire Le Mercier de la Rivière n'est-ce point lire Quesnay? Ses théories philosophiques et sociales, La Rivière les a pui-sées dans le *Droit naturel*, dans l'article *Évidence* : sa doc-trine économique est contenue dans l'*Analyse du Tableau économique*, dans les *Maximes générales du gouvernement économique d'un royaume agricole*, dans les deux *Dialogues sur le commerce et les travaux des artisans*, comme son sys-tème politique est déjà renfermé dans l'*Analyse du gouverne-ment des Incas du Pérou* et le *Despotisme de la Chine*[1]. Il écrivit sous l'inspiration directe de Quesnay, — on pour-rait dire sous sa dictée et son contrôle, à en croire le mar-quis de Mirabeau qui mande : « J'ai vu l'auteur de l'*Ordre naturel* travailler six semaines entières en robe de chambre dans l'entresol du docteur, fondre et refondre son ouvrage[2]... »

Cependant on a lu Le Mercier de la Rivière et aujourd'hui

---

1. Pour ces diverses œuvres de Quesnay, voir l'édition des *Œuvres écono-miques et philosophiques* de F. Quesnay, d'A. Oncken, Francfort et Paris, 1888.

2. Lettre du 27 mai 1788 à Longo, citée par Loménie : *Les Mirabeau*, t. II, p. 334.

encore qui veut s'instruire de la doctrine physiocratique ne saurait se passer de lire son *Ordre naturel*. Une double raison explique le succès et l'intérêt persistant de l'ouvrage.

Il faut reconnaître tout d'abord, qu'à défaut d'originalité l'auteur fait preuve d'autres qualités, moins rares, mais qui font une œuvre plus accessible. Simple écho peut-être, mais d'une fidélité et d'une netteté peu communes, il eut ce mérite de bien comprendre et de présenter clairement le synthétique exposé d'un système, dont les principaux éléments — que Du Pont de Nemours, secrétaire général de l'École, allait rassembler matériellement à la fin de cette même année 1767 [1] — se trouvaient disséminés çà et là : dans l'*Encyclopédie*, dans les suites de l'*Ami des hommes*, dans le *Journal de l'Agriculture, du Commerce et des Finances*, dans les *Ephémérides du Citoyen*. Surtout, Le Mercier de la Rivière hiérarchise les idées ; il les coordonne, les présentant chacune sous la forme rigoureuse du syllogisme, les reprenant dix fois, en des modes différents, suivant les règles les plus strictes de la Logique de M. Nicole, en faisant une chaîne ininterrompue dont le premier anneau commande à tous les autres ; il condense et précise le fatras exhubérant de Mirabeau ; il développe au contraire et clarifie les formules de Quesnay, formules parfois trop concises (les nombreux essais d'explication du *Tableau économique* en font foi), et que le *Confucius de l'Europe* « jetait à ses sectateurs en matière d'oracles. » Les contemporains ne se méprirent point sur ces mérites : « Ce livre « excellent, dit Du Pont, dans la brochure où il résume « l'*Ordre naturel*, garde dans sa logique, à la fois élo- « quente et serrée, l'*Ordre* même qu'il expose à ses lecteurs. « Toujours évident pour les têtes fortes, il a supérieurement

---

1. *Physiocratie ou constitution naturelle du gouvernement le plus avantageux au genre humain, recueil publié par Du Pont*, Leyde et Paris, 1767.

« l'art de se rendre intelligible aux têtes faibles en saisissant
« le côté par où les vérités les plus ignorées sont intimement
« liées aux vérités les plus connues... Je m'estimerais bien
« heureux si je pouvais présenter ici dignement une idée
« nette et rapide des principales vérités, dont la chaîne,
« découverte par le docteur Quesnay, est si supérieurement
« et si clairement développée dans ce livre sublime[1]. »
L'opinion d'Adam Smith est aussi ferme, et moins sus-
pecte : « On trouvera l'exposition la plus claire et la mieux
« suivie de cette doctrine dans un petit livre, écrit par
« M. Mercier de la Rivière, ancien intendant de la Marti-
« nique, intitulé l'*Ordre naturel et essentiel des sociétés poli-*
« *tiques*[2]. »

Aussi bien, et s'il faut avant tout parler ici de Quesnay et
de son action, ne convient-il pas de ramener à lui absolument
toutes choses. On doit se garder de prendre à la lettre les
éloges enthousiastes de ses disciples, trop enclins à lui reconnaître la paternité de toutes les idées du système[3]. La doctrine physiocratique n'est point sortie complètement achevée
du cerveau de Quesnay : il faut également tenir compte de
la réaction que les disciples exercèrent sur le fondateur,
des modifications, — atténuations ou aggravations, — qu'ils
apportèrent eux-mêmes à sa pensée. Et ceci, en dehors
même des liens d'amitié qui unirent le docteur à ses élèves,
de leurs rapports journaliers, s'explique aisément : les
vulgarisateurs sont souvent d'une logique beaucoup plus
stricte que les novateurs. Peut-être voient-ils moins profon-
dément, peut-être sont-ils conduits par les nécessités de l'ex-

---

1. *De l'origine et des progrès d'une science nouvelle*, p. 10 de l'édition
A. Dubois.

2. *Richesse des nations*, l. IV, chap. IX. L'indication si précise de Smith ne
permet guère de supposer qu'il ait pensé à la brochure de Du Pont de
Nemours, comme les termes « petit livre » semblent le faire croire à quelques-uns.

3. G. Schelle, *le Docteur Quesnay*, pp. 211, 347, A. Oncken, *op. cit.* Introduction, p. XX-XXII.

position : leur construction est d'une seule pièce ; ils suivent l'idée jusqu'au bout, en droite ligne, y ramenant de force tout ce qu'on en prétendait écarter. Karl Marx, comme on sait, se défendait d'être marxiste et Saint-Simon peut-être n'eut pas consenti à être Saint-Simonien. Ainsi Quesnay fut parfois un physiocrate malgré lui : la divergence d'opinion entre lui et son école au sujet de la liberté du taux de l'argent en est une preuve typique et bien connue. De même, et en dépit de l'antériorité du *Despotisme de la Chine*, certains auteurs n'hésitent pas à laisser à Le Mercier de la Rivière la paternité du « despotisme légal [1] ». On peut dire tout au moins, que par la rigueur et l'insistance de ses développements, Le Mercier fit sienne cette théorie politique, contre laquelle protestèrent d'ailleurs Turgot, Le Trosne et plus tard Du Pont lui-même, mais qu'acceptèrent les autres Physiocrates et qui rentre bien dans la logique du système.

Le livre de Le Mercier, œuvre d'*originalité seconde*, pour parler le langage de l'École, apparaît donc comme l'édition de propagande de la doctrine physiocratique. On l'a défini ailleurs le *Code* de la Physiocratie [2] : c'est dire d'un mot l'intérêt qu'il présente pour l'histoire des doctrines économiques et sociales.

*
* *

L'*Ordre naturel et essentiel des sociétés politiques* parut en juin 1767, sans nom d'auteur (à Londres, chez Jean Nourse et à Paris, chez Desaint), en deux éditions : l'une en un volume in-4, l'autre en deux volumes in-12. PAUL-PIERRE LE MERCIER DE LA RIVIÈRE DE SAINT-MÉDARD approchait alors de la

---

1. Schelle, *op. cit.*, p. 350. L'argumentation n'est point entièrement convaincante : il reste toujours ce fait matériel que la publication du *Despotisme de la Chine* (*Ephémérides du Citoyen*, mars-juin 1767) est antérieure à celle de l'*Ordre naturel*.
2. Gide et Rist, *Histoire des doctrines économiques*, Paris, 1909, p. 4.

cinquantaine : on voit que, comme son maître Quesnay, il aborda la science économique sur le tard : les événements, il est vrai, avaient jusque-là contrarié sa vocation. Il naît en 1719 à Saumur, achète en 1747 une charge de conseiller au Parlement de Paris. En 1758, au lendemain de la publication du *Tableau économique*, nous le voyons « se lier intimement » avec Quesnay, en même temps que Vincent de Gournay et le marquis de Mirabeau[1]. Mais, partisan actif de la Cour lors des querelles avec le Parlement, protégé par Madame de Pompadour et Bernis, désigné par Quesnay comme un administrateur émérite[2], il est nommé, cette même année, intendant des Iles du Vent de l'Amérique (La Martinique) et rejoint aussitôt son poste. On trouvera dans la substantielle notice consacrée à Le Mercier de la Rivière par M. Schelle, qui a su rassembler les quelques indications que nous possédons sur lui[3], le récit de son administration très énergique et très désintéressée. « Son zèle, dit Du Pont, son activité pour « servir sa Patrie par des opérations utiles, perpétuellement « dirigées d'après les principes lumineux dont il était péné- « tré, ne lui permirent pas, dans tout le cours de son admi- « nistration, de s'occuper du soin de développer aux autres « l'évidence de ces principes qui guidaient son travail « immense et journalier[4]. » Ces *opérations utiles dirigées par les principes lumineux...* cela veut dire surtout que La Rivière, partisan de la liberté du commerce, « permit aux négociants d'apporter de la Nouvelle Angleterre, sous pavillon quelconque, les produits indispensables, avec faculté pour les importateurs de faire les retours en tafias et gros sirops des

1. *De l'origine et des progrès...*, p. 9.
2. «[Quesnay] le regardait comme l'homme du plus grand génie et croyait que c'était le seul homme propre à administrer les finances. » *Mémoires de Madame du Hausset*, femme de chambre de Mme de Pompadour.
3. Article *Le Mercier de la Rivière* in *Nouveau dictionnaire d'économie politique*. La notice de l'édition Daire (*Les Physiocrates*, p. 429) est insuffisante.
4. *De l'origine et des progrès...*, p. 9.

colonies. Les protectionnistes de la métropole organisèrent une cabale contre lui et allèrent jusqu'à l'accuser d'avoir fait le commerce pour son propre compte. Il fut disgracié [1]. »

Sans attendre son rappel, La Rivière avait déjà regagné la France pour essayer de rétablir sa santé compromise [1764]. A Paris, il retrouve non seulement Quesnay mais toute une école et en pleine activité. Mirabeau, le premier disciple, resté seul au début après le départ de La Rivière et la mort de Gournay (juin 1759), a commencé une nouvelle carrière par la rétractation publique des erreurs qui lui étaient échappées dans son *Traité de la population*; il les répare en publiant des vérités [2] : l'*Explication du Tableau économique* (1760), la *Théorie de l'Impôt* (1760), la *Philosophie Rurale* (1763) : il fait du prosélytisme et c'est lui qui présente à Quesnay le jeune Du Pont [3]. D'autres étaient venus, amenés par Gournay : Morellet, Abeille, Trudaine qui, avec Butré, Le Trosne, batail-laient ferme en faveur de la liberté commerciale. Déjà, ils ont remporté une première victoire par la publication de l'édit de juillet 1764, établissant la liberté d'exportation des grains et dont le préambule est manifestement inspiré des idées du docteur [4].

Désireux enfin de frapper plus fortement l'opinion publique, Quesnay et ses amis s'adressent à la *Gazette du Commerce* : ils obtiennent que les problèmes théoriques soient séparés

---

1. *Le Docteur Quesnay*, p. 346.
2. Du Pont, *loc. cit.*
3. *Les Mirabeau*, II, p. 246.
4. « Nous avons cru devoir déférer aux instances qui nous ont été faites « pour la libre importation et exportation des grains et farines, comme propre « à animer et à étendre la culture des terres, dont le produit est la source la « plus réelle et la plus sûre des richesses d'un État, à empêcher que les grains « ne soient à un prix qui décourage le cultivateur, à écarter le monopole par « l'exclusion sans retour de toutes permissions particulières, et par la libre et « entière concurrence dans ce commerce, à entretenir enfin entre les diffé-« rentes nations cette communication d'échanges du superflu avec le néces-« saire, si conforme à l'ordre établi par la divine Providence et aux vues « d'humanité qui doivent animer tous les souverains. »

des questions pratiques, presque uniquement traitées jusqu'alors dans ce périodique, et renvoyés à un supplément mensuel : ce supplément devint le *Journal de l'Agriculture, du Commerce et des Finances*, dont le premier numéro paraît en juillet 1765.

Tribune ouverte à tous en principe et de fait très éclectique à ses débuts, le *Journal de l'Agriculture* devient bientôt, quand Du Pont est nommé son rédacteur en chef (septembre 1765), l'organe des *Économistes*. Quesnay y collabore activement, signant M. H, M. N, M. NISAQUE ; Mirabeau se cache sous la lettre F. La Rivière, nous dit Du Pont, a « bientôt repris le cours des études qui l'avaient occupé avant son voyage : il enrichit en passant le *Journal* de quelques Mémoires sous le nom de M. G. »

Mais Forbonnais et ses amis trouvèrent [bientôt trop nombreux les articles libéraux : ils protestèrent vivement contre les notes critiques dont Du Pont surchargeait les articles qui n'étaient point orthodoxes, — la *griffe* dont il notait « les barbarismes contenus dans chaque mémoire qu'il était forcé d'insérer ». Quesnay eut beau attaquer lui-même ses propres doctrines, quitte à se réfuter victorieusement dans le numéro suivant, les propriétaires du Journal congédièrent Du Pont en novembre 1766 [1].

Les Économistes devaient avoir leur revanche. En juin 1766, Le Trosne a *converti* l'abbé Baudeau, fondateur des *Éphémérides du Citoyen, ou Chronique de l'Esprit national*, périodique dans lequel il avait combattu sur plusieurs points les idées de Quesnay et de ses disciples. Au lendemain du renvoi de Du Pont, le néophyte vint mettre au service de Quesnay son journal qui devient les *Éphémérides du Citoyen*,

---

1. Sous la pression des adversaires et du gouvernement disent les uns, plus simplement à cause des « lenteurs et des inexactitudes » de Du Pont, dit Mirabeau. *Loménie, loc. cit.*, p. 251.

ou *Bibliothèque raisonnée des Sciences morales et politiques*.
Le premier numéro, avec un article de Quesnay et un aver-
tissement de Baudeau, paraît en janvier 1767 [1].

Cette année 1767, où Du Pont baptise l'École, marque un
redoublement d'activité chez les Physiocrates. Jusque là,
peut-on dire, ils se sont cherchés eux-mêmes : la doctrine
s'est élaborée peu à peu dans le *Journal de l'Agriculture* :
les théories politiques sont enfin éclaircies. Le moment est
venu de « démontrer aux autres cette évidence qu'ils ont su
rendre victorieuse pour eux-mêmes » ; mais pour vulgariser
la doctrine il faut la *codifier*, en faire un tout synthétique et
lumineux. C'est Le Mercier de la Rivière qui se charge de ce
soin : pendant que Quesnay publie dans les *Éphémérides* ses
derniers articles [2], que Mirabeau réunit à ses dîners économistes
— et *économiques* si l'on en croit son fils — « gens de mérite
et jeunes magnats » et chauffe leur enthousiasme, pendant
que tous s'enrégimentent dans le journal de Baudeau, il écrit
et publie son *Ordre naturel*. La censure, on ne sait trop pour
quelle cause, refusa d'abord le permis d'imprimer : Diderot,
consulté par Sartine, conclut à l'autorisation avec une franchise, soit dit en passant, dont il ne fit pas toujours preuve et
qui rachète un peu, à l'avance, la tartuferie avec laquelle il
agit plus tard à l'égard de l'abbé Morellet [3]. Le livre de La
Rivière fut imprimé sans privilège.

*
* *

Tant d'exposés de la doctrine physiocratique ont déjà été

1. L. de Lavergne, *les Économistes français du XVIIIe siècle*, Paris, 1870,
passim ; Schelle, *Du Pont de Nemours et l'École physiocratique*, Paris, 1888,
chap. II ; Oncken, *op. cit.*, p. 359, note 1 ; p. 555, note 1.
2. Le dernier écrit économique de Quesnay parut dans les *Éphémérides* de
février 1768.
3. Voir Brunetière, *Études critiques sur l'histoire de la littérature française*, deuxième série, L'abbé Galiani, p. 280-281.

faits, qui utilisent en première ligne l'*Ordre naturel et essentiel des sociétés politiques*, qu'il semble inutile de refaire ici ce même travail : la table des matières, si clairement détaillée par l'auteur lui-même, remplit d'ailleurs à merveille le rôle de résumé analytique et peut préparer à la lecture de l'ouvrage. Je voudrais simplement, dans cette brève Introduction à un livre si souvent étudié, m'efforcer de le remettre dans son cadre d'événements et d'idées, et faciliter par là la compréhension ou la critique de certains jugements qui furent portés sur lui, tant au XVIIIe siècle que de nos jours.

Le succès du livre de Le Mercier de la Rivière fut considérable : trois mille exemplaires en furent vendus en quelques mois. L'*Ordre naturel des sociétés* occupait si fort l'opinion et soulevait de si ardentes controverses, que dans certains cercles philosophiques, nous dit-on, on dut convenir de ne plus discuter sur ce sujet [1]. L'attaque et la défense furent également pressée et vigoureuse. C'est qu'aussi bien ce n'est plus seulement, comme dans les articles du *Journal de l'Agriculture* ou les ouvrages antérieurs à tendances physiocratiques, l'exposition morcelée des principes ou celle d'une des conclusions d'art, mais l'ensemble de la doctrine physiocratique qui se trouve, pour la première fois, présenté au public : et c'est cette doctrine, son fondateur et ses adeptes, qu'à travers le livre de Le Mercier, visent ou défendent les très nombreux articles, brochures ou ouvrages qui vont se succéder pendant plusieurs années [2].

---

1. Schelle, *Du Pont de Nemours...*, p. 46.
2. Voici, entre autres, comment s'exprime Béardé de L'Abbaye : « Parmi tous les ouvrages qui ont paru pour soutenir et étendre le système, celui de M. Mercier de la Rivière mérite la première considération : pour ne pas parcourir tous les livres qui traitent cette matière nous ne nous attacherons qu'à celui-ci qui contient tous les principes et dont l'auteur est regardé comme l'apôtre de cette nouvelle science. » *Recherches sur les moyens de supprimer les impôts, précédées de l'examen de la nouvelle science.* Amsterdam, 1770, p. 2.

Succès et polémiques qui s'expliquent aisément et par une double raison. L'*Ordre naturel et essentiel* n'est point en effet une de ces très rares productions qui, par la nature des questions traitées ou la façon de les traiter, devancent de loin leur époque et ne sauraient être lues et discutées que de longues années plus tard. Le livre de Le Mercier est bien de son temps : il répond aux problèmes que se pose, en certains domaines, la pensée du XVIIIᵉ siècle : sa philosophie est marquée des caractères généraux de la philosophie d'alors : des précurseurs ont indiqué quelques-unes des idées fondamentales du système.

Mais, d'autre part, c'est bien une *doctrine très nouvelle* qui s'y trouve exposée : sa conception générale de la science sociale, les bases qui lui sont assignées sont originales, et sur ces points mêmes la pensée physiocratique ne sera entièrement comprise que de nos jours ; les réponses qu'elle apporte aux problèmes sociaux, politiques et économiques lui sont propres et, par une singulière fortune, elles s'opposent non seulement aux solutions pratiques en vigueur, mais encore aux plans de réforme jusque là préconisés. D'où la double catégorie d'adversaires que va rencontrer la science nouvelle : les conservateurs, partisans de la police de l'État, et la plupart des novateurs.

L'*Ordre naturel et essentiel des sociétés politiques* répond aux préoccupations contemporaines, préoccupations d'ordre pratique et plus encore d'ordre spéculatif. La nation n'a pas attendue d'être — suivant le mot bien connu de Voltaire — rassasiée de vers, de tragédies, de comédies, d'opéras... pour raisonner sur l'économie politique et sur les blés. Voilà près de deux siècles qu'on cherche *les moyens de rendre le Royaume très puissant, d'augmenter considérablement les revenus du Roi et le bien-être du peuple,* — c'est là le titre ou l'exorde obligés — et c'est en ces termes mêmes que Le Mercier commence son *Discours préliminaire* : « J'écris, dit-il, pour les intérêts des Rois, car je traite des moyens par lesquels leur richesse, leur puissance, leur autorité peuvent s'élever à leur plus haut degré possible... j'écris pour les intérêts des propriétaires,.. de la classe qui vend ses travaux aux autres hommes... j'écris pour les intérêts des commerçants... du corps entier de la société. » Mais bientôt le ton change et l'on s'aperçoit vite que l'auteur prend de plus haut les choses : ces moyens pratiques qu'il propose à son tour sont logiquement déduits des principes d'une philosophie sociale qu'il établit d'abord. Et en cela surtout, il obéit à la tendance générale de son temps : Daire remarque qu'au milieu du xviiie siècle, « on voit éclater de toute part le sentiment de la violation des lois de l'Ordre. Pas un penseur, dit-il, qui ne lance sa pierre à la société telle qu'on l'a faite [1] ». C'est assurément parce que ce n'est pas lui qui l'a construite. Chacun porte en soi le plan d'une société parfaite « où tout s'exécute dans un bel ordre, sans confusion, sans trouble [2] » ; chacun ne voit que cette agréable image, et de la société réelle — qu'il ne cherche pas à comprendre avant que de la réformer — que ce qui heurte sa conception propre. De là, de l'abbé de Saint-Pierre à Morelly, de Rousseau à Mably, en passant par l'Encyclopédie et la Bibliothèque des Voyages Imaginaires, ce concert de critiques, persifleuses ou violentes, ouvertes ou déguisées, ces innombrables plans de société nouvelle, tantôt simplement ébauchés, tantôt poussés jusque dans les moindres détails.

Quelles qu'elles soient, les mêmes traits généraux caractérisent ces constructions : c'est pour l'homme qu'elles sont faites, l'*homme* tout court, « l'homme qu'a fait la volonté

---

1. *Les Physiocrates*, Introduction, p. vii.
2. Morelly, *Code de la Nature*, édition Villegardelle, Paris, 1841, p. 152.

Corpus des Economistes. — MERCIER. I.   *b*

divine et non ce que l'art humain en 1 prétendu faire [1] ». Les
mêmes lois ne gouvernent-elles pas la grande société humaine ?
Chaque nation est-elle autre chose « qu'une province du grand
royaume de la Nature » ? Du Pont et Condorcet blâmeront
également Montesquieu pour avoir dit que la science politique « dépend d'une infinité de circonstances variables diffi-
ciles à démêler et à évaluer;... que les principes du gouvernement doivent changer selon la forme de sa constitution,
sans nous apprendre quelle est la base primitive qui est l'objet commun de toute institution de gouvernement [2] ». L'ordre
général qui renferme les lois constitutives et fondamentales
de toutes les sociétés, « voilà ce qu'ignorait Montesquieu » :
il se préoccupait de ce qui est, alors qu'on doit avant tout
rechercher ce qui *devrait* être. Comment y parvenir ? Il faut « de
toute nécessité remonter à l'état de nature » : c'est dans le *Code
de la Nature* seul que nous devons lire les principes évidents
de la constitution la plus parfaite de la société : « puis l'analyse, comme celle des équations mathématiques, écartant et
faisant disparaître le faux, le douteux, fait enfin sortir l'*inconnue*, c'est-à-dire la morale véritablement susceptible des
démonstrations les plus claires [3]. » — Tous ne se rencontreront
pas sur le choix des principes qu'ils vont pourtant puiser
à une même source : mais la marche de leur pensée reste la
même. A l'aide de ces principes, toujours immuables et
absolus par définition, la raison résout aisément les problèmes

---

1. Rousseau, préface aux *Discours sur l'origine et les fondements de l'inégalité parmi les hommes, in fine.*
2. *De l'origine et des progrès d'une Science Nouvelle*, p. 5, 6. — Voir Condorcet, *Tableau des Progrès de l'Esprit humain* : 9ᵉ époque : « politique astucieuse
et fausse qui oubliant que les hommes tiennent des droits égaux de leur nature
même, voulait mesurer l'étendue de ceux qu'il fallait leur laisser sur la grandeur
du territoire, sur la température du climat, sur le caractère national, le degré
de perfection du commerce et de l'industrie. » — Brizard, dans son *Eloge de
Rousseau*, s'exprimera dans les mêmes termes : « Montesquieu n'a parlé que
des lois positives : il a laissé son bel édifice imparfait : mais il fallait aller à la
source même des lois ».
3. *Code de la Nature*, p. 49.

qui agitent l'humanité : c'est le triomphe du syllogisme : la science des sociétés est une géométrie, géométrie arbitraire qui fait songer à celles que de nos jours construiront Riemann ou Lobatchevsky, et dont les données ont été moins fournies par la réalité qu'élaborées par une imagination raisonneuse. Il reste une dernière caractéristique : cette philosophie est optimiste, d'un optimisme conditionnel pour ainsi dire et subordonné à ce retour à la « Nature qui ne ment jamais : tout ce qui sera d'elle sera vrai [1] », tout ce qui sera d'elle sera bon.

De cette philosophie sociale du XVIIIᵉ siècle, rationaliste, naturaliste, optimiste, l'*Ordre naturel et essentiel* porte « l'empreinte ineffaçable [2] ». Les Économistes eux aussi vont « remonter aux premiers principes de la société [3] » et l'annonce « magnifique » de leur tentative a rendu « impatients » tous ceux — ils sont nombreux — qui ont déjà parcouru la même route : avec les Physiocrates, ils vont refaire des étapes connues, conduits par le même guide, la Raison, qui s'appelle ici l'*Évidence*. « Le Montesquieu a connu les maladies, celui-ci a indiqué les remèdes », dira Diderot en parlant de Le Mercier. Les maux dont nous souffrons sont en effet « les fruits nécessaires » de notre ignorance des lois naturelles, de l'*ordre* institué par Dieu pour le bonheur des hommes : « nous devons regarder la société comme étant l'ouvrage de Dieu même, et les lois constitutives de l'ordre social comme faisant partie des lois générales et immuables de la création ». Ordre naturel, ordre providentiel, c'est là l'idée du *finalisme providentialiste* déjà dégagée dès le XVIIᵉ siècle [4] : mais il est une autre conception de l'ordre naturel, plus proche de nous

---

1. Rousseau, *loc. cit.*
2. Denis, *Histoire des systèmes économiques et socialistes*, 1904, I, p. 9. — A. Schatz, *L'individualisme économique et social*, 1907, p. 86 et s.
3. Mably, *Doutes*, p. 2.
4. Schatz, *loc. cit.*

en quelque sorte et qui nous servira comme d'un degré pour
accéder à cette considération dernière : l'ordre naturel, c'est
étymologiquement et dans la pensée des Physiocrates l'*ordre
physique*, comme *Physiocratie* est gouvernement de la nature :
nous verrons ce qu'il convient d'entendre précisément par là :
bornons-nous pour l'instant à noter seulement des ressem-
blances. Ces lois constitutives de l'ordre « sont celles d'un
gouvernement fait pour l'homme, propre à l'homme de tous
les climats et de tous les pays » : c'est par elles que « l'Auteur
de la Nature s'est proposé que les hommes fussent gouvernés
dans tous les lieux et dans tous les temps : il leur a attaché le
meilleur état possible » : c'est l'ordre où « tout est bien et
nécessairement bien. » Et pour arriver à sa connaissance, il
nous suffit de la Raison : « la Nature nous a donné une portion de lumières suffisante : l'ordre n'a besoin que d'être
connu pour être observé, et un examen suffisant rend tout
évident. » Confiance inaltérable en la raison et en la sagesse
humaines en contradiction si éclatante avec ce qui fait véritablement l'essence de la doctrine ! « Hâtons-nous, pourra-
t-on dire, de saluer au passage, car nous n'en reverrons plus,
des individualistes qui ont dans la Raison cette confiance
absolue, cette foi robuste[1] : » — contradiction qui montre bien
aussi jusqu'à quel point la Physiocratie est imprégnée de la
philosophie ambiante. Il n'est enfin qu'à lire une seule page
du livre de Le Mercier pour connaître la méthode et le ton
général : mais ses critiques contemporains — si l'on en
excepte Voltaire — ont mauvaise grâce à lui reprocher son
allure géométrique, sa raideur solennelle, son abus des mots
évident et *nécessaire*[2] : ce sont moins les défauts de l'écri-
vain que ceux de la méthode même, et elle est employée par
tous.

---

1. Schatz, *op. cit.*, p. 87.
2. « Son ton est partout décisif, partout ses expressions sont des arrêts sans
que la logique soit convaincante... » Béardé de L'Abbaye, *op. cit.*, p. 11 ;
Mably, *passim.* Grimm dit de Le Mercier qu'il est « emphatique et plat ».

Et pourtant, Du Pont peut légitimement qualifier de *Science nouvelle* la doctrine qui se trouve exposée dans le livre de Le Mercier de la Rivière. Aujourd'hui nous disons plus encore, et pour nous les Physiocrates sont les vrais fondateurs de la science économique et sociale. Mais c'est seulement de nos jours qu'on a compris que cette « science nouvelle qui se constituait au xviiiᵉ siècle était une véritable sociologie économique » et qu'on a célébré « l'incomparable grandeur » de cette synthèse extraordinaire qui va unir systématiquement et indissoluble- ment tous les aspects de la vie collective, psychologie indivi- duelle et sociale, morale, politique, droit, économie [1]. Cette conception d'ensemble paraît avoir échappé aux contempo- rains : ils n'envisagent et ne critiquent que des fragments. Plus tard, E. Daire lui-même — qui le premier tira les Physiocrates de l'oubli et les étudia avec une sympathie si évidente — n'a voulu voir « dans l'œuvre de La Rivière, jusqu'au chapitre XXVIᵉ inclusivement, qu'un assemblage très confus de disser- tations tenant à la fois à l'ordre moral, à la politique et aux intérêts matériels de la société ». Il supprime sans regret toute la *Théorie de l'Ordre* pour ne rééditer que la dernière partie « dans laquelle se trouve approfondies, conséquemment au sys- tème de Quesnay, toutes ses idées sur la nature et l'objet du revenu public, sur la meilleure forme de l'impôt, sur les rap- ports naturels qui forment le grand corps de l'humanité, sur les effets propres ou distincts de l'agriculture, de l'industrie et du commerce [2] ». C'est là découronner l'*Ordre naturel* et n'exposer que les conséquences du système sans avoir rap- porté les principes : c'est par eux cependant que l'originalité de la doctrine s'affirme d'abord.

---

1. Denis, *op. cit.*, p. 10.
2. *Physiocrates*, p. 436. M. Denis dit qu'il faut regretter vivement cette mutilation des œuvres de Le Mercier [et de Le Trosne]. La collection Daire « a paru à une époque où l'économie politique s'était détachée de la science sociale », et on a supprimé « ce qui sortait du cadre de la science des richesses proprement dite », *op. cit.*, p. 73-74.

Le point de départ, l'axiome fondamental, c'est la nécessité universelle de l'*Ordre*. « Partout où nos connaissances peuvent pénétrer, nous découvrons une fin et des moyens qui lui sont relatifs : nous ne voyons rien qui ne soit gouverné par des lois propres à son existence et qui ne soit organisé de manière à obéir à ces lois pour acquérir par leur secours tout ce qui peut convenir à la nature de son être et à sa façon d'exister. » L'homme n'a pas été moins bien traité : « il est aussi pour nous un ordre sur lequel nous devons régler notre façon d'exister, qui nous assure nécessairement toutes les jouissances que nous pouvons raisonnablement désirer et auquel nous ne pouvons rien ajouter qu'à notre préjudice. » Mais ordre naturel ne signifie plus ici retour à l'état de nature : pour les Physiocrates, la société est *physiquement nécessaire* et c'est de l'ordre *social* qu'il s'agit. Par ordre naturel, ils entendent que tous les droits et les devoirs des hommes en société, la société elle-même et ses institutions fondamentales sont déterminés par des lois naturelles, nécessaires et invariables qui forment l'ordre le plus avantageux au genre humain, et qui par là rentrent dans le plan général voulu par Dieu. L'ordre naturel n'est que le jeu régulier de ces lois que la nature elle-même a tracées — *lois naturelles* ou *lois physiques* « parce que l'ordre naturel n'est et ne peut être autre chose que l'ordre *physique* (φυσις, nature), l'ordre des rapports nécessaires, dérivant de la nature des hommes et des choses, qui lient entre eux les faits sociaux ». Autrement dit, les Physiocrates mettent en présence la nature de l'homme et la nature extérieure et déterminent entre ces deux termes des relations constantes. C'est le problème des *lois naturelles* en économie politique, déjà aperçu par Petty et Boisguilbert, qui se pose avec sa réelle portée et que les Physiocrates résolvent rigoureusement.

Une double analyse se trouve donc à la base de la doctrine

physiocratique : une analyse des besoins et des mobiles de l'homme, une analyse des phénomènes de production. La première va leur fournir les règles essentielles de la *Théorie de l'Ordre* : elles tiennent en trois mots : « PROPRIÉTÉ, SÛRETÉ, LIBERTÉ, voilà l'ordre social tout entier », résultat d'une nécessité physique.

C'est en effet « la chaîne de nos besoins physiques » qui vient établir *la nécessité physique de la propriété*. Obligé pour subvenir à ses besoins de travailler, de demander au sol sa subsistance, l'homme doit pouvoir disposer à son gré de son corps, de son activité : de cette nécessité découle la *propriété personnelle*, « premier principe de tous les autres droits ». La *propriété mobilière* « n'est qu'une manière de jouir de la propriété personnelle ou plutôt c'est la propriété personnelle elle-même considérée dans les rapports qu'elle a nécessairement avec les choses propres à nos jouissances », instruments ou produits de notre travail. Toute subsistance enfin vient de la terre, tout travail s'incorpore dans le sol : la *propriété foncière* est donc établie sur « la nécessité dont elle est aux deux premières propriétés qui sans elle deviendraient nulles ». Mais il est un second point de vue qui marque plus fortement encore cette nécessité physique de la propriété foncière. La nature physique de l'homme veut qu'il ne connaisse que deux mobiles : l'appétit des plaisirs, l'aversion de la douleur : le vrai mobile de l'activité humaine, c'est le désir d'acquérir et de prospérer qui imprime à la société tout entière « un mouvement qui devient une tendance vers le meilleur état possible ». La propriété foncière devient ainsi le but et la récompense du travail, récompense légitime car tous en profiteront finalement, récompense nécessaire car « nul ne consentira à préparer la terre à la culture par une multitude de travaux et de dépenses diverses qui marchent à la suite des défrichements, que sous la condition de demeurer propriétaire de cette terre. La terre ne produit presque rien d'elle-même, mais elle renferme dans son sein un principe de fécondité qui n'attend que nos secours pour la couvrir de productions. Il est évident que ces secours ne seront pas administrés à la terre si le droit de propriété n'est solidement établi, par conséquent que ce droit est une branche essentielle de l'ordre physique même, qu'il est une condition essentielle à la multiplication que nous voyons manifestement être dans les intentions du Créateur. » Ainsi c'est l'*utilité sociale* qui justifie et nécessite la propriété foncière : elle est une des conditions physiques de la vie collective.

Mais un droit qu'on n'a pas la liberté d'exercer n'est pas un droit : il est impossible de concevoir un droit de propriété sans *liberté*. « Liberté et propriété ne forment qu'une seule et même prérogative qui change de nom selon la façon de l'envisager », qui est *physiquement nécessaire* au même titre. Aussi bien, « ne cherchons point dans les hommes des êtres qui ne soient pas des hommes. » Nous savons à quels mobiles la nature a voulu qu'ils obéissent : chaque individu saura bien *naturellement*, guidé par ses seuls instincts, trouver la voie qui lui est la plus avantageuse, et il est de l'essence de l'ordre que l'intérêt particulier d'un seul ne puisse jamais être séparé de l'intérêt commun de tous. Ne laissez donc jamais l'homme désirer en vain ce meilleur état possible ; laissez-lui la « liberté physique » de l'exécution ; *laissez faire* ; confiez les intérêts de la société à la liberté, le monde ira de lui-même.

D'une façon générale, on peut dire que tout l'effort des Physiocrates pour donner à la science nouvelle ce caractère de *science physique* a passé alors inaperçu ou a été critiqué sans être bien compris. Béardé de l'Abbaye se borne à dire : « Il fonde son système sur la nécessité de la propriété et dès lors il en faut retrancher l'Asie, l'Afrique et l'Amérique, et même une portion de l'Europe. » Mais, une fois encore, ce n'est pas *ce qui est* qu'étudient les Physiocrates, c'est ce qui *devrait* être pour l'ordre le plus avantageux. Mably — dans ses *Doutes proposés aux philosophes économistes sur l'ordre naturel et essentiel des sociétés politiques* (La Haye, 1768), une des premières critiques particulièrem nt dirigées contre le livre de Le Mercier — ne peut « s'accoutumer à ne voir dans l'homme qu'une machine physique » ; il développe longuement ses doutes sur ce point, prouvant surabondamment qu'il n'a vu que le mot sans en comprendre le sens : « On me dit que la société se forme par un concours de forces physiques ; mais pourquoi passer sous silence les causes morales ? La société est composée d'êtres physiques, mais ces êtres physiques ont des qualités morales. Elle agit et se maintient par des moyens physiques ; mais elle agit et se maintient aussi par des moyens moraux. Les objets de son établissement sont physiques ; les effets qui lui sont propres sont physiques ; mais quelques-uns de ces objets, quelques-uns de ces effets ne sont-ils pas moraux ? J'ai beau étudier l'homme, je vois partout le mélange du physique et du moral [1]. » Le Mercier de la Rivière aussi, certes : mais pour lui les lois morales ne sont que les lois *physiques* (naturelles) de la nature humaine. Les *Doutes* de Mably sur la nécessité physique de la propriété foncière marquent mieux encore l'opposition des points de départ : « Ne dirait-on pas que l'objet, la fin, le terme de la société est la culture de la terre ? Non, Monsieur, les institutions sociales n'ont pas été établies parce que l'homme est un animal qu'il faut nourrir, mais parce qu'il est intelligent et sensible. Il peut se passer de cultiver la terre, mais rien ne peut le dispenser de faire des lois. La culture est faite pour embellir et aider la société et la société n'est point faite pour faire fleurir l'agriculture... Ne transposons pas les choses : c'est la culture des hommes, c'est-à-dire ce sont les vertus sociales qui serviront de base au bonheur

---

1. *Doutes*, p. 28.

de la société; voilà le premier objet de la politique; nos champs viendront après [1]. » A dire vrai, c'est surtout la justification de la propriété foncière qui irrite Mably comme elle irritera plus tard l'abbé Legros et Brissot de Warville [2] : aux évidences de Le Mercier, ses deux premières lettres opposent les arguments de tous les communistes : « il n'est pas que l'avarice et la volupté capables de remuer le cœur humain ! » Rien ne peut l'empêcher de supposer une « République dont les lois encourageront les citoyens au travail et rendront cher à chaque particulier le patrimoine commun de la société... Que je crains que votre ordre naturel ne soit contre nature ! Dès que je vois la propriété foncière établie, je vois des fortunes inégales ; et, de ces fortunes disproportionnées, ne doit-il pas résulter des intérêts différents et opposés, tous les vices de la richesse, tous les vices de la pauvreté, l'abrutissement des esprits, la corruption des mœurs civiles et tous ces préjugés et toutes ces passions qui étoufferont éternellement l'évidence [3]. » Mais s'il ne peut abandonner « cette idée agréable de la communauté des biens », logique avec lui-même, Mably conclut que, quand la propriété foncière serait beaucoup

---

1. *Doutes*, p. 31, 35. L'abbé Legros (*Analyse et examen du système des philosophes économistes*, par un solitaire, Genève et Paris, 1787), s'indigne également de voir la place que tiennent dans l'œuvre des Physiocrates les préoccupations matérielles, l'agriculture : « Ils ne font pas attention que d'après les monuments les plus anciens tant sacrés que profanes, le premier cultivateur a été le plus méchant et le plus malheureux des mortels. » A. Lichtenberger, *Le Socialisme au XVIIIe siècle*, p. 316.

2. *Recherches philosophiques sur le droit de propriété et sur le vol considérés dans la nature et dans la société*, t. VI de la *Bibliothèque philosophique du législateur, du politique, du jurisconsulte*, Berlin, 1782-86. Ce sont, dit-il, les erreurs d'une nouvelle secte qui a récemment beaucoup écrit sur la politique qui l'ont poussé à s'occuper de l'origine de la propriété.

3. *Doutes*, p. 11-12. Dans son Traité de la *Législation*, 1776, Mably dira plus nettement encore : « Le vrai ordre naturel c'est la communauté des biens. » Il est, dans les *Doutes*, des critiques plus judicieuses : « Nos philosophes économistes ne considèrent jamais à la fois l'homme par les différentes qualités qui lui sont essentielles : tantôt ils ne le voient que comme un animal qu'il faut repaître et qui n'est occupé que de sa nourriture... Ont-ils besoin de considérer l'homme comme un être doué d'intelligence : c'est un Ange qui a le bonheur de ne pouvoir résister à l'évidence », p. 52-53.

plus favorable à la reproduction des richesses qu'elle ne l'est en effet — (concession que ne feraient plus les socialistes d'aujourd'hui), — il faudrait encore préférer la communauté des biens ». On voit l'opposition fondamentale, car c'est avant tout de l'accroissement indéfini des biens consommables et par conséquent des jouissances, but naturellement poursuivi par l'homme, que les Physiocrates se préoccupent : « Humainement parlant, le plus grand bonheur possible consiste dans la plus grande abondance possible d'objets propres à nos jouissances et dans la plus grande liberté possible d'en profiter[1]. »

Aux attaques de Mably, les *Éphémérides du Citoyen* répondirent gravement : mais les *Doutes éclaircis* par M. D. (1768, t. III à VIII), la *Lettre* de M. K. au chevalier de *** *au sujet des Doutes* de M. l'abbé de Mably (1768, t. VI)[2], ne font guère que paraphraser les Maximes de Quesnay et reprendre les démonstrations de Le Mercier. Si les critiques adressées à la propriété foncière ne varient guère dans le fond, on peut, depuis les Physiocrates, en dire autant de sa défense : avec eux est constitué l'arsenal où iront désormais puiser ses partisans.

Un système politique se superpose naturellement à cette conception de l'ordre: point de propriété, point de liberté sans sûreté ; il faut une « autorité tutélaire qui veille pour tous tandis que chacun vaque à ses affaires ». Sous quelle forme la réaliser ? Quelles seront ses fonctions, ses limites ?

C'est surtout Le Mercier, nous le savons, qui développa les thèses politiques des Physiocrates : il le fit avec une grande logique et une grande clarté, sans toutefois toujours réussir à

---

1. C'est sans doute cette formule ou d'autres analogues qui ont fait considérer par des historiens allemands (Kautz, Scheel) les Physiocrates comme des précurseurs du socialisme.

2. Il est dit (*Éphémérides du Citoyen*, 1768, VI, p, 123) que la lettre D désigne « un jeune et illustre seigneur » : Barbier attribue les *Doutes éclaircis* au duc de la Vauguyon. La lettre K est « la première du nom de l'auteur dans une langue étrangère » . Serait-ce Karl Frederich de Bade ou Charles de Butré ?

se faire bien entendre, et cette partie de son livre a provoqué les interprétations les plus diverses.

On a signalé à l'envi la contradiction qui, dans la doctrine physiocratique, paraît exister entre le rôle, les fonctions attribués à l'État et la forme politique qui lui est assignée. Les fonctions se ramènent, somme toute, à peu de choses ; elles consisteront surtout « à ne pas empêcher le bien qui se fait tout seul et à punir le petit nombre de gens qui attentent à la propriété privée » : donc organiser la justice, la police, la sûreté, tant à l'extérieur qu'à l'intérieur ; en second lieu, assumer la charge des grands travaux publics que l'intérêt privé seul ne pousserait pas à entreprendre ; enfin, organiser l'instruction, donner aux lois de l'ordre naturel la publicité nécessaire « second élément essentiel de sa connaissance ».

Dans sa forme, cette autorité tutélaire sera une monarchie absolue et héréditaire : « il est physiquement impossible qu'il puisse subsister un autre gouvernement que celui d'un seul, du moins sans blesser l'ordre naturel et essentiel des sociétés. » Le pouvoir législatif est son premier attribut : un seul l'exercera et pleinement : tout système de *contreforces* est contradictoire et chimérique. Le pouvoir exécutif enfin n'est pas distinct du pouvoir législatif : « le droit de commander et le pouvoir de se faire obéir ne sont qu'une seule et même autorité présentée sous deux dénominations différentes. » Au gouvernement ainsi entendu, il n'est qu'un nom, et Le Mercier après Quesnay n'hésite pas à le lui donner : c'est le *despotisme*.

Rien de plus logique cependant que cette conception et la contradiction n'est qu'apparente entre l'amour des Physiocrates pour la liberté économique et leur parfait mépris de la liberté politique. Nul besoin pour l'expliquer de chercher des considérations extérieures : le souci de flatter les princes qui écoutaient alors et protégeaient les philosophes écono-

mistes [1]. Leur théorie politique est tout entière commandée
par leurs théories sociale et économique et, quelles que soient
les analogies remarquables qu'on puisse retrouver entre les
formules des Physiocrates et le langage que Louis XV tenait
alors à son Parlement [2], on voit, à y regarder d'un peu près,
qu'elle est aussi éloignée dans ses principes et dans ses conséquences des théories des légistes sur le pouvoir absolu — *si
veut le roi, si veut la loi* — que des systèmes que l'esprit de
réforme et l'esprit de révolution faisaient alors éclore si nombreux.

L'autorité souveraine n'est pas instituée en effet pour *faire*
des lois : les lois sont toutes faites ; elles sont l'ouvrage de la
divinité et les lois positives ne doivent être que les *actes
déclaratoires* des lois essentielles de l'ordre social : le despote
physiocratique ne fait qu'appliquer ces lois naturelles et essentielles aux différents cas qu'il est possible de prévoir et leur
imprimer par des signes sensibles le caractère d'autorité qui
en assure l'observation constante. Le despotisme de Le Mercier n'est autre que celui de l'ordre naturel : c'est le despotisme naturel de l'évidence. Pour les Physiocrates, l'intérêt
national est un ; il se ramène à l'intérêt de la propriété foncière : il est logique que l'autorité qui doit sauvegarder l'intérêt national soit une, que l'intérêt de l'autorité se confonde
avec celui des propriétaires fonciers. Si le souverain électif
n'est qu'un usufruitier, le souverain héréditaire est véritable-

---

1. Voici l'explication que Du Pont — *économiste métis*, disait Mirabeau, à
cause de ses tendances républicaines — donnera plus tard : « Ils jugeaient qu'il
serait plus aisé de persuader un prince qu'une nation et qu'on établirait plus
vite la liberté du commerce et du travail par l'autorité des souverains que par
les progrès de la raison. »

2. Au lit de justice de 1766, le roi dit aux membres du Parlement : « C'est en
ma personne seule que réside la puissance souveraine... C'est à moi seul
qu'appartient le pouvoir législatif sans dépendance et sans partage... Mon
peuple n'est qu'un avec moi, et les droits et les intérêts de la nation, dont on
ose faire un corps séparé du monarque, sont nécessairement unis avec les
miens et ne reposent qu'en mes mains. »

ment le propriétaire foncier du royaume : par l'impôt, il est
co-propriétaire du produit net de toutes les terres. Nulle
crainte donc qu'il viole jamais les lois de l'ordre : son plus
grand intérêt est attaché à sa conservation, pratiquement
à ce que le produit net monte à son plus haut degré possible.
« A ce trait on peut voir que cette forme de gouvernement
porte le caractère sacré de l'ordre naturel, car le propre de
cet ordre est de tenir tous les membres d'une société dans une
telle dépendance réciproque qu'aucun d'eux ne puisse agir
pour ses propres intérêts qu'il n'agisse en même temps pour
l'intérêt des autres. » C'est la différence du *despotisme légal*
d'avec le despotisme *arbitraire*, qui commande et ne gouverne pas, celui que Montesquieu a défini : « Quand les sau-
vages de la Louisiane veulent avoir des fruits, ils coupent
l'arbre au pied et cueillent les fruits. Voilà le gouvernement
despotique [1]. »

On s'explique mal que Tocqueville ait pu confondre ce despotisme *légal* des Physiocrates avec le *despotisme démocra-*
tique [2]. On comprend mieux l'erreur des contemporains qui
n'y voulurent voir que le despotisme tout court. A vrai dire,
le mot sonnait mal aux oreilles dans une époque avant tout
soucieuse de liberté politique. On le fit bien voir à Le Mercier
de la Rivière et « sans chercher ce que les économistes avaient
voulu dire, on les prit au mot, ce fut assez [3] ». Voltaire pour
qui « c'est une idée monstrueuse qu'un seul homme soit propriétaire de toutes les terres » raille assez lourdement « la
puissance législatrice et exécutrice née de droit divin », à qui
l'*Homme aux quarante écus* doit la moitié de tout ce qu'il
mange. « L'énormité de l'estomac de la puissance législatrice
et exécutrice me fit faire un grand signe de croix. Que serait-

---

1. *Esprit des Lois*. V. chap. XIII.
2. *L'Ancien Régime*, p. 248. Voir Loménie, *op. cit.*, II, p. 333 et suivantes.
3. La Harpe, cité par Schelle : *Du Pont de Nemours...*, p. 91.

ce si cette puissance qui préside à l'ordre essentiel des sociétés avait ma terre en entier ! L'un est encore plus divin que l'autre . » Mably consacre les deux tiers de son livre à combattre cette doctrine « sophistiquée et dangereuse ». Nul doute que les discussions relatives à l'ordre naturel qu'on fut obligé d'interdire dans les cercles philosophiques n'aient trait avant tout au despotisme légal : longtemps on entendra l'écho des protestations [1]. Il reste certain qu'à ce point de vue le livre de La Rivière n'a pas été sans jeter, au xviii⁰ siècle et postérieurement encore, quelque défaveur sur les idées des Économistes. Défaveur imméritée, — non qu'il s'agisse de défendre en soi leur conception du pouvoir, d'en méconnaître le caractère utopique ou d'en voiler les contradictions [2], mais en ce sens qu'elle a le plus souvent reposé sur une compréhension imparfaite et des erreurs d'interprétation. Il suffit ici de montrer que la thèse du despotisme légal est une théorie physiocratique originale, logiquement commandée par le reste du système : il y faut voir autre chose qu'une « conscien-

1. « Au nombre des mots obscurs et dangereux dont l'autorité sait faire son profit, il faut sans doute ranger ceux du DESPOTISME LÉGAL : il est certain que ces mots *heurtent d'effroi de se voir accouplés* ; qu'on peut tirer de cette union difforme les conséquences les plus bizarres ; qu'en vain objecterait-on que *despotisme* ne voulait dire dans l'antiquité que *souveraineté* ; les mots n'ont de valeur que celle de leur acception moderne. » Lettre de M. de S. M. aux auteurs de la *Gazette littéraire*, servant d'Introduction à l'*Essai sur le Despotisme*, du comte de Mirabeau, 3ᵉ édition, 1792.
2. Béardé de L'Abbaye fait une critique assez fine du despotisme légal : « Son système, dit-il, pourrait être envisagé dans ce sens comme une théocratie sublime, sous des noms différents, et sa législation comme un traité de morale divine, inconnue et impossible aux hommes » (p. 27). « Où pourrait-on trouver, parmi la race des hommes, un souverain associé à la raison suprême ? A moins d'ajouter, comme M. Mercier, que *le ciel et la terre se touchent*. L'un n'est pas plus possible que l'autre, nous n'avons pas des dieux à choisir comme souverain » (p. 29). Singulière situation que celle du despote légal : il a le moins de pouvoir qu'il est possible, il est soumis aux lois comme le dernier sujet, il n'en peut créer aucune et celles qu'il propose ne peuvent avoir d'effet que lorsque tous les particuliers les auront approuvées en y reconnaissant l'évidence (p. 29). L'évidence enfin est-elle si despotique ? « M. Mercier, en disant que si l'on choquait l'évidence, tout s'armerait pour elle, oublie que tout son ouvrage prouve que jusqu'ici tous les législateurs, tous les Etats l'ont constamment choquée, cependant personne ne s'est armé pour elle » (p. 31).

cieuse apologie du pouvoir absolu qui vient compliquer fort
inutilement la tâche de l'auteur » et dans laquelle « il est resté
fort au-dessous de lui-même [1]».

Vient enfin dans le livre de Le Mercier l'exposition des
théories économiques proprement dites de l'Ecole. On
pourrait s'étonner de les voir apparaître au second plan
et comme de façon indirecte : l'analyse des phénomènes de
production qui fit aboutir Quesnay à la conception si caractéristique du *produit net* n'est exposée par Le Mercier qu'en
tant qu'explication nécessaire de sa conséquence fiscale pratique : l'impôt direct unique, dans l'étude des rapports entre
le souverain et ses sujets ; la théorie de la distribution des
revenus et la fameuse distinction des classes *propriétaire, productive* et *stérile* vient en annexe pour ainsi dire à l'étude des
rapports de la nation avec les autres nations et pour justifier
le grand principe de la liberté commerciale. Est-ce là modes-
tie de la part de La Rivière et souci de laisser le Tableau économique — la découverte la plus géniale du genre humain
après l'écriture et la monnaie — établir seul ces vérités par
voie principale ? Est-ce au contraire, comme le marquis de
Mirabeau semble l'insinuer [2], désir de mettre en avant ce qu'il
pensait lui appartenir plus en propre ? Au reste il importe assez
peu. C'est ici surtout que se manifeste le caractère d'*originalité seconde* du livre, et Daire pourra justement parler des
brillantes analyses que Le Mercier exécute sur les canevas
fournis par Quesnay [3].

Quel que soit le plan, c'est bien la pensée du fondateur qui
se trouve ici clairement et vigoureusement exposée : on sait
que des corrections postérieures de Turgot et de Du Pont —

1. Daire, *loc. cit.*, p. 431, 437.
2. Loménie, *op. cit.*, II, p. 334, note 1.
3. Daire, *op. cit.*, p. 536.

notamment après la critique de Graslin —, des apports nouveaux de Le Trosne, la modifieront plus tard sur certains
points. Du moins les grands traits sont-ils définitivement arrêtés
et ils constituent un système particulièrement original qui,
non moins que la conception fondamentale de l'ordre social,
va rencontrer de nombreux adversaires. Seulement ces adversaires ne sont plus les mêmes. Philosophes communistes,
réformateurs sociaux ne s'intéressent guère qu'au côté psycho-
logique et moral de la doctrine : Mably, par exemple, se hâte
de reconnaître « que la troisième partie de l'ouvrage présente
un grand nombre de vérités importantes sur l'impôt, l'agriculture et le commerce [1] » : il n'en entame point l'examen. Ce sera
le rôle des réglementaristes, industrialistes, mercantilistes,
comme on voudra les appeler, ou encore d'un mot, conservateurs.

Il est en effet devenu banal de répéter que ceux que nous
appelons aujourd'hui les *classiques* — et c'est aussi vrai des
littérateurs que des économistes —, ceux qui passent pour
incarner l'inflexible autorité de la règle, furent les irréguliers
de leur temps et des révolutionnaires. Quel meilleur exemple
que les Physiocrates ? Chacune de leurs théories prend le
contre-pied des théories alors admises ; leurs conclusions d'art
s'opposent directement à toutes les solutions en pratique. Ils
placent la source de toute richesse dans l'agriculture : indus-
triels et commerçants forment la classe *stérile* ; le commerce
extérieur n'est plus qu'un pis aller, un *mal nécessaire*. La
notion même de richesses change du tout au tout : la monnaie
n'est plus le but du commerce, mais seulement l'instrument
des échanges. Ceux-ci doivent être absolument libres tant à
l'intérieur qu'à l'extérieur ; plus d'entraves au travail ; un
seul impôt direct... Sans doute les Physiocrates ont eu des

---

1. *Doutes*, p. 316.

précurseurs : Cantillon a déjà dit que la terre est la source d'où
l'on tire toute richesse, il a aussi assigné aux propriétaires fonciers le premier rôle dans la vie économique, car eux « seuls
sont indépendants; tous les ordres et tous les hommes d'un
État subsistent ou s'enrichissent à leurs dépens [1] ». Boisguilbert et David Hume ont réclamé la liberté économique et fait
l'apologie de la libre concurrence. Depuis Vauban, combien
ont déclaré préférer les impôts directs aux impôts indirects et
donné la première place à l'impôt territorial. Mais ces vues
particulières s'enchaînent dans la doctrine physiocratique, elles
deviennent inséparables et se commandent les unes les autres ;
les formules mêmes sont plus rigides, absolues, comme
agressives : nous sommes en présence d'un *système* et l'on
voit aisément à qui et à quoi il s'oppose au milieu du
XVIIIᵉ siècle.

L'abbé Yvon et Forbonnais critiquèrent la partie économique du livre de Le Mercier dans la *Gazette du Commerce*.
Forbonnais avait lui aussi subi l'influence de Cantillon ; c'est
surtout contre la liberté commerciale, la prétendue stérilité
du commerce et de l'industrie qu'il combat. Béardé de l'Abbaye
est plus franchement mercantiliste ; pour lui le commerce seul
peut faire régner l'abondance : à quelques exceptions près, sa
discussion — il suit Le Mercier page par page — est un bel
exemple de critique de mots. Ce furent là, avec l'*Homme aux
quarante Écus*, des attaques directement dirigées contre
l'*Ordre naturel* : elles ne sont point parmi les plus violentes
qu'eurent à subir les philosophes économistes ; au point de
vue économique, les critiques s'adressèrent moins à Le Mercier qu'au fondateur lui-même ou à des disciples plus comba-
tifs. Aussi bien, malgré leur violence ou leur multiplicité [2],

---

1. Cantillon, *Essai sur la Nature du Commerce en général*, L. I, chap. XII.
2. V. Cossa, *Histoire des Doctrines économiques*, p. 287 : « Quelques-uns

furent-elles loin d'être décisives et l'on pouvait dire il y a une vingtaine d'années — en exagérant un peu, il est vrai : « aujourd'hui encore, le système physiocratique attend sa réfutation scientifique [1] ». Les mêmes causes qui firent la faiblesse des théories des Physiocrates — rationalisme et manque de connaissances scientifiques précises [2] — expliquent également l'insuffisance des critiques qui leur furent longtemps adressées.

*
* *

Cette doctrine qu'il venait d'exposer, Le Mercier de la Rivière put espérer un moment travailler, et très directement, à sa réalisation pratique. Diderot l'avait mis en relations avec le prince Galitzin, ambassadeur de Russie : ce dernier le désigna à Catherine II qui, faisant alors préparer la rédaction d'un Code, avait demandé un collaborateur ; il fut convenu que Le Mercier irait trouver l'impératrice à Saint-Pétersbourg et l'accompagnerait jusqu'à Moscou où devaient se réunir les députés des provinces appelés à discuter le nouveau Code.

___

veulent ressusciter le mercantilisme ; il semble possible à d'autres de combiner les principes de l'ancien système avec ceux du nouveau : d'autres s'essayent à réfuter certaines propositions exactes des Physiocrates et les remplacent par des propositions fausses, ou bien ils acceptent les prémisses (incidence de l'impôt sur le produit net) et repoussent pour de simples considérations pratiques leurs conséquences nécessaires (impôt unique), ou enfin ils réfutent les doctrines erronées de la stérilité de l'industrie et du commerce, de l'absolue identité de l'intérêt particulier avec l'intérêt général et de la répercussion des impôts, et y substituent d'autres erreurs manifestes ou au moins des assertions non démontrées. »

1. Oncken, *op. cit.*, p. xix.

2. « L'agriculture n'est évidemment, comme n'importe quelle industrie, qu'une industrie de transformation : il ne saurait y en avoir d'autres. Ils n'ont pas su voir — peut-être parce que Lavoisier ne l'avait pas encore enseigné — que rien ne se crée et rien ne se perd dans la nature et que le grain de blé semé en terre fabrique son épi avec des matériaux empruntés au sol ou à l'atmosphère, poids pour poids, exactement comme le boulanger, avec le même blé, de l'eau, du sel et du levain, fera le pain. » Gide et Rist, *op. cit.*, p. 17.

Le Mercier partit aussitôt la publication de son livre, précédé par les lettres de Diderot, qui l'annonçaient magnifiquement : « Nous envoyons à l'impératrice un très habile, un très honnête homme... Ah ! mon ami, qu'une nation est à plaindre lorsque des citoyens tels que ceux-ci y sont oubliés, persécutés et contraints de s'en éloigner et d'aller porter au loin leurs lumières et leurs vertus...

« Lorsque l'impératrice aura cet homme-là, à quoi lui serviraient les Quesnay, les Mirabeau, les Voltaire, les d'Alembert, les Diderot ? A rien, mon ami, à rien. C'est celui-là qui a découvert le secret, le véritable secret, le secret éternel et immuable de la sécurité, de la durée et du bonheur des empires. C'est celui-là qui la consolera de la perte de Montesquieu. »

Mais Le Mercier eut le tort de s'attarder en route : Catherine était déjà à Moscou quand il arriva à Saint-Pétersbourg. Piquée du peu d'empressement du philosophe, la souveraine n'avait laissé aucun ordre qui le concernât ; elle agit de même à son retour. Après avoir attendu quelque temps la fin de cette mésaventure, Le Mercier demanda, dit-on, une audience de congé : aux questions de l'impératrice touchant le meilleur moyen de gouverner un État, il aurait répondu que « la science du gouvernement se bornait à reconnaître et à manifester les lois que Dieu a si manifestement gravées dans l'organisation même des hommes. Vouloir aller plus loin serait un grand malheur et une entreprise destructive ». Sur ce, l'impératrice de lui répondre : « Monsieur, je suis bien aise de vous avoir entendu, je vous souhaite le bonjour [1]. »

D'après les autres, Le Mercier s'imaginant qu'il allait à lui seul refondre la législation de la Russie, aurait commencé par louer trois maisons, écrivant ici *Département de l'Intérieur*,

---

1. Daire, *op. cit.*, p. 432 ; L. de Lavergne, *op. cit.*, p. 187.

là *Département de la Justice*, ailleurs *Département des Finances*, invitant les gens à produire devant lui leurs titres, etc... [1].

Ces anecdotes partout citées, quoique fort peu authentiques, témoignent surtout du ridicule dans lequel étaient tombés le despotisme légal et son inventeur [2]. M. Schelle, aidé de nouveaux documents, a remis les choses au point : « Des difficultés de tout genre, dit-il, furent opposées à La Rivière par la bureaucratie russe. Les commissaires que la tsarine avait chargés de la rédaction d'un Code ne tinrent nullement à mettre un Français dans leur confidence et Catherine ne tint pas non plus à ce qu'il pût pénétrer ses véritables intentions. Le despotisme des Physiocrates ne pouvait ressembler à celui de l'éminente autocrate. La Rivière quitta dignement la Russie et Choiseul dut reconnaître que sa conduite avait été irréprochable [3]. »

Il revint à Paris en 1768 : il attendait l'expiration du congé qui lui avait été accordé pour siéger au Parlement comme membre honoraire quand éclata le coup d'État du chancelier Maupeou ; sollicité de faire partie du nouveau Parlement, il refusa.

Les édits libéraux de 1763 et de 1764 qui avaient accordé la liberté relative du commerce des grains, tant à l'intérieur qu'à l'extérieur du royaume, se trouvaient alors vivement combattus : quatre ou cinq années de mauvaises récoltes venaient

1. C'est J.-B. Say (*Cours d'Économie politique*, I, p. 26) qui a, d'après les Mémoires de Ségur, accrédité cette légende.

2. « Un autre, auteur d'un gros livre, imposant par son titre, qui fit beaucoup de bruit à son origine, que tout le monde admirait parce qu'on n'y entendait rien, sur sa réputation éphémère, avait été appelé dans le Nord pour y travailler au Code des Loix que faisait rédiger alors l'illustre souveraine des Russies. Malheureusement il ne s'y trouva point d'adeptes en état d'entendre ses spéculations sublimes et il fut obligé de revenir sans succès et ayant beaucoup perdu de la haute opinion que les étrangers avaient de lui. » *L'Observateur anglais*, Londres, 1777, I, p. 363. C'est le ton général des Mémoires, Gazettes ou Correspondances: Le Mercier y est peut-être le plus mal traité des Physiocrates.

3. *Le Docteur Quesnay*, p. 351.

de se succéder ; la hausse constante des prix avait produit un
revirement complet de l'opinion : on rendait la législation libé-
rale responsable de tout le mal. Les Économistes durent
redoubler d'ardeur : quand parurent les *Dialogues sur le Commerce des Blés*, de l'abbé Galiani, quatre d'entre eux se
levèrent pour y répondre: Le Mercier était du nombre.

Dans l'*Intérêt général de l'État, ou la Liberté du Commerce
des Blés, démontrée conforme au Droit naturel, au droit public
de la France, aux lois fondamentales du royaume, à l'intérêt
commun du souverain et de ses sujets dans tous les temps*
(Amsterdam et Paris, 1770), il est aisé de reconnaître l'auteur
de l'*Ordre naturel* ; la première partie n'est à vrai dire qu'un
résumé de l'ouvrage de 1767 : les lois fondamentales de la
société sont la propriété et la liberté ; la liberté générale du
Commerce en fait partie : il importe à l'intérêt commun que
cette liberté soit pleine et entière. Second point : la liberté
particulière du Commerce des Blés doit faire partie de la
liberté générale du Commerce. L'expérience de tous les temps
en démontre l'utilité (troisième partie) et enfin réfutation du
système de l' « Étranger anonime ». Réfutation honnête et qui
n'était guère dans le ton de l'attaque ! On comprend les craintes
qu'avait Turgot de voir ses amis répondre « trop en économistes ».

Sous le ministère Turgot, Le Mercier aurait repris son siège
au Parlement (Schelle); d'après L. de Lavergne, il aurait été
nommé commissaire général des ports et arsenaux de marine
dans les colonies. Pendant la Révolution, il écrivit encore
quelques brochures [1] et, peu de temps avant sa mort, une sorte

---

1. D'après la *Biographie universelle* : *Lettre à MM. les Députés compo-
sant le comité des finances dans l'Assemblée Nationale*, 1789. — *Les vœux d'un
Français, ou Considérations sur les principaux objets dont la Nation et le Roi
vont s'occuper*, avec une suite; *Essai sur les maximes et lois fondamentales de
la monarchie française, ou Canevas d'un Code constitutionnel*,1789. — *Palladium
de la Constitution politique, ou Régénération morale de la France*, 1790.

d'Utopie : *l'Heureuse nation*, ou *Relation du gouvernement des Féliciens, peuple souverainement libre et heureux sous l'empire absolu des lois* (2 vol. in- 8, 1792). Le moment était bien choisi.

E. D.

L'ORDRE

NATUREL ET ESSENTIEL

DES SOCIÉTÉS

POLITIQUES.

LE TITRE QUI SUIT

EST LE FACSIMILE DE CELUI

DE L'ÉDITION ORIGINALE

———

Les chiffres qui se trouvent entre [ ] dans le corps du présent volume indiquent la pagination de l'édition originale.

L'ORDRE

NATUREL ET ESSENTIEL

DES SOCIÉTÉS

POLITIQUES.

L'Ordre est la Loi inviolable des Esprits ; & rien n'est réglé, s'il n'y est conforme.

MALEB. Tr. de Mor. Ch. II. Part. XI.

A LONDRES,

Chez JEAN NOURSE, Libraire;

& se trouve à *PARIS,*

Chez DESAINT, Libraire, rue du Foin S. Jacques.

M. DCC. LXVII.

DISCOURS PRÉLIMINAIRE

Nous connoissons dans les Rois trois principaux objets d'ambition ; une grande richesse, une grande puissance, une grande autorité : j'écris donc pour les intérêts des Rois ; car je traite des moyens par lesquels leur richesse, leur puissance, leur autorité peuvent s'élever à leur plus haut degré possible.

Les propriétaires des terres ne desirent rien tant que de voir accroître les revenus qu'ils retirent annuellement de leurs domaines : j'écris donc pour les intérêts de ces propriétaires ; car je traite des moyens par lesquels toutes les terres peuvent parvenir à leur donner le plus grand revenu possible.

La classe qui vend ses travaux aux autres hommes, n'a d'autre but que d'augmenter ses salaires par son industrie : j'écris donc pour les intérêts de cette classe ; car je traite des moyens par lesquels la masse des salaires de l'industrie peut grossir dans toute l'étendue de sa plus grande mesure possible.

Les Ministres des autels, comme hommes copartageants dans le produit des terres, et comme [**IV**] dispensateurs des biens consacrés à secourir l'indigent, sont doublement intéressés à l'abondance des récoltes : j'écris donc pour les intérêts de ces Ministres : j'écris donc pour les intérêts de l'indigent ; car je traite des moyens par les-

quels on peut assurer aux récoltes la plus grande abondance possible.

Les Commerçants, classe particulière d'hommes dont
l'utilité est commune à toutes les Nations, et qui ne
peuvent commercer qu'en raison de la reproduction des
richesses commerçables, ne doivent former des vœux que
pour la multiplication de ces richesses : j'écris donc pour
les intérêts des Commerçants ; car je traite des moyens
par lesquels on peut s'assurer la plus grande reproduction, et la plus grande consommation possible de toutes
les richesses qui doivent entrer dans le commerce.

Les hommes enfin, en se réunissant en société, n'ont
eu d'autre objet que d'instituer parmi eux des droits de
propriétés communes et particulieres, à l'aide desquels ils
puissent se procurer toute la somme du bonheur que
l'humanité peut comporter, toutes les jouissances dont
elle nous rend susceptibles : j'écris donc pour les intérêts du corps entier de la Société ; car je traite des
moyens par lesquels elle doit nécessairement, et pour
toujours, donner la plus grande consistance, la plus grande
[V] valeur à ces droits de propriétés communes et particulieres, se placer ainsi et se maintenir dans son meilleur
état possible.

Par-tout où nos connoissances peuvent pénétrer, nous
découvrons une fin et des moyens qui lui sont relatifs :
nous ne voyons rien qui ne soit gouverné par des loix
propres à son existence, et qui ne soit organisé de
maniere à obéir à ces loix, pour acquérir, par leurs
secours, tout ce qui peut convenir à la nature de son être,
et à la façon d'exister. J'ai pensé que l'homme n'avoit
pas été moins bien traité : les dons qui lui sont particu-

liers, et qui lui donnent l'empire de la terre, ne me permettent pas de croire que dans le plan général de la création, il n'y ait pas une portion de bonheur qui lui soit destinée, et un *ordre* propre à lui en assurer la jouïssance.

Plein de cette idée, et persuadé que cette lumiere divine qui habite en nous, ne nous est pas donnée sans un objet, j'en ai conclu qu'il falloit que cet objet fût de nous mettre en état de connoître *l'ordre* sur lequel nous devons regler notre façon d'exister pour être heureux. Delà, passant à la recherche et à l'examen de cet *ordre*, j'ai reconnu que notre état naturel est de vivre en société ; que nos jouïssances les plus précieuses ne peuvent se [**VI**] trouver qu'en société ; que la réunion des hommes en société, et des hommes heureux par cette réunion, est dans les vues du Créateur ; qu'ainsi nous devions regarder la société comme étant l'ouvrage de Dieu même ; et les loix constitutives de l'ordre social comme faisant partie des loix générales et immuables de la création.

Les premieres difficultés qui se sont élevées contre cette façon de considérer l'homme, ont été tirées des maux qui résultent de notre réunion en société. Mais alors observant que parmi les choses les plus utiles pour nous, il n'en est point qui ne puissent nous devenir funestes par les abus que nous pouvons en faire, j'ai cru devoir examiner si les loix naturelles de la société sont les véritables causes de ces mêmes maux ou s'ils ne sont point plutôt les fruits nécessaires de notre ignorance sur les dispositions de ces loix.

Mes recherches sur ce point m'ont fait passer du

doute à l'évidence : elles m'ont convaincu qu'il existe un *ordre* naturel pour le gouvernement des hommes réunis en société ; un ordre qui nous assure nécessairement toute la félicité temporelle à laquelle nous sommes appellés pendant notre séjour sur la terre, toutes les jouïssances que nous pouvons raisonnablement y desirer, et auxquelles nous [VII] ne pouvons rien ajouter qu'à notre préjudice ; un *ordre* pour la connoissance duquel la nature nous a donné une portion suffisante de lumieres, et qui n'a besoin que d'être connu pour être observé ; *un ordre* où tout est bien, et *nécessairement* bien, où tous les intérêts sont si parfaitement combinés, si inséparablement unis entre eux, que depuis les Souverains jusqu'au dernier de leurs sujets, le bonheur des uns ne peut s'accroître que par le bonheur des autres ; un *ordre* enfin dont la sainteté et l'utilité, en manifestant aux hommes un Dieu bienfaisant, les prépare, les dispose, par la reconnoissance, à l'aimer, à l'adorer, à chercher par intérêt pour eux-mêmes, l'état de perfection le plus conforme à ses volontés.

Plus j'ai voulu combattre cette évidence, et plus je l'ai rendue victorieuse pour moi : plût au ciel que je puisse la démontrer aux autres comme je la sens, comme je la vois ; plût au Ciel qu'elle fût universellement répandue ; elle ne pourroit l'être, qu'elle ne changeât nos vices en vertus ; qu'elle ne fît ainsi le bonheur de l'humanité.

L'ORDRE NATUREL

ET ESSENTIEL

DES SOCIÉTÉS POLITIQUES

PREMIÈRE PARTIE

THÉORIE DE L'ORDRE

NÉCESSITÉ physique de la société. Comme elle nous conduit à la connoissance du juste et de l'injuste absolus. Leur origine, en quoi ils consistent ; axiome qui renferme tout le juste absolu. Comme les devoirs sont le principe et la mesure des droits. Premiers principes constitutifs de l'ordre naturel et essentiel à chaque société particuliere. Rapports nécessaires de cet ordre essentiel avec l'ordre physique ; caracteres principaux et avantages de cet ordre essentiel ; il est simple, évident et immuable ; il constitue le meilleur état possible de tout homme vivant en société. Exposition som[2]maire de la théorie de cet ordre, servant encore à prouver la simplicité et l'évidence de ses principes et des conséquences qui en résultent. Moyens de l'établir et de le perpétuer parmi les hommes.

---

[3]   # CHAPITRE PREMIER.

La maniere dont l'Homme est organisé prouve qu'il est destiné par la nature à vivre en société. Nécessité physique de la réunion des Hommes en société. Elle est nécessaire à la réproduction des subsistances, et par conséquent à la multiplication des Hommes, qui est dans les vues du Créateur.

IL EST évident que l'homme, susceptible de compassion, de pitié, d'amitié, de bienfaisance, de gloire, d'émulation, d'une multitude d'affections qu'il ne peut éprouver qu'en société, est destiné par la nature à vivre en société. Ce n'est que dans cette vue qu'elle a pu lui donner le germe des passions qui ne peuvent convenir qu'à un être social : si elle s'étoit proposé que l'homme vécût isolé comme les bêtes féroces, elle ne l'auroit pas organisé différemment de ce qu'elles le sont ; elle ne l'auroit pas disposé à recevoir, à sentir des affections qui n'ont de rapport qu'avec la société, et qui ne peuvent naître en lui qu'autant qu'il vit en société.

Plus nous approfondirons cette idée, et plus nous serons convaincus, par la contemplation de ce qui est naturellement en nous, que la réunion des hommes en société est dans le plan général de la création : nous avons reçu de Dieu une intelligence dont l'utilité ne se développe qu'en société : par son moyen nos connoissances ont franchi les bornes du globe dans lequel nous nous étions trouvés renfermés ; nous [4] sommes parvenus à multiplier, pour ainsi dire, notre existence personnelle, à penser, à agir dans les autres hommes, à donner à nos volontés la puissance de nous rendre présents en différents lieux à la fois : pourquoi donc aurions-nous reçu ces facultés intellectuelles par le secours desquelles les hommes les plus éloignés les uns des autres communiquent entre eux et s'entreservent, si ce n'est pour que la société des hommes existât par l'exercice habituel de ces mêmes facultés ?

Cette Intelligence qui nous rend maîtres de tout ce qui respire, qui permet que notre foiblesse devienne la force dominante sur la terre, qui nous élève enfin à la connoissance évidente de tant de vérités sublimes et importantes à notre bonheur, nous laisseroit dans un état qui, à plusieurs égards, seroit fort inférieur à celui des brutes, si dans un homme elle n'étoit jamais enrichie des lumieres qui lui sont préparées par les autres hommes.

Oui, notre Intelligence, ce don si précieux, est une espece de patrimoine commun qui n'a de valeur qu'autant que tous les hommes le font valoir en commun, et qu'ils en partagent les fruits en commun. Lors même que la mort nous sépare de la société, elle ne sépare point toujours la société de la portion d'intelligence que nous avons cultivée pendant notre vie : les découvertes que nous avons faites par son secours, tous les fruits en un mot que nous en avons retirés, subsistent encore après nous, lorsque nous avons bien voulu les communiquer, et ne point les dérober à la société. Notre Intelligence nous survit ainsi pour l'utilité de nos associés ; ils semblent en hériter ; et voilà pourquoi nous disons des grands hommes, qu'ils ne meurent point ; que leur esprit habite encore par-tout où leurs lumieres se sont répandues, par-tout où leurs vertus servent de modele.

[5] Comment donc pourroit-on croire que nous ne sommes point organisés pour vivre en société, tandis que nous nous appercevons tous les jours que par le moyen de notre intelligence, il subsiste encore une sorte de société entre nous et des hommes qui, depuis 2000 ans, ont disparu de dessus la terre : nous les révérons, nous les consultons ; à leur tour ils nous parlent et nous instruisent ; ils communiquent avec nous enfin, puisqu'ils excitent en nous des sensations, et qu'ils nous suggerent des idées, comme si nous jouissions encore de leur présence et de leur entretien.

Pour peu que nous fassions attention aux secours dont l'enfance et la vieillesse ne peuvent absolument se passer, il est certainement évident que l'homme est constitué de maniere qu'il doit naître, et mourir en société. Ce que j'appelle naître, c'est vivre dans l'enfance, dans cet âge où chaque jour nous acquérons, par une gradation insensible, le degré de forces suffisantes pour satisfaire, par nous-même, à ce que nos besoins exigent. Par la même raison, ce que j'appelle mourir, c'est la façon dont nous existons, lorsque courbés sous le poids des années, le déclin journalier de nos forces nous achemine peu à peu vers le dernier terme où la loi commune à tout être créé doit s'accomplir.

Si dans les extrémités de notre vie, cette foiblesse, qui devient en nous une impuissance absolue, trouve dans les inclinations et les devoirs des autres hommes, tous les secours dont elle a besoin, c'est à la société que nous en sommes redevables : notre réunion en société suppléant ainsi, dans l'homme social, tout ce que la nature a refusé à l'homme isolé, elle est donc évidemment une condition essentielle à notre existence.

Nous trouverons une quatrieme preuve de la même vé[6]rité, si nous voulons donner quelque attention aux deux mobiles qui sont en nous les premiers principes de tous nos mouvemens : l'un est l'appétit des plaisirs, et l'autre est l'aversion de la douleur. Par l'appétit des plaisirs on ne doit pas entendre seulement l'appétit des jouissances purement physiques, de ces sensations agréables qui naissent en nous *nécessairement*, selon la disposition naturelle de nos sens, et sans le concours de nos facultés intellectuelles ; mais sous le nom de plaisirs, il faut comprendre encore ce que nous pouvons nommer la délectation de l'ame, ces vives et douces affections qui la pénetrent si délicieusement ; qui la remplissent sans lui laisser aucun vuide, qui naissent des rapports que nous avons avec les êtres de notre espéce, et que nous ne pouvons éprouver que dans la société.

De même quand je parle de l'aversion de la douleur, l'idée que je veux présenter ne doit point être resserrée dans ce qui concerne les maux physiques : elle embrasse encore toutes les situations pénibles, ennuyeuses et affligeantes dans lesquelles l'ame ne peut se trouver qu'à l'occasion de notre existence en société.

Ces sortes d'affections sociales, quoiqu'elles ne nous soient communiquées que par l'entremise de nos sens, prennent sur nous un tel empire, qu'elle nous forcent souvent à leur sacrifier nos sensations physiques les plus cheres : c'est à ces affections sociales que nous obéissons, lorsque nous paroissons renoncer à nous-même pour ne plus vivre que dans les autres, pour ne plus jouir que de leurs propres jouissances, pour ne plus connoître le plaisir, qu'autant qu'il passe par eux pour arriver jusqu'à nous ; nous leur obéissons encore lorsque nous nous élevons jusqu'au mépris des richesses et de la vie, et que nous préférons la douleur physique, la mort même au des[7]honneur ou à quelque autre chagrin qui naît de nos rapports avec la société.

Ces réflexions, toutes courtes qu'elles sont, suffisent pour prouver que la société nous devient beaucoup plus précieuse par les jouissances qu'elle nous procure dans l'ordre métaphysique, que par les jouissances physiques qu'elle nous assure ; qu'ainsi l'appétit des plaisirs, si avide de ces affections sociales, ne peut être satisfait que par le moyen de la société.

Je conviens cependant que ce mobile, considéré dans ses rapports avec l'ordre physique, nous soumet d'une manière bien plus sensible encore et bien plus absolue, à la nécessité rigoureuse de nous réunir en société : pressés par l'attrait du plaisir physique de satisfaire aux besoins essentiels à notre existence, et ne pouvant nous procurer, que par le moyen de la société, les choses relatives à ces mêmes besoins, il est évident que notre réunion en société est une suite naturelle et nécessaire de l'appétit des plaisirs.

Mais ce n'est point là que se bornent les rapports de ce mobile avec la société : quelle multitude de besoins et de jouissances factices ne voit-on pas naître pour nous à l'occasion de notre réunion en société ! L'appétit des plaisirs, en nous rendant sensibles à l'attrait de ces jouissances, ne nous annonce-t-il pas que nous sommes faits pour elles, et qu'elles sont faites pour nous ? et quand il est démontré, comme il le sera dans la suite de cet ouvrage, que ces besoins et ces jouissances factices sont l'ame du mouvement social, du mouvement par lequel la société parvient à remplir les objets de son institution, ne nous devient-il pas évident que tout en nous est disposé pour que nous vivions en société ?

Ce que je viens de dire de ce premier mobile me dispense [8] de parler du second : il est aisé de concevoir que la privation des jouissances recherchées par l'appétit des plaisirs, est pour nous une occasion de douleur ; et que l'aversion de la douleur concourt ainsi avec l'appétit des plaisirs, à la formation et au maintien de la société.

Une cinquième preuve que nous sommes destinés à vivre en société ce sont les besoins physiques et essentiels auxquels notre existence nous assujettit uniformément : nous ne pouvons exister sans consommer ; notre existence est une consommation perpétuelle ; et la nécessité physique des subsistances établit la nécessité physique de la société. Si les hommes ne se nourrissoient que des productions spontanées de la terre, de celles qu'elle donne gratuitement, et sans travaux préparatoires, il faudroit un pays très-vaste pour faire subsister un très-petit nombre d'hommes ; mais nous savons par notre propre expérience que l'ordre physique de notre constitution tend à une multiplication très-nombreuse. Cette disposition physique seroit donc une contradiction, un désordre dans la nature, en ce que les hommes ne pourroient se multiplier que pour s'entre-détruire, si l'ordre physique de la reproduction des subsistances ne permettoit pas qu'elles soient multipliées aussi à mesure que nous nous multiplions. Ce désordre seroit d'autant plus grand, d'autant plus évident, qu'il s'étendroit jusques sur les vues que la nature s'est proposées dans la multiplication des autres animaux ; car elle est subordonnée, comme la nôtre, à celles des subsistances ; et nous sommes les seules créatures par le moyen desquelles les productions doivent se multiplier pour l'avantage commun de tous les êtres qui sont destinés à les consommer.

Cependant cette multiplication de subsistances ne peut s'opérer que par la culture, et la culture n'est possible que dans [9] la société ; car il est évident que personne ne cultiveroit si personne n'avoit la certitude morale de jouir de la récolte, et que ce n'est que dans la société que cette certitude morale peut s'établir, parce qu'elle suppose des droits qui, comme on le verra dans la suite, ne peuvent avoir lieu qu'en société.

L'exemple des Lapons qui ne cultivent point, ne peut pas m'être objecté : chez eux la rigueur du climat s'oppose à la multiplication des hommes, parce qu'il s'oppose à la culture : aussi sont-ils très-peu nombreux. Mais quelque foible que soit leur population, elle ne seroit point ce qu'elle est, et elle ne pourroit se conserver dans le même état, si la société qui s'est établie parmi eux, ne leur assuroit la propriété de leurs troupeaux, et la liberté de les faire pâturer.

Je ne crains pas non plus qu'on aille chercher chez quelques peuples de l'Amérique, des argumens pour me prouver que l'ordre physique de la génération ne rend pas la culture nécessaire. Je sais qu'il en est qui ne cultivent point ou presque point, quoique leur sol et leur climat soient également heureux ; mais ils détruisent leurs enfans, égorgent les vieillards, employent des remèdes pour arrêter le cours naturel de la génération : leurs pratiques homicides sont donc autant de preuves que je peux réclamer pour établir, non pas qu'il ne peut exister une société sans culture, mais que dans les climats propres à la multiplication des hommes, il est d'une nécessité physique, d'une nécessité relative à leurs besoins physiques et à l'ordre physique de la génération, qu'ils soient Cultivateurs ou Meurtriers.

Je veux bien laisser dans ce premier moment la liberté d'instituer une société comme on le voudra; je veux bien qu'elle ne soit point cultivatrice; toujours est-il vrai que si [10] les hommes n'ont pas formé entre eux une société quelconque, de laquelle il puisse résulter une sûreté contre la supériorité de la force et son usage arbitraire, il est impossible qu'un homme puisse faire des approvisionnemens, élever des troupeaux, en un mot s'assurer les moyens de subsister d'une automne à une autre automne. Par-tout où il n'y auroit de droits que ceux de la force, toute possession ne pourroit être que précaire et conditionnelle : un tel état seroit un état de guerre perpétuelle et nécessaire : quiconque ne croiroit pas être seul, se croiroit *nécessairement* en danger, et *nécessairement* il faudroit qu'il détruisît pour n'être pas détruit.

Rien de plus simple, rien de plus évident que l'argument que je viens d'employer pour prouver la nécessité physique de la société : l'ordre physique de la génération nous montre que le genre humain est destiné par l'Auteur de la nature à une multiplication très-nombreuse ; cette multiplication cependant ne peut avoir lieu sans une abondance de subsistances relative et proportionnée à ses besoins ; or cette abondance ne peut naître que par le moyen de la culture qui ne peut s'établir sans la société : ainsi l'établissement de la société, comme moyen nécessaire à l'abondance des productions, est d'une nécessité physique à la multiplication des hommes, et fait partie de l'ordre de la création.

CHAPITRE II.

*Premiere source du Juste et de l'Injuste absolus ; en-quoi ils
consistent; leurs rapports avec la nécessité physique de la
société; droits et devoirs dont la nécessité et la justice sont
absolues. Origine de la propriété personnelle et de la propriété
mobiliaire; ce qu'elles sont ; leurs rapports avec l'inégalité
des conditions parmi les Hommes. Axiome qui renferme
tout le Juste absolu.*

———

La connoissance de la nécessité physique de la société nous conduit tout d'un coup à la connoissance du juste et de l'injuste *absolus*. Le juste *absolu* est une justice par essence, une justice qui
tient tellement à la nature des choses, qu'il faudroit qu'elles cessassent d'être ce qu'elles sont, pour que cette justice cessât d'être ce
qu'elle est.

Le juste *absolu* peut être défini, *un ordre de devoirs et de droits
qui sont d'une nécessité physique, et par conséquent absolue.*
Ainsi l'injuste *absolu* est *tout ce qui se trouve contraire à cet
ordre.* Le terme *d'absolu* n'est point ici employé par opposition au
relatif; car ce n'est que dans le *relatif* que le juste et l'injuste
peuvent avoir lieu ; mais ce qui, rigoureusement parlant, n'est qu'un
juste *relatif* devient cependant un juste *absolu* par rapport à la
nécessité absolue où nous sommes de vivre en société.

Quoiqu'il soit vrai de dire que chaque homme naisse en société,
cependant dans l'ordre des idées, le besoin que les [12] hommes ont
de la société, doit se placer avant l'existence de la société. Ce n'est
pas parce que les hommes se sont réunis en société, qu'ils ont entre
eux des devoirs et des droits réciproques; mais c'est parce qu'ils
avoient naturellement *et nécessairement* entre eux des devoirs et
des droits réciproques, qu'ils vivent naturellement et *nécessairement* en société. Or ces devoirs et ces droits, qui dans l'ordre physique sont d'une nécessité *absolue*, constituent le juste *absolu*.

Je ne crois pas qu'on veuille refuser à un homme le droit naturel de pourvoir à sa conservation : ce premier droit n'est même en lui que le résultat d'un premier devoir qui lui est imposé sous peine de douleur et même de mort. Sans ce droit, sa condition seroit pire que celle des animaux ; car ils en ont tous un semblable. Or il est évident que le droit de pourvoir à sa conservation renferme le droit d'acquérir, par ses recherches et ses travaux, les choses utiles à son existence, et celui de les conserver après les avoir acquises. Il est évident que ce second droit n'est qu'une branche du premier : on ne peut pas dire avoir acquis ce qu'on n'a pas le droit de conserver ; ainsi le droit d'acquérir et le droit de conserver ne forment ensemble qu'un seul et même droit, mais considéré dans des temps différents.

C'est donc de la nature même que chaque homme tient la propriété *exclusive* de sa personne, et celle des choses acquises par ses recherches et ses travaux. Je dis la propriété *exclusive*, parce que si elle n'étoit pas *exclusive*, elle ne seroit pas un droit de propriété.

Si chaque homme n'étoit pas, *exclusivement* à tous les autres hommes, propriétaire de sa personne, il faudroit que les autres hommes eussent sur lui-même des droits semblables aux siens : dans ce cas on ne pourroit plus dire qu'un homme [13] a le droit naturel de pourvoir à sa conservation ; lorsqu'il voudroit user d'un tel droit, les autres auroient aussi le droit de l'en empêcher ; son prétendu droit seroit donc nul ; car un droit n'est plus un droit, dès que les droits des autres ne nous laissent pas la liberté d'en jouir.

Il y a long-tems que nous avons adopté l'axiome du droit Romain, *Jus constituit necessitas*, et que sans connoître la force et la justice de cette façon de parler, nous disons que *la nécessité fait la loi.* Cet axiome cependant renferme une grande vérité ; il nous apprend que ce qui est d'une nécessité *absolue*, est aussi d'une justice *absolue* ; et d'après cette même vérité, nous devons faire le raisonnement que voici : Pour que chaque homme puisse remplir le premier devoir auquel il est assujéti par la nature ; pour qu'il puisse subsister enfin, il est d'une nécessité *absolue* qu'il ait le droit de pourvoir à sa conservation ; pour qu'il puisse jouir de ce droit, il est d'une nécessité *absolue* que les autres n'ayent pas le droit de l'en empêcher ; la propriété *exclusive* de sa personne, que désormais j'appellerai *propriété personnelle*, est donc pour chaque homme un droit d'une nécessité *absolue*; et comme cette propriété personnelle *exclusive* seroit nulle sans la propriété *exclusive* des choses acquises par ses recherches et ses travaux, cette seconde propriété *exclusive* à laquelle je donnerai, dans la suite, le nom de *propriété mobiliaire*, est d'une nécessité *absolue* comme la premiere dont elle émane.

Nous voici déja bien avancés dans la connoissance du juste et de l'injuste *absolus :* une fois que nous voyons qu'il est d'une nécessité *absolue* que dans chaque homme sa propriété personnelle et sa propriété mobiliaire soient *exclusives*, nous sommes forcés de reconnoître aussi, dans chaque homme, des devoirs d'une nécessité *absolue :* ces devoirs consistent à ne [14] point blesser les droits de propriété des autres hommes ; car il est évident que, sans les devoirs, les droits cesseroient d'exister.

L'homme considéré par rapport aux animaux, n'a point *de droits*, parce qu'entre eux et lui c'est le pouvoir physique qui décide de tout. L'idée qu'on doit se former d'un *droit* ne peut s'appliquer qu'aux rapports que les hommes ont *nécessairement* entre eux ; et dans ce point de vue, qui dit un *droit*, dit *une prérogative établie sur un devoir, et dont on jouit librement, sans le secours de la supériorité des forces, parce que toute force étrangère, quoique supérieure, est obligée de la respecter*. Sans cette obligation rigoureuse, l'homme endormi n'auroit aucun des *droits* de l'homme éveillé, ou plutôt personne n'auroit de *droits*, qu'en raison de son pouvoir physique, et la société ne subsisteroit pas plus entre les hommes, qu'elle subsiste entre eux et les bêtes féroces.

Le voilà donc ce juste *absolu*, le voilà qui s'offre à nous dans toute sa simplicité : une fois que nous reconnoissons la nécessité physique dont il est, que nous vivions en société, nous voyons évidemment qu'il est d'une nécessité, et conséquemment d'une justice *absolues*, que chaque homme soit *exclusivement* propriétaire de sa personne et des choses qu'il acquiert par ses recherches et ses travaux ; nous voyons évidemment qu'il est d'une nécessité et d'une justice *absolues* que chaque homme se fasse un devoir de respecter les droits de propriété des autres hommes ; qu'ainsi parmi eux *il n'est point de droits sans devoirs*. J'ai même déja fait observer que cette régle est l'ordre primitif de la nature ; car dans cet ordre primitif le droit de pourvoir nous-même à notre conservation, sitôt que nos forces nous le permettent, est établi sur un devoir absolu, sur un devoir dont nous ne pouvons [15] nous affranchir, que nous n'en soyions punis par la douleur et la destruction de notre individu.

Cette derniere maxime du juste *absolu* nous montre encore *qu'il n'est point de devoirs sans droits*; que ceux-là sont le principe et la mesure de ceux-ci ; que les devoirs enfin ne peuvent être établis dans la société, que sur la nécessité dont ils sont à la conservation des droits qui en résultent.

Si quelqu'un révoquoit en doute cette vérité, il ne me seroit pas difficile de l'en convaincre : un devoir, quel qu'il soit, prend sur la propriété personnelle qui doit être *exclusive* ; il est donc, par essence, incompatible avec cette propriété, à moins qu'il ne lui soit utile. Il est évident que si ce devoir lui étoit onéreux sans lui être d'aucune utilité, celui qui seroit grévé de ce devoir, ne seroit plus *exclusivement* propriétaire de sa personne : ainsi ce devoir, qui offenseroit un droit naturel et conforme à la justice par essence, ne pourroit être rempli, qu'autant qu'on y seroit contraint par une force supérieure : dans cet état, tout se rameneroit au pouvoir physique, désordre destructif de toute société.

L'idée d'un devoir qui ne seroit absolument qu'onéreux, présente une contradiction bien frappante ; car d'un côté elle suppose un devoir, et de l'autre côté nul droit pour l'exiger. En effet un droit que la force seule établit, et qu'une autre force détruit, n'en est point un parmi les hommes. Tel seroit cependant le titre de ceux qui voudroient assujétir un homme à des devoirs qui ne seroient pour lui d'aucune utilité, et qui par conséquent détruiroient en lui ses droits de propriété.

Revenons donc à l'ordre de la nature : là, nous trouvons que les devoirs sont *nécessairement* utiles ; qu'ils sont la source et le fondement des devoirs qui nous sont acquis, et [16] qu'il nous importe de conserver ; que ces droits sont des propriétés *exclusives* par essence ; que leur imposer un devoir quelconque qui n'eût rien d'avantageux pour elles, ce seroit les partager et par conséquent les détruire ; qu'ainsi elles ne peuvent se concilier avec d'autres devoirs que ceux qui sont conformes et nécessaires aux intérêts de ces mêmes propriétés *exclusives*. Nous pouvons donc renfermer tout le juste *absolu* dans un seul et unique axiome : POINT DE DROITS SANS DEVOIRS, ET POINT DE DEVOIRS SANS DROITS.

Je terminerai ce Chapitre par une observation sur l'inégalité des conditions parmi les hommes : ceux qui s'en plaignent ne voyent pas qu'elle est dans l'ordre de la justice par essence : une fois que j'ai acquis la propriété *exclusive* d'une chose, un autre ne peut pas

en être propriétaire comme moi et en même-temps. La loi de la propriété est bien la même pour tous les hommes ; les droits qu'elle
donne sont tous d'une égale justice, mais ils ne sont pas tous d'une
égale valeur, parce que leur valeur est totalement indépendante de
la loi. Chacun acquiert en raison des facultés qui lui donnent les
moyens d'acquérir ; or la mesure de ces facultés n'est pas la même
chez tous les hommes.

Indépendamment des nuances prodigieuses qui se trouvent entre
les facultés nécessaires pour acquérir, il y aura toujours dans le
tourbillon des hazards, des rencontres plus heureuses les unes que
les autres : ainsi par une double raison, il doit s'introduire de grandes
différences dans les états des hommes réunis en société. Il ne faut
donc point regarder l'inégalité des conditions comme un abus qui
prend naissance dans les sociétés : quand vous parviendriez à dissoudre
celles-ci, je vous défie de faire cesser cette inégalité ; elle a sa source
dans l'inégalité des pouvoirs physiques, et [17] dans une multitude
d'évenemens accidentels dont le cours est indépendant de nos
volontés ; ainsi dans quelque situation que vous supposiez les
hommes, vous ne pourrez jamais rendre leurs conditions égales, à
moins que changeant les loix de la nature, vous ne rendiez égaux
pour chacun d'eux, les pouvoirs physiques et les accidents.

Je conviens cependant que dans une société particuliere, ces
différences dans les états des hommes peuvent tenir à de grands
désordres qui les augmentent au-delà de leur proportion naturelle
et nécessaire ; mais qu'en résulte-t-il ? Qu'il faut se proposer d'établir l'égalité des conditions ? non ; car il faudroit détruire toute
propriété, et par conséquent toute société ; mais qu'il faut corriger
les désordres qui font que ce qui n'est point un mal en devient un,
en ce qu'ils disposent les choses de maniere que la force place d'un
côté tous les droits, et de l'autre tous les devoirs.

18]   CHAPITRE III.

Formation des Sociétés particulieres ; comme elles sont d'une
nécessité physique. Institution et nécessité physique de la
propriété fonciere, des loix conséquentes à cette propriété, et
d'une autorité tutélaire pour en assurer l'observation. Pre-
mieres notions du Juste absolu considéré dans les Sociétés
particulieres. Comment la somme des droits et celle des
devoirs se servent mutuellement de mesure dans ces Sociétés.
Fondement naturel et unique de la véritable grandeur des
Rois.

Nous venons de voir qu'il a dû exister naturellement et *néces-*
sairement parmi les hommes une sorte de société universelle et
tacite, dans laquelle chacun avoit des devoirs et des droits essentiels.
Cette société primitive existoit par la seule connoissance du besoin
que les hommes avoient les uns des autres, et de la nécessité où ils
étoient de s'imposer des devoirs réciproques pour s'assurer des
droits réciproques qui intéressoient leur existence. Dans ce premier
état, les hommes venant à se multiplier, les productions gratuites
et spontanées de la terre sont bien-tôt devenues insuffisantes ; et ils
ont été forcés d'être cultivateurs. Alors il a fallu que les terres se
partageassent, afin que chacun connût la portion qu'il pourroit
cultiver.

De la nécessité de la culture a résulté la nécessité du partage
des terres ; celle de l'institution de la propriété fonciere ; [19] et le
tout ensemble a opéré *nécessairement* la division de la société
universelle et tacite en plusieurs sociétés particulieres et conventionnelles.

En général, avant qu'une terre puisse être cultivée, il faut qu'elle
soit défrichée, qu'elle soit préparée par une multitude de travaux
et de dépenses diverses qui marchent à la suite des défrichements ;
il faut enfin que les bâtiments nécessaires à l'exploitation soient
construits, par conséquent que chaque premier Cultivateur com-

mence par avancer à la terre des richesses mobiliaires dont il a la
propriété : or comme ces richesses mobiliaires incorporées, pour
ainsi dire, dans les terres, ne peuvent plus en être séparées, il est
sensible qu'on ne peut se porter à faire ces dépenses, que sous la
condition de rester propriétaire de ces terres ; sans cela la propriété
mobiliaire de toutes les choses ainsi dépensées seroit perdue. Cette
condition a même été d'autant plus juste dans l'origine des sociétés
particulieres, que les terres étoient sans valeur vénale et sans prix,
avant que les dépenses les eussent rendues susceptibles de culture.

D'après la nécessité physique de la propriété fonciere il est aisé
de concevoir la nécessité physique des sociétés particulieres : en-
vain un homme est constitué propriétaire d'une terre, il ne peut se
décider à faire les dépenses nécessaires pour la mettre en valeur,
qu'autant qu'il est socialement certain qu'il sera pareillement propriétaire de la récolte que de la culture de cette terre pourra procurer. Mais pour établir cette certitude sociale en faveur des Propriétaires fonciers et des Cultivateurs, il a fallu chercher les
moyens de mettre les récoltes à l'abri de **tous** les risques auxquels
elles étoient *nécessairement* exposées, jusqu'à ce qu'elles fussent
enlevées par ceux auxquels elles devoient appartenir. Les hom-
[20] mes se sont donc trouvés dans la nécessité physique de se diviser comme les terres même ; de former des sociétés particulieres,
dans lesquelles les uns fussent occupés de la culture, et les autres
de la sûreté des récoltes.

Il est sensible que l'institution de ces sociétés particulieres n'a
pû se faire sans des conventions qui eussent un double objet :
1º. Celui d'assurer dans l'intérieur de chaque société, le sort des
Propriétaires fonciers, celui des Cultivateurs, et de tous ceux qui
seroient employés à la sûreté des récoltes ; 2º. De mettre le corps
entier de la société en état de n'avoir rien à craindre au dehors de
la part des sociétés voisines. Alors, pour donner à ces conventions
une consistence solide, et remplir les objets qu'on se proposoit par
leur moyen, il a fallu *nécessairement* instituer une autorité tutélaire,
dans la protection de laquelle le corps social trouvât les secours et
la garantie qu'il désiroit : nous verrons dans la suite quelles sont
les conditions essentielles pour que cette autorité réponde nécessairement aux vues de son institution.

C'est ainsi que la chaîne de nos besoins physiques sert à nous
guider dans la recherche du juste absolu : à mesure qu'ils se déve-

loppent à nos yeux, la nécessité physique de l'ordre auquel ils nous assujétissent *nécessairement*, se rend sensible ; et cette nécessité physique, qui est absolue, nous fait connoître ce qui est d'une justice absolue.

Dans le premier état où le genre humain se présente à nous, je veux dire, dans la société naturelle, universelle et tacite, nous appercevons clairement que l'homme ne peut exister sans la propriété exclusive de sa personne et des choses acquises par ses recherches et ses travaux ; que cette propriété étant la même dans tous les hommes, nous sommes [21] ainsi forcés de reconnoître en chacun d'eux des devoirs et des droits d'une nécessité et d'une justice absolue.

Si-tôt que les progrès de la muliplication des hommes les obligent d'employer leur industrie à multiplier les subsistances, le besoin qu'ils ont de la culture, les force d'instituer parmi eux une propriété foncière, qui devient ainsi d'une nécessité et d'une justice absolues.

Dès le moment que cette troisieme sorte de propriété devient nécessaire à l'existence des hommes, la sûreté dont les récoltes ont besoin pour que la culture ait lieu, contraint la société générale de se diviser en sociétés particulieres ; et dans ce second état nous découvrons de nouvelles branches du juste absolu ; nous voyons évidemment que ces sociétés particulieres ne peuvent exister sans des conventions relatives à la sûreté si essentielle aux récoltes ; qu'ainsi les conventions qui établissent cette sûreté sont d'une nécessité et d'une justice absolues ; nous voyons évidemment que pour donner à ces mêmes conventions la solidité qui leur convient, il faut absolument instituer une autorité tutélaire ; par conséquent que d'un côté la protection que cette autorité doit leur accorder, et de l'autre côté l'obéissance aux ordres de cette même autorité sont d'une nécessité et d'une justice absolues.

Il est à propos de faire observer que la vérité de l'axiome qui embrasse tout le juste absolu, acquiert ici un nouveau degré d'évidence : à mesure que nous voyons nos devoirs s'accroître, nous voyons aussi nos droits s'accroître également. Dans le premier état des hommes ils n'avoient aucune sorte de propriétés communes ; leurs droits ne s'étendoient point au-delà de leurs propriétés exclusives tant personnelles que mobiliaires, et leurs devoirs ne les assujétissoient qu'à respecter entre eux ces mêmes propriétés, sans les [22] obliger à se prêter des secours mutuels pour les défendre.

Dans leur second état les devoirs et les droits réciproques acquièrent une extension proportionnelle qui les rend bien plus précieux à l'humanité. Les hommes, obligés de cultiver, se trouvent ainsi chargés d'un nouveau devoir que la nature leur impose ; de ce nouveau devoir on voit naître une nouvelle sorte de droits, ceux de la propriété foncière qui assure celle des récoltes. Il est vrai qu'elle met en quelque sorte des bornes au droit primitif que tous les hommes avoient de se procurer des subsistances par leurs recherches ; mais aussi chacun de ceux qui jouissent de ces nouveaux droits, est dans l'obligation de les acheter par des dépenses, et de partager ainsi avec les autres hommes les avantages qu'il en retire ; par ce moyen ceux auxquels on impose, comme un nouveau devoir, l'obligation de respecter les récoltes, de veiller même à leur sûreté, se trouvent acquérir, par ce devoir, un nouveau droit, celui de participer à ces mêmes récoltes ; et ce nouveau droit les dédommage amplement du devoir qui en est le titre constitutif.

Ce n'est pas cependant que je veuille dire que tous les hommes qui ne cultivent point, soient dans une égale obligation de veiller à la sûreté des récoltes, et qu'ils ayent un droit égal au partage qui doit en être fait. Mais pour tous ceux qui ne sont point commis aux fonctions relatives à cette sûreté, il est d'autres moyens d'acquérir le droit de participer à ces mêmes récoltes ; et ces moyens sont toutes les ressources qu'ils peuvent trouver dans leur industrie, pour augmenter les jouissances du corps social : ils n'ont point à se plaindre d'avoir perdu le droit de recherche ; dès qu'ils se rendent utiles, les subsistances viennent les trouver ; ainsi en leur imposant le devoir de s'employer à l'utilité commune, [23] on leur a donné des droits sur les produits de la culture ; et la manière dont ils satisfont à ce devoir, est ce qui décide de l'étendue de leurs droits.

On observera sans doute que la nécessité physique de la propriété foncière est la source où nous devons puiser toutes les institutions sociales qui constituent l'ordre essentiel des sociétés : de la nécessité de cette propriété nous voyons naître la nécessité de la propriété des récoltes ; de celle-ci la nécessité de les partager ; de cette troisieme la nécessité des conventions ou des loix servant à régler ce partage ; de cette quatrieme, la nécessité de toutes les autres institutions indispensables pour donner de la consistance à ces loix et aux droits qui en résultent : nous voyons ainsi se former la nécessité des Magistrats pour être les organes des loix ; celle d'une autorité tutélaire pour assurer l'observation des loix ; celle enfin de tout ce qui doit concourir à mettre cette autorité en état de produire les effets qu'on en attend. Je n'entrerai point, quant à présent, dans le détail de toutes ces conséquences et des rapports nécessaires qu'elles ont entre elles ; je dirai seulement que la nécessité de la propriété fonciere étant celle à laquelle la nécessité de toutes les autres institutions est subordonnée, il en résulte évidemment que le partage des récoltes doit être institué de maniere que l'état du Propriétaire foncier soit *le meilleur état socialement possible*.

Plus nous examinerons les rapports que les hommes ont entre eux dans cette nouvelle société, et plus nous serons convaincus que les nouveaux droits sont établis sur de nouveaux devoirs, et que les nouveaux devoirs sont établis sur de nouveaux droits : avant la formation des sociétés particulieres le droit de chaque homme consistoit, comme je viens de le dire, à ne point dépendre des autres, et son [24] devoir se bornoit à ne point les assujétir à dépendre de lui. Il en est tout autrement dans les sociétés particulieres : il s'y forme une chaîne de dépendances réciproques qui deviennent des droits et des avantages réciproques : chaque homme est dans l'obligation de concourir à garantir les propriétés des autres hommes, et ce devoir lui donne un droit qui met les autres hommes dans l'obligation de concourir à lui garantir les siennes ; pour donner de la consistence à cette garantie mutuelle, il s'établit entre eux des propriétés communes, par le moyen desquelles chacun multiplie naturellement et ses pouvoirs et ses jouissances ; ainsi par les nouveaux devoirs qu'il contracte, il acquiert de nouveaux droits, qui rendent *nécessairement* sa condition meilleure à tous égards.

Cette balance de devoirs et de droits réciproques et proportionnels établis les uns sur les autres se trouve être la même dans les devoirs et les droits de l'autorité tutélaire : si son droit est que les autres hommes lui obéissent, son devoir est aussi d'assurer les propriétés des autres hommes ; c'est parce qu'elle doit protection et sûreté, qu'on lui doit obéissance et partage dans les récoltes. Nous retrouvons donc par-tout la vérité de notre axiome : Point de droits sans devoirs, et point de devoirs sans droits.

Ce que je dis ici de l'autorité tutélaire nous conduit directement à nous former la plus haute idée de ceux qui en sont les dépositaires : on voit que cette autorité est le premier lien du corps politique ; que celui qui l'exerce est l'organe et le ministre de la justice par essence ; qu'il tient dans sa main le bonheur des hommes ; qu'en cela qu'il fait observer constamment un ordre de qui nous tenons tous les biens dont nous jouissons, il ne fait que partager dans les [25] richesses qu'il procure ; il donne ainsi toujours plus qu'il ne reçoit ; il est une divinité à laquelle on ne peut rien offrir qui ne fasse partie de ses bienfaits.

CHAPITRE IV.

Premiers principes de l'ordre essentiel des Sociétés particulieres.
Définition de cet ordre essentiel. Il est tout entier renfermé
dans les trois branches du droit de propriété. Sans cet ordre
les Sociétés particulieres ne pourroient répondre aux vues de
l'Auteur de la nature, et remplir l'objet de leur institution.
Cet objet est de procurer au genre humain le plus grand
bonheur et la plus grande multiplication possibles.

A PEINE avons-nous, pour ainsi dire, entrevu la nécessité physique des sociétés particulieres, que nous découvrons un *ordre essentiel*, un ordre dont elles ne peuvent s'écarter sans trahir leurs véritables intérêts, sans cesser même d'être sociétés. Ce que j'appelle un *ordre essentiel* est, en général, un enchaînement de moyens sans lesquels il est impossible de remplir l'objet qu'on s'est proposé. Ainsi l'objet *ultérieur* de la formation des sociétés particulieres, tel que nous l'appercevons dans les intentions de leur premier Instituteur, étant le bonheur et la multiplication des hommes, il devient évident que l'ordre essentiel des sociétés est l'*accord parfait des institutions sociales sans lesquelles ce bonheur et cette multiplication ne pourroient avoir lieu.*

[26] Pour rendre ces vérités plus sensibles, il est à propos de développer les rapports qui se trouvent entre le bonheur et la multiplication des hommes. Par la raison qu'un homme n'apporte dans ce monde que des besoins ; qu'il doit y trouver les choses nécessaires à sa subsistance, et qu'il ne peut exister sans consommer, il est évident que les hommes ne peuvent se multiplier, qu'en proportion des productions qui doivent entrer dans leurs consommations. L'objet *immédiat* de l'institution des sociétés particulieres est donc la multiplication des productions.

Cet objet *immédiat* nous est manifesté par l'ordre physique, de maniere que personne ne peut le révoquer en doute : tout le monde voit évidemment que l'espece humaine est susceptible d'une multiplication bien supérieure au nombre d'hommes qui pourroient vivre des productions spontanées de la terre ; tout le monde voit évidemment que la multiplication des productions est physiquement nécessaire ; qu'elle est possible, et même certaine, en remplissant, de notre part, les conditions dont l'ordre physique la fait dépendre ; tout le monde voit évidemment que cette multiplication ne peut s'opérer sans la culture ; que la culture ne peut avoir lieu que dans les sociétés particulieres ; par conséquent que leur institution est dans les vues de la nature, comme un moyen dont elle a fait choix pour que la multiplication des hommes ne fût point arrêtée par un obstacle insurmontable, et qu'au lieu de leur devenir funeste, elle servît à l'accroissement de leur bonheur.

Aux yeux du Créateur le bonheur des hommes à naître est tout aussi présent que celui des hommes qui sont déjà nés ; il pourvoit à l'un et à l'autre par les mêmes moyens, par l'institution des sociétés, par l'intérêt qu'elles ont [27] pour elles-mêmes à multiplier les productions, par l'ensemble de toutes les dispositions qui sont dans la nature pour servir leurs intentions à cet égard. Cette réflexion nous montre combien nous devons respecter l'ordre qui nous réunit en société ; combien nous sommes coupables devant Dieu, lorsque nous nous écartons de cet ordre divin, et que nous arrêtons le cours naturel de la multiplication des hommes, en arrêtant celui de la multiplication des productions.

La multiplication et le bonheur des hommes sont deux objets tellement enchaînés l'un à l'autre dans le système de la nature, qu'il n'est sur la terre aucune puissance qui ait le pouvoir de les séparer. Humainement parlant, le plus grand bonheur possible consiste pour nous *dans la plus grande abondance possible d'objets propres à nos jouissances, et dans la plus grande liberté possible d'en profiter.* Or cette grande abondance ne peut jamais exister sans une grande liberté ; car, comme il sera démontré dans le Chapitre suivant, c'est à la liberté que nous sommes redevables de tous les efforts que font les hommes pour provoquer cette abondance. Ainsi dès qu'il est reconnu que dans les vues de la nature la plus grande abondance possible des productions est l'objet immédiat de l'institution des sociétés particulieres, il devient évident qu'il est également dans ses vues que les hommes y jouissent de la plus grande liberté possible, et conséquemment que les deux ensemble leur assurent le plus grand bonheur possible.

Non-seulement l'Auteur de la nature a voulu que la multiplication des hommes ne pût s'opérer que par les moyens institués pour les rendre heureux, mais encore que cette multiplication à son tour servît à l'accroissement de leur [28] bonheur. C'est par un effet naturel de cette multiplication, que la terre s'est couverte d'une multitude de productions diverses, et que par la voie du commerce, chaque climat s'approprie, en quelque sorte, les richesses des autres climats ; c'est à elle encore que nous sommes redevables des progrès de notre intelligence et de notre industrie, en un mot de tout ce que nous mettons en pratique pour varier et multiplier nos jouissances. Je sais que parmi ces jouissances il en est beaucoup dont la privation ne seroit point un malheur pour nous, si elles nous étoient totalement inconnues ; mais cela n'empêche pas qu'il nous soit agréable de les posséder, et que ces jouissances ajoutent à la somme commune du bonheur qui se partage entre les hommes.

Autre chose est le malheur, autre chose la diminution du bonheur : ne pas jouir d'un bien qu'on ne connoît pas, n'est point un malheur ; mais c'est un bonheur de moins ; par la même raison connoître ce bien et en jouir n'est point la cessation d'un malheur, mais c'est un bonheur de plus. C'est dans ce sens qu'il faut entendre que la grande multiplication des hommes leur devient avantageuse ; ils pourroient sans elle n'être pas malheureux ; mais ils en ont besoin pour devenir plus heureux.

L'ordre essentiel à toutes les sociétés particulieres est donc *l'ordre des devoirs et des droits réciproques dont l'établissement est essentiellement nécessaire à la plus grande multiplication possible des productions, afin de procurer au genre humain la plus grande somme possible de bonheur, et la plus grande multiplication possible.* D'après cette définition de l'ordre essentiel, il devient évident qu'il n'est rien au monde qui puisse nous intéresser autant que la connoissance de cet ordre précieux ; mais ce qui nous prouve bien que l'Auteur de la [29] nature a voulu que nous fussions heureux, c'est que tous les hommes sont appellés à cette connoissance : rien de si simple que l'ordre essentiel des sociétés ; rien de si facile à concevoir que les principes immuables qui le constituent ; ils sont tous renfermés dans les trois branches du droit de propriété ; il est aisé de le démontrer.

La propriété personnelle est le premier principe de tous les autres droits : sans elle, il n'est plus ni propriété mobiliaire, ni propriété fonciere, ni société.

La propriété mobiliaire, n'est, pour ainsi dire, qu'une maniere de jouir de la propriété personnelle, ou plutôt c'est la propriété personnelle elle-même considérée dans les rapports qu'elle a nécessairement avec les choses propres à nos jouissances; on est donc obligé de respecter, de protéger la propriété mobiliaire, pour ne pas détruire la propriété personnelle, la propriété fonciere et la société.

La propriété fonciere est établie sur la nécessité dont elle est aux deux premieres propriétés, qui sans elle deviendroient nulles: dès qu'il y auroit plus d'hommes que de subsistances, le besoin les mettroit dans le cas de s'entre-égorger, et alors il n'existeroit plus ni propriété mobiliaire, ni propriété personnelle, ni société.

Ces trois sortes de propriétés sont ainsi tellement unies ensemble qu'on doit les regarder comme ne formant qu'un seul tout dont aucune partie ne peut être détachée, qu'il n'en résulte la destruction des deux autres. L'ordre essentiel à toute société est donc de les conserver toutes trois dans leur entier; il ne peut rien admettre qui puisse blesser aucune de ces trois propriétés.

Mais, me dira-t-on, n'y a-t-il pas d'autres institutions sociales qui font *nécessairement* partie de l'ordre essentiel des [30] sociétés? cela est vrai, mais elles n'y prennent place que comme conséquences nécessaires, et non comme premiers principes; c'est au droit de propriété qu'il faut remonter pour trouver la nécessité de ces institutions.

J'ai dit, par exemple, dans le Chapitre précédent, que les sociétés particulieres n'avoient pû se former sans des conventions relatives aux devoirs et aux droits qui résultent *nécessairement* de la propriété fonciere, et qu'elles ne pouvoient subsister que par le moyen d'une autorité tutélaire propre à assurer l'exécution constante de ces mêmes conventions. De-là s'ensuit que ces conventions ou ces loix (car c'est le nom qu'on doit leur donner), et une autorité tutélaire pour les faire observer, prennent naissance dans la nécessité physique de la propriété fonciere: faites disparoître cette propriété, il n'est plus besoin ni de ces loix, ni de l'autorité tutélaire; il n'existe plus ni ordre social ni véritable société.

L'institution de ces loix et celle de cette autorité, ainsi que toutes les autres institutions qui résultent nécessairement de ces deux premieres, ont donc un objet essentiel, un objet déterminé par la propriété fonciere elle-même, ou si l'on veut, par la nécessité absolue dont elle est à la société. Il est évident que cet objet essentiel n'est autre chose que de consolider les devoirs et les droits résultants de cette propriété; ainsi ces deux institutions n'ajoûtent rien à l'ordre essentiel; c'est cet ordre au contraire qui les fait ce qu'elles sont, et pour sa propre conservation.

L'ordre essentiel à toutes les sociétés est l'ordre sans lequel aucune société ne pourroit ni se perpétuer ni remplir l'objet de son institution. La base fondamentale de cet ordre est évidemment le droit de propriété, parce que sans [31] le droit de propriété la société, n'auroit aucune consistence, et ne seroit d'aucune utilité à l'abondance des productions. Les autres parties de l'ordre essentiel ne peuvent être que des conséquences de ce premier principe; il est ainsi de toute impossibilité qu'elles ne soient pas parfaitement d'accord avec lui pour tendre vers la plus grande multiplication possible des productions et des hommes, et assurer le plus grand bonheur possible à chacun de ceux qui vivent en société.

CHAPITRE V.

De la liberté sociale ; en quoi elle consiste ; elle n'est qu'une branche du droit de propriété. Simplicité de l'ordre social par rapport à la liberté. Ses rapports nécessaires avec l'ordre physique de notre constitution et de la réproduction. Nécessité dont elle est à l'intérêt général d'une société.

J'AI DIT dans le Chapitre précédent qu'une grande abondance de productions ne pouvoit avoir lieu sans une grande liberté. Cette vérité, dont je n'ai point encore donné la démonstration, est tout à la fois d'une grande importance et d'une grande simplicité. N'est-il pas vrai qu'un droit qu'on n'a pas la liberté d'exercer, n'est pas un droit ? Il est donc impossible de concevoir un droit de propriété sans liberté.

Le droit de propriété considéré par rapport au propriétaire, n'est autre chose que le *droit de jouir* ; or il est évident que *le droit de jouir ne peut exister sans la liberté de jouir*. De même aussi *la liberté de jouir ne peut avoir lieu sans* [32] *le droit de jouir* ; elle le suppose *nécessairement* ; car sans le droit, la liberté n'auroit aucun objet, à moins d'admettre dans un homme la liberté de jouir des droits d'un autre homme. Mais cette idée renfermeroit une contradiction bien évidente ; elle supposeroit dans le second des droits qu'il n'auroit point, puisqu'il ne pourroit les exercer ; ils appartiendroient au contraire à celui qui auroit la liberté d'en jouir.

Par la raison que le droit de jouir et la liberté de jouir ne peuvent exister l'un sans l'autre, on doit les regarder comme ne formant qu'une seule et même prérogative qui change de nom, selon la façon de l'envisager. Ainsi on ne peut blesser la liberté sans altérer le droit de propriété, et on ne peut altérer le droit de propriété, sans blesser la liberté.

Il est sensible que par le terme de liberté il ne faut point entendre cette liberté métaphysique qui ne consiste que dans la faculté de former des volontés ; c'est la faculté, la liberté de les exécuter dont il s'agit ici ; car sans la seconde, la premiere est absolument inutile.

Un homme conserve jusques dans les fers la liberté métaphysique de désirer, de vouloir ; mais il n'a pas alors la liberté *physique* de l'exécution. Je donne à cette seconde liberté le nom de *physique*, parce qu'elle ne se réalise que dans les actes physiques qu'elle a pour objet. Or il est évident que celle-ci est la seule qui puisse intéresser la société; car dans la société tout est physique; aussi est-ce sur l'ordre physique que l'ordre social est essentiellement et *nécessairement* établi.

Telle est l'idée qu'on doit se former de la liberté sociale, de cette liberté qui est tellement inséparable du droit [33] de propriété qu'elle se confond avec lui, et qu'il ne peut exister sans elle, comme elle ne peut exister sans lui. En effet qu'on dépouille un homme de tous droits de propriété, je défie qu'on trouve en lui vestiges de liberté : d'un autre côté, supposez quelqu'un qui soit privé de toute espece de liberté, je défie qu'on puisse dire qu'il lui reste dans le fait et réellement aucun droit de propriété.

C'est] donc à juste titre que j'ai dit que sans la liberté sociale on ne pouvoit se promettre une grande abondance de productions. L'homme ne se met en action qu'autant qu'il est aiguillonné par le desir de jouir ; or le desir de jouir ne peut agir sur nous, qu'autant qu'il n'est point séparé de la liberté de jouir. Faites maintenant l'application de ces vérités aux opérations qui sont nécessaires pour provoquer une grande abondance de productions : il est certain que cette grande abondance ne peut s'obtenir que par de grandes dépenses et de grands travaux. Mais qui est-ce qui peut porter les hommes à faire ces travaux et ces dépenses, si ce n'est le desir de jouir ? et que peut sur eux le desir de jouir, s'ils sont privés de la liberté de jouir ?

Ne cherchons point dans les hommes des êtres qui ne soient point des hommes : la nature, comme je l'ai déja dit, a voulu qu'ils ne connussent que deux mobiles, l'appétit des plaisirs et l'aversion de la douleur : il est donc dans ses vues qu'ils ne soient pas privés de la liberté de jouir ; car sans cette liberté le premier de ces deux ressorts perd toute sa force, il devient absolument nul. *Desir de jouir et liberté de jouir, voilà l'ame du mouvement social ;* voilà le germe fécond de l'abondance, parce que cet ensemble précieux est le principe de tous les efforts que les hommes font pour se la procurer.

[34] La liberté sociale peut être définie *une indépendance des volontés étrangeres qui nous permet de faire valoir le plus qu'il nous est possible nos droits de propriété, et d'en retirer toutes les jouissances qui peuvent en résulter sans préjudicier aux droits de propriété des autres hommes.* Cette définition nous fait connoître combien est simple l'ordre essentiel des sociétés : nous ne sommes plus embarrassés pour déterminer la portion de liberté dont chaque homme doit jouir ; la mesure de cette portion est toujours évidente ; elle nous est naturellement donnée par le droit de propriété : *telle est l'étendue du droit de propriété, telle est aussi l'étendue de la liberté.*

Les préjugés dans lesquels les hommes ont vieilli, ne manqueront pas de s'élever contre ce que je dis pour prouver la nécessité physique dont il est que les hommes jouissent en société de la plus grande liberté possible. Mais quels que soient les sophismes qu'ils ayent à m'objecter, je peux y répondre par avance en établissant ici deux vérités : la première est que de la liberté il ne peut résulter que du bien ; la seconde que de la diminution de la liberté il ne peut résulter que du mal.

L'appétit des plaisirs ne cesse de nous porter vers le plus grand nombre possible de jouissances. Mais ce plus grand nombre possible n'est point une mesure connue : quelle que soit la somme de nos jouissances, nous cherchons toujours à les varier et les augmenter encore. Cette tendance naturelle nous met dans le cas d'avoir besoin des autres hommes ; car ce n'est que par leurs secours que nous pouvons parvenir à cette augmentation de jouissances que nous désirons. Mais pour obtenir ces secours il faut en donner la valeur ; il faut avoir les moyens d'offrir jouissances pour jouissances : ainsi nous ne pouvons jamais nous proposer de jouir seuls et séparé[35]ment des autres ; il faut nécessairement qu'ils soient associés à l'accroissement de nos jouissances ou que nous renoncions à cet accroissement.

La façon dont nous sommes organisés nous montre donc que dans le système de la nature chaque homme tend perpétuellement vers son meilleur état possible, et qu'en cela même il travaille et concourt *nécessairement* à former le meilleur état possible du corps entier de la société. Or il est évident qu'il ne peut conserver cette direction si précieuse à l'humanité, qu'autant qu'il jouit de la plus grande liberté ; ainsi la liberté d'un seul est avantageuse à tous ; on ne peut l'en dépouiller, sans lui occasionner des privations qui de proche en proche, viennent, comme un mal contagieux, affecter tous les autres membres de la société.

On s'est imaginé cependant que l'intérêt général demandoit qu'on mît des bornes factices à la liberté ; qu'on ne permît pas aux hommes de mettre à profit toutes les jouissances que leur droit de propriété pouvoit leur procurer. Cette idée est d'autant plus mal combinée, qu'elle met en opposition l'intérêt général avec les intérêts particuliers. Et qu'est-ce donc que l'intérêt général d'un corps, si ce n'est ce qui convient le mieux aux divers intérêts particuliers des membres qui le composent ? comment peut-il se faire qu'un corps gagne quand ses membres perdent ? Mais, me dira-t-on peut-être, la valeur des bénéfices que les uns procurent à la société par ce moyen, ne peuvent-ils pas surpasser la valeur des pertes que les autres éprouvent ? Non, cela est impossible ; car, comme on le verra dans la suite de cet ouvrage, ces prétendus bénéfices pour la société sont imaginaires, et les pertes très-réelles ; pertes même d'autant plus considérables, qu'elles se multiplient par leurs contre-[36]coups, qui se font sentir jusques dans les parties qu'on a cru favoriser. Tels seront toujours et *nécessairement* les effets cruels de tout système qui, en blessant le droit de propriété, attaquera l'essence de la société.

Voulez-vous qu'une société parvienne à son plus haut degré possible de richesse, de population, et conséquemment de puissance ? Confiez ses intérêts à la liberté ; faites que celle-ci soit générale ; au moyen de cette liberté, qui est le véritable élément de l'industrie, le désir de jouir irrité par la concurrence, éclairé par l'expérience et l'exemple, vous est garant que chacun agira toujours pour son plus grand avantage possible, et par conséquent concourra de tout son pouvoir au plus grand accroissement possible de cette somme d'intérêts particuliers dont la réunion forme ce qu'on peut appeller l'intérêt général du corps social, ou l'intérêt commun du chef et de chacun des membres dont ce corps est composé.

[37]   CHAPITRE VI.

Essence, origine et caracteres de l'ordre social ; il est une
branche de l'ordre naturel qui est physique ; il est exclusif
de l'arbitraire. L'ordre naturel et essentiel de la Société est
simple, évident et immuable ; il constitue le meilleur état
possible de la société, celui de chacun de ses membres en
particulier, mais singulierement du Souverain et de la sou-
veraineté ; il renferme ainsi en lui-même les moyens de sa
conservation.

PROPRIÉTÉ, et par conséquent sûreté et liberté de jouir, voilà donc
ce qui constitue l'essence de l'ordre naturel et essentiel de la société.
Cet ordre n'est qu'une branche de l'ordre physique ; et par cette
raison, ses principaux caracteres sont de n'avoir rien d'arbitraire ;
d'être au contraire simple, évident, immuable, le plus avantageux
possible au corps entier d'une société, et à chacun de ses membres
en particulier.

Il ne faut pas confondre l'ordre surnaturel avec l'ordre naturel :
le premier est l'ordre des volontés de Dieu, connues par la révéla-
tion, et il n'est sensible qu'à ceux auxquels il a bien voulu le manifester. Le second au contraire se fait connoître à tous les hommes
par le secours des seules lumieres de la raison. L'autorité de cet
ordre est dans son évidence, et dans la force irrésistible avec
laquelle l'évidence domine et assujétit nos volontés.

[38] L'ordre naturel est *l'accord parfait des moyens physiques*
dont la nature a fait choix pour produire nécessairement les effets
physiques qu'elle attend de leurs concours. J'appelle ces moyens,
des moyens physiques, parce que tout est physique dans la nature ;
ainsi l'ordre naturel, dont l'ordre social fait partie, n'est, et ne peut
être autre chose que l'ordre physique.

Si quelqu'un faisoit difficulté de reconnoître l'ordre naturel et
essentiel de la société pour une branche de l'ordre physique, je le
regarderois comme un aveugle volontaire, et je me garderois bien

d'entreprendre de le guérir. En effet, c'est fermer les yeux à la lumiere que de ne pas voir que l'institution de la société est le résultat d'une nécessité physique ; qu'elle se forme par un concours de causes physiques ; qu'elle est composée d'êtres physiques ; qu'elle agit et se maintient par des moyens physiques ; que les objets de son établissement sont physiques ; que les effets qui lui sont propres sont physiques ; qu'ainsi son ordre primitif et essentiel est physique ; car ce n'est que par les loix de l'ordre physique, que des causes ou des moyens physiques peuvent être liés à leurs effets physiques.

Cette vérité une fois reconnue, il en résulte évidemment que l'ordre social n'a rien d'arbitraire ; qu'il n'est point l'ouvrage des hommes ; qu'il est au contraire institué par l'Auteur même de la nature, comme toutes les autres branches de l'ordre physique, qui dans toutes ses parties est absolument et toujours indépendant de nos volontés ; par conséquent que les loix immuables de cet ordre physique doivent être regardées comme étant, par rapport à nous, *la raison primitive et essentielle* de toute législation positive et de toutes les institutions sociales.

La simplicité et l'évidence de cet ordre social sont [39] manifestes pour quiconque veut y faire la plus légere attention · n'est-il pas manifestement évident qu'il nous est physiquement impossible de vivre sans subsistances ? N'est-il pas manifestement évident que les hommes se multipliant suivant le cours naturel de l'ordre physique, dans les climats qui leur sont propres, il est physiquement impossible qu'ils ne manquent pas de subsistances, s'ils ne les multiplient par la culture ? N'est-il pas ainsi manifestement évident que toutes les institutions sociales requises pour que la culture puisse s'établir, deviennent d'une nécessité physique ; par conséquent que la propriété fonciere, qui donne le droit de cultiver, est d'une nécessité physique ; que la propriété mobiliaire, qui assure la jouissance de la récolte, est d'une nécessité physique ; que la propriété personnelle, sans laquelle les deux autres seroient nulles, est d'une nécessité physique ; que les travaux et les avances, sans lesquels les terres resteroient incultes, sont d'une nécessité physique ; que la liberté de jouir, sans laquelle ces travaux et ces avances n'auroient pas lieu, est d'une nécessité physique ; que la sûreté constante, sans laquelle le droit de propriété n'auroit aucune consistence, est d'une nécessité physique ; que les institutions sociales, sans lesquelles il n'y auroit ni sûreté ni liberté de jouir, sont d'une nécessité physique, d'une nécessité relative à l'ordre physique de la multiplication des subsistances, et généralement de tous les effets physiques qui, par le moyen de cette multiplication, doivent naturellement résulter de la société.

On peut donc dire avec vérité, qu'il n'est rien de plus simple, ni de plus évident que les principes fondamentaux et invariables d l'ordre naturel et essentiel des sociétés : pour les connoître dar leur source naturelle, dans leur [40] essence, et même dans les conséquences pratiques qui en résultent, il ne faut que connoître l'ordre physique : dès que cet ordre est devenu évident, ces mêmes principes et leurs conséquences pratiques deviennent évidents pareillement. Aucune puissance humaine ne s'avisera jamais de faire des loix positives pour ordonner de semer dans la saison propre à la récolte, et de récolter dans la saison propre à semer.

Il en sera de même de toutes les autres parties de l'ordre physique : sitôt qu'elles seront évidentes, leur évidence déterminera *nécessairement* et invariablement l'ordre social que les loix positives doivent adopter, pour ne pas préjudicier à la nation et encore plus au Souverain ; je dis que cette évidence deviendra *nécessairement* législatrice, parce qu'alors on sera convaincu que cet ordre constitue le meilleur état possible de tous ceux qui lui sont assujétis ; que c'est de lui seul enfin qu'on doit attendre tout ce qui peut être un objet d'ambition pour les Souverains et pour leurs sujets.

J'ai déjà dit qu'en général le plus grand bonheur possible pour le corps social consistoit *dans la plus grande abondance possible d'objets propres à nos jouissances, et dans la plus grande liberté possible d'en profiter.* J'ai fait voir que cette grande abondance de jouissances étoit un effet nécessaire de l'établissement du droit de propriété, et que ce n'étoit que dans cet établissement qu'il falloit la chercher : or il est évident que ce qui procure au corps social son meilleur état possible, procure aussi le même avantage à chacun de ses membres en particulier, puisque chacun d'eux est appellé par l'ordre même, à partager dans cette somme de bonheur qui leur appartient en commun.

[41] Pour prouver cette dernière proposition, il suffit de faire observer qu'une grande abondance de productions ne peut acquérir une grande utilité, que par le moyen de l'industrie, et qu'il est

nécessaire à une société, d'avoir une classe industrieuse qui prête ses secours à la classe cultivatrice, et qui achete ainsi le droit de participer à l'abondance des récoltes. Il est donc évident que les productions ne peuvent se multiplier pour ceux qui en sont les premiers propriétaires, qu'elles ne se multiplient en même-temps pour tous les autres hommes qui travaillent à leur procurer les moyens de varier et d'augmenter leurs jouissances; qu'ainsi l'aisance et le bonheur de ceux-ci s'accroît en raison de l'aisance et du bonheur de ceux-là. Il est évident enfin que la richesse des récoltes annuelles est la mesure de la population, et de tout ce qui constitue la force politique d'une société; par conséquent que l'accroissement de ses richesses à leur plus haut degré possible, est ce qui, dans l'ordre politique, établit son meilleur état possible, c'est-à-dire, sa plus grande puissance, et sa plus grande sûreté possibles.

Mais un article bien important à remarquer, c'est que le même ordre qui forme le meilleur état possible de la société prise individuellement, et de chaque citoyen en particulier, est bien plus avantageux encore au Souverain, à ce chef dans les mains duquel l'autorité tutélaire est déposée avec tous les droits qui s'y trouvent nécessairement attachés. Premierement, en sa qualité de Souverain, il est, comme je le démontrerai dans un autre moment, *Copropriétaire* du produit net des terres de sa domination : sous ce point de vue on peut le considérer comme étant, dans son Royaume, le plus grand Propriétaire foncier; comme prenant la plus grande part dans l'abondance des productions; comme ayant ainsi le [42] plus grand intérêt personnel à la conservation de l'ordre qui est la source de cette abondance.

En second lieu, cet intérêt commun du Souverain comme *Copropriétaire*, s'accroît encore en lui *comme Souverain*, attendu que c'est à sa souveraineté que ce droit de Copropriétaire est attaché ; et que la puissance nationale lui est bien plus nécessaire pour la conservation de sa souveraineté, qu'elle ne l'est à chacun de ses sujets pour la conservation de leurs propriétés particulieres.

Une troisieme et derniere considération, que la seconde semble naturellement amener, c'est qu'une nation gouvernée par l'ordre naturel et essentiel de la société, en a *nécessairement* une connoissance évidente, et par conséquent voit évidemment qu'elle jouit de son meilleur état possible. Or il ne se peut pas que ce coup d'œil ne réunisse toutes les volontés et toutes les forces de la nation au soutien de ce même ordre, et conséquemment pour défendre et perpétuer la souveraineté dans la main du chef qui n'employe son autorité que pour le maintenir. Il est certain qu'une obéissance contrainte et servile ne ressemble point à celle qui est dictée par l'amour et par un grand intérêt qu'on trouve à obéir : la premiere n'accorde que ce qu'elle ne peut refuser ; la seconde vole au-devant du commandement, et ses efforts vont toujours beaucoup au-delà de ce qu'on croyoit pouvoir exiger d'elle.

Dans un gouvernement conforme à l'ordre naturel et essentiel des sociétés, tous les intérêts et toutes les forces de la nation viennent se réunir dans le souverain, comme dans leur centre commun ; celles-ci lui sont tellement propres et personnelles, que sa volonté seule suffit pour les mettre en action ; on peut dire ainsi que sa force est dans sa volonté. Mais dans un gouvernement factice et contraire à cet [43] ordre essentiel, l'autorité du Souverain paroît être une autorité étrangere, parce que le Souverain lui-même paroît être étranger : il ne peut commander, qu'autant qu'il est armé d'une force factice autre que celle de la nation, attendu que c'est moins à lui qu'à cette force empruntée, que la nation obéit.

Pour faire comprendre la différence énorme qui se trouve entre ces deux manieres de gouverner, il suffit de faire observer que dans l'ordre politique, c'est toujours la partie la plus foible qui gouverne la partie la plus forte, et que la force de celui qui commande, ne consiste réellement que dans les forces réunies de ceux qui lui obéissent. Mais cette réunion de leurs forces suppose toujours et *nécessairement* la réunion de leurs volontés ; réunion qui ne peut avoir lieu, ou du moins être constante, qu'autant que chacun est intimement convaincu que son obéissance est nécessaire pour lui assurer la jouissance de son meilleur état possible.

Ainsi dans un gouvernement institué suivant les loix de l'ordre, les richesses et les forces de la nation se trouvent être dans leur plus haut degré possible, et naturellement elles sont toutes dans la main du Souverain ; sa puissance est à lui ; elle réside en lui ; au lieu que dans un gouvernement d'un genre différent, les forces de la nation sont moins à la disposition du Souverain, qu'aux ordres de ceux qui lui louent leur ministere, et lui vendent ainsi les moyens de se faire obéir par la nation : alors sa puissance précaire, incertaine et chancelante n'est au fonds qu'une véritable dépendance : il est lui-même dans des fers qu'il n'oseroit entreprendre de briser.

D'après ce parallele, il est aisé de juger combien le Souverain en particulier est intéressé à la conservation de l'ordre naturel et essentiel de la société. Cet ordre qui constitue le meilleur état possible du corps social, le meilleur état pos[44]sible de chacun de ses membres, le meilleur état possible de la souveraineté, le meilleur état possible du Souverain, sous quelques rapports qu'on l'envisage, renferme donc en lui-même le principe de sa durée : il suffit qu'il soit connu pour qu'il s'établisse, et qu'il soit établi pour qu'il se perpétue : tous les intérêts, par conséquent toutes les forces qui se réunissent en sa faveur, répondent à jamais de sa conservation ; et à ce trait nous devons reconnoître encore l'ordre social comme étant une branche de l'ordre naturel et universel; car le propre de l'ordre est de se perpétuer de lui-même, par la sagesse et la puissance d'un enchaînement qui assujétit les causes à produire toujours les mêmes effets, et les effets à devenir causes à leur tour.

CHAPITRE VII.

Suite du Chapitre précédent : exposition sommaire de la théorie de l'ordre. Simplicité et évidence non-seulement de ses principes, mais encore de leurs conséquences. La connoissance des premiers principes de l'ordre nous suffit pour que toute pratique qui contredit une seule de ses conséquences, soit pour nous un désordre évident.

Pour mieux caractériser encore la simplicité et l'évidence de l'ordre essentiel des sociétés, je crois devoir rassembler ici sous un même point de vue les premiers principes de cet ordre, et les conséquences qui en résultent *nécessairement*, sans cependant me laisser entraîner dans le détail de toutes les [45] pratiques, de toutes les institutions sociales dont ces mêmes conséquences établissent la nécessité. L'exposé de cette théorie de l'ordre essentiel achevera de prouver qu'il n'a rien de mystérieux, rien qui ne soit à la portée de tout homme qui voudra le méditer avec quelque attention.

En effet qui sont ceux qui ne sentent ni ne comprennent qu'ils sont nés avec le devoir et le droit de pourvoir à leur conservation ? que la propriété personnelle est un droit naturel en eux, un droit qui est *nécessairement* donné à tout ce qui respire, un droit qui est essentiel à leur existence, et dont ils ne peuvent être dépouillés sans injustice, parce qu'il est absolu, comme le devoir même sur lequel il est établi. Qui sont ceux qui ne sentent ni ne comprennent, que si ce droit les met dans un état de guerre nécessaire avec les brutes, c'est parce qu'entre l'espece humaine et les brutes aucun traité ne peut avoir lieu ? mais qu'il n'en est pas ainsi des hommes entre eux ; qu'il leur importe à tous de ne point se rendre ennemis les uns des autres en violant un droit qui leur est à tous également acquis ; que cet intérêt naturel et commun leur impose une obligation naturelle et commune de respecter réciproquement dans les êtres de leur espece ce premier droit de propriété ; que par la force de cet intérêt commun, il subsiste naturellement entre les hommes une sorte de société universelle et tacite, dont toutes les loix dérivent de la propriété personnelle, et dont l'objet est que chacun jouisse librement de cette propriété.

Voila donc déja le premier principe de l'ordre social dont la connoissance évidente n'exige de nous aucun effort de raison : la propriété personnelle est d'une justice et d'une nécessité qui se rendent sensibles pour tous les hommes ; or il est certain que dès qu'ils tiennent ce premier principe [46] de l'ordre, il leur est facile de saisir le second ; de sentir et de comprendre la justice et la nécessité de la propriété mobiliaire, qui n'est qu'un accessoire de la personnelle ; que de-là, ils arrivent naturellement à sentir et comprendre la justice et la nécessité de la propriété fonciere, qui prend naissance dans les deux premieres propriétés ; qu'enfin ils ont tout ce qu'il leur faut pour sentir et comprendre la justice et la nécessité de la liberté sociale, de cette liberté de jouir, sans laquelle on voit s'évanouir tous droits de propriété, et par conséquent toute société. Certainement vous n'en trouverez pas un qui ne conçoive très-bien qu'il ne doit point avoir la liberté de jouir des droits des autres ; que dans chaque homme le droit de jouir et la liberté de jouir sont inséparables ; et qu'ainsi la propriété est la mesure de la liberté, comme la liberté est la mesure de la propriété.

De ces premiers principes passons aux conséquences ; nous y trouverons la même simplicité, la même évidence. Si-tôt qu'on a compris la nécessité de la propriété fonciere, on est forcé naturellement de convenir que cette propriété doit *nécessairement* donner celle des récoltes ; qu'il est d'une nécessité absolue que la sûreté sociale de cette double propriété soit solidement instituée ; en conséquence, que les forces de la société se réunissent pour l'établir.

Qu'il est d'une nécessité absolue que la sûreté des récoltes soit payée à ceux qui la procurent ; et que le devoir de les protéger assure aux protecteurs le droit de les partager entre eux, les cultivateurs et les propriétaires fonciers.

Qu'il est d'une nécessité absolue qu'il soit institué des loix tant par rapport à la maniere d'établir la sûreté des récoltes, que pour régler le partage qui doit en être fait entre ceux qui les font naître par leurs dépenses, et les autres hommes [47] sans le secours desquels ces dépenses ne seroient point faites, faute de sûreté pour leurs produits.

Qu'il est d'une nécessité absolue que ce partage soit réglé de façon que les produits engagent à faire les dépenses nécessaires pour les faire renaître ; conséquemment que les hommes ne voyent rien de mieux pour leurs intérêts particuliers, que de s'occuper du défrichement et de la culture des terres, ainsi que des moyens de les fertiliser.

Qu'il est d'une nécessité absolue que les proportions qui doivent être observées dans ce partage, soient stables et permanentes, afin que d'un côté le prix de la sûreté des récoltes soit toujours payé par les propriétaires, et que d'un autre côté les autres hommes ne détruisent pas la propriété foncière, et ne tarissent pas ainsi la source primitive des récoltes, en empiétant arbitrairement sur les droits de cette propriété.

Qu'il est d'une nécessité absolue que les droits de propriété ayent des bornes connues, qui ne permettent à qui que ce soit d'étendre arbitrairement les siens aux dépens de ceux des autres ; car cet état seroit un état de guerre destructif de la société, parce qu'il le seroit de la propriété.

Qu'il est d'une nécessité absolue que la liberté de jouir ne soit ainsi limitée dans chaque homme, que par le droit de propriété et la liberté des autres hommes ; et qu'à cet égard il ne soit pas possible à l'arbitraire de jamais s'introduire dans les prétentions.

Qu'il est d'une nécessité absolue que des loix positives constatent les devoirs et les droits réciproques des hommes, et les consolident d'une telle maniere, que la propriété et la liberté ne puissent jamais être blessées impunément.

Qu'il est d'une nécessité absolue que ces loix n'ayent elles-mêmes rien d'arbitraire, et ne soient *évidemment* que l'expres-[**48**] sion de la justice par essence, afin que cette évidence rende publique la nécessité de la soumission à ces loix, et qu'elles ne soient pas elles-mêmes coupables des désordres qu'elles se proposeroient de prévenir.

Qu'il est d'une nécessité absolue que ces loix soient immuables, parce que la justice par essence est immuable ; qu'elles soient encore si simples et si claires dans leur énonciation, que l'arbitraire ne puisse se glisser dans la maniere de les interpréter ou d'en faire l'application.

Qu'il est d'une nécessité absolue que la plénitude de l'autorité soit tellement acquise à ces loix, que dans aucun temps leur obser-vation ne puisse dépendre d'aucune volonté arbitraire, sans quoi elles cesseroient d'être des loix ; les devoirs cesseroient d'être des devoirs, les droits d'être des droits, et la société d'être une société.

Qu'il est d'une nécessité absolue qu'elles ayent pour organe, des Magistrats, qui n'ayant d'autre autorité que celle des loix, ne puissent avoir d'autres volontés, et qui soient ainsi toujours dans l'impossibilité de parler autrement que les loix.

Qu'il est d'une nécessité absolue que ces Magistrats ne puissent, sous aucun prétexte, trahir leur ministere, et s'écarter de la fidélité inviolable que, par état, ils doivent aux loix, et d'une façon plus particuliere encore que tous les autres sujets des loix.

Qu'il est d'une nécessité absolue que pour le maintien de l'autorité des loix, elles soient armées d'une force coërcitive, et qu'à cet effet il existe une puissance tutélaire et protectrice, dont la force, toujours supérieure, soit le garant de l'observation invariable des loix.

Qu'il est d'une nécessité absolue que cette force supérieure soit unique dans son espece, par la raison que la supé[49]riorité qui lui est essentielle, est absolument exclusive de toute égalité.

Qu'il est d'une nécessité absolue que cette supériorité de force soit établie sur un fondement inébranlable ; par conséquent que le principe constitutif de cette force soit de nature à ne jamais permettre qu'elle puisse se décomposer; qu'ainsi ce principe ne peut rien admettre qui ne soit évident; tout ce qui ne l'est pas, étant *nécessairement* sujet à changer, parce qu'il est *nécessairement* arbitraire.

Qu'il est enfin d'une nécessité absolue que cette puissance tutélaire et protectrice des loix ne puisse jamais devenir destructive des loix : qu'ainsi il faut que tout soit disposé pour que ses plus grands intérêts soient toujours et *évidemment* inséparables de l'observation des loix, et que la force irrésistible de cette évidence la tienne dans l'heureuse impossibilité d'avoir d'autres volontés que celles des loix.

Je ne porterai pas plus loin quant à présent les conséquences qui résultent successivement de la propriété personnelle ; celles qui viennent de s'offrir naturellement à nous, et qui sont susceptibles d'être saisies par tous ceux auxquels on les présentera, forment ce que nous pouvons nommer la théorie de l'ordre essentiel des sociétés, et sont une preuve bien convaincante que cet ordre est simple et évident. Cette théorie a deux grands avantages : le premier est qu'elle est suffisante pour nous faire connoître toutes les institutions sociales qui conviennent à ce même ordre essentiel ; le second est que ces conséquences sont tellement enchaînées les unes aux autres, et tellement liées aux premiers principes de l'ordre, qu'on ne peut, dans la pratique, contrarier aucune d'entre elles, que le désordre ne soit aussi-tôt évident pour tous ceux qui connoissent seulement ces premiers principes. En [50] effet quel que soit l'abus qui blesse une seule de ces conséquences, il est impossible qu'il ne fasse violence au droit de propriété et à la liberté ; or il est impossible aussi que ce désordre puisse avoir lieu, sans qu'il soit évident aux yeux de quiconque sait que la propriété et la liberté sont le fondement de l'ordre essentiel des sociétés.

CHAPITRE VIII.

Des moyens nécessaires pour établir l'ordre et le perpétuer ; ils sont tous renfermés dans une connoissance suffisante de l'ordre. L'évidence est le premier caractere de cette connoissance, et sa publicité est le second. Nécessité de l'instruction publique, des livres doctrinaux dans ce genre, et de la plus grande liberté possible dans l'examen et la contradiction.

Il est sensible que l'ordre naturel et essentiel des sociétés ne peut s'établir s'il n'est suffisamment connu ; mais aussi par la raison qu'il constitue notre meilleur état possible, il est sensible encore que sitôt qu'il est connu, son établissement doit être l'objet commun de l'ambition des hommes ; qu'il s'établit alors *nécessairement*, et qu'une fois qu'il est établi, il doit *nécessairement* se perpétuer. Je dis qu'il s'établit et se perpétue *nécessairement*, parce que l'appétit des plaisirs, ce mobile si puissant qui est en nous, tend naturellement et toujours vers la plus grande augmentation possible de jouissances, et *que le propre du desir de jouir est de saisir les moyens de*[51] *jouir*. Les hommes ne peuvent donc connoître leur meilleur état possible, que toutes les volontés et toutes les forces ne se réunissent pour se le procurer et se l'assurer. Ainsi ne croyez pas que pour établir cet ordre essentiel, il faille changer les hommes et dénaturer leurs passions ; il faut au contraire intéresser leurs passions, les associer à cet établissement ; et pour y réussir, il suffit de les mettre dans le cas de voir *évidemment* que c'est dans cet ordre seulement qu'ils peuvent trouver la plus grande somme possible de jouissances et de bonheur.

Mais l'ordre naturel et essentiel des sociétés, considéré dans toutes les institutions sociales qui résultent successivement de la nécessité absolue de maintenir la propriété et la liberté, est un ensemble parfait, composé de différentes parties qui sont toutes également nécessaires les unes aux autres ; nous ne pouvons rien en détacher, ni rien y ajouter qu'à son préjudice et au nôtre. Il est donc certain qu'il ne peut être réputé suffisamment connu d'une société, qu'autant qu'il l'est dans toutes ses branches, et dans tous les rapports qu'elles ont entre elles; qu'ainsi le premier caractere d'une connoissance suffisante de l'ordre est d'être *explicite et évidente*; car c'est précisément dans l'harmonie parfaite de ces rapports, dans la justesse des moyens qui les enchaînent et les subordonnent les uns aux autres, que réside l'évidence de l'ordre : par conséquent la connoissance de l'ordre, ne peut être qu'une connoissance *évidente*, parce qu'elle ne peut être qu'une connoissance *explicite* d'un enchaînement *évident*.

De meme que *tout ce qui n'est pas vérité n'est qu'erreur*, de même aussi *tout ce qui n'est pas évidence n'est qu'opinion ;* et tout ce qui n'est qu'opinion est arbitraire et sujet au changement. [52] Il est donc évident que de simples opinions ne peuvent suffire à l'établissement de l'ordre naturel et essentiel des sociétés : on ne peut élever un édifice solide sur un sable mouvant; et il est impossible qu'un ordre qui ne comporte rien d'arbitraire, qui est et doit être immuable, puisse avoir pour base un principe arbitraire, et d'autant plus inconstant, que quelque sage qu'on puisse supposer une opinion, dès qu'elle n'est point évidente, elle n'est jamais qu'une opinion ; une autre opinion, fut-elle extravagante, peut la combattre et la renverser.

Cette derniere proposition indique clairement ce que j'entends ici par le mot *d'opinion :* je n'ai nul égard à la justesse ou à la fausseté des idées qui concourent à la former ; quelle que soit une croyance, une façon de penser, je l'appelle *opinion*, dès qu'elle n'est point le produit de l'évidence : ainsi l'opinion est ici l'opposé de l'évidence, et rien de plus.

Entre la certitude et le doute il n'y a point de milieu; et il ne peut y avoir de certitude sans l'évidence : quel que soit l'objet de la certitude, si nous n'avons nous-même une connoissance évidente de cet objet, il faut du moins que nous ne puissions pas douter qu'il est évident pour ceux sur les témoignages desquels nous fondons notre certitude. Ainsi c'est toujours de l'évidence que la certitude résulte ou médiatement ou immédiatement : ou elle est dans l'évidence qui nous est propre, ou elle tient à l'évidence qui est dans les autres.

Cette observation nous montre bien clairement que l'ordre naturel et essentiel des sociétés ne peut jamais s'établir parmi des hommes qui ne seroient pas parvenus à en avoir une connoissance évidente ; et qu'il n'y a qu'une connoissance [53] évidente qui puisse écarter le doute, l'incertitude, l'arbitraire et l'inconstance qu'il est impossible d'accorder avec l'immutabilité de cet ordre naturel et essentiel.

Le second caractere de la connoissance de l'ordre est la publicité ; et cela résulte de ce que l'ordre, comme je viens de le dire, ne peut être solidement établi, qu'autant qu'il est suffisamment connu. Si dans une société il ne se trouvoit que quelques hommes seulement qui eussent une connoissance évidente de l'ordre, tant que la multitude resteroit dans des opinions contraires, il seroit impossible à l'ordre de gouverner ; il commanderoit en vain, il ne seroit point obéi.

De quelque maniere qu'une société se partage entre la connoissance évidente de l'ordre et l'ignorance, toujours est-il vrai que si la premiere classe, la classe éclairée, n'est pas physiquement la plus forte, elle ne pourra dominer la seconde et l'assujétir constamment à l'ordre ; qu'enfin l'autorité de cette premiere classe ne pouvant alors se maintenir qu'en raison de la force physique qui lui est propre, son état sera perpétuellement un état de guerre intestine d'une partie de la nation contre une autre partie de la nation.

Par le mot *de guerre intestine* je ne désigne pas seulement celle qui se fait à main armée et à force ouverte ; mais j'entends parler encore de ces brigandages clandestins et déguisés sous des formes légales, de ces pratiques ténébreuses et spoliatrices qui immolent autant de victimes que l'artifice peut leur en ménager ; de tous les désordres en un mot, qui tendent à rendre tous les intérêts particuliers ennemis les uns des autres, et entretiennent ainsi parmi les membres d'un même corps politique, une guerre habituelle d'intérêts contradictoires, dont l'opposition et les efforts brisent tous les liens de la société. Cette situation est d'autant plus affreuse, [54] qu'à l'exception de la force supérieure et dominante de l'évidence, il n'est point dans la nature de force égale à celle de l'opinion ; elle est terrible dans ses écarts ; et il n'est aucuns moyens par lesquels on puisse s'assurer de la contenir toujours dans le devoir, dès qu'elle est livrée à sa propre inconstance et à la séduction.

Je ne prétends pas cependant qu'il faille que tous les membres d'une société, sans aucune exception, ayent une connoissance également *explicite* de tous les rapports que toutes les différentes branches de l'ordre ont entre elles. Je veux dire seulement que l'ordre ne peut complettement et solidement s'établir, qu'autant qu'on ne néglige aucune des institutions sociales qui sont nécessaires à sa conservation ; que toutes ces différentes institutions ne peuvent être adoptées que d'après la connoissance *explicite* qu'on a de leur enchaînement et de leur nécessité ; que cette connoissance *explicite* ne peut produire son effet, qu'autant qu'elle est assez publique, pour que la masse des volontés et des forces qu'elle réunit, forme une force absolument dominante dans la société.

Prenez garde que par le terme d'une force absolument dominante, je n'entends point caractériser cet état violent d'une domination établie sur la seule supériorité de la force physique. Cette force dominante dont il s'agit ici a l'avantage de n'avoir à vaincre aucune opposition : les hommes qui n'ont point, comme elle, une connoissance explicite de l'ordre considéré dans tous ses rapports, n'ont point la prétention de lui résister et de gouverner ; il leur suffit que dans les regles qu'elle établit, ils ne voyent rien de contradictoire avec les premiers principes de l'ordre, et les droits qui en résultent évidemment et invariablement pour chacun d'eux en particulier ; d'ailleurs ils ne peuvent jamais manquer de [55] se rallier d'eux-mêmes à cette force dominante, parce qu'il leur est impossible de ne pas reconnoître la sagesse et la nécessité de ses institutions, dans les bons effets qu'elles produisent *nécessairement* en faveur de la propriété et de la liberté.

La publicité que doit avoir la connoissance évidente de l'ordre, nous conduit à la nécessité de l'instruction publique. Quoique la foi soit un don de Dieu, une grace particuliere, et qu'elle ne puisse être l'ouvrage des hommes seuls, on n'en a pas moins regardé la prédication évangélique comme nécessaire à la propagation de la foi : pourquoi donc n'auroit-on pas la même idée de la publication de l'ordre, puisque cette publication n'a pas besoin d'être aidée par des graces et des lumieres surnaturelles. L'ordre est institué pour tous les hommes, et tous les hommes naissent pour être soumis à l'ordre ; il est donc dans l'ordre qu'ils soient tous appelés à la connoissance de l'ordre ; aussi ont-ils tous une portion suffisante de lumieres naturelles par le moyen desquelles ils peuvent s'élever à cette connoissance.

Par la raison qu'il est dans l'ordre que tous les hommes connoissent l'ordre, il est dans l'ordre aussi qu'ils apprennent tous à le connoître ; or ils ne peuvent y parvenir que par le moyen de l'instruction. Personne n'ignore combien l'intelligence d'un homme a besoin d'être aidée par celles des autres hommes : tant qu'elle reste absolument isolée, elle est sans force, sans vigueur ; elle languit comme une plante privée de toute chaleur et séparée des principes de la végétation.

Je n'entrerai point ici dans les détails des établissemens nécessaires à l'instruction : je me contenterai de dire qu'ils font partie de la forme essentielle d'une société, et qu'ils ne peuvent être trop multipliés, parce que l'instruction ne peut être trop publique. J'ajouterai cependant que l'instruction [56] verbale ne suffit pas ; qu'il faut des livres doctrinaux dans ce genre, et qui soient dans les mains de tout le monde. Ce secours est d'autant plus nécessaire, qu'il est sans inconvénient ; car l'erreur ne peut soutenir la présence de l'évidence : aussi la contradiction n'est-elle pas moins avantageuse à l'évidence, que funeste à l'erreur, qui n'a rien tant à redouter que l'examen.

Ce que je dis ici sur la nécessité des livres que j'appelle doctrinaux, et sur la liberté qui doit regner à cet égard, est pris dans la nature même de l'ordre et de l'évidence qui lui est propre : ou l'ordre est parfaitement et évidemment connu, ou il ne l'est pas : au premier cas, son évidence et sa simplicité ne permettent pas qu'il puisse se former des hérésies sur ce qui le concerne ; au second cas, les hommes ne peuvent arriver à cette connoissance évidente que par le choc des opinions : il est certain qu'une opinion ne peut s'établir que sur les ruines de toutes celles qui lui sont contraires ; il est certain encore que toute opinion qui n'a pas l'évidence pour elle, sera contredite jusqu'à ce qu'elle soit ou détruite, ou évidemment reconnue pour une vérité, auquel cas elle cessera d'être une simple opinion pour devenir un principe évident. Ainsi dans la recherche des vérités susceptibles d'une démonstration évidente, le combat des opinions doit nécessairement conduire à l'évidence, parce que ce n'est que par l'évidence qu'il peut être terminé.

Si quelqu'un s'avisoit d'écrire pour faire croire aux hommes qu'ils peuvent se passer de subsistances ; qu'ils doivent faire des ouvrages sans matieres premieres ; que changer de lieu c'est se multiplier, ou quelque autre sotise semblable, il seroit fort inutile que l'autorité politique s'employât pour empêcher qu'un tel livre fît quelque sensation [57] dans la société : aussi, loin de s'en mettre en peine, se reposeroit-on sur l'évidence des vérités contraires à ces erreurs, persuadé qu'elle se suffiroit à elle-même et qu'elle triompheroit sans violence de tous les efforts ridicules qu'on voudroit lui opposer.

Il est tellement nécessaire de laisser au corps entier de la société la plus grande liberté possible de l'examen et de la contradiction ; il est tellement nécessaire d'abandonner l'évidence à ses propres forces, qu'il n'est aucune autre force qui puisse les suppléer : une force physique, quelque supérieure qu'elle soit, ne peut commander qu'aux actions, et jamais aux opinions. Ce qui se passe journellement est une preuve sensible de cette vérité : bien loin que nos forces physiques puissent quelque chose sur notre opinion, c'est au contraire notre opinion qui peut tout sur nos forces physiques ; c'est elle qui en dispose et qui les met en mouvement. La force commune ou sociale, qu'on nomme *force publique* ne se forme que par réunion de plusieurs forces physiques, ce qui suppose toujours et nécessairement une réunion de volontés, qui ne peut avoir lieu qu'après la réunion des opinions, quelles qu'elles soient. Ce seroit donc renverser l'ordre et prendre l'effet pour la cause, que de vouloir donner à la force publique, le pouvoir de dominer les opinions, tandis que c'est de la réunion des opinions qu'elle tient son existence et son pouvoir, et qu'ainsi elle ne peut avoir de la consistence, qu'en raison de celle qui se trouve dans les opinions même ; je veux dire, qu'autant qu'elles ne sont point de simples opinions, mais bien des principes devenus immuables parmi les hommes, parce qu'ils leur sont devenus évidents.

[58]   CHAPITRE IX.

*Suite du Chapitre précédent. De l'Evidence ; définition de
l'Evidence ; ses caracteres essentiels et ses effets. Evidence
des Arguments qui prouvent la nécessité de la plus grande
liberté possible dans l'examen et la discussion de l'Evidence.
Force de l'Opinion : ses dangers dans un état d'ignorance.*

QUELQUES observations sur l'évidence, sur son caractere et ses
effets, ainsi que sur la force et le danger de l'opinion dans un état
d'ignorance, acheveront de mettre dans tout son jour, ce que je
viens de dire sur la nécessité de l'instruction publique, et sur la
liberté avec laquelle les idées que chacun se forme de l'ordre
naturel et essentiel des sociétés, peuvent être exposées et contre-
dites.

L'évidence, dit un de nos plus célebres Modernes, est un discer-
nement *clair et distinct des sentiments que nous avons, et de
toutes les perceptions qui en dépendent* : tel est l'avantage qu'elle
a sur l'erreur, que celui qui se trompe ne connoît point la cause
de la certitude qui résulte de l'évidence, et que celui qui la possede,
connoît tout à la fois et la raison de sa certitude, et celle de
l'erreur. Non seulement son caractere essentiel *est d'être à l'épreuve
de tout examen*, mais l'examen même ne sert encore qu'à la manifester davantage, *qu'à la rendre plus sensible ; qu'à lui donner une
force plus souverainement dominante, au lieu qu'un examen
suffisant détruit toute prévention, tout préjugé, et établit à leur
place, ou l'évidence, ou du moins le* [59] *doute, lorsque les choses
qu'on examine surpassent nos connoissances.*

Dire que l'évidence est à l'épreuve *de tout examen*, c'est assurément une *vérité évidente par elle-même*, et qui prouve que la
liberté d'examiner, de contredire l'évidence, est toujours et nécessairement sans aucun inconvénient.

Dire *qu'un examen suffisant détruit* toute prévention, tout préjugé, c'est encore une vérité manifestement évidente, qui établit,

comme la première, *la nécessité* de la liberté qui doit régner dans l'examen et dans la contradiction ; car un examen ne peut être *suffisant* qu'autant que toutes les raisons de douter sont épuisées.

Dire que *l'examen ne sert qu'à donner à l'évidence une force plus souverainement dominante*, c'est une conséquence évidente et nécessaire des vérités antécédentes, et qui démontre que la liberté de l'examen et de la contradiction ne peut tendre qu'à nous soumettre à l'ordre d'une manière plus *religieuse* et plus absolue.

Dire enfin qu'un *examen suffisant établit l'évidence à la place de l'erreur, toutes fois que les choses qu'on examine ne surpassent point nos connoissances*, c'est une dernière vérité résultante encore évidemment de celles qui précèdent, et d'après laquelle il devient évident que cette même liberté nous conduit *nécessairement* à la connoissance évidente et publique de l'ordre qui constitue le meilleur état possible d'une société ; car cet ordre naturel et essentiel n'a rien qui surpasse nos connoissances : nous sommes faits pour lui, pour le connoître et l'observer, comme il est fait pour nous, pour nous procurer les plus grands biens que nous puissions désirer.

C'est ainsi qu'en nous développant les caractères essentiels de l'évidence, le génie créateur que je viens de citer, nous démontre en quatre mots, la nécessité de la plus grande [60] liberté possible dans la recherche et la discussion de la vérité. En appliquant à l'évidence particulière de l'ordre social ce qu'il dit de l'évidence en général, on apperçoit à l'instant combien cette même liberté et l'instruction publique sont nécessaires dans une société : pour s'en convaincre il suffit de considérer quelle seroit notre ignorance sans les secours de l'instruction, et quelle est après l'instruction la force irrésistible de l'évidence, l'empire absolu qu'elle prend sur nous. Mais comme il n'est personne qui ne connoisse par lui-même le pouvoir dominant de l'évidence, personne qui n'éprouve qu'elle nous subjugue au point de faire naître en nous une volonté décidée de ne jamais nous en séparer, chacun peut, ainsi que moi, raisonner d'après ce qui se passe dans son intérieur ; il y trouvera tout ce que je pourrois dire à ce sujet.

Une chose évidente est une vérité qu'un examen suffisant a rendu tellement sensible, tellement manifeste, qu'il n'est plus possible à l'esprit humain d'imaginer des raisons pour en douter, dès qu'il a connoissance de celles qui l'ont fait adopter. De cette espece, par exemple, sont les vérités Géométriques, et généralement toutes celles qui sont démontrées par le calcul. Quand la terre seroit éternellement couverte d'hommes, aucun d'eux ne s'aviseroit de contredire ces vérités ; l'ignorance seule pourroit les méconnoître et les révoquer en doute ; mais cela ne subsisteroit qu'autant que l'ignorance ne voudroit pas s'éclairer par un examen suffisant.

En supposant donc que les choses ne surpassent point les bornes de nos connoissances, et qu'elles ne soient point non-plus de cette évidence primitive qui se manifeste par la seule entremise de nos sens, nous pouvons établir deux proposi[61]tions : la premiere, qu'un examen suffisant rend tout évident ; la seconde, que sans un examen suffisant il n'est rien d'évident.

Qu'on me pardonne cette expression, mais il semble que par une espece d'instinct nous connoissions, ou du moins nous sentions le besoin que nous avons de l'évidence ; nos esprits ont une tendance naturelle vers l'évidence ; et le doute est une situation importune et pénible pour nous. Aussi pouvons-nous regarder l'évidence comme le repos de l'esprit ; il y trouve une sorte de bien-être qui ressemble fort à celui que le repos physique procure à nos corps ; on diroit même qu'il ne travaille que pour se procurer cette jouissance.

Cette tendance naturelle de nos esprits vers l'évidence est liée avec les deux mobiles qui sont en nous : l'appétit des plaisirs et l'aversion de la douleur ont grand intérêt de n'être point trompés dans le choix des moyens de se satisfaire ; voilà pourquoi nous ne pouvons être tranquilles, qu'après que nous avons acquis une certitude qui ne peut résulter que de l'évidence : c'est par cette même raison encore que la liberté d'employer tous les moyens qui conduisent à l'évidence, fait une partie essentielle de la liberté de jouir, sans laquelle le droit de propriété cesseroit d'exister.

On peut donc regarder l'évidence comme une divinité bienfaisante qui se plaît à donner la paix à la terre : vous ne voyez point les Géometres en guerre au sujet des vérités évidentes parmi eux : s'il s'éleve entre eux quelques disputes momentanées, ce n'est qu'autant qu'ils sont encore dans le cas de la recherche, et elles n'ont pour objet que des déductions ; mais sitôt que l'évidence a prononcé pour ou contre, chacun met bas les armes, et ne s'occupe plus qu'à jouir paisiblement de ce bien commun.

Pour suivre cette comparaison, et profiter de tout le [62] jour qu'elle répand sur les objets dont il s'agit ici, de l'évidence des vérités géométriques, passez à l'évidence des vérités sociales, à l'évidence de cet ordre naturel et essentiel qui procure à l'humanité son meilleur état possible ; par les effets connus de celle-là, cherchez à découvrir quels seroient *nécessairement* les effets de celle-ci ; quelle seroit *nécessairement* la situation intérieure d'une société gouvernée par cette évidence ; quel seroit *nécessairement* l'état politique et respectif de toutes les nations, si elle les avoit toutes éclairées de sa lumiere divine ; examinez si des hommes ralliés sous les étendarts de cette même évidence, peuvent se diviser ; si quelque sujet de guerre pourroit être assez puissant pour les porter à lui sacrifier leur meilleur état possible et *évident* ; creusez plus avant encore, et voyez si les tableaux que cette méditation vous présente, n'excitent pas chez vous des sensations, ou plutôt des transports dont les secousses vous élevent au-dessus de vous-même, et semblent vous avertir que, par le moyen de l'évidence, nous communiquons avec la divinité.

Mais pour vous rendre encore plus sensible à l'impression que ces mêmes tableaux feront sur votre cœur et sur votre esprit, placez en opposition tous les inconvénients qui, dans un état d'ignorance, peuvent résulter de la force de l'opinion.

Une chose est defendue sous peine des supplices les plus capables d'effrayer : que peuvent cette défense et ces supplices sur une opinion qui tend à les braver ? Rien ; nous n'en avons que trop d'exemples.

Un homme se trouve par sa naissauce, placé dans une situation qui seroit le bonheur d'un grand nombre d'autres hommes, s'ils partageoient entre eux les avantages que lui [63] seul réunit : que fait cet homme quand son opinion est déréglée ? Il lui sacrifie ces mêmes avantages ; il vit et meurt malheureux.

Un seul homme sans armes commande à cent mille hommes armés, dont le plus foible est plus fort que lui : qu'est-ce donc qui fait sa force ? Leur opinion ; ils le servent en la servant ; ils obéissent à ce Chef, parce qu'ils sont dans l'opinion qu'ils lui doivent obéir.

Voulez-vous voir d'autres effets qui caractérisent la force de l'opinion ? Considérez ceux de l'honneur, de cette espece d'enthousiasme qui nous fait préférer au repos le travail et la fatigue, aux richesses la pauvreté et les privations, à la vie la mort qu'il trouve le secret d'embellir.

L'opinion, quelle qu'elle soit, est véritablement *la Régina d'el mundo* ; lors même qu'elle n'est qu'un préjugé, qu'une erreur, il n'est dans l'ordre moral, aucune force comparable à la sienne ; féconde en prestiges de toute espece, elle emprunte pour nous tromper, tous les caracteres de la réalité ; source intarissable de bien et de mal, nous ne voyons que par elle, nous ne voulons, nous n'agissons que d'après elle ; selon qu'elle est ou n'est pas dans le vrai, elle fait les vertus et les vices, les grands hommes et les scélérats ; il n'est aucun danger qui l'arrête, aucune difficulté contre laquelle elle ne s'irrite ; tantôt elle fonde des Empires, et tantôt elle les détruit.

Chaque homme est ainsi sur la terre un petit Royaume gouverné despotiquement par l'opinion : il brûlera le temple d'Ephese, si son opinion est de le brûler ; au milieu des flammes il bravera ses ennemis, si son opinion est de les braver ; le physique enfin paroît en nous lui être tellement subordonné, que pour commander au physique, il faut commen[64]cer par commander à l'opinion : mais comment peut-on commander à celle-ci, lorsqu'elle est le jouet de l'ignorance et de l'arbitraire ? Comment peut-on réunir et fixer les opinions sans le secours de l'évidence ? Ne voit-on pas que l'Auteur de la nature n'a point institué d'autres moyens pour enchaîner nos volontés et notre liberté ?

Nous devons donc regarder l'ignorance comme le principe nécessaire de tous les maux qui ont affligé la société ; et la connoissance évidente de l'ordre, comme la source naturelle de tous les biens qui nous sont destinés sur la terre. Mais comme toutes les forces physiques du monde entier ne pourroient rendre évident ce qui ne l'est pas, et que l'évidence ne peut naître que d'un examen suffisant, de la nécessité de cette évidence résulte la nécessité de l'examen ; de la nécessité de l'examen résulte celle de la plus grande liberté possible dans la contradiction ; et de plus la nécessité de toutes les institutions sociales qui doivent concourir à donner à l'évidence la publicité qu'elle doit avoir.

[65]   # SECONDE PARTIE

LA THÉORIE DE L'ORDRE MISE EN PRATIQUE

De la forme essentielle de la société : elle consiste dans trois sortes d'institutions ; celle des loix, et par conséquent des Magistrats ; celle d'une autorité tutélaire ; celle enfin de tous les établissements nécessaires pour étendre et perpétuer dans la société la connoissance évidente de son ordre naturel et essentiel. Dans le développement de la première classe de ces institutions, on voit qu'il est deux sortes de loix ; qu'il en est de naturelles et communes à tous les hommes ; qu'il en est de positives et particulieres à chaque nation[1] ; que les premieres sont d'une nécessité évidente et absolue ; que les secondes n'en doivent être que le développement ou plutôt l'application ; que l'établissement des Magistrats est d'une nécessité semblable à celle de l'établissement des loix ; que leurs devoirs concourent singulierement à assurer la stabilité et l'autorité de la législation positive ; qu'ils donnent de la consistance au pouvoir législatif, sans cependant aucunement le partager ; qu'ils sont le lien commun qui unit l'État gouverné à l'État gouvernant. Que le pouvoir législatif est indivisible ; qu'il ne peut être exercé ni par la nation en corps, ni par plusieurs choisis dans la nation ; qu'il est [66] inséparable de la puissance exécutrice ; que le Chef unique qui l'exerce, n'est que l'organe de l'évidence ; qu'il ne fait que manifester par des signes sensibles, et armer d'une force coercitive les loix d'un ordre essentiel dont Dieu est l'Instituteur.

Dans le développement de la seconde classe des institutions sociales, il est démontré que l'autorité tutélaire est *une* par essence ; qu'on ne peut la partager sans la détruire ; qu'elle ne peut être exercée sans inconvénient, que par un seul ; que la Souveraineté doit être héréditaire ; que cette condition est une de celles qui sont essentielles pour que le gouvernement d'un

---

1. Nª. Loix positives ainsi nommées par opposition aux loix naturelles.

seul soit *nécessairement* la meilleure forme possible de gouvernement ; que par-tout où regne une connoissance évidente et publique
de l'ordre naturel et essentiel, cette forme de gouvernement est la
plus avantageuse aux peuples, parce qu'elle établit un véritable despotisme *légal* ; qu'elle est aussi la plus avantageuse aux Souverains,
parce qu'elle établit en leur faveur le véritable despotisme *personnel*:
que le despotisme arbitraire n'est point le vrai despotisme ; qu'il n'est
point *personnel*, parce qu'il n'est point *légal* ; qu'il est à tous égards
contraire aux intérêts de celui qui l'exerce ; qu'il n'est que factice,
précaire et conditionnel, au lieu que le despotisme *légal* est naturel, perpétuel et absolu ; que ce n'est que dans ce dernier que les
Souverains sont véritablement grands, véritablement puissants,
véritablement despotes ; que ce despotisme *personnel* et *légal* assure
le meilleur état possible dans tous les points à la nation, à la Souveraineté et au Souverain personnellement.

[67]   CHAPITRE X.

De la forme essentielle de la Société. Ses rapports avec la
Théorie de l'ordre essentiel. Elle consiste en trois classes
d'Institutions sociales. Objets que renferme chacune de ces
trois Classes. Nécessité de développer les rapports des deux
premieres, dont l'une est l'Institution des loix, et la seconde,
l'Institution d'une autorité tutélaire.

J'ai démontré dans la premiere partie, que le droit de propriété considéré dans tous ses rapports, est un droit naturel et
essentiel; qu'il est le premier principe de tous les droits et de tous
les devoirs réciproques que les hommes doivent avoir entre eux ;
que ces droits et ces devoirs, qui n'en sont que des conséquences
nécessaires, deviennent essentiels comme lui, et que l'ordre naturel
et essentiel des sociétés n'est au fonds que l'ordre ou l'enchaînement de ces mêmes droits, et de ces mêmes devoirs. De la théorie
de l'ordre passons maintenant à la pratique ; examinons quelle est
la forme qu'il doit *nécessairement* donner à la société, pour que
cette réciprocité de devoirs, de droits essentiels ne puisse éprouver aucune altération, et qu'ils se trouvent être dans tous les temps
tels qu'ils résultent *nécessairement* du droit de propriété.

Deux conditions sont essentiellement requises pour que le droit
de propriété soit conservé dans tout son entier : la [68] premiere,
est que ce droit soit en lui-même inébranlable, qu'il jouisse de la
plus grande sûreté possible ; la seconde, est que la plus grande
liberté possible lui soit acquise invariablement ; car la plénitude du
droit de propriété suppose *nécessairement* la plénitude de la liberté.
La forme essentielle de la société est donc *le concours de toutes*
les institutions sociales qui doivent se réunir pour consolider le
droit de propriété et lui assurer toute la liberté qui le caractérise
essentiellement.

Ce que j'ai dit dans le septieme et le huitieme Chapitre de ma
première Partie nous annonce que toutes les institutions qui appartiennent à la forme essentielle de la société, peuvent se renfermer

dans trois classes : l'institution des loix ; celle d'une autorité tutélaire ; celle enfin des établissements nécessaires pour répandre et
perpétuer dans la société la connoissance évidente de son ordre
essentiel.

Dans la nécessité de l'institution des loix, nous trouvons, comme
je l'ai déjà fait observer, la nécessité de l'institution des Magistrats,
tous leurs devoirs essentiels et *nécessairement* inséparables de
leur ministere, ainsi que les règles qu'il faut suivre invariablement
pour assurer à toute la société l'utilité qui doit résulter de ces mêmes
devoirs.

Dans la nécessité de l'institution d'une autorité tutélaire, nous
découvrons aussi la nécessité de tous les droits dont elle doit jouir,
et celle de tous ses devoirs essentiels ; nous voyons en même-tems
que ces derniers sont liés si essentiellement à ses véritables intérêts, et ses véritables intérêts si fortement, si évidemment attachés
au maintien du droit de propriété et de la liberté, qu'il faut commencer par supposer l'ignorance et l'oubli total de l'ordre, non seulement dans le dépositaire de cette autorité, mais encore dans les
Magistrats, et même dans tout le corps politique, avant d'imaginer
que ce déposi[69]taire puisse former la volonté de s'écarter de ses
devoirs, et qu'il puisse s'établir des pratiques dans lesquelles l'ordre
soit compromis.

C'est pour prévenir cet oubli de l'ordre et ses effets funestes, que
la troisieme classe des institutions sociales est nécessaire : elle
admet toutes les mesures qu'on peut prendre, tous les moyens
qu'on peut embrasser pour étendre, perfectionner et perpétuer la
connoissance évidente de l'ordre, et elle rejette tout ce qui pourroit tendre à concentrer et affoiblir cette connoissance. Au moyen
de cette troisieme classe d'institutions, on verra constamment
regner l'évidence de l'ordre naturel et essentiel des sociétés, de
cet ordre le plus avantageux au corps social, parce qu'il est le plus
avantageux à chacun de ses membres en particulier. Je dis qu'on
verra constamment regner cette évidence, parce qu'elle est le fléau
de l'arbitraire qui fuit toujours devant elle ; elle ne lui permettra
jamais de se glisser ni dans l'état gouvernant ni dans l'état gouverné ;
quelque déguisement qu'il empruntât, il porteroit toujours un
caractere qui le trahiroit, parce qu'il ne peut jamais ressembler à
celui de l'évidence.

Je n'ai rien à ajouter à ce que j'ai dit précédemment sur cette troisieme classe d'institutions sociales. La connoissance de l'ordre ne peut être ni trop publique ni trop évidente ; ainsi on ne peut employer trop de moyens pour assurer cette évidence et cette publicité. Mais je ne crois pas devoir passer aussi légèrement sur les deux premières classes des institutions qui constituent la forme essentielle de la société : les rapports nécessaires qui se trouvent entre les loix et l'autorité tutélaire ; entre les devoirs, les droits et les intérêts de cette autorité ; entre ces mêmes intérêts, ceux de la nation et les devoirs des Magistrats ; enfin, entre [70] tous ces différents objets et la théorie ou les principes de l'ordre, demandent de notre part un examen rigoureux et une attention très suivie. Ces différents rapports ont besoin d'être approfondis ; ils n'ont servi jusqu'à présent qu'à faire éclore une multitude de systèmes contraires les uns aux autres, et séparément remplis de contradictions frappantes. Nous pouvons regarder cette variété de systêmes, et même chacun d'eux en particulier, comme une preuve convaincante que l'évidence de ces mêmes rapports ne s'est point encore manifestée : par la raison qu'ils déterminent *nécessairement* la forme essentielle de la société, leur évidence auroit banni la diversité des opinions, et toutes les volontés se seroient ainsi ralliées à une même forme de gouvernement, comme étant la seule que l'ordre permette d'adopter.

CHAPITRE XI.

Développement de la première Classe des Institutions qui cons-
tituent la forme essentielle de la Société. Les loix s'établissent
en même temps que la société. Il en est de deux sortes : les unes
sont naturelles, essentielles et universellement adoptées ; les
autres conséquentes aux premieres, sont positives, et particu-
lieres à chaque société ; définition des loix positives. Le motif ou
la raison des loix est avant les lois. La raison des loix naturelles
et essentielles est dans la nécessité absolue dont elles sont évi-
demment. Ces loix naturelles doivent être la raison *des loix*
positives. Deux conditions nécessaires pour assurer la soumis-
sion constante aux loix positives. Nécessité de leur conformité
parfaite avec les loix naturelles et essentielles. Effets funestes
d'une contradiction qui se trouveroit entre ces deux sortes
de loix.

Une multitude d'hommes rassemblés, qui n'admettroient entre
eux aucuns devoirs respectifs, aucuns droits réciproques, ne formeroient certainement point une société : elle ne consiste pas uniquement dans le rapprochement des hommes ; car nous savons par notre
propre expérience qu'elle peut subsister entre des hommes très
éloignés les uns des [72] autres, et ne pas subsister entre des hommes
très-voisins. *Ce sont donc les conditions de la réunion qui font véri-*
tablement la réunion.

De-là s'ensuit qu'il est impossible de concevoir une société particuliere sans devoirs et sans droits réciproques ; c'est-à-dire, sans
des conventions faites entre les membres de ce corps politique,
pour leur intérêt commun ; par conséquent qu'il est impossible de
concevoir une société sans loix ; car les loix ne sont autre chose que
ces mêmes conventions, en vertu desquelles les devoirs et les droits
réciproques sont établis de façon qu'il n'est plus permis de s'en écarter arbitrairement.

Ainsi, que les loix soient écrites ou qu'elles ne le soient pas, il n'en est pas moins vrai qu'elles naissent avec la société, ou plutôt qu'elles la précedent ; puisque c'est par elles que la société s'établit, et prend une consistence. Elles sont donc la premiere des institutions sociales qui constituent la forme essentielle d'une société.

Dans tous les temps les hommes ont institué des loix pour déterminer positivement, comment le meurtre, le vol, et d'autres crimes de cette espece seraient punis ; mais nous ne les voyons point faire des loix pour défendre précisément de tuer, de voler, de commettre d'autres forfaits semblables. Personne cependant ne s'avisera de dire que ces mêmes crimes ne soient pas défendus par les loix de toutes les nations : par la raison qu'ils deviendroient *évidemment* destructifs de toute société, les Législateurs ont regardé cette *évidence* comme une défense suffisamment connue ; et ils ont parti de-là pour établir les peines dont les contraventions à cette défense seroient punies.

Quoique la loi naturelle qui défend de tuer, de voler, [73] etc. soit la même dans toutes les sociétés, elles n'infligent pas toutes les mêmes peines à ceux par qui ces crimes sont commis : les loix qui statuent sur ces peines, peuvent être déterminées par diverses circonstances que le législateur doit peser avec attention ; et en général, le genre de la punition est indifférent, pourvu qu'elle soit proportionnée à la nature du délit, et aux conséquences qui en résultent, au préjudice de l'ordre social.

Il est donc dans une société deux sortes de loix : il en est qui sont naturelles, essentielles et communes à toutes les sociétés ; il est aussi des loix positives, et même factices qui sont particulieres à chaque société. La justice et la nécessité de ces loix naturelles, essentielles et universelles, sont d'une telle évidence, qu'elles se manifestent à tous les hommes, sans le secours d'aucun signe sensible : aussi ne sont-elles point insérées dans les recueils ordinaires des loix ; c'est dans le code même de la nature qu'elles se trouvent écrites, et nous les y lisons tous distinctement à l'aide de la raison, de cette lumiere qui *illuminat omnem hominem venientem in hunc mundum.*

Nous avons donné le nom de *positives* aux loix de la seconde espece, parce qu'elles établissent d'une maniere *positive* ce qui sans elles resteroit arbitraire, ou du moins incertain pour la majeure partie des hommes : nous disons aussi qu'elles sont *factices*, à raison seulement de la maniere de les établir ; car leur justice n'a rien de *factice*, mais quoiqu'elles doivent toutes être conséquentes au juste absolu, elles ont cependant besoin, pour se faire connoître, d'être écrites, ou du moins d'être établies d'une maniere qui agisse sur les sens, et qui puisse ainsi rendre leurs dispositions manifestes pour toute intelligence.

[74] Les loix naturelles et essentielles, ouvrage d'une sagesse divine, doivent être nécessairement les meilleures loix possibles, et elles sont *immuables* comme leur Auteur. Les loix positives au contraire, ouvrage des hommes, et dictées par des opinions sujettes à l'erreur, peuvent être extravagantes, comme elles peuvent être sages, selon que l'ignorance ou une raison suffisamment éclairée préside à leur institution : il est clair aussi qu'elles ne peuvent être *immuables* qu'autant que nos opinions sont fixées par l'évidence ; car il n'y a que l'évidence qui ne soit point sujette au changement.

Il est bien important de distinguer dans les loix, *la lettre* de la loi, et *la raison* de la loi. *La lettre* de la loi est la disposition textuelle et positive de la loi ; *la raison* de la loi est le motif qui l'a dictée. *Tu ne tueras point arbitrairement;* voilà *la lettre* de la loi ; *car tu donnerois aux autres le droit de te tuer arbitrairement aussi, et tu détruirois ainsi la société;* voilà *la raison* de la loi.

De cette loi naturelle et essentielle passons à la loi positive, et voyons ce que nous y trouvons. *Celui qui tuera*, nous dit-elle, *sera puni de tel supplice;* je vois ainsi que le supplice du meurtrier n'est plus arbitraire ; qu'il doit être de *telle* espece ; voilà tout ce qu'elle m'apprend ; et je reste dans l'ignorance du motif ou de *la raison* de cette loi, si pour connoître ce motif, je ne vas le chercher dans d'autres loix antérieures à celle-ci. Mais pour peu que je me livre à cet examen, je découvre qu'avant la loi positive qui établit la peine du meurtre, il étoit une autre loi naturelle par laquelle le meurtre étoit défendu : concevant alors que cette défense est essentiellement nécessaire à la société, je vois dans cette premiere loi naturelle et essentielle, pourquoi le meurtrier doit être puni ; et ayant acquis ainsi la connoissance *évidente* de *la raison* de cette loi positive, je me trouve [75] en état de juger de sa justice et de son utilité, ce qu'il me seroit impossible de faire, si dans cette loi, je ne connoissois que la *lettre* de la loi.

Supposons deux loix qui condamnent également à la mort, l'une pour l'homicide, l'autre pour marcher à certaines heures du jour, ou pour quelque autre action semblable, n'est-il pas vrai qu'elles ne

seront pas toutes deux regardées du même œil? Que celle-là nous
paroîtra juste, et celle-ci tyrannique? Interrogeons nos cœurs, et
voyons si nous n'y trouvons pas une disposition naturelle à nous
soumettre à la premiere, à la défendre même de toutes nos forces,
comme nécessaire à notre propre sûreté, et une autre disposition
toute opposée qui nous incline naturellement à saisir tous les
moyens qui pourront se présenter pour nous affranchir du joug
cruel de la seconde loi.

Cette différence dans ces deux dispositions provient de la différence du jugement que nous portons sur le motif, sur *la raison* de
chacune de ces deux loix. *La raison* de l'une lui imprime le caractere
d'une nécessité *évidente ;* et cette *évidence* subjugue, enchaîne sans
résistance notre esprit et notre volonté ; *la raison* de l'autre au
contraire ne nous présentant rien d'essentiel, rien d'*évidemment*
nécessaire, nous n'y voyons d'*évident* qu'une rigueur démesurée ;
qu'une injustice manifeste à laquelle notre sentiment intérieur,
notre raison, et conséquemment notre volonté ne peuvent s'accoutumer.

C'est donc dans *la raison* des loix, et non dans *la lettre* des loix,
qu'il faut chercher le premier principe d'une soumission constante
aux loix ; car ce premier principe ne peut être autre chose que
l'empire absolu que prend sur nos esprits *l'évidence* de la justice
et de la nécessité des loix ; or cette *évidence* n'est jamais *dans la
lettre* de la loi : ainsi pour établir [76] généralement et invariablement cette soumission, il est deux conditions essentielles : la
premiere, que *la raison* des loix soit démonstrative de leur justice
et de leur nécessité ; la seconde, qu'elle soit d'une telle *évidence*,
ou du moins d'une telle *certitude*, qu'il ne soit possible à personne
d'en douter.

La raison des loix naturelles et essentielles est la nécessité *absolue*
dont elles sont à l'existence de la société ; nécessité dont l'*évidence*
frappe, saisit tous les esprits, et qui montre *évidemment* à tous les
hommes, que si les loix positives étoient destructives des loix
naturelles et essentielles, elles le seroient aussi de la société ;
qu'ainsi ces mêmes loix naturelles et essentielles doivent être *la
raison primitive* des autres loix, qui ne peuvent plus en être que
des conséquences évidentes, du moins pour ceux dont cette évidence
doit invariablement régler les procédés.

Si, par exemple, une loi positive ne condamnoit l'homicide qu'à une très-modique amende pour toute peine, on pourroit dire que l'homicide seroit autorisé par cette loi ; qu'ainsi la loi positive seroit à cet égard destructive de la loi naturelle et essentielle, par conséquent de la société. Cette supposition qui se rapporte beaucoup à nos mœurs et à nos loix anciennes dans des siécles d'ignorance et de barbarie dont nous rougissons aujourd'hui, suffit pour faire voir que la premiere condition requise pour instituer de bonnes loix positives, des loix dont l'autorité soit inébranlable, est leur conformité parfaite et *évidente* avec les loix naturelles et essentielles des sociétés. Cette regle invariable est le premier principe de toute législation : certainement une loi qui autoriseroit des infractions arbitraires aux loix essentielles de l'ordre, ne seroit pas propre à maintenir l'ordre ; et dès-lors il seroit impossible qu'on pût être constamment assuré de l'observation de cette loi.

[77] Les loix positives ne doivent être que *des résultats évidents de l'ordre, mais scellés du sceau de l'autorité publique; pour devenir ainsi des actes déclaratifs et confirmatifs des devoirs et des droits que les loix naturelles et essentielles de la société établissent* nécessairement *dans chacun de ses membres et pour leur intérêt commun.* Si elles institutoient des devoirs et des droits d'une autre espece que ceux qui dérivent de ces loix naturelles et essentielles, ces devoirs et ces droits nouveaux ne pourroient être que contraires aux premieres; et dans ce cas les loix positives seroient sans cesse en *opposition* avec nos esprits et nos volontés.

Tous les droits qu'un être raisonnable peut ambitionner, se trouvent renfermés dans celui de la propriété ; car de ce droit résulte une liberté de jouir qui ne doit connoître de bornes que celles qui lui sont assignées par les droits de propriété des autres hommes. L'ordre essentiel de la société déterminant ainsi la mesure de la liberté dans chacun de ses membres, et cette mesure se trouvant être de la plus grande étendue qu'il lui soit possible d'avoir sans troubler cet ordre essentiel, il est impossible de rien ajouter à la liberté des uns qu'au préjudice de la liberté, et par conséquent de la propriété des autres, ce qui devient alors une injustice, un désordre qui ne peut être que funeste à la société.

Je dis que ce désordre ne peut être que funeste à la société, parce qu'il la met dans un état violent : mon voisin ne trouvera point mauvais qu'il ne lui soit pas libre d'aller cueillir ou endommager mes moissons ; mais par la même raison, il supportera tou-

jours fort impatiemment qu'il me soit libre d'aller cueillir ou
endommager les siennes ; comme il est évident à chaque homme
qu'il ne doit point [78] troubler les autres dans la jouissance de
leurs propriétés, il lui est *évident* aussi que dans la jouissance
des siennes, les autres ne doivent point le troubler. A la vue même
d'un semblable préjudice qui sera fait aux autres hommes, il
s'allarmera, il craindra pour lui-même, et cette inquiétude sera
pour lui un tourment contre lequel sa raison même se révoltera
perpétuellement.

Une loi positive qui contrediroit cette justice naturelle, choque-
roit donc l'*évidence*, blesseroit des droits qui nous sont *évidents*, et
précieux ; elle seroit ainsi, comme je viens de le dire, en opposition
avec notre sentiment intérieur et nos volontés fixées invariablement
par cette même *évidence;* et voilà ce que j'appelle mettre la société
dans un état violent, parce que c'est constamment faire violence à
la nature, à des volontés qu'elle a données à tous les hommes pour
le bonheur commun de leur espece, et que les loix positives
doivent protéger, comme étant les premiers principes de la réunion
des hommes en société.

Que cet état violent ne puisse être que funeste à la société, je ne
crois pas que cela me soit contesté : premierement tout ce qui
altere la liberté, altere le droit de propriété, et diminue d'autant les
avantages que ce droit procure à la société, lorsque le désir de
jouir et la liberté de jouir se trouvent réunis. En second lieu, il
faudroit changer la nature de l'homme, déraciner en lui les mobiles
qui le mettent en action, faire perdre à l'*évidence* la force dominante qu'elle a sur son esprit et sur ses volontés, pour que les
hommes cessassent d'être attachés à la liberté de jouir qui résulte
du droit de propriété, et qu'ils ne cherchassent pas à se soustraire
aux violences que cette liberté peut éprouver, ou du moins à s'en
dédommager. Mais alors les dédommagements et la [79] façon de se
les procurer seroient nécessairement dans l'arbitraire ; chacun ne
pourroit les attendre que de sa force personnelle, et les apprécieroit
au gré de son opinion qui ne connoîtroit plus de regles, puisque
les loix positives seroient elles-mêmes déréglées : dans cet état de
désordre chaque homme, ayant à craindre un autre homme, et par
cette raison ne pouvant compter sur rien, se verroit réduit à se
permettre tout ce qu'il pourroit faire, dans la crainte de ne pouvoir
faire ce qu'il seroit en droit de se permettre.

Un autre mal encore, ce seroit celui des associations faites dans la vue d'augmenter la licence et les abus, en s'assurant de leur impunité : de ce cahos monstrueux on verroit sortir les meurtres, les vols, les brigandages de toute sorte, les crimes, les excès de toute espece, avant-coureurs des grandes révolutions qui, dans de pareilles circonstances, n'ont jamais manqué d'être amenées par la corruption, la dépravation des mœurs, sitôt que les opinions ont pu se former un point de réunion.

Ce n'est point assez que les loix positives soient exactement conformes aux loix naturelles et essentielles de la société : cette premiere condition requise pour leur assurer une soumission constante, étant remplie, il en faut encore une seconde, qui est, comme on vient de le voir, que cette conformité soit connue de maniere que personne ne puisse en douter ; car elles ne peuvent être fidelement observées que *par religion de for intérieur*, religion qui ne peut s'établir que sur une connoissance indubitable de leur justice et de leur nécessité. Mais cette connoissance ne peut être la même chez tous les hommes : il en est pour qui elle doit être *évidente ;* il en est d'autres chez lesquels elle ne peut être qu'une *certitude.* On va voir dans les Chapitres suivants, que ces [80] deux sortes de connoissances ne different essentiellement que dans la façon de les acquérir.

CHAPITRE XII.

Suite du développement de la premiere Classe des institutions qui constituent la forme essentielle de la Société. Caractere de la certitude que les hommes doivent avoir de la justice et de la nécessité des loix; comment en général la certitude s'établit. Impossibilité sociale que le pouvoir législatif et la Magistrature soient réunis dans la même main. Nécessité des Magistrats.

———

DES HOMMES qui seroient persuadés que leurs loix positives sont de mauvaises loix, pourroient bien être contraints pendant un temps à les observer ; mais une telle soumission, qui est contre nature, ne pourroit être durable ; et il seroit impossible qu'elle ne fût pas sujette à des écarts journaliers de la part de ceux qui croiroient les loix injustes à leur égard : *la soumission aux loix est toujours et nécessairement relative à l'idée que nous avons* de la justice et de la nécessité des loix.

Cette idée, pour être stable et permanente, doit être en nous ou une certitude primitive, qui est dans l'évidence même qui nous est propre, ou une certitude secondaire établie sur l'évidence qui se trouve dans les autres. Il ne faut pas confondre cette seconde espece de *certitude* avec la *confiance* qui ne seroit que l'effet d'une prévention ; car la pré[81]vention n'a rien de solide ; elle ne porte sur rien d'évident ; une autre prévention opposée peut même la détruire, et faire évanouïr la confiance qui en étoit le produit ; au lieu que la certitude secondaire tient à l'évidence, sans cependant être en elle-même une connoissance évidente de la vérité qui en est l'objet. Mais pour ne point embarrasser par des expressions nouvelles, parlons le langage ordinaire, et donnons tout simplement le nom *d'évidence* à la certitude primitive, et celui de *certitude* à celle qui n'est que secondaire ou conséquente à la premiere.

Je n'ai jamais vu la Chine, mais je suis certain que la Chine existe, parce que je suis certain que ce fait est *évident* pour beaucoup d'autres dont le témoignage uniforme et constant ne se contredit point : par ce moyen j'ai des preuves suffisantes pour fonder, non pas une *confiance*, mais une *certitude* qui me tient lieu de l'évidence que les autres ont acquise, et sur laquelle ces preuves suffisantes sont établies. Ainsi cette certitude n'est point en moi une évidence ; mais cette unanimité dans les témoignages de ceux qui ont acquis cette même évidence, cette unanimité, dis-je, qui est la première cause ou la première occasion de ma certitude, est évidente.

Quoique l'ordre essentiel des sociétés soit fort simple dans ses principes, ses conséquences cependant sont si multiples, et elles embrassent tant d'objets, qu'il n'est pas possible à la majeure partie des hommes d'avoir une connoissance *explicite et évidente* de la raison de toutes les loix positives, et des changements que les circonstances des temps peuvent exiger. Diverses causes, dont le détail seroit superflu, concourent pour les tenir éloignés de cette connoissance explicite et évidente ; mais il n'est aucun motif qu'on [82] puisse alléguer pour les priver de cette autre connoissance que nous nommons une *certitude*, et qui produit sur leur esprit tous les effets de l'évidence.

La certitude peut suppléer l'évidence, mais rien ne peut suppléer la certitude : c'est une folie de croire que dans le gouvernement des hommes elle puisse être remplacée par la confiance : dès que celle-ci n'a pour base ni évidence ni certitude, elle n'est plus qu'un enfant aveugle de la séduction ; sa foiblesse et son infirmité ne permettent pas de compter sur lui. Ainsi dans le moral ce n'est que sur l'évidence, et sur la certitude qu'elle communique à tout ce qui la touche, qu'on peut élever un édifice solide qui n'ait rien à redouter des écarts orageux de l'opinion, pour qui tout ce qui n'est pas évident ou indubitablement certain devient arbitraire.

La première conséquence que nous devons tirer de ces vérités préliminaires, c'est qu'il est *socialement* impossible que l'autorité législative et la Magistrature, ou l'administration de la justice distributive, soient réunies dans la même main, sans détruire parmi les hommes toute certitude de la justice et de la nécessité de leurs loix positives : allons plus loin encore, et disons, sans détruire ces loix elles-mêmes ; car elles n'auroient plus ni la forme, ni aucun des caracteres essentiels aux loix.

Comme on a souvent institué des formes très-vicieuse s, ce qu'on appelle *forme* est tombé dans une sorte de mépris. Il est pourtant vrai que rien ne peut exister sans une forme, et que la forme essentielle des choses est ce qui les fait ce qu'elles sont.

La forme essentielle des loix positives consiste *dans les signes sensibles qui manifestent qu'on a suivi l'ordre des procédés qu'il faut garder nécessairement dans leur institution,* 1° *Pour* |83| *s'assurer de leur justice et de leur nécessité ;* 2° *Pour rendre cette justice et cette nécessité certaines à tous ceux qui ne peuvent en acquérir une connaissance explicite et évidente.* Or il est constant que cet ordre de procédés ne seroit plus observé, si la puissance législatrice vouloit encore se charger des fonctions de la Magistrature : le Législateur et le Magistrat n'étant plus ainsi qu'une seule et même personne, il en résulteroit que d'un côté le pouvoir d'instituer des loix ne trouveroit dans les lumieres, et dans les *devoirs* du Magistrat, aucune ressource contre les surprises qui pourroient être faites au Législateur ; tandis que d'un autre côté, la volonté du Législateur ne pouvant dominer, enchaîner, assujettir celle du Magistrat, les loix les plus justes dans leurs dispositions se trouveroient incertaines et variables dans leur application.

Présentons dans d'autres termes encore ces importantes vérités, pour les rendre plus simples et plus frappantes : si le Législateur étoit aussi Magistrat, il ne pourroit que couronner et consommer comme Magistrat, toutes les méprises qui lui seroient échappées comme Législateur. Si le Magistrat étoit aussi Législateur, les loix n'existant que par sa seule volonté, il ne seroit point assujetti à les consulter pour juger ; et il pourroit toujours ordonner comme Législateur ce qu'il auroit à décider comme Magistrat.

Ainsi ce ne seroit que dans les seules volontés du Législateur qu'il faudroit chercher *la raison* des loix positives ; car il les institueroit au gré de ses volontés arbitraires ; et ce ne seroit que dans les seules volontés du Magistrat qu'il faudroit chercher *la raison* de ses jugements ; car son indépendance le mettroit dans le cas de se permettre tout en les rendant. Ce double inconvénient nous prouve bien que ces loix seroient dépouillées de leurs caracteres essentiels, qui sont [84] l'évidence de leur justice et de leur nécessité, et une indépendance absolue de l'arbitraire. De telles loix positives ne seroient plus des loix, puisque leur application devenant arbitraire et incertaine, elles n'auroient plus rien de positif par essence.

Quand le pouvoir législatif et la magistrature sont séparés, comme ils doivent l'être, les loix une fois établies par la puissance législatrice, ont une autorité qui leur est propre, et qui leur donnant le droit de commander aux volontés du Magistrat, leur assure une entière indépendance de toutes les autres volontés. Il est certain que le Magistrat ne peut alors, et ne doit avoir d'autres volontés que celles des loix ; l'autorité qu'il exerce n'est point la sienne ; elle est celle des loix ; aussi n'est-ce point en lui que cette autorité réside, mais dans les loix ; aussi ses fonctions se bornent-elles à faire l'application des loix ; aussi ne fait-il que prononcer des jugements déja dictés par les loix ; aussi est-t-il tenu de penser, de parler, d'ordonner comme les loix ; il n'est ainsi que leur ministre, que leur organe ; et c'est par cette raison qu'elles sont en sûreté dans ses mains ; et que par état il est *nécessairement* et particulierement le dépositaire et le gardien des loix ; disons plus encore ; de la *raison primitive. et essentielle* des loix ; car c'est dans cette source qu'il faut puiser les loix à faire : j'expliquerai dans un moment ce que j'entends par ces expressions.

Mais si le pouvoir législatif et la Magistrature étoient réunis, nous ne verrions plus dans le Magistrat qu'une puissance absolument indépendante des loix, lorsqu'il s'agiroit d'en faire l'application : ce ne seroient plus alors les volonté des loix qui deviendroient celles du Magistrat ; ce seroient au contraire les volontés personnelles du Magistrat qui [85] deviendroient celles des loix ; ses décisions ne pourroient plus être regardées comme étant dictées par les loix, et d'après leurs dispositions invariables, puisque les loix ne seroient elles-mêmes que des résultats de ses opinions ; qu'elles ne diroient que ce qu'il leur feroit dire ; qu'elles ne voudroient que ce qu'il leur feroit vouloir. Enfin l'autorité qui assureroit l'exécution de ses prétendus jugements, seroit son autorité personnelle, et non l'autorité des loix ; car les loix n'ayant que celle qu'il voudroit bien leur prêter, et qu'il pourroit à chaque instant leur retirer, une telle autorité qui émaneroit de lui, qui ne subsisteroit que par lui, ne seroit plus rien devant lui.

Ainsi au moyen de l'inconstance et de l'incertitude qui regneroient dans les loix positives ; au moyen de ce qu'elles n'auroient ni force, ni autorité, ni consistance ; au moyen de ce que leur application seroit toujours incertaine ; de ce que le recours aux loix deviendroit le recours à l'opinion et à la volonté arbitraire du

Magistrat, on pourroit dire que dans une telle société, il [n'y auroit ni loix, ni devoirs, ni droits positifs et réciproques : je laisse à juger du nom qu'on pourroit lui donner.

Nous verrons dans les Chapitres suivants que le pouvoir légis-latif est inséparable de la puissance exécutrice, et que cette puis-sance, qui par essence est indivisible, ne peut être exercée que par un seul. Cette vérité est un des plus puissants arguments qu'on puisse employer pour démontrer l'impossibilité sociale dont il est que le Législateur puisse remplir les fonctions du Magistrat. Dès qu'il ne doit exister qu'un Législateur *unique*, qu'un Dépositaire *unique* de toute l'autorité, c'est sa volonté *unique* qui doit ordon-ner et dicter les loix. Ceux qu'il appelle à ses délibérations ne peuvent avoir qu'une [86] voix *consultative*. Si elle était *délibéra-tive*, l'autorité seroit acquise à l'avis le plus nombreux, et dès lors ce ne seroit plus *un seul* qui seroit le Souverain ; la souveraineté résideroit véritablement dans le plus grand nombre des voix qui se trouveroient réunies sur un même objet.

Mais puisque dans tous les cas où la volonté du Souverain doit prononcer, aucun des opinants ne peut avoir voix *délibérative*, il est évident que s'il vouloit exercer les fonctions du Magistrat, tous les jugements qu'il rendroit émaneroient de sa seule et unique volonté ; il jugeroit seul enfin ; et par cette raison il s'imposeroit l'obligation rigoureuse de ne jamais se tromper, obligation bien reconnue pour être au-dessus des forces de l'humanité.

Quel est l'homme qui pourroit, sans frémir, entreprendre de rendre seul la justice à une multitude d'autres hommes ? Quel est l'homme qui pourroit se flatter que lui seul il pourroit toujours reconnoître l'injustice et la mauvaise foi, sous les dehors trompeurs qu'elles savent si bien emprunter ? La variété prodigieuse des faits, les difficultés qu'on éprouve pour en constater la vérité, les artifices qu'on employe souvent pour la déguiser, forment un labyrinthe dans lequel on voit s'égarer les Magistrats les plus éclairés, les plus integres, les plus consommés dans l'art de juger. Que seroit-ce donc si un homme *seul* étoit chargé de ces pénibles et importantes fonctions ? Combien de fois, sans qu'il s'en apperçût, son cœur séduiroit-il son esprit ? Quelles facilités n'auroit-on pas pour se ménager cette séduction ? Quelle carrière s'ouvriroit aux prétentions arbitraires et à l'oppression ? A quel excès l'espoir de l'impunité ne multiplieroit-il pas les crimes ? Que de comptes à rendre à la Jus-

tice Divine par un tel Souverain ! Ce Prince infortuné, s'il con-
naissoit le 87 danger de son état, n'oseroit lever les yeux vers le
Ciel.

Je pourrois alléguer beaucoup d'autres raisons pour prouver
l'impossibilité sociale de la réunion de la Magistrature à l'autorité
législative ; mais il seroit inutile .de m'appésantir sur une vérité
connue depuis une multitude de siécles ; et dont les conséquences
sont mises en pratique chez tous les peuples qu'on peut regarder
comme formant des sociétés. Je peux donc avancer, sans craindre
d'être contredit, que de la nécessité *sociale* des loix positives, résulte
la nécessité *sociale* des Magistrats. Cependant, quoique tous les
hommes soient d'accord sur cet article, il paroit qu'on ne connoît
point encore assez les rapports essent:els de cette nécessité avec
l'existence de la société ; et c'est par cette raison que je crois
nécessaire d'en faire un examen particulier.

[88]   CHAPITRE XIII.

Seconde suite du Chapitre XI. Comment s'établit parmi les
peuples la certitude de la justice et de la nécessité des loix
positives. Les Magistrats sont un des premiers et des plus
puissants fondements de cette certitude : par état ils
doivent avoir une connoissance évidente de la raison essen-
tielle des loix positives : rapports de leurs devoirs essentiels
avec la justice et la nécessité des loix. Ils sont, plus particu-
lierement que les autres membres de la société, gardiens et
défenseurs des loix. La Magistrature est, par le moyen des
loix, le lien commun de la société.

LES MAGISTRATS dépositaires, gardiens et organes des loix,
deviennent, en quelque sorte, des loix vivantes ; et par cette raison,
la Magistrature occupe *nécessairement* dans la Société la place
marquée pour les loix, entre la puissance législatrice et tous ceux
qui doivent obéir aux loix. Dans tous les temps on l'a regardée
comme formant le lien commun qui unit l'État gouverné à l'Etat
gouvernant ; et c'est à juste titre ; car ce lien si précieux est l'ouvrage des loix : sans elles il seroit impossible au corps politique de se
former. Or tout ce qu'on doit *nécessairement* attribuer aux loix, on
doit également l'attribuer à la Magistrature, dont les fonctions sont
de faire parler et agir les loix, d'exercer l'au[89]torité des loix, de
manifester la volonté des loix, d'en faire l'application, et de leur
donner ainsi une existence, une réalité qu'elles ne peuvent obtenir
que par le ministere des Magistrats qui *s'identifient*, pour ainsi dire,
avec les loix.

Je dis, qui *s'identifient*, et cette expression n'a rien de forcé :
car si les loix ne peuvent parler que par la bouche du Magistrat,
les paroles du Magistrat ne peuvent être que l'expression des
volontés des loix ; elles habitent en lui ; elles vivent et pensent en
lui ; et c'est parce que les loix et le Magistrat se confondent ainsi,

que la sureté nécessaire aux loix doit être commune à la personne du Magistrat comme organe des loix.

Maintenant on doit appercevoir aisément toute l'influence que les Magistrats doivent avoir sur la soumission aux loix. La plûpart des hommes étant hors d'état de s'élever à une connoissance explicite et évidente de la raison des loix positives, ceux-là, comme je l'ai dit, ne peuvent avoir qu'une certitude de la Justice et de la nécessité de ces loix ; mais cette certitude si nécessaire pour fixer leurs esprits, et assurer leur soumission constante aux loix, comment peut-elle s'établir chez eux, si leurs sens ne sont frappés par des preuves suffisantes de cette Justice et de cette nécessité ? Or ces preuves, pour être suffisantes, doivent toujours *et nécessairement* avoir pour fondement le témoignage des Magistrats, puisqu'ils sont publiquement reconnus et institués pour être les dépositaires et les gardiens des loix ; puisque comme gardiens et comme Juges, ils doivent être éclairés par l'évidence *de la raison primitive et essentielle des loix* ; puisqu'enfin la sincérité de leur témoignage est encore elle-même attestée, certifiée par l'hommage impartial que lui rend une multitude d'hommes éclairés qui doivent se [90] trouver dans une nation, dès que nous y supposons publique la connoissance évidente de l'ordre essentiel de la société.

Les titres de dépositaires, de gardiens des loix positives, et de *la raison primitive et essentielle* de ces loix, ne sont point des qualifications purement honorifiques, de vains titres sans fonctions : ce sont au contraire des titres indicatifs de fonctions réelles, de *devoirs indispensables* dans le Magistrat, et dont l'institution est d'une nécessité absolue, comme celle de toutes les autres branches de l'ordre essentiel de la Société.

Quoiqu'on puisse dire à juste titre que l'évidence parle et se rend sensible, cependant malgré celle qui doit se trouver dans les loix, nous les reconnoissons pour être *muettes*, en prenant cette expression dans le sens physique. Or elles peuvent se trouver dans le cas d'avoir à se défendre contre des surprises qui pourroient être faites à la puissance législatrice ; surprises d'autant plus dangereuses, qu'elle doit seule disposer de la force publique, comme on le verra dans les Chapitres suivants. Les loix alors n'ont donc à opposer à la volonté de cette puissance que leur justice et leur nécessité. Mais puisqu'elles sont muettes physiquement, comment peuvent-elles mettre en évidence cette justice et cette nécessité ? Dans ce cas, comme dans tous les autres, elles ne peuvent s'exprimer que par la voix de ceux qui sont chargés de parler pour elles : ainsi le Magistrat, comme organe physique des loix, *est particulierement* chargé de la défense des loix.

Ce que je dis des loix faites nous montre quels sont les devoirs des Magistrats par rapport aux lois à faire : comme elles doivent être toutes puisées dans les loix naturelles, [**91**] qui sont *la raison primitive et essentielle* de toutes les autres loix, l'évidence de cette *raison primitive et essentielle* est, pour ainsi dire, un dépôt dans leurs mains, et ils en doivent compte à la puissance législatrice, à la nation, à Dieu même, dont cette évidence nous manifeste les volontés suprêmes.

Toutes ces vérités sont si simples, si évidentes par elles-mêmes, qu'il suffit de les présenter dans leur ordre naturel, pour qu'elles deviennent sensibles sans le secours d'aucune démonstration.

Puisque les loix sont muettes physiquement, et qu'il faut des loix positives, il faut donc aussi des Magistrats qui soient les organes physiques des loix.

Puisque les Magistrats sont les organes physiques des loix, il faut donc qu'ils parlent pour les loix et comme les loix, dans tous les cas où les loix ont à parler.

Puisqu'ils doivent parler pour les loix et comme les loix, chaque fois qu'il y a nécessité, il faut donc qu'ils soient tenus de prendre toujours la défense des loix, par conséquent qu'ils soient constitués dépositaires et gardiens des loix.

Puisqu'ils doivent toujours veiller à la garde et à la défense des loix, il faut donc qu'ils ayent une connoissance évidente de la justice et de la nécessité des loix, et conséquemment de leur *raison primitive et essentielle*; car ce n'est qu'avec cette évidence qu'ils peuvent combattre pour les loix, contre les surprises faites à l'autorité.

Puisqu'ils doivent toujours avoir pour guide l'évidence de la raison primitive et essentielle des loix, le témoignage évident qu'ils rendent aux loix nouvelles, et contre lequel la partie éclairée de la nation ne réclame point, est donc pour les autres hommes une preuve suffisante qui [**92**] établit entre eux la certitude de la justice et de la nécessité de ces nouvelles loix ; or cette certitude étant ce qui assure nécessairement une soumission constante aux loix, la Magistrature se trouve être ainsi le lien commun qui unit l'État gouverné à l'État gouvernant, pour la prospérité commune de ces deux États.

Il ne faut pas croire cependant que les titres de dépositaires et de gardiens des loix n'appartiennent qu'aux Magistrats exclusivement : le premier, le vrai dépositaire et gardien général des loix, c'est la nation elle-même à la tête de laquelle est le Souverain. Rigoureusement parlant, le dépôt et la garde des loix ne peuvent appartenir qu'à ceux qui sont armés de la supériorité de la lorce physique pour procurer à ce dépôt la sûreté dont il a besoin essentiellement. Cela posé, c'est la nation en corps qui est naturellement et nécessairement dépositaire et gardienne de ses propres loix, parce qu'il n'est point dans la nation de force physique égale à celle qui résulte de la réunion des siennes. Mais comme cette force nationale n'agit que d'après la volonté du chef qui la commande, on peut dire dans un autre sens, que c'est au Souverain que le dépôt et la garde des loix doivent appartenir.

Faute de s'entendre il s'est formé de grands débats sur cet article qui a donné lieu à toutes sortes de prétentions ; mais il est aisé de les terminer en disant : il est physiquement et socialement impossible que la sûreté des loix ait un autre principe que l'évidence de leur justice et de leur nécessité, parce qu'il n'y a que cette évidence qui puisse réunir au soutien des loix, toutes les opinions, toutes les volontés et toutes les forces. Les dépositaires et les gardiens naturels des loix sont donc tous ceux qui se trouvent appel[93]lés à posséder cette évidence : ainsi le Souverain qui doit toujours la prendre pour son guide, est le dépositaire et le gardien naturel des loix ; ainsi la nation, que je suppose éclairée par l'évidence publique de l'ordre essentiel des sociétés, qui conséquemment doit être composée d'une multitude d'hommes instruits de *la raison primitive et essentielle* des loix, est aussi leur dépositaire et leur gardien naturel ; ainsi les Magistrats, qui par un devoir indispensable de leur état, sont *plus particulierement* qu'aucun membre de la Société, obligés d'être pénétrés de l'évidence répandue publiquement dans la nation, qui comme Juges deviennent, pour ainsi dire, envers le Souverain et la nation, caution de cette évidence et de ses avantages, se trouvent *plus particulierement* aussi les dépositaires et les gardiens des loix.

Ce que je viens de dire sur les conséquences résultantes de la qualité de Juge, semble exiger quelque développement : si l'obligation d'avoir une connoissance évidente de la justice et de la nécessité des loix, et d'être leur défenseur, est inséparable de l'état du Magistrat considéré comme organe des loix, la même obligation est bien plus rigoureuse encore dans le Magistrat considéré comme Juge, comme Ministre de la justice, dont les loix positives ne doivent être que des résultats.

Quelqu'un pourroit-il honnêtement contester que dès qu'une injustice est *évidente*, il n'est plus permis à aucun homme de lui prêter son ministere? Quelle que soit la loi naturelle et essentielle qui rende *évidente* une injustice, cette loi est un ordre de la divinité, dont rien ne peut suspendre l'exécution, sitôt qu'il est *évidemment* connu. Hélas ! que deviendroit l'humanité, si *l'évidence* d'une injustice *absolue* ne constituoit pas les hommes dans *l'obligation* étroite de ne pas prê[94]ter leur ministere pour la violer. Mais si ce devoir est *absolu* dans tous les hommes indistinctement, quelle nouvelle force n'acquiert-il pas dans les Magistrats, qui, comme Ministres de la justice, joignent à l'obligation commune de s'y conformer, l'obligation particuliere de la faire observer.

Si vous détruisez le juste et l'injuste *absolus*, par conséquent l'existence des devoirs *absolus*, et l'obligation *absolue* de ne jamais s'en écarter au mépris de leur évidence, je vous défie d'imaginer aucun moyen de donner quelque consistence à la société ; je vous défie d'instituer un pouvoir qui puisse se communiquer sans courir risque de se détruire ; je vous défie d'établir une puissance dont la personne et l'autorité soient en sûreté.

Depuis le Souverain, quel qu'il soit, jusqu'au dernier de ses sujets, la communication de son autorité souveraine forme une chaîne de pouvoirs intermédiaires et subordonnés les uns aux autres, au moyen de laquelle il tient dans sa main tout ce qui se trouve sous son empire. Tous les dépositaires en sous-ordre de son autorité peuvent être réduits à deux especes : les uns sont chargés de l'administration de la justice, les autres de la force coercitive : s'il n'est point de devoirs absolus et évidents pour ceux-là, il n'en est point pour ceux-ci : dès-lors je ne trouve plus cette chaîne ; elle est rompue, ou plutôt il est impossible qu'elle existe : l'obéissance elle-même n'est plus une chose sur laquelle on puisse compter dans ce systême, puisqu'il n'admet aucun devoir absolu. Remarquez en cela comme on ne peut éviter de tomber dans les contradictions les plus absurdes, sitôt qu'on veut s'écarter de l'ordre : on rejette les devoirs absolus pour ne point mettre de bornes à l'obéissance ; et comment ne voit-on pas que par une conséquence nécessaire de ce principe, l'obéis[95]sance cesse aussi d'être un devoir, qu'ainsi en voulant l'étendre on la détruit ?

Ceux qui défendent ce système diront peut-être qu'ils ne nient point entierement l'existence des devoirs absolus, mais qu'ils n'en admettent qu'un seul, qui est celui de l'obéissance : hé bien, j'adopte pour un moment leur façon de penser ; et en conséquence je leur fais observer qu'ils rendent arbitrairement despote quiconque est revêtu d'un commandement particulier. Mais le Souverain, dira-t-on, devient despote par ce moyen : quelle erreur ! et moi je vous soutiens qu'il détruit sans ressource son autorité. Le Souverain ne peut commander personnellement qu'à un très-petit nombre d'hommes qui sont autour de lui ; ceux-ci au contraire commandent à une multitude d'autres hommes : si cette multitude est dans l'obligation absolue de toujours leur obéir, n'est-il pas évident qu'ils se trouvent nécessairement plus forts, plus réellement despotes que le Souverain même ? Et s'il reste contre leur despotisme arbitraire quelque ressource, c'est celle que nous trouvons dans la progression de ce même despotisme, qui se communique à tous ceux qui commandent en sous-ordre, et à raison de la portion d'autorité qui leur est confiée. Ainsi celui qui a cent hommes à ses ordres est arbitrairement despote vis-à-vis de ces cent hommes ; celui qui en a mille, l'est aussi vis-à-vis d'eux ; de même celui qui commande à vingt mille, à cent mille, le nombre n'y fait rien ; le despotisme arbitraire est le même dans tous les rangs du commandement, quoiqu'il n'en résulte pas la même force.

Voyez-donc dans ce systême combien les effets qu'il produit sont contraires à ceux qu'on se propose : tandis qu'on veut rendre le Souverain plus indépendant, on le met dans une dépendance qui doit le faire trembler à chaque instant ; [96] et pour vouloir ériger son autorité en pouvoir arbitrairement despotique, on la détruit, en assurant à chacun de ceux qui commandent, une obéissance absolue au gré de leurs volontés arbitraires ; dans ce cahos monstrueux il faut n'avoir aucune sorte de commandement pour ne point être despote ; tous ceux qui en ont un, sont tellement despotiques, qu'au moyen de l'obéissance absolue qui leur est due immédiatement, ils peuvent trouver les moyens de s'affranchir de celle qu'ils doivent à leur tour. De-là résulte une chose bien singuliere ; c'est

que cette chaîne de despotes arbitraires est une chimere ; le despotisme ne réside plus véritablement que dans les Commandants
les plus inférieurs ; c'est-à-dire, dans ceux qui commandent immédiatement aux hommes dont l'obéïssance est le partage unique :
cela posé, plus de despotisme dans le Souverain.

Nous devons donc regarder comme un crime de leze-majesté
divine et humaine, l'action de soutenir qu'il n'est point de devoirs
absolus dont on ne peut s'écarter, sitôt qu'ils sont évidents. En
vain on m'objectera que cette régle est dangereuse, en ce qu'on peut
prendre pour évident ce qui ne l'est pas. Cette méprise ne peut
avoir lieu que dans un état d'ignorance, état où je ne connois rien
dont on ne puisse abuser, et qui ne soit susceptible d'inconvénient.
Je veux bien que dans cet état de désordre *nécessaire* cette loi
sainte ne soit pas suivie ; mais qu'on me dise donc celle qu'on
pourra lui substituer. Dans l'état d'ignorance tout est arbitraire, et
par cette raison l'application de cette loi seroit arbitraire aussi.
Mais la cause des abus qui en résulteroient, seroit dans l'ignorance,
et non dans la loi ; ainsi ces mêmes abus ne sont point à craindre
par-tout où l'évidence de l'ordre est publiquement répandue, et
c'est le cas que nous supposons.

97] Il est donc certain qu'aucun homme, sans se rendre coupable
envers le ciel et la terre, ne peut se charger de juger d'après des
loix *évidemment* injustes ; il cesseroit alors d'être un Ministre de la
justice, pour devenir un ministre d'iniquité. Si quelque loi, par
exemple, ordonnoit qu'un homme fût condamné au dernier supplice,
sur la seule dénonciation d'un autre homme, et même sans aucune
preuve de l'existence du délit imputé, n'est-il pas *évident* qu'une
telle loi seroit homicide ? N'est-il pas *évident* encore que le barbare,
le furieux qui prononceroit des condamnations d'après cette loi
monstrueuse, en partageroit l'atrocité, et deviendroit homicide
comme elle ?

Il faut pourtant ou aller jusqu'à dire qu'on pourroit être, sans
crime, l'organe d'une telle loi, et le ministre de ses abominations,
ou convenir qu'un Magistrat ne doit prêter son ministere à aucune
loi *évidemment* injuste ; car s'il *le peut* pour une loi, il *le peut* pour
toutes, quelque coupables qu'elles soient ; *l'évidence* des excès, des
outrages faits dans l'humanité à la Divinité même ne peut plus
l'arrêter.

Un magistrat qui jugeroit sur des loix dont l'injustice lui seroit *évidente*, agiroit en cela comme un Médecin qui traiteroit ses malades suivant des méthodes prescrites par une autorité aveugle sur cet objet, et qu'il connoîtroit *évidemment* pour n'être propres qu'à leur donner la mort. Mais, me dira-t-on, ne peuvent-ils pas pécher par ignorance ? Non; ils ne le peuvent pas, parce qu'étant obligés de ne se décider que d'après *l'évidence*, dans tous les cas qui en sont susceptibles, ils ne doivent point embrasser une profession pour laquelle ils n'ont pas les connoissances suffisantes. Qu'est-ce qui oblige un homme de se faire Médecin, quand son ignorance l'expose à commettre journellement des assassinats ? [98] Qu'est-ce qui oblige un homme de se faire Magistrat, quand son ignorance l'expose journellement à dégrader la Magistrature, à trahir les intérêts qui lui sont confiés ? Comment peut-il se regarder comme un Ministre de la justice, s'il n'en a pas une connoissance évidente ? Et comment peut-il connoître évidemment la justice, s'il ne la voit pas évidemment dans les loix, ou plutôt dans *la raison primitive et essentielle* des loix ?

Quelque frappants, quelque démonstratifs que ces arguments puissent être, ils acquierent encore une nouvelle force, pour peu qu'on fasse attention à la grande simplicité de l'ordre, de ces loix naturelles et essentielles qui doivent être *la raison primitive* de toutes les autres loix. Propriété et liberté, voilà les deux points fondamentaux de l'ordre essentiel des sociétés. Une fois qu'on est pénétré de la justice et de la nécessité de ces deux loix divines ; une fois que l'évidence de leur justice et de leur necessité est publiquement répandue dans une nation, il n'est plus possible que la conformité ou la contradiction des nouvelles loix avec les principes immuables de l'ordre ne soient pas évidentes, non-seulement pour le corps des Magistrats, mais encore pour tous les hommes qui n'ont point perdu l'usage de la raison.

De même que le Médecin est tenu d'avoir une connoissance *évidente* de la nature et des effets des remedes qu'il est dans le cas d'employer, de même aussi le Magistrat est tenu d'avoir une connoissance *évidente* de la justice et de la nécessité des loix qu'il se charge *librement* de faire observer. Il ne lui est donc permis de juger les hommes qu'après avoir pénétré scrupuleusement dans la raison des loix, et avoir acquis *l'évidence* de leur justice ; voilà son premier devoir indispensable ; ajoutez-y maintenant une seconde obligation [99] qui est également essentielle en lui, celle de ne jamais prêter son ministere à des loix *évidemment* injustes, et voyez s'il est possible qu'il ne soit pas le dépositaire, le gardien et le défenseur des loix ; s'il est possible que le témoignage public qu'il rend *librement* à la sagesse des loix nouvelles, ne soit pas regardé comme le résultat d'une *évidence* acquise par un examen suffisant; s'il est possible qu'un témoignage de cette importance, vérifié, pour ainsi dire, et contrôlé par la publicité des connoissances *évidentes* répandues dans la nation, n'établisse pas *nécessairement la certitude* de la justice et de la nécessité de ces mêmes loix dans tous ceux qui ne peuvent en acquérir une connoissance évidente; s'il est possible enfin d'imaginer un motif de persuasion qui puisse suppléer celui que fournit un témoignage d'autant plus authenthique, qu'il ne doit et ne peut s'annoncer, que comme un jugement qu'un devoir rigoureux ne permet de rendre qu'après que l'*évidence* même l'a dicté.

{100]   # CHAPITRE XIV.

Développement de la seconde classe des Institutions qui cons-
tituent la forme essentielle de la Société. L'autorité tutélaire
consiste dans l'administration de la force publique dont le
premier principe doit être la force intuitive et détermi-
nante de l'évidence. Premières observations tendant à prou-
ver que le pouvoir législatif est inséparable de cette autorité.

C'EST à juste titre que la seconde classe des institutions qui constituent la forme essentielle de la société, nous représente l'autorité tutélaire toujours armée de la force publique, et toujours précé-
dée par l'évidence : il est sensible que l'administration de la force
publique ne peut jamais être séparée de l'autorité tutélaire; car c'est
dans cette force que réside l'autorité. Il est sensible aussi que toutes
les résolutions de cette autorité doivent être dictées par l'évidence
de leur justice et de leur nécessité ; car la force publique, qui est
elle-même l'autorité, n'acquiert de la consistance qu'autant que la
force intuitive et déterminante de l'évidence en est le premier principe : le développement de cet ensemble est peut-être la partie la
plus intéressante de cet ouvrage.

Ce que nous nommons *autorité* est *le droit* de commander, qui
ne peut solidement exister, c'est-à-dire, ne rien perdre dans *le fait*
de ce qu'il est dans *le droit*, sans *le pouvoir physique* de se faire
obéir. Un tel *droit* n'en seroit plus un, [101] si *dans le fait* l'obéissance étoit arbitraire, si elle n'étoit dépendante que de la seule
volonté de celui qui obéit. Mais pour qu'elle ne le soit pas, il faut
qu'elle se trouve assujettie par un *pouvoir physique* qui ne peut
résulter que de la supériorité *de la force physique*.

Le droit de commander et le pouvoir physique de se faire obéir
ne sont donc exactement qu'une seule et même autorité présentée
sous deux noms différents, parce qu'il est deux différentes façons de
la considérer : à raison de la maniere dont elle s'établit, elle *est un*
droit, parce qu'elle est le résultat d'une convention, et plus encore

parce que la justice et la nécessité de ses volontés doivent toujours être marquées au coin de l'évidence ; à raison de la maniere dont elle doit agir sur la résistance que des désirs déréglés pourroient lui opposer, elle est un *pouvoir physique*, une force coercitive formée naturellement et nécessairement par la réunion des volontés qui ont fait entre-elles cette convention, et qui toutes doivent être enchaînées par cette évidence dont je viens de parler.

Ou le principe de la réunion des volontés est évident, ou il ne l'est pas : au premier cas, ce principe est immuable, et la réunion se trouve avoir la plus grande solidité possible ; au second cas, ce principe, qui n'est qu'arbitraire, n'a rien de constant, et la réunion doit éprouver toutes les variations dont une opinion arbitraire est susceptible.

La réunion des volontés pour opérer celles des forces particulieres ; la réunion des forces particulieres pour former une force commune, une force publique ; le dépôt de cette force publique dans la main d'un chef, par le ministere duquel elle puisse commander et se faire obéïr : voilà comment s'établit l'autorité tutélaire ; voilà comme elle n'est autre chose qu'une force physique résultante d'une [**102**] réunion de volontés, et par conséquent comme il lui est impossible d'être ni puissante, ni bien affermie, si la force intuitive et déterminante de l'évidence n'est pas le principe de cette réunion.

Dans un sens on peut dire que le droit de commander n'appartient qu'à l'évidence ; car dans l'ordre naturel, l'évidence est l'unique regle de conduite que l'auteur de la nature nous ait donnée. Mais tous les hommes ne sont pas également susceptibles de saisir l'évidence ; et quand ils le seroient tous, l'intérêt du moment est souvent si pressant en eux, que l'évidence du devoir ne pourroit suffire pour contenir l'appétit des jouissances, quand il se trouveroit désordonné. Il faut donc que parmi les hommes, l'autorité naturelle de l'évidence soit armée d'une force physique et coercitive, et qu'ainsi la puissance législatrice, quoiqu'elle commande au nom de l'évidence, dispose de la force publique, pour assurer l'observation de ses commandemens.

Quel que soit le dépositaire ou l'administrateur de la force publique, le pouvoir législatif est son premier attribut ; car il faut que l'évidence nous soit connue avant qu'elle puisse asservir nos volontés, et que les loix soient instituées avant que l'autorité puisse s'occuper du soin de les faire oberver. Dicter des loix positives c'est *comman-*

der ; et par la raison que nos passions sont trop orageuses pour que le droit de *commander* puisse exister sans le *pouvoir physique* de se faire obéïr, le droit de dicter des loix ne peut exister sans *le pouvoir physique* de les faire observer. Il ne peut donc jamais être séparé de l'administration de la force publique et coercitive. Ainsi la puissance exécutrice, celle qui dispose de cette force, est toujours et *nécessairement* puissance législatrice.

Si, pour former deux puissances, on place dans une main [103] le pouvoir législatif, et dans une autre le dépôt de la force publique, à laquelle des deux faudra-t-il obéïr, lorsque les loix de la première et les commandements de la seconde seront en contradiction ? Si l'obéïssance alors reste arbitraire, tout sera dans la confusion ; et comme on ne peut obéïr en même-temps à deux commandements contradictoires, il faut qu'il soit irrévocablement décidé lequel doit être exécuté par préférence : or il est évident que cette décision ne peut avoir lieu, sans détruire une de ces deux puissances, pour n'en plus reconnoître qu'une seule dominante, à la voix de laquelle toutes les volontés, toutes les forces doivent se rallier pour faire exécuter constamment ses commandements, sans que rien .., puisse en empêcher. Ainsi quelques tournures, quelques modifications qu'on veuille donner à un tel système, il arrivera *nécessairement* que ces deux autorités se réuniront, et se confondront dans une seule ; que la puissance législatrice deviendra puissance exécutrice, ou que la puissance exécutrice deviendra puissance législatrice.

La maniere dont se forme la force publique démontre bien évidemment que le pouvoir législatif est inséparable de l'administration de cette force : nous venons de voir qu'elle n'est que le produit d'une réunion de volontés ; qu'ainsi elle ne peut être solidement établie, qu'autant que la force intuitive et déterminante de l'évidence est le principe de cette réunion. Mais dès que les loix positives ne doivent être elles-mêmes que des résultats évidents des loix naturelles et essentielles de la société, il faut *nécessairement* ou qu'elles ne soient pas ce qu'elles doivent être, ou que la force publique leur soit acquise par l'évidence de leur justice et de leur nécessité. Comment donc se pourroit-il que la force publique ne fût pas constamment aux ordres du législateur, [104] puisque le principe constitutif de cette force doit toujours être dans les loix qu'il établit ?

Comme la vérité et l'erreur ne peuvent jamais donner les mêmes résultats, les opinions, les volontés et les forces peuvent très-bien se diviser dans une nation qui n'a nulle connoissance évidente de l'ordre naturel et essentiel de la société ; et de cette division peuvent naitre plusieurs autorités. Mais un tel désordre ne peut avoir lieu par-tout où une connoissance explicite et évidente de cet ordre essentiel est publiquement établie : l'évidence, qui est *une*, réunit tous les esprits, toutes les opinions ; il n'est plus alors qu'une seule volonté, une seule force publique, une seule autorité ; ainsi puisqu'elle est seule et unique, elle se trouve être *nécessairement* et tout à la fois puissance législatrice et puissance exécutrice : à elle appartient le droit de dicter les loix ; à elle appartient le pouvoir de les faire observer.

[105]

CHAPITRE XV.

Suite du Chapitre précédent. Dieu est le premier Auteur des loix positives. Définition du pouvoir législatif parmi les hommes: le Législateur ne fait qu'appliquer les loix naturelles et essentielles aux différents cas qu'il est possible de prévoir, et leur imprimer, par des signes sensibles pour tous les autres hommes, un caractere d'autorité qui assure l'observation constante de ces loix. Rapports de l'autorité législative avec celle de l'évidence. Le pouvoir législatif est indivisible. Combien les devoirs essentiels des Magistrats lui sont précieux à tous égards: au moyen de ces devoirs et de l'évidence de l'ordre, ce pouvoir est absolument sans inconvéniens dans les mains de la puissance exécutrice.

On doit remarquer ici que le terme de *faire* des loix est une façon de parler fort impropre, et qu'on ne doit point entendre par cette expression, le *droit* et le pouvoir d'imaginer, d'inventer et d'instituer des loix positives qui ne soient pas déja *faites*, c'est-à-dire, qui ne soient pas des conséquences nécessaires de celles qui constituent l'ordre naturel et essentiel de la société. Une loi positive ne peut jamais être indifférente au point de n'être ni *bonne* ni *mauvaise*; car elle [106] est nécessairement l'un ou l'autre, selon qu'elle est ou conforme ou contraire à cet ordre essentiel. Si elle étoit absolument indifférente, elle n'auroit point d'objet positif; et dès-lors elle ne seroit plus une loi positive. Mais comme le pouvoir législatif ne peut être institué que pour établir de bonnes loix positives, des loix dont la raison primitive soit dans celles que Dieu nous a dictées lui-même, et selon lesquelles toute société doit être gouvernée, ce pouvoir n'est plus dans le Législateur que *le droit exclusif de manifester par des signes sensibles aux autres hommes, les résultats des loix naturelles et essentielles de la société, après qu'ils lui sont devenus* évidents, *et de le sceller du sceau de son autorité, pour leur imprimer un caractere qui soit pour tous les esprits et toutes les volontés le point fixe de leur réunion.*

Cette définition, en nous apprenant que les loix positives doivent porter l'empreinte d'une autorité qui assure leur observation, nous ramene encore à la vérité que je viens de démontrer, à reconnoître que le pouvoir législatif est inséparable de l'administration de la force publique ; car sans cette administration le Législateur, et par conséquent les loix positives seroient sans autorité.

J'ai dit précédemment que les loix positives n'étoient que l'application et le développement des loix naturelles et essentielles ; le pouvoir législatif n'est donc autre chose que le pouvoir d'annoncer des loix déjà faites nécessairement, et de les armer d'une force coercitive : ainsi de quelque point que nous partions nous nous trouvons toujours dans l'impossibilité de séparer le pouvoir législatif et l'administration de la force publique ; car les loix positives ne deviennent ce qu'elles sont, qu'autant que cette force leur devient propre.

Quelque simples, quelque évidentes que soient les vérités [107 contenues dans le Chapitre précédent, c'est encore aujourd'hui une grande question parmi les hommes, de savoir dans quelles mains le pouvoir législatif doit être déposé pour le plus grand bien de la société ; mais tous leurs débats sur cet article tiennent à une fausse idée qu'on s'est formée du pouvoir législatif, et qui a pris naissance dans les abus qu'on a faits de ce pouvoir, dès les premiers moments qu'il a commencé à s'établir : alors l'institution d'une puissance exécutrice n'étoit point l'ouvrage de l'évidence ; par cette raison les volontés et les forces ne pouvoient jamais avoir un point fixe de réunion.

Comme on a vu beaucoup de mauvaises loix se succéder les unes aux autres dans toutes les sociétés particulieres, sans porter d'autre caractere que celui d'une volonté arbitraire et momentanée, on s'est persuadé que l'autorité législative étoit le pouvoir de *faire arbitrairement* toutes sortes de loix positives, quelque injustes, quelque déraisonnables qu'elles pussent être : on n'a pas vu que ces loix bisarres n'étoient que des fruits de l'ignorance ; on n'a pas vu que si les hommes peuvent *faire* de mauvaises loix, ce n'est que parce qu'ils peuvent se tromper ; que se tromper et faire de mauvaises loix est un malheur, un accident de l'humanité, et nullement *un droit*, une prérogative de l'autorité ; que le pouvoir législatif n'autorise, en quelque sorte, *à faire* de mauvaises loix, que parce qu'il n'est point seul et par lui-même un préservatif contre la surprise et l'erreur ; que pour l'en garantir, il faut que le Législateur soit aidé par un concours de lumieres et de devoirs établis dans des hommes qui, *sans participer en rien à son autorité*, doivent cependant se réunir et faire force autour de lui ; que selon qu'il est ou n'est pas secondé par ces lumieres et ces devoirs, le pouvoir législatif est ou [108] n'est pas susceptible d'abus ; qu'ainsi les inconvénients qu'on lui attribuoit, ne sont point dans ce pouvoir même, mais seulement dans des circonstances qui concouroient à l'égarer, et qui ne peuvent se rencontrer que dans des temps d'ignorance.

Il n'est jamais entré dans l'esprit d'un Législateur que son autorité lui donnât *le droit de faire* des loix *évidemment* mauvaises : en tous cas, il seroit tombé dans une singulière contradiction ; car *un droit* suppose une convention expresse ou tacite, une réunion de volontés déterminées librement par un intérêt commun, ou par la force d'une nécessité absolue dont l'évidence leur est sensible. Comment donc pourroit-on s'imaginer que cette réunion, qui n'a qu'un bien pour objet, pût se perpétuer, s'il en résultoit *évidemment* un mal ? On ne peut espérer de maintenir cette réunion par la force ; car *la force n'existe qu'après la réunion, et par la réunion*. Qu'on se rappelle ici que dans la société les *droits ne sont établis que sur les devoirs* ; or certainement le premier devoir d'un Législateur doit être de ne point *faire* des loix *évidemment* contraires aux intérêts de la société, puisque son autorité n'est instituée que pour protéger ces mêmes intérêts.

Si un Despote Asiatique me soutenoit qu'il est en droit de faire une loi *évidemment* mauvaise, je lui dirois : Si vous en pouvez une, vous en pouvez deux, vous les pouvez toutes, quelles qu'elles soient : essayez-donc d'en faire une pour permettre l'homicide volontaire, ou pour défendre de cultiver. Là, sans doute ses prétentions s'arrêteroient ; et dans la raison qu'il sentiroit de lui-même pour ne pas les porter jusqu'à cet excès, je puiserois des arguments simples, mais invincibles, qui lui feroient comprendre que dans aucun cas son autorité ne peut empiéter sur le domaine de l'évidence.

[109] Les vérités dont il s'agit ici demandent une grande précision : il faut bien saisir que tous mes raisonnements sont fondés sur la force irrésistible de l'évidence que je suppose acquise à des hommes qu'on voudroit assujettir à des loix *évidemment* contraires

à l'ordre et au bonheur de la société. Ainsi ne perdons pas de vue cette supposition ; car sans l'évidence nous sommes forcés d'abandonner les sociétés à tous les égaremens de l'opinion, sans que rien puisse remédier aux maux qui doivent *nécessairement* en résulter.

Je conviens donc que par-tout où l'on vit dans l'ignorance sur ce qui constitue l'ordre naturel et essentiel des sociétés, un Législateur peut, comme je l'ai dit, faire de mauvaises loix, parce qu'on n'en connoît pas de meilleures ; mais ces mauvaises loix ne le sont pas *évidemment* ; car si l'évidence de ce qu'elles ont de vicieux se manifestoit, l'ignorance disparoîtroit, et dès-lors l'intérêt commun et évident du Législateur et de la nation conduiroit à la réforme de ces loix, ou du moins les réduiroit à rester sans aucune exécution.

La funeste prérogative de pouvoir faire de mauvaises loix suppose donc toujours l'ignorance dans le Législateur et dans la nation ; elle suppose que les vices de ces loix ne sont, et ne peuvent être éclairés par l'évidence : ainsi quelque extension qu'on veuille donner à l'autorité législative, toujours est-il vrai qu'on ne pourra jamais lui attribuer *le droit* de pouvoir contredire manifestement *l'évidence*, et que *le droit* de dicter des loix sera *nécessairement* établi sur *le devoir essentiel* de n'en point faire qui soient *évidemment* destructives des biens qu'elles doivent assurer à la société.

Mais, me dira-t-on, ce devoir essentiel n'est point, par lui-même, une sûreté : qu'est-ce donc qui peut empêcher la puissance législatrice de s'en écarter ? A cela je réponds que ce [110] sont les intérêts personnels et évidens de cette puissance, qui ne peut trouver que dans l'ordre *son meilleur état possible* ; que c'est encore cette force irrésistible que l'évidence de l'ordre acquiert par sa publicité : voilà les cautions qui font la sûreté que vous demandez ; sûreté d'autant plus complette, que d'un côté vous ne pouvez supposer dans la puissance législatrice, l'intention d'anéantir un devoir qui évidemment est tout à son avantage ; tandis que d'un autre côté il n'est pas au pouvoir des hommes de faire perdre à l'évidence l'empire absolu qu'elle exerce naturellement sur eux, et d'empêcher que par le moyen de sa publicité, son autorité despotique ne soit toujours le principe constant d'une force physique à laquelle toute autre force est obligée de céder.

On voit maintenant ce que j'ai voulu dire par ce concours de lumières et de devoirs établis dans des hommes, qui, sans partager aucunement l'autorité Législative, doivent cependant faire force pour méttre le législateur à l'abri des surprises et de l'erreur : ces hommes sont les Magistrats qui ne peuvent rendre d'après les loix, une justice qui n'est pas dans les loix ; qui avant de juger les autres hommes, sont ainsi tenus d'avoir une connoissance *évidente* de la justice et de la nécessité des loix ; qui ne peuvent, sans crime, sans cesser d'être des Ministres de la Justice, prêter leur ministere à des loix *évidemment* injustes ; qui par une suite des devoirs dont ils sont spécialement chargés envers le Souverain et la nation, se trouvant plus particulierement que leurs autres concitoyens, dépositaires et gardiens, non-seulement des loix positives, mais encore des loix naturelles et essentielles instituées pour être *la raison primitive* des autres lois, doivent toujours être éclairés par l'évidence de cette *raison*, pour la faire connoître au Législateur, dans tous les cas où on seroit [111] parvenu à égarer son opinion ; à lui suggérer des loix contraires à ses véritables intentions, à ses propres intérêts, et à ceux des autres membres de la société.

Quelqu'un s'imaginera peut-être que les devoirs de la Magistrature, tels que je les représente ici, sont destructifs du pouvoir législatif : cette méprise seroit d'autant plus grossiere, que ces mêmes devoirs ne peuvent que procurer à ce pouvoir, la plus grande consistence et la plus grande solidité possible, sans jamais lui porter la plus légere atteinte ; mais pour démontrer clairement cette vérité, il faut remonter à la véritable idée qu'on doit se former du pouvoir législatif.

On vient de voir que le pouvoir législatif n'est point le pouvoir de faire *arbitrairement* des loix *évidemment* mauvaises, *évidemment* destructives des biens qu'on attend de l'exercice de ce pouvoir, et qui sont l'objet de son institution. Les hommes en se réunissant en sociétés particulieres pour être plus heureux, n'ont jamais pu se proposer un établissement qui *dût évidemment et nécessairement* les rendre plus malheureux : une contradiction si sensible, si évidente entre la fin et les moyens n'est pas dans l'humanité : nous pouvons bien nous tromper, ne pas nous rendre à l'évidence faute de la connoître ; mais nous n'allons pas jusqu'à la contredire sciemment et de propos délibéré ; et quand nous avons formé une volonté, il n'est pas en nous de prendre pour arriver à notre but, une voie qui nous en écarte *évidemment*.

Si cependant il étoit une nation assez déraisonnable pour instituer chez elle un tel pouvoir arbitraire, je conviens qu'il ne pourroit se

concilier avec les devoirs rigoureux dont les Magistrats sont chargés dans l'ordre naturel et essentiel des sociétés ; mais aussi dans
une telle nation ces devoirs n'exis[112]teroient pas, et les Magistrats
ne seroient pas Magistrats. La preuve que j'en donne est que dans
une société *les devoirs* dans les uns supposent *nécessairement des
droits* dans les autres, et que là où il n'y auroit point *de droits* il
n'y auroit point *de devoirs*. Or les membres de cette nation n'auroient entr'eux aucuns *droits réciproques* ; car *des droits* et un pouvoir *arbitraire* pour en ordonner au gré de son caprice, sont deux
choses *évidemment* incompatibles. Comme on ne connoîtroit ainsi
dans une telle nation que des ordres *arbitrairement* donnés, et que,
rigoureusement parlant, elle seroit *sans droits et sans loix*, il en
résulteroit qu'elle seroit aussi *sans Magistrats* : l'autorité n'auroit
besoin que d'esclaves pour être les instruments de ses volontés *arbitraires*.

Abandonnons cette hypothèse chimérique pour nous rapprocher
de la nature et du vrai : le pouvoir législatif n'est au fonds que le
pouvoir d'instituer de bonnes loix positives : or de *bonnes* loix positives sont des loix parfaitement conformes à l'ordre naturel et
essentiel des sociétés ; elles ne sont donc *bonnes* qu'autant qu'elles
sont puisées dans l'évidence de cet ordre essentiel ; qu'elles sont, en
un mot, dictées par cette évidence même au Législateur : mais dans
ce cas, ses volontés ne peuvent jamais rencontrer d'opposition ni
dans les Magistrats, ni dans la nation, dès que nous la supposons
éclairée.

La législation positive peut être regardée comme un recueil de
calculs tout faits ; car les loix positives ne sont que les résultats
d'un examen dans lequel on a, pour ainsi dire, calculé les droits et
les devoirs essentiels de chaque membre de la société dans les cas
prévus par ces loix. Lorsque ces calculs sont justes, ils ne peuvent
éprouver aucune contradiction ; plus on les vérifie et plus leur justesse devient manifeste [113] et publique ; mais s'ils ne le sont pas,
leur erreur est *évidente* pour quiconque est en état de calculer ; et
s'il est des Magistrats qui soient tenus de prendre ces calculs pour
regles de leurs jugements, il est *évident* qu'ils ne le peuvent pas, à
moins que ces calculs ne soient réformés : au lieu de rendre justice,
ils feroient des injustices *évidentes*, ce qui seroit en eux le comble
de l'atrocité. En pareil cas cependant on ne pourroit pas dire que
ceux qui auroient relevé de telles erreurs, partagent ou détruisent

l'autorité à laquelle elles seroient échappées au moment qu'elle auroit dressé ces calculs pour qu'on s'y conformât; elle conserveroit toujours dans son éntier la plénitude du pouvoir législatif, qui certainement ne peut jamais s'étendre jusqu'à faire qu'une erreur *évidente* devienne une vérité: Dieu même n'a pas un tel pouvoir; et quelque étendue que puisse être l'autorité législative, elle ne peut jamais rendre possible dans un homme ce qui est impossible dans Dieu.

Les loix positives ne devant rien avoir que d'*évident*, il ne peut donc jamais se trouver de la contrariété dans les opinions sur le fait de leur institution, que par une méprise ou une erreur qui n'est jamais aussi dans les intentions de la puissance législatrice; car il est de son intérêt personnel de ne rien instituer qui soit évidemment contraire aux loix naturelles et essentielles qui constituent son meilleur état possible à tous égards, et doivent être la raison primitive de toutes ses volontés. Mais ces sortes de méprises ou d'erreurs ne peuvent avoir lieu dans une société où la connoissance *évidente* de l'ordre est publique, où, par conséquent, la puissance législatric elle-même, le corps des Magistrats et la majeure partie de la nation sont toujours et *nécessairement* éclairés par cette évidence, et se trouvent ainsi n'avoir qu'un même esprit, et qu'une même volonté.

[114] Il est donc certain que les devoirs des Magistrats sont entièrement à l'avantage de l'autorité législative dans une nation instruite telle que nous la supposons. Cette autorité, dont les intérêts personnels sont en tout point les mêmes que ceux de la nation, n'a rien à craindre que les méprises; et de-là nous pouvons juger combien doit lui être utile et précieux un corps de citoyens institués pour être, plus particuliérement encore que tous les autres, dépositaires et gardiens de l'évidence même; qui en cette qualité sont chargés de veiller sans cesse autour de l'autorité législative; de placer toujours entre elle et la mauvaise volonté des hommes ignorants ou mal intentionnés, le bouclier impénétrable de l'évidence; d'assurer aux loix enfin une soumission générale et constante, en établissant la certitude de leur sagesse, dans tous ceux qui ne sont pas en état d'en acquérir par eux-mêmes une connoissance évidente.

L'autorité législative ne peut avoir que l'ignorance pour ennemi: celui qui a posé les bornes de nos connoissances évidentes, a en même-temps aussi posé les bornes de cette autorité; et c'est vou-

loir la détruire que de chercher à lui donner ou plus ou moins
d'étendue. Il n'y a point de milieu entre se conformer à l'ordre
naturel et essentiel des sociétés, ou renverser ce même ordre ; car
il n'est susceptible ni de plus ni de moins, attendu qu'il fait partie
de l'ordre physique auquel les hommes ne peuvent rien changer.
Cet ordre est ce qui procure les plus grands avantages possibles à
l'Etat gouvernant et à l'Etat gouverné ; et l'autorité législative ne
peut s'en écarter qu'au préjudice de l'un et de l'autre : pour qu'elle
trahisse ses intérêts personnels dans ceux de la nation, il faut donc
qu'elle soit séduite ; or elle ne peut l'être, qu'autant que l'ignorance rend possible la séduction. Mais dans ce cas cette [115] autorité court des risques évidents ; car le propre de l'ignorance est de
précipiter les hommes dans l'arbitraire ; par conséquent de rendre
tout incertain, inconstant, variable en un mot au gré des opinions
que rien ne peut fixer, et dont il est impossible de prévoir les
écarts.

On me désapprouvera peut-être de revenir si souvent sur la
même vérité ; mais aussi tout m'y ramene malgré moi : la force
irrésistible de l'évidence est le seul fondement solide sur lequel on
puisse établir un pouvoir législatif : la soumission aux loix ne peut
être ni vraie, ni générale, qu'autant qu'elle est d'accord avec nos
volontés, et elle ne peut l'être, qu'autant que l'évidence, ou du
moins la certitude de la sagesse des loix est répandue dans la
nation.

M'objecteroit-on que l'autorité législative, disposant de la force
publique, peut assurer, par le moyen de cette force, l'observation
de ses loix, quelles qu'elles soient ; mais, comme on l'a déja vu,
cette force publique n'existe point par elle-même ; elle est le produit d'une réunion, de plusieurs forces : or pour opérer cette réunion il faut recourir à la force intuitive et déterminante de l'évidence, ou à son défaut, employer des moyens dont on ne peut se
servir sans les détruire, et qui s'éteignent tous les jours, quand les
loix positives sont déstructives de l'ordre essentiel des sociétés.
Dans ce dernier cas, une telle autorité est réduite à devenir elle-
même l'instrument de sa perte, à ne pouvoir chercher sa conservation que dans des expédients qui ne peuvent qu'accélérer sa
chute.

Les bornes de nos connoissances évidentes sont donc les bornes
naturelles du pouvoir législatif, parce qu'il n'y a que l'évidence

qui puisse réunir constamment tous les esprits et toutes les volontés dans un même point d'obéissance : la force physique et publique, établie sur la force irrésistible de l'évi[116]dence, se perpétue d'elle-même ; cette force irrésistible tient à la constitution de l'homme ; elle s'arme de ce qui est en lui pour dominer sur lui ; elle subjugue ses volontés sans offenser sa liberté ; elle ennoblit ainsi l'obéissance en la faisant participer à la sagesse du commandement ; elle est celle enfin par laquelle il a plu au Créateur que le genre humain fût invariablement gouverné, et conséquemment la seule qui puisse convenir à l'établissement du pouvoir législatif.

Mais toutes fois que cette force naturelle de l'évidence sera le fondement du pouvoir législatif, il est clair qu'il embrassera tout ce qui peut devenir évident, et qu'il sera *socialement* impossible de le diviser : tous les esprits étant ralliés à l'évidence, il ne se trouvera plus qu'une seule et unique volonté, par conséquent une seule et unique autorité. Ce n'est donc que par un effet naturel de l'ignorance, qu'il peut arriver que ce pouvoir soit partagé dans plusieurs mains : ainsi l'ignorance, comme contraire *à l'unité* d'autorité, et comme propre à lui donner une extension démesurée, qui ne peut que lui devenir funeste, est pour l'autorité législative un écueil dangereux, et le seul dont elle doit toujours s'éloigner.

On pourra peut-être m'opposer encore que des exemples multiples de tous les pays et de tous les siècles prouvent que la Magistrature n'est point un préservatif contre l'institution des mauvaises loix ; mais ces exemples sont-ils choisis chez des nations qui avoient une connoissance évidente de l'ordre, ou appartiennent-ils à des peuples livrés à l'arbitraire, parce qu'ils l'étoient à l'ignorance et à l'erreur ? Dans ce dernier cas l'objection militeroit pour moi, et non contre moi : les effets du désordre et ceux de l'ordre ne peuvent jamais se ressembler ; et certainement on ne peut rien conclure des uns aux autres : dans un état de désordre tout tend au [117] mal, et dans l'ordre tout tend au bien ; au moyen de quoi le mal arrive *nécessairement* dans le premier, et le bien *nécessairement* dans le second.

Je ne jette les yeux sur aucune nation, sur aucun siècle en particulier : je cherche à peindre les choses telles qu'elles doivent être *essentiellement*, sans consulter ce qu'elles sont ou ce qu'elles ont été, dans quelque pays que ce soit. Comme la vérité existe par elle-même, qu'elle est vérité dans tous les lieux et dans tous les temps, sitôt que par l'examen et le raisonnement, nous sommes parvenus à la connoître avec évidence et dans toutes les conséquences *pratiques* qui en résultent, les exemples qui paroissent contraster avec ces conséquences, ne prouvent rien, si ce n'est que les hommes qui s'en sont écartés, n'avoient pas une connoissance évidente de cette vérité, et que leur ignorance leur a fait perdre les avantages qu'ils en auroient retirés.

L'ordre est un assemblage de différentes causes agissant réciproquement les unes sur les autres : détachez un seul de ses ressorts, les autres n'ont plus d'action. Si, par exemple, vous supposez une nation ignorante, je ne sais plus par quels moyens vous parviendrez surement à rassembler dans le corps de la Magistrature, toutes les lumieres qu'il doit avoir ; comment vous pourrez le maintenir constamment dans l'état où il doit être ; comment vous le préserverez toujours de la tiédeur et des influences d'un intérêt particulier désordonné. Il faut donc dans cette hypothèse, que les Magistrats restent privés de la connoissance explicite et évidente de l'ordre naturel et essentiel des sociétés, et des devoirs essentiels que cet ordre leur impose ; mais alors l'autorité législative se trouve sans défenses contre la surprise et l'erreur ; les intérêts de cette autorité même, et ceux de toute la société sont compromis, et de-là, naissent [118] *nécessairement* des abus qu'on regrette, mais trop tard, parce qu'on n'apprend à les connoître que par les effets funestes dont ils sont toujours suivis.

Il est certain que l'ordre ne peut être observé qu'autant qu'il est *suffisamment* connu ; il est certain encore qu'il n'est *suffisamment* connu que lorsqu'il l'est avec toute *l'évidence* dont il est susceptible ; il est certain enfin que s'il est des hommes qui soient *nécessairement* obligés d'en avoir une connoissance *évidente*, ce sont principalement les Magistrats, puisque sans cette connoissance ils ne peuvent être véritablement Magistrats. Ainsi toute société dont les institutions tendroient à les dispenser de la nécessité de cette connoissance *évidente*, seroit dans un état de désordre ; et les malheurs contre lesquels les Magistrats ne lui auroient été d'aucun secours, ne pourroient être proposés comme exemples, pour prouver que dans l'état contraire, dans un état conforme à l'ordre, leur ministere, aidé de la publicité de cette *évidence*, n'est pas ce qui doit constamment nous garantir de ces mêmes malheurs.

CHAPITRE XVI.

Le pouvoir législatif ne peut être exercé que par un seul. Examen particulier du système qui défere le pouvoir législatif à la nation en corps : contradictions évidentes que ce système renferme.

Que le droit de dicter des loix qui ne sont que l'expression de l'évidence, ne puisse être séparé du droit de disposer des [119] forces que cette même évidence réunit au soutien de ses loix, et qu'ainsi la puissance législatrice et la puissance exécutrice ne puissent être qu'une seule et même puissance, je crois que ce sont des vérités suffisamment démontrées. La grande question est donc de savoir dans quelles mains il convient mieux de placer la puissance exécutrice ; s'il est dans l'ordre essentiel des sociétés qu'il n'y ait qu'un seul dépositaire de la force publique, ou si cet ordre permet que cette force se partage entre plusieurs.

On ne peut former cette question qu'autant qu'on suppose qu'il s'agit d'un gouvernement à instituer parmi des hommes vivants dans l'ignorance, et n'ayant nulle idée de l'ordre naturel et essentiel des sociétés : par-tout où regne une connoissance évidente e publique de cet ordre, il est physiquement impossible qu'il puisse subsister un autre gouvernement que celui d'un seul. Je réserve pour les Chapitres suivants la démonstration évidente de cette vérité : je me propose seulement dans celui-ci de faire voir tout le faux d'un système fort accrédité, suivant lequel le pouvoir législatif ne peut être exercé que par la nation en corps.

Ce système doit le jour à l'idée qu'on s'étoit formée d'une égalité qu'on croyoit voir dans les conditions des hommes considérés dans ce qu'on a nommé l'état de pure nature, c'est-à-dire, dans celui qui a précédé l'institution des sociétés particulieres et conventionnelles. La premiere contradiction qui se fait remarquer dans cet ensemble, c'est que la loi de la propriété, cette loi fondamentale des sociétés, cette loi qui est la raison primitive de toutes les autres loix, se trouve *nécessairement* exclusive de l'égalité. Cette égalité chimérique, qui est d'une impossibilité physique dans quelque état que vous supposiez les hommes, n'a donc jamais pû donner le [120] droit de participer au pouvoir d'instituer des loix, puisque le maintien de l'égalité n'étoit pas l'objet des loix qu'il s'agissoit d'instituer.

Supposez deux hommes seulement ; à raison des différences qui se trouveront entre leurs facultés, ainsi qu'entre les hasards qu'ils rencontreront, leurs conditions ne seront point égales : faites que pour s'entre-aider mutuellement, ils forment une société ; elle n'aura point certainement pour but d'établir entre eux l'égalité ; car à ce marché l'un gagneroit et l'autre perdroit, auquel cas ce dernier ne consentiroit point à la société ; mais leur objet sera de rendre meilleur l'état de chacun d'eux, en proportion des avantages dont il jouissoit déjà, et qui doivent le suivre en société.

Ainsi avant l'institution des sociétés particulieres et conventionnelles les hommes avoient des droits qui dans le fait étoient inégaux ; et ces sociétés n'auroient jamais pû se former, si l'on se fût proposé de faire cesser cette inégalité qui tient au droit de propriété, premier principe constitutif de toute société. Les conventions ou les loix essentielles à l'institution des sociétés ont au contraire *nécessairement* dû se proposer de faire respecter l'inégalité que ces droits avoient entre eux, et dont on ne pouvoit changer les proportions sans blesser cette justice par essence qui les avoit elle-même déterminées.

Cependant si nous consultions chaque homme en particulier, nous trouverions en général qu'ils voudroient tous avoir des droits et point de devoirs ; recevoir beaucoup et ne donner rien. Ce penchant naturel ne leur permet pas d'être Législateurs ; aussi l'Auteur de la nature ne leur a-t-il point laissé les loix à faire ; mais il leur présente des loix toutes faites ; et il leur a donné une portion de lumiere suffisante [121] pour en connoître évidemment la justice et la nécessité. Le pouvoir législatif ne peut donc appartenir *de droit* qu'à ceux qui ont acquis cette connoissance évidente, et ce pouvoir ne peut être exercé sans aucun inconvénient, qu'autant que la force de cette évidence n'est point combattue par celle des intérêts particuliers ; car alors il y auroit à craindre que celle-ci ne devînt dominante. Cette seule observation suffit pour prouver que le pouvoir législatif ne peut être le partage d'une nation, d'une multitude d'hommes parmi lesquels il subsiste et doit subsister des droits inégaux, et qui cependant voudroient tous séparément que l'inégalité fût en leur faveur.

Un des grands arguments qu'on employe pour prouver que la nation doit être elle-même la puissance législatrice, c'est de dire que les hommes ont dû commencer par être en commun les Instituteurs de leurs loix en formant des sociétés particulieres. Mais en cela même on se trompe grossierement ; car dans l'origine des sociétés particulieres, les hommes n'ont eu rien à faire que de se soumettre à des loix déjà faites, à des loix simples dont la justice et la nécessité étoient pour chacun d'eux de la même évidence.

Dans ces premiers temps les hommes étoient peu nombreux, et les rapports qu'ils avoient entre eux n'étoient pas multiples, comme ils le sont devenus à mesure que la population s'est accrue. Tant que les loix ont pû conserver ce premier degré de simplicité, on peut dire, en quelque sorte, que tous les hommes étoient Législateurs, parce que cette simplicité leur rendoit sensible à tous la justice et la nécessité des loix auxquelles ils se soumettoient librement, quoique *nécessairement*.

Il ne faut pas confondre une société naissante avec une société formée : quand il s'agit de se réunir en société, cha[122]cun est *nécessairement* Législateur, parce qu'il n'y a point encore d'État gouvernant, et que chacun est le maître de ne pas souscrire aux conditions de la réunion. Mais lorsqu'une société renferme une multitude d'hommes très-nombreuse, et qu'il s'agit de constater d'une maniere claire et positive tous les devoirs et tous les droits réciproques qu'ils doivent avoir entre eux, cette multitude ne peut plus être législatrice : il ne s'agit plus pour elle d'établir des loix, mais seulement de développer les conséquences de celles qui déja sont établies, et d'en faire l'application aux différents cas qui doivent se présenter successivement. Ceux qui composent cette multitude ne peuvent alors s'attribuer de telles fonctions : en les exerçant ils se trouveraient être juges et parties ; et l'opposition de leurs intérêts particuliers les mettroit dans la nécessité de recourir à la force pour les faire valoir. Il devient donc d'une nécessité absolue que le pouvoir législatif soit déposé dans des mains qui n'ayent rien de commun avec les motifs qui peuvent concourir à l'égarer ; qu'il soit confié dans tout son entier à une puissance qui ne puisse avoir d'autre intérêt que celui de conserver, par rapport à chacun en particulier, l'ordre des devoirs et des droits tels qu'ils doivent être *nécessairement* d'après les loix fondamentales et constitutives de la société. Or il est évident, ainsi que je le démontrerai, que cette puissance ne peut être que le Souverain, tel que l'ordre essentiel des sociétés veut qu'il soit institué.

Ceux qui ont adopté l'idée de déférer à une nation le pouvoir législatif, ont *encore* imaginé de la considérer comme ne formant qu'un seul corps; et de-là, ils ont conclu que ce corps ne devoit avoir d'autre Législateur que lui-même, parce qu'il ne pouvoit recevoir des loix que de ses propres volontés.

[123] C'est ainsi que les termes que nous employons au figuré, sont sujets à nous égarer par le peu de justesse qui regne dans leur application. Nous regardons une nation comme *un corps;* nous disons qu'elle forme *un corps*, sans examiner ni pourquoi, ni comment. Il est certain qu'elle forme *un corps* dans tous les cas où un intérêt commun et connu imprime à tous ceux qui la composent une volonté commune; car c'est précisément cette unité de volonté qui permet que plusieurs puissent être considérés comme ne formant qu'un seul et même individu.

Quand on envisage une nation dans les rapports qu'elle a avec le Souverain, on voit tous ses membres soumis à une même autorité, agissant par conséquent d'après une même volonté; dans ce point de vue, ils forment *un corps*, et ils le forment toujours, parce qu'étant tous et toujours gouvernés par une même volonté, ils ont tous et toujours la même direction. Mais entrez dans quelques détails; décomposez cette nation; suivez sa distribution naturelle en différentes professions, en différents ordres de citoyens; interrogez chaque classe en particulier; vous les trouverez toutes désunies, et divisées par des intérêts opposés; alors vous verrez que chaque classe est *un corps* séparé, qui se subdivise à l'infini, et que cette nation, qui vous paroissoit n'être *qu'un corps*, en forme une multitude qui voudroient tous s'accroître aux dépens les uns des autres.

Cette grande opposition qui regne entre les intérêts particuliers des différentes classes d'hommes qui composent une nation, ne permet pas qu'on puisse à cet égard la considérer comme *un corps :* pour qu'elle ne formât réellement *qu'un corps*, il faudroit qu'il y eût chez elle unité de volonté; et pour qu'il y eût unité de volonté, il faudroit qu'il y eût unité [124] d'intérêt; sans cela impossible de concilier les prétentions. Ce qu'on appelle une nation *en corps*, telle qu'on la veut pour qu'elle puisse exercer le pouvoir législatif, n'est donc autre chose qu'une nation assemblée dans un même lieu, où chacun apporte ses opinions personnelles, ses prétentions arbitraires, et la ferme résolution de les faire prévaloir. Voilà ce prétendu *corps* qu'on veut établir Législateur ; il faut convenir qu'il est choisi fort singulièrement ; mais n'importe, allons aux voix et délibérons.

Il n'est que deux façons de procéder aux délibérations : les résultats doivent être formés par l'unanimité complette de tous les suffrages, ou seulement par leur pluralité. L'unanimité complette est une chose dont on ne peut se flatter, vû la contradiction des intérêts, des prétentions, et même des opinions. D'ailleurs s'assujettir à ne déférer qu'à cette unanimité, ce seroit une loi choquante et contre nature ; car alors un seul et unique opposant, quel qu'il fût, seroit toujours présumé être lui seul aussi sage, aussi éclairé que tous les autres ensemble ; et il se trouveroit aussi fort que toute la nation *en corps*. Une telle loi mettroit les hommes dans le cas de respecter également la vérité la plus évidente, l'intérêt commun le plus généralement reconnu, et une simple opinion particulière qui leur seroit opposée sans raison. Comme les suites funestes de cette absurdité sont connues de tout le monde, je les écarte pour arriver à la seconde façon de délibérer.

Voici donc que la loi proposée est reçue à la pluralité des suffrages : mais alors ce n'est plus toute la nation *en corps* qui fait la loi ; c'est une portion seulement de la nation qui la dicte à l'autre portion ; ainsi l'une la fait, et l'autre la reçoit contre sa volonté : celle-ci par conséquent ne fait point [125] partie *du corps* législatif ; si elle souscrit à la loi, ce n'est pas qu'elle l'accepte librement et volontairement, mais c'est qu'elle y est contrainte par des forces supérieures aux siennes.

On a donc abusé du mot, lorsqu'on a prétendu que la nation *en corps* pouvoit être législatrice, et qu'on s'est flatté d'écarter par ce moyen les inconvéniens qui se trouvent dans l'opposition des intérêts particuliers. Le rapprochement momentané des individus ne fait pas cesser cette opposition : de ce rapprochement fait ou à faire il résulte seulement des associations ; et ces associations forment un parti qui se trouvant le plus nombreux, le plus fort, devient dominant dans la délibération : l'assemblée finit ainsi par asservir la foiblesse des uns à la force des autres. Je laisse à décider si en pareil cas cette nation qu'on regarde comme *un corps*, n'est pas au contraire une nation très-réellement divisée.

Quoi qu'il en soit, la loi est reçue; elle est faite, et la nation, qui ne peut rester toujours assemblée, se disperse. Aussi-tôt elle cesse d'être *un corps* ; car elle n'en étoit un qu'à raison de ce qu'elle se trouvoit toute réunie dans un même lieu. Alors ceux qui ont été d'un avis contraire à la loi, ont tout l'avantage : les autres qui ont fait force pour l'établir, ne font plus force pour la faire observer; elle est absolument abandonnée à la discrétion de ceux dont l'autorité prend la place de celle de la nation *en corps*. Ainsi le résultat de toute cette opération faite par la nation *en corps*, est que les uns n'ont pû parvenir à faire une loi, et que les autres ont fait une loi nulle, parce qu'elle est sans autorité.

Pour sentir combien une telle loi est nécessairement dénuée d'autorité, il faut faire attention qu'en pareil cas son institution n'est pas l'ouvrage de l'évidence, mais celui de la pluralité des suffrages, et de la supériorité de la force acquise [126] à leur pluralité dans le moment de leur réunion passagere. Que reste-t-il donc après l'institution de la loi? Il reste une loi dont la justice et la nécessité n'ont rien d'évident; il reste des Magistrats qui ne voyent point une justice évidente ni dans la lettre, ni dans la raison de la loi; il reste une puissance exécutrice qui se croit très-indépendante d'une loi faite par une puissance législatrice qui ne subsiste plus ; ainsi cette loi n'a ni en elle, ni autour d'elle, aucune autorité qui puisse la faire respecter.

Mais, dira-t-on, si ceux qui, après la dissolution de l'assemblée nationale, restent chargés du soin de faire observer les loix, les méprisent, et s'élèvent au-dessus d'elles, la nation elle-même peut y remédier : à cet effet elle peut indiquer des assemblées à des époques fixes et périodiques, pour y recevoir les plaintes des infractions faites aux loix. Cet expédient, qui d'ailleurs ne pourroit convenir qu'à un peuple très-peu nombreux, et resserré dans un territoire fort étroit, tend précisément à ériger l'assemblée nationale en tribunal supérieur, et en cela on tombe dans une contradiction choquante ; car dans l'assemblée nationale tous ceux dont on se plaindrait comme infracteurs des loix, ou comme ayant profité de leurs infractions, auroient séance et voix délibérative comme les autres; ils se trouveroient ainsi juges et parties : cependant si vous voulez les en exclure; de telles assemblées ne seront plus celles de la nation *en corps*, mais un corps particulier formé dans la nation, et qui par conséquent jouïra d'un pouvoir arbitraire, qui le rendra pleinement indépendant de la nation.

A la contradiction évidente et absurde qui regne dans un tel système ajoutez qu'il tend à anéantir la Magistrature et la puissance exécutrice; car dans cette supposition, il n'y[127]auroit de Juges souverains, ni d'autorité souveraine, que dans l'assemblée de la nation : ainsi la nation *en corps* seroit tout à la fois, puissance législatrice, puissance exécutrice et corps de Magistrature : par ce moyen tout seroit confondu : lorsqu'elle seroit assemblée, elle formeroit une puissance absolument et *nécessairement* indépendante des loix déja faites; tout parti qui auroit pour lui le plus grand nombre des opinions ne reconnoîtrait aucune autorité supérieure à la sienne ; et dans cet état il n'existeroit qu'une autorité sans loix, qu'un État gouvernant sans État gouverné ; mais dès qu'elle seroit dispersée, il ne resteroit plus après la dissolution de cette puissance arbitraire, que des loix sans autorité, et un État gouverné sans État gouvernant : les suites nécessaires d'un tel désordre sont trop sensibles, pour que je puisse me permettre aucune réflexion à leur sujet.

CHAPITRE XVII.

*Continuation du développement de la seconde classe des Insti-
tutions qui constituent la forme essentielle de la société.
L'autorité tutélaire est nécessairement une, et par conséquent indivisible, soit qu'on la considere dans la maniere
dont elle s'établit, dans le premier principe dont elle émane,
ou dans l'action qui lui est propre.*

J'AI A démontrer que l'autorité tutélaire, ou l'administration de
la force publique ne peut être déposée que dans les [128] mains
d'un seul, du moins sans blesser l'ordre naturel et essentiel des
sociétés. Pour mettre cette vérité dans tout son jour, je commence
par examiner de quelle nature est cette autorité ; quel est son
caractère essentiel ; comment elle doit se former, se perpétuer et
agir.

L'autorité tutélaire doit être regardée comme étant d'institution
divine, ainsi que les autres branches de l'ordre naturel et
essentiel des sociétés. Quoique dans l'origine des choses les
hommes n'ayent dû l'établir entr'eux que librement et volontairement, toujours est-il vrai qu'ils y ont été contraints par la même
nécessité qui les obligeoit de se réunir en société, puisque sans l'établissement de cette autorité, leur société n'auroit pu ni se former
ni subsister.

Réunissez sur un même objet une multitude d'opinions et de
volontés : de cette première réunion naîtra naturellement et *nécessairement* une réunion de forces physiques au soutien de ces
mêmes volontés ; et du tout ensemble résultera naturellement et
nécessairement ce que nous nommons une autorité ; c'est-à-dire,
*un droit de commander appuyé sur le pouvoir physique de se
faire obéir.*

Si ces mêmes opinions et ces volontés viennent à se désunir, à
se diviser, par exemple, en deux partis, les forces se diviseront éga-

lement; il se trouvera deux forces, deux autorités, par conséquent deux sociétés; car il est impossible que dans une même société il existe deux autorités. En effet, elles seroient ou égales ou inégales entr'elles : au premier cas, l'une et l'autre, prises séparément, deviendroient nulles; au second cas, la dominante seroit la véritable et unique autorité. Quand je dis que séparément chacune des deux deviendroit *nulle*, il faut prendre ce terme à la lettre; car étant égales entr'elles, elles ne pourroient rien l'une sans [**129**] l'autre : toutes deux ainsi n'auroient le pouvoir de se faire obéir qu'autant qu'elles se réuniroient; mais dès qu'elles se seroient réunies, elles ne formeroient plus ensemble qu'une seule autorité qui se trouveroit naître de leur réunion.

L'autorité, considérée dans l'action qui lui est propre, n'est que le *pouvoir physique de se faire obéir*, ce qui suppose une force physique *supérieure*. Or il est certainement *évident* qu'il ne peut se trouver en même-temps et dans une même société, deux forces physiques *supérieures*. Il peut bien cependant se former deux forces particulieres et distinctes l'une de l'autre; mais il n'est pas possible qu'elles soient toutes deux *supérieures*; aussi cet état est-il un état de guerre qui ne peut se pacifier que par l'extinction totale de l'une de ces deux forces.

Il est donc de l'essence de l'autorité de ne point être partagée : la diviser ce seroit la réduire à l'impossibilité d'agir, et par conséquent l'annuller; car l'autorité n'est autorité, qu'autant qu'elle peut agir pour faire exécuter ses volontés.

Mais si elle est nécessairement *une* par rapport à l'action qu'elle doit avoir, elle l'est encore nécessairement par rapport au principe dont elle émane : l'autorité résidant dans la force publique dont elle dispose, et la force publique, qui n'est autre chose que la réunion des forces particulieres, ne pouvant être solidement établie, qu'autant que cette réunion est l'ouvrage de la force intuitive et déterminante de l'évidence qui commence par réunir toutes les volontés, il est certain que par-tout où se trouve une connoissance évidente de l'ordre, il ne peut exister deux forces publiques : l'évidence qui est *une* ne peut présenter qu'un seul point de réunion pour les volontés et les forces; elles ne peuvent donc se diviser, qu'autant qu'elles sont privées de l'évidence, ou du moins de la [**130**] certitude qui la supplée, et qu'égarées ainsi par l'ignorance, elles se trouvent livrées à l'arbitraire.

Partant de l'évidence nous trouvons donc *unité* de volonté, de force et d'autorité ; et cette autorité unique est la seule que l'ordre naturel et essentiel des sociétés puisse admettre ; car cet ordre veut que l'évidence soit la regle de nos actions, puisque nous sommes tout à la fois organisés pour la connoître, et pour qu'elle asservisse *sans violence* toutes nos volontés.

CHAPITRE XVIII.

Suite du Chapitre précédent. La puissance exécutrice ne peut être exercée par plusieurs Administrateurs. Inconvéniens généraux de cette pluralité vue en elle-même; autres inconvénients particuliers qui naissent de la maniere de composer le corps d'Administrateurs.

DE L'UNITÉ essentielle à l'autorité résulte une conséquence évidente, c'est qu'elle ne peut être exercée par plusieurs. La force publique qui constitue l'autorité, ne peut rien par elle-même et sans le ministere d'un agent qui lui donne la direction qu'elle doit suivre : par elle-même elle est aveugle; il lui faut un guide pour l'empêcher de s'égarer. Le propre de cette force est donc de rester sans mouvement, jusqu'à ce que la volonté qui est en droit de la commander, la fasse agir. Par ce moyen cette même force devient *personnelle* à la [131] volonté qui la met en action; c'est dans cette volonté qu'elle réside en son entier. De-là s'ensuit que lorsque l'administration de la force publique est dans les mains de plusieurs, cette force se trouve naturellement et *nécessairement* partagée en autant de portions qu'il y a de volontés instituées pour ordonner de son mouvement; ainsi par cette raison l'ordre réprouve cette forme de gouvernement.

Je sais qu'on peut alléguer que chacune de ces volontés en particulier et séparément des autres, ne dispose point de cette force; qu'elle ne leur est acquise qu'autant qu'elles sont toutes réunies, ou du moins qu'elles sont dominantes par leur nombre. Mais chaque branche de cette alternative tend à établir l'autorité sur une autre base que sur la force protectrice de l'évidence : cette façon de dénaturer ainsi l'autorité dans son principe la conduit à occasionner de grands désordres.

Si dans un corps d'administrateurs une seule volonté peut arrêter l'effet de toutes les autres, c'est opposer à l'activité qui caractérise l'autorité, une force de résistance invincible pour elle; c'est la

réduire à l'inaction ; c'est l'anéantir : l'autorité, dont le propre est
d'agir, ou du moins de pouvoir agir, n'existe alors ni dans ceux
qui veulent, puisque leurs volontés ne peuvent la mettre en action,
ni dans celui *qui ne veut pas*, puisque son opposition ne sert qu'à
priver l'autorité du mouvement sans lequel elle n'est plus rien. Une
telle police ne peut jamais subsister paisiblement, car elle est *contre
nature* : elle attribue à une erreur évidente, la même autorité
qu'aux vérités publiquement reconnues ; elle place sur une ligne
parallele, l'intérêt particulier d'un seul et l'intérêt commun de
tous ; par ce moyen elle met en opposition la foiblesse et la force :
il n'est donc point étonnant qu'on voie [132] en pareil cas les
hommes s'entr'égorger pour se mettre d'accord.

Pour éviter ces inconvénients, le moyen qu'on emploie est d'assujettir le corps d'administrateurs à se décider par la pluralité des
suffrages. Mais cette méthode, qui ne peut avoir lieu que dans des
cas problématiques et susceptibles d'une diversité d'opinions, contraste sensiblement avec *l'évidence*, que l'autorité doit toujours
prendre pour guide : ce qui partage les opinions ne peut être regardé
comme *évident* ; or comme en fait de gouvernement tout doit être
évident, il ne doit s'y trouver rien d'arbitraire, et il ne peut y avoir
diversité d'opinions, que par un effet de l'ignorance ou de la mauvaise volonté des délibérants.

Ainsi l'obligation de déférer à la pluralité des suffrages suppose
nécessairement dans un corps d'administrateurs, ou de l'ignorance
ou de la mauvaise volonté ; mais malheureusement cette maniere
de délibérer ne peut remédier ni à l'une ni à l'autre : quelques voix
de plus ou de moins ne peuvent jamais être regardées comme des
preuves suffisantes de la justesse ou de la fausseté d'une opinion ;
et l'expérience nous apprend que pendant long-temps une erreur
accréditée réunit beaucoup plus de partisans, que la vérité qui lui
est contraire ; aussi quelque nombreux que des suffrages puissent
être, leur multitude ne peut-elle jamais rendre évident ce qui ne
l'est pas ; leur opinion n'est jamais qu'une opinion, qui par conséquent est sujette à changer ; car il n'y a d'immuable que l'évidence.

Quant à la mauvaise volonté, comme elle résulte des intérêts
particuliers, on ne peut jamais être assuré que le nombre de ceux
que ces intérêts particuliers dominent, ne soit pas le plus grand :
ainsi à cet égard la pluralité des suffra[133]ges ne peut encore être
d'aucune sûreté.

Malgré les différences prodigieuses qui se trouvent, à plusieurs égards, parmi les hommes, il est en eux deux mobiles communs qui les mettent tous en action : l'appétit des plaisirs et l'aversion de la douleur sont ces mobiles communs qui tiennent à notre constitution, et qui sont les principes de tous nos mouvements. Vouloir que l'homme agisse dans un sens contraire à l'impulsion de ces mobiles, c'est prétendre changer l'ordre immuable de la nature ; c'est se proposer de rendre les effets indépendants des causes ; c'est entreprendre de faire remonter une rivière vers sa source.

J'ai déjà dit que par les termes de plaisirs et de douleur, il faut entendre, non-seulement nos sensations physiques, mais encore nos affections morales ou sociales ; et j'ai fait observer que très-souvent ces dernières, qui doivent beaucoup à l'opinion, agissent sur nous bien plus puissamment, bien plus despotiquement que les premières. Aussi après la force de l'évidence, n'est-il point de force égale à celle de l'opinion. Heureux, heureux les hommes dont la société est instituée de manière que l'opinion ne puisse empêcher le désir de jouïr de tourner au profit commun du corps social ! il doit alors se former des prodiges de vertu dans tous les genres que l'ordre essentiel de la société peut comporter.

Mais ce n'est point dans un gouvernement où l'autorité est partagée dans les mains de plusieurs, que l'opinion et le desir de jouïr doivent *naturellement et constamment* tendre au bien commun de la société. Cette forme de gouvernement péche dans son principe, en ce qu'elle prend pour arbitres de l'intérêt public, des agents qui peuvent avoir des intérêts particuliers très-opposés : alors le desir de jouïr doit *naturellement* les incliner à préférer leurs intérêts particuliers à l'intérêt public.

[134] Je ne prétends pas dire que cela se passe ainsi toujours et dans tous les pays qui ont adopté un gouvernement de cette espéce : le cours des désordres qui lui sont propres, peut trouver de temps en temps une barriere dans les vertus personnelles de ceux qui gouvernent ; et je déclare encore une fois que je ne parle d'aucune nation, ni d'aucun siécle en particulier ; mais je soutiens, et je ne crains pas d'être contredit, je soutiens, dis-je, qu'en général l'intérêt public n'est pas dans des mains sûres, quand il s'y trouve en opposition avec les intérêts particuliers de ceux auxquels il est confié ; qu'il est au contraire évident qu'alors il a tout à craindre de ces mêmes intérêts particuliers, et du desir de jouïr.

Si plusieurs administrateurs apperçoivent de grands avantages personnels dans quelques préjudices faits ou à faire à la nation, je demande qui est-ce qui pourra l'empêcher d'être sacrifiée? Ce ne seront pas les mobiles par lesquels la nature s'est proposé de nous conduire; car ils agissent alors dans ces administrateurs contre l'intérêt de la nation : ce ne sera pas non plus une autre autorité, contraire à celle dont ils disposent, puisqu'ils tiennent en main toute la force publique : le danger de la nation est donc évident; il prend sa source dans la nature même de notre constitution.

En vain m'alléguera-t-on que ce malheur ne résulte pas toujours de cette forme de gouvernement; je l'accorde; et je sais qu'il peut se trouver des hommes vertueux, uniquement par amour pour la vertu; mais cette façon de jouïr n'est pas celle du plus grand nombre; nous savons au contraire qu'elle est très-rare, et même que plus elle est vraie et moins elle est connue : ainsi dans la plûpart des hommes le desir de jouïr peut devenir funeste à l'administration; il le doit même, suivant l'ordre de la nature, lorsque l'administrateur trouve dans [135] les abus de son autorité, les moyens de satisfaire ce desir. Cette forme de gouvernement est donc tout au moins *dangereuse*, et cela me suffit pour prouver qu'elle n'est pas celle qui convient à l'ordre essentiel des sociétés ; car *l'ordre ne peut et ne doit avoir rien de dangereux*, attendu que *le propre de l'ordre est de tendre nécéssairement au plus grand bien possible*, et que *dans l'ordre le plus grand bien possible arrive nécessairement.*

Je ne disconviens pas cependant que l'inconvénient des intérêts particuliers puisse trouver un contrepoids dans les lumieres de la nation : il n'est pas douteux que dans une nation éclairée, dans une nation qui auroit une connoissance *évidente* de ses véritables intérêts, le corps d'administrateurs ne pourroit abuser de son autorité, parce qu'alors l'évidence de l'abus anéantiroit cette même autorité. Je ne répéterai point ce que j'ai dit sur le pouvoir de l'évidence ; comme elle réunit à elle toutes les volontés, toutes les forces, et par conséquent toute l'autorité ; il ne s'agit ici que de tirer la conséquence de ces vérités, et de voir que l'autorité de ce corps d'administrateurs s'anéantiroit *nécessairement*, dès qu'il auroit contre lui la force irrésistible de l'évidence, principe unique d'une puissante et solide autorité.

Mais en accordant que dans le gouvernement dont il s'agit, les lumieres de la nation peuvent la garantir des inconvénients dont il est *nécessairement* susceptible, je dois observer que cette hypothèse implique contradiction : là où se trouve un tel gouvernement, nous ne pouvons supposer que la nation possede une connoissance évidente de l'ordre naturel et essentiel des sociétés, puisque cet ordre ne peut jamais admettre une forme de gouvernement qui place l'intérèt commun d'une société, en opposition avec les intérêts particuliers de ses administrateurs ; et qui, en déposant l'autorité publique [**136**] dans plusieurs mains, parvient à diviser ce qui par essence est indivisible.

La contradiction qui régne dans cette hypothèse, est d'autant plus frapante, que tandis qu'on suppose une nation assez instruite pour que l'évidence réunisse toutes ses volontés contre ce qui pourroit blesser les loix de l'ordre essentiel des sociétés, on suppose en même-temps ses administrateurs, assez ignorants pour que leurs opinions puissent se diviser, et qu'il soit nécessaire de les assujettir à la loi de la pluralité des suffrages, faute de pouvoir se rallier à l'évidence. On veut ainsi que ce qui est évident pour toute la nation, ne le soit pas pour ses administrateurs ; on veut que sans consulter l'évidence de l'ordre, ce soit la pluralité des suffrages qui dicte le commandement, et que ce soit cependant cette même évidence qui détermine ceux qui doivent l'exécuter ; on veut que ceux qui commandent puissent se tromper, et que ceux qui obéïssent ne le puissent pas ; on veut enfin que l'autorité soit d'un côté, et d'un autre côté la force irrésistible de l'évidence en opposition avec l'autorité dont elle doit être le principe : c'est renverser les notions les plus évidentes ; c'est vouloir des choses manifestement contradictoires, des choses physiquement et moralement impossibles.

Toute nation qui croit que l'autorité doit être acquise à la pluralité des suffrages, et qui donne à cette pluralité le pouvoir de tenir la place de l'évidence, n'a certainement point une connoissance *évidente* de l'ordre qui constitue son meilleur état possible : si elle avoit cette connoissance *évidente*, sa premiere loi seroit de ne jamais être gouvernée que par cette évidence qui réuniroit à elle tous les esprits, toutes les volontés et toutes les forces ; l'évidence jouïssant ainsi de toute l'autorité qui lui est propre, cette nation éclairée ne seroit point [**137**] dans le cas de compter les suffrages, et d'abandonner son sort à la foible présomption résultant d'une pluralité qui ne peut ni établir, ni détruire l'évidence. En deux mots, la pluralité des suffrages n'a pu être imaginée que pour les cas problématiques, et pour suppléer l'évidence : ainsi par-tout où cette pluralité décide, il est certain que l'évidence de l'ordre ne gouverne pas ; par conséquent qu'elle n'est point acquise ; car si elle l'étoit, elle gouverneroit. Or si-tôt que l'ordre n'est point évident, le gouvernement devient nécessairement arbitraire : entre l'évident et l'arbitraire on ne connoît point de milieu.

Je ne crains pas de répéter ce que j'ai déja dit : la pluralité des suffrages ne peut jamais rendre *évident* ce qui ne l'est pas. Cette façon de délibérer n'est utile que dans les cas qui n'ayant rien *d'évident*, ne présentent à l'esprit qu'un certain nombre de faits et de conjectures dont le rapprochement et l'examen sont nécessaires pour former ce qu'on appelle une opinion. Mais les premiers principes de l'administration et leurs conséquences n'ont rien de conjectural ; ils sont susceptibles de démonstration *évidente* comme toutes les vérités géométriques : et comment ne le seroient-ils pas, puisqu'ils sont tous renfermés dans le droit de propriété ? C'est donc une contradiction manifeste que de supposer qu'une nation ait une connoissance évidente et publique de son ordre essentiel, et néanmoins qu'elle puisse donner à son gouvernement une forme qui ne peut avoir lieu que quand les principes en sont incertains et arbitraires.

Résumons-nous donc, et disons : par trois raisons, le dépôt de l'autorité dans les mains de plusieurs administrateurs est contraire à l'ordre essentiel de la société. 1°. Il divise l'autorité qui, par essence ne comporte point de partage. 2°. Il expose l'intérêt public à toute la fureur des intérêts particuliers ; il fait contraster ainsi le devoir avec les mobi[138]les qui nous font agir. 3°. Il attache au nombre des suffrages, une autorité despotique qui ne peut et ne doit appartenir qu'à l'évidence ; par ce moyen ce n'est point l'évidence qui gouverne ; c'est l'opinion, ou, si l'on veut, c'est la volonté d'un certain nombre d'hommes livrés à une même opinion.

Ce dernier inconvénient ne peut être apprécié ; il est sans bornes ; il est la source de tous les autres. En effet, je suppose que l'avis le plus nombreux soit dicté par des intérêts particuliers, et que le moins nombreux ait pour lui *l'évidence* ; n'est-il pas monstrueux que ce soit le premier qui l'emporte ; et que la forme du gouvernement fournisse à la mauvaise volonté, un titre qui lui donne le droit de triompher de *l'évidence* même ? Cet excès de désordre est cependant inévitable en pareil cas ; car cette évidence est étouffée sous le poids des opinions qui lui sont opposées ; et la nation qui s'est fait une régle *de croire aveuglément* au plus grand nombre des suffrages, qui d'ailleurs, par toutes les raisons que j'ai dites précédemment, n'est pas alors en état de les juger elle-même, reste absolument sans défense contre tous les fléaux dont cette mauvaise volonté peut l'accabler, sur-tout si cette mauvaise volonté se trouve dans des hommes qui par leurs talents et leurs richesses, soient parvenus à se rendre puissants.

Lorsque je suis convenu qu'un corps d'administrateurs peut gouverner avec sagesse et avec équité, j'ai toujours sous-entendu que ce corps ne seroit pas tout à la fois dépositaire de l'autorité publique et chargé des fonctions de la Magistrature : j'ai démontré dans les chapitres précédents que cet assemblage seroit destructif de tout ordre social, parce qu'il tendroit à rendre tout arbitraire.

Ce n'est donc qu'en séparant ces deux états, et instituant entre les administrateurs et la nation, un corps de Magistrats, tel qu'il doit être, que je reconnois qu'il peut se faire que [139] pendant un temps, une nation soit bien gouvernée par plusieurs ; mais alors c'est aux qualités personnelles des administrateurs, et non à la forme du gouvernement, qu'on en est redevable ; car par elle-même cette forme est évidemment vicieuse ; quelques précautions qu'on prenne, il est deux inconvénients dont il est impossible de la garantir pour toujours : le premier est, comme je viens de le dire, celui des intérêts particuliers, qui dans ces administrateurs peuvent se trouver très-contraires à l'intérêt public ; le second est la licence que l'administration de l'autorité peut faire naître dans ceux qui en sont chargés : insensiblement l'autorité de la chose ou de la place devient celle de la personne ; et bien-tôt cette autorité, devenue personnelle, se trouve être une source d'abus préjudiciables au droit de propriété et à la liberté des citoyens.

Je pourrois ajoûter encore que quel que soit le corps des administrateurs, on ne peut jamais empêcher qu'il ne s'y rencontre souvent des hommes qui, par un effet naturel de leur génie et de leur caractere, se rendent dominants, et parviennent ainsi à s'approprier un pouvoir despotique et arbitraire, qui est d'autant plus dangereux, que le desir de jouïr les presse à chaque instant d'en abuser. Voilà pourquoi nous voyons si souvent dans l'histoire, des hommes à grandes passions ou à grands talents, tantôt immolés, et même injustement, à la liberté de la nation, et tantôt parvenus rapidement à lui donner des fers.

Jusqu'ici je n'ai parlé que des inconvénients qui sont *essentiellement* attachés au gouvernement de plusieurs : ceux-là sont, pour ainsi dire, dans la nature même de la chose ; mais il en est d'autres encore qui résultent de sa forme, c'est-à-dire, de la manière dont le corps d'Administrateurs peut être composé.

[140] Le Gouvernement Aristocratique multiplie les despotes arbitraires ; j'entends par ce nom, des gens puissants qui se croyent au-dessus des loix. Chaque grand propriétaire commande despotiquement à la portion du peuple qui correspond à lui : de-là les vexations arbitraires, les tyrannies, les excès de toute sorte : les peuples sont opprimés, parce qu'ils sont comptés pour rien, quoiqu'ils soient une des principales sources des richesses et des forces de l'État.

Cette situation désastreuse n'est pas le seul mal que produise le gouvernement des grands : chacun de ces despotes voit dans les autres despotes, des puissances rivales et redoutables pour lui : bientôt cette rivalité se change en associations ; et ces associations conduisent à l'anarchie, aux désordres dans tous les genres ; il ne reste au peuple de ressource que de s'enfuir sur *le Mont-sacré* : dans un pays où l'ordre puisse le mettre à l'abri de l'oppression.

D'un autre côté le peuple proprement dit, livré à l'ignorance et aux préjugés, ne regarde jamais qu'autour de lui : chaque canton croit voir tout l'intérêt de l'État dans celui de son canton ; chaque profession croit voir tout l'intérêt de l'État dans celui de sa profession ; la science des rapports lui est absolument inconnue, il ne lui est pas possible de remonter des effets aux causes, encore moins de se livrer à l'étude des liaisons qu'elles ont entre elles. Il lui devient donc moralement impossible d'agir par principe et par mesure : toujours crédule et susceptible de prévention, pour le persuader il faut le gagner, pratiquer auprès de lui les mêmes insinuations comme pour le séduire ; par cette raison toujours inconstant et orageux, ses résolutions indélibérées ne sont jamais que le produit de la sensation du moment.

En général, les grands propriétaires croyent que le peu[141]ple est fait pour eux, et que tout leur est dû. Le peuple à son tour, envieux de l'état des grands propriétaires, est souvent tenté de regarder comme une injustice, l'inégalité du partage entre eux et lui ; et cette opinion tend à l'aveugler sur le choix des moyens de rétablir entre eux et lui une sorte d'équilibre.

Il est donc certain qu'on ne peut, sans de nouveaux inconvénients, choisir les administrateurs dans l'un de ces deux états *exclusivement* à l'autre : chacun d'eux a des systèmes, ou plutôt des préjugés qui lui sont propres, et qui ne permettent pas que l'un puisse gouverner, sans que l'autre soit accablé du poids de l'autorité.

Quand même le corps d'administrateurs seroit mi-parti ; quand même ils seroient choisis en nombre égal parmi les grands et parmi le peuple, chacun de ces deux partis n'en seroit pas moins attaché aux préjugés et aux prétendus intérêts particuliers de sa classe ; ainsi ce mélange ne serviroit qu'à mettre une plus grande division dans ce corps, dont les membres alors ne pourroient difficilement se concilier, qu'en se prêtant mutuellement à sacrifier l'intérêt public à leurs intérêts personnels bien ou mal entendus.

Je ne m'arrêterai point à démontrer que toute la nation en corps ne peut exercer l'autorité : l'autorité n'existeroit réellement qu'autant que ce corps existeroit lui-même ; or pour que la nation pût former un corps toujours existant, il faudroit, qu'elle fût toujours assemblée; chose impossible ; elle est au contraire dans la nécessité d'être toujours dispersée. D'ailleurs si la nation en corps s'étoit réservé l'exercice de l'autorité tutélaire, il en résulteroit, comme je l'ai dit précédemment, qu'alternativement il se trouveroit une autorité sans loix, et des loix sans autorité; un État gou[142]vernant sans État gouverné, et un État gouverné sans État gouvernant, ce qui seroit une absurdité de la plus grande évidence.

CHAPITRE XIX.

Seconde suite du Chapitre XVII. Conséquence résultante nécessairement des démonstrations précédentes. L'autorité tutélaire ne peut être exercée que par un seul. Définition du meilleur gouvernement possible vu dans l'intérêt commun de l'État gouvernant et de l'État gouverné. Exposition des rapports nécessaires entre les intérêts d'un Chef unique et ceux de la nation : il est Co-propriétaire du produit net des terres de sa domination. La Souveraineté doit être héréditaire. Cette condition est essentielle pour que le gouvernement d'un seul devienne nécessairement le meilleur gouvernement possible.

QUELLE est donc la meilleure forme de gouvernement? Quelle est donc celle qui se trouve si parfaitement conforme à l'ordre naturel et essentiel de la société, qu'il ne puisse en résulter aucun abus ? Cette meilleure forme de gouvernement est celle *qui ne permet pas qu'on puisse gagner en gouvernant mal, et qui assujettit au contraire celui qui gouverne, à n'avoir pas de plus grand intérêt que de bien gouverner.* Or ce point de perfection, vous ne pouvez le trouver que dans le [143] gouvernement d'un seul; dans le gouvernement d'un chef *unique* qui soit le centre commun dans lequel tous les intérêts des différents ordres de citoyens viennent se réunir sans se confondre ; et qui pour son intérêt personnel, les protege tous, les maintienne tous dans toute la plénitude de leurs droits, et sache ainsi garder le point d'équilibre où l'ordre essentiel des sociétés les a placés pour leur utilité réciproque.

Quand je dis un chef *unique*, je n'entends parler que d'un Souverain par droit d'hérédité, et non d'un Souverain par élection : ils different l'un de l'autre en ce que le premier est un véritable *Propriétaire*, et que le second n'est qu'un *Usufruitier*, qui par conséquent se trouve fortement intéressé à profiter de son usufruit pour augmenter la grandeur de sa famille, ainsi que la fortune dont il jouït à tout autre titre que celui de Souverain.

Avant de passer à d'autres observations, je préviens que je n'examine point comment les Souverains électifs gouvernent. ni comment ils ont gouverné. Je dirai de cette forme de gouvernement ce que j'ai dit des autres : ses vices peuvent trouver des contrepoids dans les vertus personnelles de celui qui gouverne ; mais n'étant ni historien, ni critique, ni courtisan, je n'ai nul motif pour approfondir si cela est, ou si cela n'est pas ; car en supposant que cela soit, on ne peut rien conclure de ce hazard heureux. Quelque sage, quelque éclairé qu'un tel Prince puisse être, il n'en est pas moins vrai que la forme de son gouvernement est un désordre, en ce qu'elle établit en lui de puissants intérêts qui peuvent le porter à abuser de son autorité: il ne faut que faire une légère attention à la différence qui se trouve entre un homme et un autre homme, pour être convaincu que les vertus mora[144]les et personnelles ne peuvent jamais servir de base à un gouvernement, qui est une institution faite pour subsister à perpétuité: compter sur le personnel c'est tomber dans l'arbitraire ; c'est rendre variable et accidentel, ce qui doit être *nécessaire* et immuable.

Dans les Monarchies électives il est trois temps qu'il faut considérer : celui de l'élection, celui qui la précede, et celui qui la suit. L'élection doit être toujours et *nécessairement* troublée par une multitude de prétentions et d'intérêts particuliers qui ne manquent jamais de diviser tant les nationaux que les puissances étrangeres qui croient devoir influer sur ces opérations ; ces troubles sont de telle nature, que pour l'ordinaire on arrose de sang l'élection d'un Ministre de paix.

Quand, au mépris d'une expérience constante, on supposeroit que la liberté regne dans une assemblée nationale convoquée pour l'élection d'un Souverain, il seroit physiquement et moralement impossible que le choix pût être fixé par des connoissances *évidentes ;* car il est physiquement et moralement impossible de connoître *évidemment* l'intérieur d'un homme, sur-tout lorsqu'il se croit intéressé fortement à ne point se laisser pénétrer. Quand il s'agit de sonder la pofondeur et les replis du cœur humain, on ne peut que présumer, estimer, avoir opinion ; et quand il seroit véritablement ce qu'il paroît être dans les circonstances où il se trouve, on ne peut se promettre avec sûreté que dans toute autre circonstance il sera toujours ce qu'il est. Mais si nous ne pouvons porter d'autre jugement sur les hommes que nous fréquentons le plus, comment une nation entiere peut-elle se décider avec quelque *certitude* sur le choix d'un Souverain, tandis que ce qu'on peut appeler la multitude, ne connoît que par des relations fort éloignées et fort équivo[**145**]ques, ceux parmi lesquels elle doit choisir?

Le temps de l'élection ne peut donc être qu'un temps orageux à tous égards, où toutes les passions dont les hommes sont susceptibles, se rassemblent pour se déployer et se mouvoir au gré de l'opinion. Mais il ne faut pas croire que ce temps soit celui qu'elles attendent pour agir : les événements qu'il amene doivent être préparés de longue main, par tous les inconvénients qui résultent nécessairement des cabales et des différentes pratiques que chacun des prétendants employe pour se faire des partisans *per fas aut nefas :* la nation se divise ainsi en plusieurs partis, disons mieux, en plusieurs nations ennemies les unes des autres : je laisse à penser ce que l'intérêt commun doit en souffrir.

Les maux dont je viens d'indiquer les sources paroîtroient peut-être legers, si l'élection pouvoit les terminer : mais les intérêts particuliers du Souverain élu, et les prétentions du parti dont la puissance l'a couronné, doivent nécessairement en faire naître d'une autre espece : toutes les places de l'administration ne doivent plus être remplies que par les créatures de ce nouveau Souverain ; et comme elles ne peuvent avoir d'autre intention que celle de tirer de leur faveur, les plus grands avantages possibles, il se perpétue naturellement entre elles et lui, une espece d'association dont le résultat ne peut être que funeste à la nation ; car ce n'est que sur la nation que le Souverain peut prendre de quoi payer ceux qui lui sont ainsi vendus ; et d'un autre côté ceux qui se vendent au Souverain, sont intéressés à lui livrer la nation pour être payés.

Ces sortes d'associations sont impossibles dans une Monarchie héréditaire, lorsque le Souverain n'est point aveuglé sur ses véritables intérêts. Comme il est propriétaire *né* de [**146**] la souveraineté, dont les intérêts sont les mêmes que ceux de la nation, il ne peut trahir ceux de la nation, qu'il ne trahisse aussi ceux de la souveraineté, qui sont les siens propres. Or, il seroit contre nature qu'il le fît avec connoissance de cause, aucun de ses sujets ne pouvant, ou du moins ne devant avoir d'autres prétentions que celles qui sont dans l'ordre et la justice. Toutes personnes chargées de quelque administration lui doivent donc alors un compte rigoureux de leur conduite ; et à cet égard il ne peut subsister d'autres abus

que ceux qui peuvent résulter de l'ignorance, et qui par conséquent ne peuvent avoir lieu dans une nation parvenue à une connoissance évidente et publique de l'ordre naturel et essentiel des
sociétés.

Il faut observer ici que ce préservatif contre tous les abus de l'administration, ne peut se trouver dans une Monarchie élective; car
toute nation qui auroit une connoissance évidente et publique de
son ordre essentiel, se gardera bien de rendre les intérêts de la
souveraineté étrangers à ceux du Souverain. Ainsi dès qu'il est
électif, il est certain que cette connoissance évidente et publique
n'est point acquise à la nation; et conséquemment que son ignorance rend possibles tous les désordres que l'arbitraire peut introduire dans l'administration.

Cette dernière observation m'en suggère encore une autre par
laquelle je me propose de terminer cette dissertation : par la raison que nous ne pouvons supposer une Monarchie élective gouvernée par l'évidence d'un ordre naturel et essentiel à toute société, il
faut donc que sa législation positive, son administration civile et
politique ne soient que de simples opinions; elles sont par conséquent exposées à beaucoup de variations; car par leur nature elles
ne peuvent être [147] immuables. Mais si le Souverain veut les
changer, le pourra-t-il, ou ne le pourra-t-il pas? S'il le peut, il est
despote, et despote arbitraire, auquel cas plus de loix constantes,
plus de droits certains, plus de devoirs, plus de société, plus de
nation; s'il ne le peut pas, il n'est point véritablement Souverain;
la plénitude de l'autorité réside dans la puissance quelconque qui
rend nulles les volontés qu'il a formées; le despotisme arbitraire
appartient ainsi à cette puissance, et point du tout au Souverain.

Ce n'est donc que dans les Monarchies héréditaires qu'on peut
trouver un véritable Souverain. Non pas cependant qu'il puisse
arbitrairement renverser et changer les loix; mais s'il ne le peut
pas, c'est qu'il en est empêché par une puissance qui ne lui permet
pas même d'en avoir la volonté. Il n'existe point dans ses états,
comme dans une Monarchie élective, une force factice et arbitraire
placée en opposition avec son autorité : la force naturelle et despotique de l'évidence est la seule qui subsiste, et qui ne pouvant
jamais contraster avec les intérêts du Souverain, ne peut jamais en
contrarier les volontés. Il peut donc les faire exécuter toutes;

il ne pourroit rencontrer des obstacles que pour celles qu'il ne lui seroit pas possible de former, dès que la nation et lui se trouve-roient éclairés. Les plus grands intérêts du Souverain étant attachés évidemment à l'observation de l'ordre, il ne peut s'élever contre l'ordre sans trahir ses intérêts évidents ; et comme on ne peut jamais lui supposer de telles intentions, qui seroient contre nature, on peut dire qu'il peut tout, excepté ce qu'il lui est impossible de vouloir ; au-lieu que le Souverain électif est dans le cas de vouloir tout, mais sans avoir en lui l'autorité nécessaire pour faire exé-cuter.

La Souveraineté héréditaire rend le Souverain co-proprié-[**148**] taire *du produit net* de toutes les terres de sa domination : en cette qualité, son intérêt est le même que celui de tous les propriétaires qui possédant ces terres comme par indivis, les exploitent ou les font exploiter, et prennent dans *ce produit net* une portion qui est inséparable de leur droit de co-propriété. Il lui importe donc comme à eux, que ce même *produit net*, par l'abondance et le bon prix des productions, monte à son plus haut dégré possible.

D'un autre côté, le droit de co-propriétaire dans le Souverain n'étant autre chose que le droit de la souveraineté même, et ne pou-vant être exercé séparément de cette dignité, le Prince ne peut conserver la jouissance de ce droit, qu'autant que des forces étran-geres ne viennent point ou ravir ou partager sa souveraineté. Il est donc encore de la plus grande importance pour lui de ne rien faire qui puisse altérer la richesse de la nation, parce que c'est cette richesse qui est le principe et la mesure de la puissance qui fait la sûreté de la souveraineté.

On voit ici la différence essentielle qui se trouve entre un Souve-rain par droit de succession et un corps d'administrateurs. Chacun des membres de ce corps est un propriétaire particulier, qui par différentes pratiques illégitimes, peut se procurer de grandes richesses aux dépens de ses concitoyens ; il n'a rien de commun avec leurs fortunes ; elles lui sont absolument étrangeres ; et voilà pourquoi il peut s'enrichir en les appauvrissant ; au lieu que le Souverain dont je parle ne peut appauvrir ses sujets qu'il ne s'ap-pauvrisse, ni augmenter ses revenus qu'en augmentant ceux de ses co-partageants.

Chaque membre d'un corps d'administrateurs doit mettre une grande différence entre les appointements d'une place que divers événements peuvent lui enlever, et le produit des [149] biens fonds dont il a la propriété : comme il jouït de ceux-ci indépendamment de ses fonctions publiques, et que cette propriété est attachée à sa personne, il lui importe beaucoup de faire servir son administration à l'accroissement de cette même propriété; ainsi il n'est pas dans le cas de tenir tout de sa place, au-lieu qu'un Souverain héréditaire tient tout de sa souveraineté, perdroit tout en la perdant, par conséquent ne voit aucun avantage qui puisse être mis en balance avec ceux qu'elle lui procure, et qu'il ne peut conserver qu'en la conservant.

Un tel Souverain est, par rapport à ses états, un propriétaire qui conduit lui-même et pour son propre compte, l'administration de ses domaines ; il n'a d'autre intérêt que d'en augmenter le produit : tout autre administrateur n'est qu'un économe qui gere pour des intérêts auxquels il est tellement étranger, que c'est par eux qu'il est payé, et qu'il ne peut rien gagner qui ne soit pris sur eux.

Ceci vous présente un point fixe qu'il est important de bien saisir : le Souverain, comme co-propriétaire, a son intérêt personnel qui n'est point le résultat d'un partage dans les intérêts des autres copropriétaires; de sorte qu'on peut dire que c'est la terre qui paye la portion du Souverain, sans toucher à celle qui appartient au propriétaire qui la fait cultiver. Aussi quand on achete une terre, ne l'estime-t-on qu'à raison de son *produit net*, déduction faite de la portion que le Souverain doit prendre dans ce produit. Mais les autres administrateurs ne sont payés qu'autant qu'ils partagent dans les *produits nets* qui appartiennent à leurs concitoyens; au moyen de quoi cette forme d'administration tend naturellement aux abus de l'autorité, parce que tout homme salarié a [150] naturellement intérêt de faire augmenter ses salaires, ce qu'il ne peut faire qu'aux dépens de ceux qui le payent, tandis que les revenus du Souverain ne peuvent s'accroître qu'en raison de l'accroissement de ceux de ses sujets.

Un Souverain dont les intérêts sont ainsi inséparablement unis à ceux de la nation dont il est le chef, doit certainement chercher à lui procurer tous les avantages qu'elle attend d'une telle administration. *Le meilleur état possible* du Souverain ne peut s'établir que sur *le meilleur état possible* de la nation. A ce trait, on peut voir que cette forme de gouvernement porte le caractere sacré de l'ordre naturel et essentiel des sociétés ; car le propre de cet ordre est de tenir tous les membres d'une société dans une telle dépendance réciproque, qu'aucun d'eux ne puisse agir pour ses propres intérêts, qu'il n'agisse en même-temps pour l'intérêt commun des autres. Reste donc à prouver maintenant que par-tout où regne une connoissance évidente de ce même ordre naturel et essentiel, un tel gouvernement ne peut être susceptible d'aucun inconvénient.

[151] # CHAPITRE XX.

Troisieme suite du Chapitre XVII. Premiers arguments pour prouver que dans une nation parvenue à la connoissance évidente de l'ordre naturel et essentiel de la société, le gouvernement d'un seul n'est susceptible d'aucun inconvénient. Définition de l'autorité tutélaire. Sans cette connoissance évidente de l'ordre naturel et essentiel, impossible d'établir un bon gouvernement.

LES HOMMES que l'habitude et l'éducation ont accoutumés à tout autre gouvernement que celui d'un seul, ou qui croyent avoir à se plaindre des inconvénients qui souvent se trouvent réunis dans ce dernier, ne peuvent cependant s'empêcher de convenir que s'il étoit possible qu'un Souverain fût toujours éclairé, toujours sage, toujours juste, son gouvernement seroit préférable à celui d'un corps quelconque d'administrateurs ; mais en même-temps ils nient cette possibilité ; et d'après des exemples sans nombre, ils soutiennent que l'autorité placée dans la main d'un chef unique, doit tôt ou tard devenir funeste à la société.

Si ceux qui raisonnent ainsi, avoient examiné pourquoi il a résulté tant d'abus de cette forme de gouvernement, ils en auroient reconnu les véritables causes, et ils auroient vu qu'ils ne sont point propres et personnels au gouvernement d'un seul ; mais qu'ils sont tous communs à tous les gouvernements privés d'une connoissance évidente de l'ordre naturel et essentiel des sociétés.

[152] L'ordre est un ensemble parfait dont rien ne peut être détaché, et auquel on ne peut rien ajouter : tout ce qui s'y trouve ou de plus ou de moins est un désordre dont *nécessairement* d'autres désordres doivent résulter. Ainsi telle institution sociale qui dans cet ensemble, produiroit tous les biens qu'on peut desirer, devient nécessairement abusive et pernicieuse ou du moins inutile, dès qu'elle se trouve séparée des autres institutions qui doivent concourir avec elle dans l'ordre naturel et essentiel des sociétés. L'auto-

rité prise ici pour la force physique, étant aveugle, et ne pouvant se conduire elle-même, elle fait le mal comme le bien, selon la direction qui lui est donnée : Ce n'est point à elle, mais bien à cette direction qu'il faut attribuer les mauvais effets qu'elle produit ; il est sensible enfin que l'autorité éclairée par la connoissance évidente de l'ordre, et l'autorité égarée dans les ténebres de l'ignorance ne doivent se ressembler ni dans leurs procédés, ni par conséquent dans leurs effets.

Ce dernier cas est celui du tableau révoltant que l'histoire de l'humanité met sous nos yeux : nous y voyons l'autorité ne point naître de la force intuitive et déterminante de l'évidence ; ne rien tenir de l'évidence, ne jamais consulter l'évidence : arbitraire dans les principes de son institution, il falloit bien qu'elle le devînt dans ses volontés, et dans sa façon d'agir : elle ressembloit alors à ces météores qui parcourent et embrasent les airs, sans que leurs mouvements soient assujettis à aucune regle connue : aussi comme eux, la voyoit-on souvent se dissiper d'elle-même et disparoître dans un instant.

Consultez l'antiquité et parcourez les différentes formes de gouvernement, vous trouverez par-tout des effets monstrueux de l'autorité, qui se sont plus ou moins multi[**153**]pliés selon que ses états étoient plus ou moins étendus. J'avoue cependant que placée dans les mains d'un seul, elle a commis plus d'horreurs ; mais aussi son théatre étoit plus vaste, et par cette raison, elle avoit plus d'occasions et plus de facilités. Je dis que son théâtre étoit plus vaste, parce qu'à l'exception de Rome et de Carthage, les états gouvernés par un corps d'administrateurs ont été très-bornés ; à quoi j'ajoute que ce n'est pas dans l'histoire de ces deux Républiques qu'on puisera des arguments pour prouver que le partage de l'autorité ne produit aucun désordre.

Quoi qu'il en soit, j'admets que dans l'état d'ignorance l'autorité est plus dangereuse dans les mains d'un seul, qu'elle ne l'est dans les mains de plusieurs. Ce qui me décide à le croire, c'est que dans cette seconde espece de gouvernement, la mauvaise volonté peut trouver des oppositions pour faire le mal, comme la bonne volonté peut en trouver pour faire le bien : les intérêts particuliers s'entre-servent souvent de contre-poids, et cela même doit leur arriver jusqu'à ce qu'ils se soient conciliés au préjudice de l'intérêt commun.

C'est moins les faits qu'il faut consulter que les causes qui les ont produits : ce n'est que sur cette base qu'on peut établir un raisonnement solide, parce que les mêmes causes produiront toujours les mêmes effets : or en examinant la cause première des faits, nous trouverons que ce n'est point parce que l'autorité se trouvoit dans les mains d'un seul, qu'elle est devenue un fléau terrible ; que c'est au contraire parce que les hommes n'avoient point alors une connoissance évidente de l'ordre naturel et essentiel des sociétés ; vérité que personne ne peut révoquer en doute, puisque cet ordre ne se trouve dans aucune législation des anciens, ni même dans aucun de leurs Philosophes.

[154] Dans quelques mains que l'autorité soit placée, il faut nécessairement qu'elle soit orageuse, et qu'elle devienne destructive, dès qu'une société n'est point organisée suivant les loix de l'ordre naturel et essentiel. Mais cet ordre ne peut s'établir s'il n'est évidemment connu : ainsi une connoissance évidente de l'ordre est la premiere condition requise pour qu'il ne puisse résulter aucun abus de l'autorité.

Suivant cet ordre essentiel, l'autorité tutélaire est *l'administration d'une force sociale et physique instituée dans la société et par la société, pour assurer parmi les hommes la propriété et la liberté, conformément aux loix naturelles et essentielles des sociétés.*

Cette force est force sociale, parce que loin d'exister par elle-même, c'est dans la société qu'elle prend naissance ; elle y est formée par la réunion des intérêts et des volontés.

Elle est force physique, parce que cette réunion de volontés opere en faveur de cette autorité, la réunion de toutes les forces physiques de la société.

Elle est instituée dans la société et par la société, parce que cette réunion de volontés et de forces ne peut avoir lieu qu'après que les hommes se sont réunis dans un corps social.

Elle est établie pour assurer parmi les hommes la propriété et la liberté, parce que ce n'est que dans la vue d'établir solidement l'un et l'autre, que chaque société s'est formée, et que sans l'une et l'autre aucune société ne pourroit subsister.

Enfin elle doit les maintenir telles que l'exigent les loix naturelles et essentielles des sociétés, parce que ces loix naturelles et essentielles qui tiennent à l'ordre physique, et qu'aucune puissance humaine ne peut changer, doivent être la raison primitive de toutes les loix positives que cette autorité peut instituer.

[155]Ainsi l'autorité, telle que je la représente ici, est le gage de la sûreté publique ; c'est par elle seule que les droits naturels et essentiels de chaque citoyen acquierent la solidité qu'ils doivent avoir : comment donc pourroit-elle devenir funeste à la société dont elle cimente et perpétue l'union? Ce malheur ne peut arriver que de deux manieres ; il ne peut naître que de l'ignorance ou de la mauvaise volonté : mais par-tout où nous supposerons une connoissance *évidente* et publique de l'ordre naturel et essentiel, l'ignorance et la mauvaise volonté ne peuvent jamais égarer le dépositaire de l'autorité.

Ce n'est pas cependant que la personne même de ce dépositaire ne puisse manquer des lumieres suffisantes pour son administration : ce léger inconvénient doit même se trouver souvent dans une Monarchie héréditaire : les Souverains peuvent être appellés au gouvernement avant que l'âge leur permette d'avoir les facultés requises pour bien gouverner ; et ce cas est particulierement celui des minorités. Mais dans une nation qui d'après une connoissance *évidente et publique* de l'ordre naturel et essentiel de la société, a donné à son gouvernement la forme *essentielle* qu'il doit avoir, les loix, qui ont pour elles la force despotique de l'évidence, veillent pour le Souverain mineur et pour la nation, de maniere que cette force dominante et irrésistible fait la sûreté de leurs intérêts communs.

Mais, me dira-t-on, le corps des Magistrats, dont les lumieres et les devoirs essentiels sont si nécessaires au maintien des loix dans toute leur pureté, ne peut-il pas lui-même se laisser corrompre et céder à des intérêts particuliers? Non ; cela est impossible dans l'hypothèse où nous sommes : dès qu'on suppose une connoissance *évidente* de l'ordre répandue [156] dans toute une société, il faut regarder les Magistrats comme comptables de leur conduite à cette *évidence publique*, et comme n'ayant rien tant à craindre que la justice de ses jugements rigoureux.

Je conviens cependant que cette *évidence publique* ne peut être la même dans tous les membres de cette société ; mais aussi ne faut-il pas la concentrer dans les Magistrats seulement : dans notre supposition au-contraire, nous devons les regarder comme placés au milieu d'un cercle très-étendu, très-nombreux qui participe à leurs connoissances, et qui pouvant juger sainement de leurs opérations, est en état d'éclairer l'autre partie de la nation. C'est de ce cercle de gens lumineux que partent les éloges du public et sa censure, qui, à l'aide des mobiles que la nature a placés en nous, et de la force propre aux affections sociales, font naître une émulation et une crainte salutaires qui servent de contre-poids aux motifs par lesquels nous pourrions être détournés des voies de l'honneur et de la vertu.

Nous voyons souvent que l'homme le plus injuste veut néanmoins paroître juste ; au moment même qu'un intérêt criminel triomphe en lui de l'évidence de ses devoirs, il sent que la seule publicité de ses crimes suffit pour l'en punir ; et il ne peut étouffer dans son ame le sentiment qui rend cette punition redoutable pour lui. Hélas ! combien d'hommes seroient devenus coupables, s'ils n'avoient été contenus par la honte de le paroître ! Il est certain qu'un homme n'osera jamais se permettre la plus légere infidélité, tant qu'il sera persuadé qu'elle seroit *en évidence* aux yeux de tous ceux qu'elle intéresseroit. Telle est la situation des Magistrats et de tous ceux qui sont chargés de quelque administration dans une nation parvenue à une connoissance *évidente et publique* de [157] l'ordre : cette évidence qu'on ne peut choquer impunément, en l'éclairant fait sa sûreté dans tous les temps.

On remarquera, sans doute, dans cet ouvrage que l'évidence est la base sur laquelle porte tout l'édifice de la société. Mais c'est à juste titre que je ramene tout à l'évidence, car sans l'évidence il est impossible d'imaginer rien de parfait, rien de solide.

J'ai déjà dit qu'il n'y a pour nous que vérité ou erreur, qu'évidence ou opinion. Il est donc manifeste que les principes d'un gouvernement doivent *nécessairement* devenir arbitraires, dès qu'ils ne sont pas *évidens* ; c'est-à-dire, dès qu'ils ne sont pas le fruit d'une connoissance explicite et *évidente* de l'ordre naturel et essentiel des sociétés ; car encore une fois, l'ordre ne peut s'établir, qu'autant qu'il est suffisamment connu ; et il n'est suffisamment connu, qu'autant qu'il l'est *évidemment*, puisque tout ce qui n'est pas *évident* reste *arbitraire*.

Si donc vous ôtez aux hommes cette connoissance *évidente*, je vous donne le choix parmi les différentes formes de gouvernement : quelle que soit celle que vous préfériez, vous y trouverez tous les vices inséparables de *l'arbitraire* ; et quelques mesures qu'on prenne pour empêcher les abus de l'autorité, il faudra toujours et *nécessairement* ou qu'elle devienne oppressive, ou qu'elle soit dans un état de foiblesse qui rende nul ce lien politique ; auquel cas la société ne sera plus une société.

[158]   CHAPITRE XXI.

Quatrieme suite du Chapitre XVII. Réfutation du système
chimérique des contre-forces établies pour balancer l'auto-
rité tutélaire dans le gouvernement d'un seul. Par-tout où
regne l'évidence de l'ordre, les établissements de ces contre-
forces sont impossibles ; dans l'état d'ignorance ils le sont
encore, mais par d'autres raisons.

———————

L'ARBITRAIRE, en cela qu'il est une production monstrueuse de
l'ignorance, ne sait remédier à un désordre que par un autre
désordre. Dans cet état, les hommes deviennent *nécessairement* le
jouet de l'inconstance orageuse de l'opinion. Ces vérités si simples,
si évidentes par elles-mêmes ont cependant échappé à de grands
génies ; et de leur inattention à ce sujet est provenu le système des
contre-forces qu'ils ont prétendu devoir être opposées à l'autorité,
pour en arrêter les abus.

Ou les principes d'un gouvernement sont *évidents*, ou ils ne le
sont pas : s'ils le sont, toutes les forces et toute l'autorité sont
acquises à leur *évidence* ; ainsi les contre-forces ne peuvent avoir
lieu ; il n'y a pour lors qu'une seule force, parce qu'il n'y a qu'une
seule volonté. Si au contraire ces principes ne sont pas *évidents*,
l'établissement des contre-forces est une opération impraticable ;
car quelle contre-force peut-on opposer à celle de l'ignorance, si ce
n'est celle de l'évidence ? Comment dissiper les ténebres de l'erreur, si ce n'est [159] par la lumiere de la vérité ? Qu'est-ce que
c'est que le projet de choisir un aveugle pour servir de guide à un
autre aveugle ? On craint l'ignorance dans le Souverain, et pour
empêcher qu'elle ne l'égare, on lui oppose d'autres hommes qui ne
sont pas en état de se conduire eux-mêmes ; voilà ce qu'on appelle
des contre-forces : il faut convenir qu'elles sont bien mal imagi-
nées ; qu'il est inconcevable qu'on ait pû se persuader que l'ignorance pût servir utilement de contre-force à l'ignorance.

En adoptant même cette chimere, ne voit-on pas qu'il est impossible de s'assurer que chaque force sera demain ce qu'elle paroît être aujourd'hui? Je dis ce qu'elle *paroît être*, car on ne peut jamais avoir aucune certitude de son véritable état actuel, vu qu'il dépend de diverses dispositions morales qui peuvent bien être présumées, mais non pas connues avec *évidence*. Ainsi, à considérer ces contre-forces dans le premier moment de leur institution, dans l'action même de les former, on voit qu'elles ne sont qu'un jeu ridicule de l'opinion.

Ceux qui ont imaginé le système des contre-forces, ont pensé que le pouvoir du Souverain pouvoit être modifié par un autre pouvoir opposé, tel que celui d'une puissance établie pour en être le contrepoids et le balancer. Si dans l'exécution de cette idée bisarre on pouvoit parvenir à instituer deux puissances parfaitement égales, séparément elles seroient toutes deux nulles, ainsi que je l'ai déjà démontré; si au contraire elles étoient inégales, il n'y auroit plus de contre-forces. Voilà une premiere contradiction bien évidente.

On s'est persuadé sans doute qu'il en est des contre-forces morales comme des contre-forces physiques, qui par la contrariété de leur direction, déterminent nécessairement [**160**] certains corps à rester dans une situation mitoyenne. Mais on n'a pas vu que dans le physique la direction *donnée* ne dépend point de l'opinion des choses qui font contre-force, et que dans le moral au contraire ceux qui font contre-force, peuvent eux-mêmes changer leur direction au gré de leur opinion. Ainsi au moyen de ce qu'on ne peut être certain que cette direction soit toujours la même en eux, il devient impossible de pouvoir compter sur leurs contre-forces; et ce système qui suppose uniforme et constant ce qui est *évidemment* connu pour ne pouvoir l'être, tombe en cela dans une seconde contradiction évidente.

Si l'Auteur qui a le plus soutenu ce projet chimérique, pouvoit me répondre, je lui demanderois comment il a compté calculer les contre-forces pour trouver leur point d'équilibre. Dans l'ordre social toute force est le produit d'une réunion d'opinions et de volontés, et le principe de cette réunion est ou *évident* ou *arbitraire*. Dans le système en question, on ne peut supposer que ce principe soit *évident*, parce qu'alors, comme je viens de le dire, il n'y auroit qu'une seule volonté, et une seule force sociale. Mais puisqu'il ne peut être qu'*arbitraire*, on ne peut plus calculer ni le principe ni son produit : dès que les opinions sont séparées de l'évidence, il est certain que nous ne pouvons ni connoître leur force, ni nous assurer de leur durée.

Établissons pour un moment une contre-force, et supposons qu'un Souverain ne puisse rien ordonner que du consentement de son Conseil ; composons même ce Conseil de telle sorte qu'il forme la plus grande contre-force possible : alors ce n'est plus le gouvernement d'un seul, c'est le gouvernement de plusieurs, d'un corps composé d'un chef et de son Conseil, dont chaque membre participe ainsi à la Souveraineté. [161] Ce corps cependant se trouve institué de maniere qu'il forme réellement deux puissances dont les forces sont destinées à se trouver en opposition ; car le Souverain supposé ne peut rien sans son Conseil, et le Conseil entier ne peut rien sans le Souverain. Examinons maintenant la valeur de cette disposition, et si ces deux puissances font réciproquement contre-force.

Je conviens que le Souverain fait contre-force vis-à-vis la puissance de son Conseil ; et l'effet de cette contre-force est de mettre le Souverain dans le cas de pouvoir s'opposer au bien comme au mal. Il n'y a donc point un avantage certain à établir que le Conseil ne peut rien sans le Souverain. Je trouve ce même inconvénient dans la prétendue contre-force du Conseil ; l'ignorance peut la rendre très-préjudiciable ; elle peut perdre la nation au-lieu de la servir. Mais à ce premier inconvénient il s'en joint un second ; c'est que cette espece de contre-force n'est rien moins que ce qu'elle paroît : impossible d'empêcher ceux qui concourent à la former, d'être dominés par leurs intérêts particuliers : dès-lors plus de contre-force ; sa direction ne peut plus être fixée ; celle-ci doit *nécessairement* changer au gré de ses intérêts. Ajoutez que ces sortes de variations sont même d'autant plus naturelles, que tout devient arbitraire dès que les hommes ne sont point éclairés par l'évidence de l'ordre ; or quand tout est arbitraire, on ne peut accuser personne d'avoir évidemment trahi son ministere. Ainsi dans le cas supposé, la contre-force du Conseil est absolument nulle, à moins qu'on ne commence par en opposer une aux intérêts particuliers ; mais celle-ci ne peut se trouver que dans la force irrésistible de l'évidence.

Sous quelque face que nous considérions ce système spécieux, nous y trouvons donc les mêmes contradictions : il [162] consiste au fonds à opposer une opinion à une autre opinion, des volontés arbitraires à d'autres volontés arbitraires ; des forces inconnues à d'autres forces inconnues : dans cet état, il est impossible que des intérêts particuliers ne soient pas la mesure de la résistance que ces forces peuvent éprouver tour à tour, ainsi que les motifs secrets de leur conciliation ; il est impossible qu'entre ces mêmes forces il ne se perpétue pas une guerre sourde et insidieuse, pendant laquelle les brigues, les séductions, les trahisons de toute espece deviennent des pratiques habituelles et nécessaires ; guerre cruelle et destructive qui se fait toujours aux dépens des intérêts de la nation, *nécessairement* victime de la cupidité des combattants.

Dans un gouvernement dont les principes sont *arbitraires*, il est inutile de se mettre l'esprit à la torture pour trouver des contreforces ; car ce qui rend vicieux ce gouvernement, c'est précisément la multitude des contre-forces qui s'y forment *naturellement*, parce qu'il s'établit *naturellement* un grand nombre d'opinions différentes, et d'intérêts particuliers opposés les uns aux autres : aussi cette division tend-elle à l'anarchie et à la dissolution de la société. Pour faire cesser ce désordre toutes forces *factices* sont impuissantes, parce que toute opinion n'est forte qu'en raison de la foiblesse de celles qui lui sont contraires. On ne peut donc employer alors que la force naturelle *de l'évidence*, comme seule et unique contre-force de l'arbitraire.

La force de *l'évidence* est dans l'évidence même ; aussi est-il certain que si-tôt que l'évidence est connue, sa force devient irrésistible : elle ne peut donc rencontrer des contre-forces que dans l'ignorance ; mais il suffit d'éclairer celle-ci pour la désarmer. Il n'en est pas ainsi de la force d'une simple *opinion* : non-seulement elle a tout à craindre *de l'évidence* con[**163**]tre laquelle elle ne peut rien ; mais elle a pour ennemis encore autant d'autres forces particulieres qu'il peut s'établir d'opinions diverses. Toutes ces forces qui sont également des productions de l'ignorance, qui ne tiennent rien d'elles-mêmes, et doivent à l'ignorance tout ce qu'elles sont, combattent entre elles à armes égales ; ce sont des aveugles qui s'attaquant réciproquement, ne peuvent connoître que les maux qu'ils éprouvent, et jamais ceux qu'ils font. De remedes à cette confusion, il n'en est point ; il faut absolument se décider entre n'admettre qu'une autorité unique, établie sur *l'évidence*, ou une multitude d'autorités arbitraires dans leurs institutions comme dans leurs procédés, et qui ne peuvent cesser de s'entre-choquer.

Il est donc certain que ce n'est que dans une nation parvenue à une connoissance *évidente et publique* de l'ordre naturel et essentiel des sociétés, qu'on n'a rien à craindre de l'autorité tutélaire : cette connoissance *évidente et publique* ne peut exister sans procurer à la société, la forme essentielle qu'elle doit avoir ; or cette forme essentielle une fois établie, elle doit trouver en elle-même tous les moyens nécessaires pour se conserver ; car le propre de l'ordre est de renfermer en lui-même tout ce qu'il lui faut pour se perpétuer.

Ainsi dans une te"e société toutes les loix positives ne pourront être que des résu"s évidents des loix naturelles et essentielles.

Ainsi ces même loix positives seront toutes favorables au droit de propriété et à la liberté.

Ainsi le corps des Magistrats gardiens et dépositaires de ces loix, ne sera composé que de citoyens ayant les qualités requises pour la sainteté de leur ministere.

[164] Ainsi ces Magistrats, comptables de leurs fonctions au Souverain et à *l'évidence publique*, qui en éclairant la nation veillera sans cesse sur eux, seront contraints de ne jamais parler un autre langage que celui de la justice et de *l'évidence*.

Ainsi les lumieres, le zele et la fidélité de ces mèmes Magistrats ne cesseront d'être pour le Souverain une ressource assurée contre les surprises qui pourroient être faites à son autorité, au mépris de ses intérêts *évidents* et de ceux de ses sujets.

Ainsi l'évidence de la sagesse et de la justice des loix positives sera le garant de leur immutabilité et de leur observation la plus exacte, jusques dans les temps où la personne même du Souverain ne seroit pas en état de les protéger.

Ainsi la force despotique de cette *évidence* sera le titre primitif de leur autorité sacrée, sous la protection de laquelle toutes les personnes et tous les droits seront également et toujours en sûreté.

Ainsi les peuples verront leur meilleur état possible dans leur soumission constante à ces loix ; ils béniront, ils adoreront le Souverain en lui obéissant ; et leurs richesses ne croissant que pour être partagées avec le Monarque qui leur en procure la jouïssance paisible, son intérêt personnel et son autorité bienfaisante doivent assurer à jamais la conservation de cet ordre divin, qui est le principe *évident* de leur prospérité commune.

Cette légere esquisse me dispense de parler des effets de la mauvaise volonté : premierement, ils seroient *inconciliables* avec la force irrésistible dont jouira toujours *l'évidence* de l'ordre naturel et essentiel ; en second lieu, il est contre nature de supposer dans un Souverain, une mauvaise volonté [165] *évidente;* un dessein manifeste de trahir *évidemment* ses propres intérêts dans ceux de ses sujets, et de travailler ainsi lui-même à l'anéantissement de sa puissance et de sa souveraineté. Mais quand même cette manie inconcevable et inadmissible seroit possible en spéculation, toujours est-il vrai qu'elle doit être bien plus rare dans un Souverain qui ne peut s'y livrer qu'à son préjudice, que dans un corps d'administrateurs qui peuvent s'abandonner à leur mauvaise volonté sans trahir leurs intérêts personnels, et même en les servant ; par conséquent que le gouvernement d'un seul est encore à cet égard préférable à tout autre gouvernement qui n'est point également protégé par *l'évidence* et par les intérêts même du dépositaire de l'autorité. S'il reste quelques nuages sur cette vérité, j'ose me flatter que les chapitres suivants acheveront de les dissiper.

CHAPITRE XXII.

Continuation du même sujet. Du Despotisme. Pourquoi il nous est odieux ; l'ignorance est la cause primitive des désordres qu'il a produits. L'homme est destiné par la nature même à vivre sous une autorité despotique. Il est deux sortes de Despotismes ; l'un et personnel et légal ; l'autre est personnel et arbitraire : le premier est le seul conforme à l'ordre essentiel des sociétés ; le second est aussi funeste au Despote même qu'aux peuples qu'il opprime.

LE GRAND argument de ceux qui sont ennemis de toute Monarchie, est que cette forme de gouvernement conduit au despotisme. Ce nom nous peint toujours une chose odieuse, contraire à l'ordre, aux droits naturels de l'humanité. Cette aversion nous est naturellement suggérée par la seule contemplation des désordres qu'il a produits : frappés de l'horreur qui nous saisit à la vue de ce tableau, nous sommes révoltés sur le champ contre le despotisme ; nous le regardons comme un fléau terrible et habituel ; nous le condamnons ainsi sans chercher à approfondir d'où proviennent les maux qu'il a faits ; s'ils lui sont propres ou s'ils lui sont étrangers ; et nous ne nous servons plus des termes de *despote* et de *despotisme*, que pour exprimer une sorte d'autorité mons[167]trueuse que l'ordre et la raison ne peuvent reconnoître, et dont il faut absolument purger la société.

C'est ainsi que les faits, détachés de leurs causes premieres, sont pour nous une source d'erreurs. On a raison de s'élever contre le despotisme considéré tel qu'il a presque toujours été chez quelques nations ; mais le despotisme factice et déréglé, dont nous sommes effrayés à juste titre, et le despotisme naturel, tel qu'il est institué par l'ordre même, ne se ressemblent point : il est également impossible que le premier ne soit pas orageux, destructif, accablant, et que le second ne produise pas tous les biens que la société peut desirer.

Qui est-ce qui ne voit pas, qui est-ce qui ne sent pas que l'homme est formé pour être gouverné par une autorité despotique? Qui est-ce qui n'a pas éprouvé que sitôt que l'évidence s'est rendue sensible, sa force intuitive et déterminante nous interdit toute délibération? Elle est donc une autorité despotique, cette force irrésistible de l'évidence, cette force *qui pour commander despotiquement à nos actions, commande despotiquement à nos volontés.*

Le despotisme naturel de l'évidence amene le despotisme social : l'ordre essentiel de toute société est un ordre évident ; et comme l'évidence a toujours la même autorité, il n'est pas possible que l'évidence de cet ordre soit manifeste et publique, sans qu'elle gouverne despotiquement.

C'est par cette raison que cet ordre essentiel n'admet qu'une seule autorité, et par conséquent un seul chef : l'évidence ne pouvant jamais être en contradiction avec elle-même, son autorité est *nécessairement* despotique, parce qu'elle est nécessairement *une ;* et le chef qui commande au nom de cette évidence, est *nécessairement* despote, parce qu'il se rend personnelle cette autorité despotique.

[168] S'il est incontestable que nous sommes organisés pour connoître l'évidence et nous laisser gouverner par elle ; s'il est incontestable que l'ordre essentiel de toute société est un ordre évident, il résulte de ces deux propositions, qu'il est dans les vues de la nature que le gouvernement social soit un gouvernement despotique, et que l'homme, en cela qu'il est destiné à vivre en société, est destiné à vivre sous le despotisme. Une autre conséquence encore, c'est que cette forme de gouvernement est la seule qui puisse procurer à la société son meilleur état possible ; car ce meilleur état possible est le fruit nécessaire de l'ordre : ce n'est que par une observation scrupuleuse de l'ordre qu'il peut s'obtenir ; ainsi ce n'est qu'autant que l'évidence de l'ordre gouverne despotiquement, que les hommes peuvent parvenir à jouir de tout le bonheur que l'humanité peut comporter.

Le despotisme n'a fait que du mal, nous dit-on : *donc il est essentiellement mauvais.* Assurément cette façon de raisonner n'est pas conséquente : on pourroit dire aussi, la société occasionne de grands maux ; donc elle est essentiellement mauvaise ; et ce second argument vaudroit le premier. Oui sans doute, le despotisme a fait beaucoup de mal ; il a violé les droits les plus sacrés de l'humanité ;

mais ce despotisme factice et contre nature n'étoit pas le despotisme naturel de l'évidence de l'ordre : ce dernier assure les droits que le premier détruit.

Il n'est point pour nous de milieu entre être éclairés par l'évidence ou être livrés à l'ignorance et à l'erreur. De-là, deux sortes de despotisme, l'un légal, établi naturellement et *nécessairement* sur l'évidence des loix d'un ordre essentiel, et l'autre *arbitraire*, fabriqué par l'opinion, pour prêter à tous les désordres, à tous les écarts dont l'ignorance la rend susceptible.

[169] Le desir de jouïr est également le premier principe de ces deux despotismes ; mais dans celui-là l'action de ce mobile est dirigé par l'évidence de l'ordre, et dans celui-ci elle est déréglée par l'opinion, qui, égarée par l'ignorance, ne met point de bornes à ses prétentions. De-là s'ensuit que le despotisme légal, qui n'est autre chose que la force naturelle et irrésistible de l'évidence, qui par conséquent assure à la société l'observation fidele et constante de son ordre essentiel, de son ordre le plus avantageux, est pour elle, le meilleur gouvernement possible, et l'état le plus parfait qu'elle puisse désirer : de-là s'ensuit encore que le despotisme qui se forme dans un état d'ignorance, est arbitraire dans toutes ses parties : il l'est dans son institution ; car il prend naissance dans des prétentions arbitraires ; il l'est dans la façon de se maintenir ; car il ne se prolonge que par l'utilité dont il est à des prétentions arbitraires ; il l'est dans ses procédés ; car il ramene tout à la force qui sert ses prétentions arbitraires.

Le voilà ce despotisme terrible, ce despotisme arbitraire que l'ordre réprouve, parce que l'ordre et l'arbitraire sont absolument incompatibles ; le voilà tel que l'ignorance l'a enfanté en différents temps pour le malheur commun des despotes et des infortunés qu'ils tenoient dans l'oppression. Les suites cruelles qu'il doit avoir pour les peuples sont trop connues, pour que j'entre dans aucun détail à ce sujet ; mais ce que je dois faire principalement remarquer, c'est que ce despotisme n'est pas moins redoutable, pas moins funeste à l'oppresseur, qu'il l'est aux opprimés. Cette vérité sera pour nous une nouvelle preuve que dans l'ordre tout se tient ; que le bonheur particulier de chaque individu est lié au bonheur général ; que le meilleur état possible des sujets devient nécessairement le meilleur état possible des Souverains.

CHAPITRE XXIII.

*Suite du Chapitre précédent. Le despotisme arbitraire consi-
déré dans ses rapports avec l'autorité ; avec la sûreté personnelle et les intérêts du despote. Combien ce despotisme lui est
nécessairement desavantageux. Sous le despotisme arbitraire
il n'est point de véritable société, point de nation proprement dite.*

Le despotisme arbitraire est un composé de quatre parties qu'il
faut considérer séparément. Ces quatre parties sont le despotisme,
le despote, la force physique qui fait son autorité, et les peuples qu'il
contraint de lui obéir. Le despotisme arbitraire est une production
bisarre de l'ignorance, une force physique qui se sert de sa supériorité pour opprimer. Cette force n'existe point par elle-même et dans
un seul individu ; elle est le résultat d'une association ; et cette association se forme par un concours de prétentions et d'intérêts arbitraires qui s'unissent à cet effet. Mais par la raison que ces prétentions et ces intérêts sont arbitraires, leur position respective peut
changer à tout instant, et les conduire à se désunir ; alors plus d'association ; plus de force supér ure ; plus de despotisme : son existence n'est ainsi *nécessairement* que précaire et conditionnelle.

Cependant la chûte du despotisme doit entraîner celle du despote :
car point de despote sans despotisme : ainsi tous les risques que le
despotisme court habituellement, sont communs au despote. Mais
outre ces premiers risques il en [171] est d'autres encore qui sont
propres et particuliers à la personne de ce dernier : le despotisme ne
tient point au despote, comme le despote tient au despotisme ; et la
force qui soutient le despotisme peut, sans changer la forme du gouvernement, sacrifier à ses prétentions arbitraires, la personne même
du despote.

Quand des exemples multiples ne nous apprendroient pas combien
ces petites révolutions sont naturelles et faciles, quelques réflexions
suffiroient pour nous les démontrer. Lá force qui sert de base à l'au-

torité du despote arbitraire, n'est ni à lui ni en lui ; elle n'est au-contraire qu'une force empruntée ; et c'est d'elle qu'il tient tout tandis qu'elle ne tient rien de lui. Il est donc absolument dans la dépendance de cette force ; car il ne peut jamais en disposer mal-gré elle, au-lieu qu'elle peut toujours disposer de lui malgré lui.

Cette observation nous montre que le despote arbitraire n'est rien moins que ce qu'il paroît être ; c'est une espece de corps transparent et fragile au travers duquel on apperçoit la force qui l'environne : on peut le comparer à ces figures de bois ou d'osier, qui semblent faire mouvoir une machine à laquelle elles sont attachées, tandis que c'est cette même machine qui leur imprime tous leurs mouve-ments. Le despotisme est véritablement acquis à la force d'associa-tion qui le maintient ; et les intérêts personnels arbitraires qui forment cette association, sont les ressorts intérieurs du despotisme arbitraire. Le despote n'est ainsi qu'un simulacre qui se meut au gré de cette force dont il est tellement dépendant, qu'il ne peut se pas-ser d'elle, et qu'elle peut au contraire se passer de lui.

Dans le dernier état de l'Empire Romain, le despotisme arbitraire s'étoit emparé du gouvernement. Mais quels avan[172]tages les des-potes en ont-ils retirés ? Nous voyons une succession d'Empereurs alternativement immolés au caprice de leur armée révoltée, ou à l'enthousiasme d'un petit nombre de conjurés à qui la trahison tenoit lieu de force. Ceux qui, à l'exemple de Sylla, dépouilloient les citoyens pour enrichir les soldats, excitoient dans Rome des cons-pirations ; ils périssoient par la main des citoyens. Ceux qui, loin de se propicier le soldat par des profusions, cherchoient à mettre un frein à sa cupidité, blessoient les prétentions arbitraires des gens de guerre ; ils périssoient par la main des soldats. L'opinion livrée à toute la fureur des passions et à tous les égaremens de l'ignorance, disposoit de la force publique, parce que c'étoit cette même opinion qui la formoit. Cette force tenoit sous le joug de la tyrannie ceux même auquel elle vendoit le droit chimérique de lui commander : les despotes qu'elle établissoit, obligés de chercher la mort dans la haine du citoyen, pour ne pas la trouver dans le mécontentement de l'armée, étoient ainsi privés *de la propriété* de leur personne : ces prétendus maîtres si grands, si redoutables n'avoient pas même la liberté d'être justes et vertueux ; ils se trouvoient réduits à n'être que les esclaves d'une puissance arbitraire, qui ne leur prêtoit son pouvoir que pour les rendre les instruments serviles de son ambition aveugle. Partout où le despotisme arbitraire s'est établi, et principalement chez les Asiatiques, nous lui avons vu constamment produire les mêmes effets, et devenir également funeste aux despotes qui n'étoient point assez sages pour se conduire sur d'autres principes.

Ainsi l'épée dont le despote s'arme pour frapper, est la même qui se trouve suspendue par un fil au-dessus de sa tête ; et la force qui est le fondement de sa puissance arbitraire, [173] est précisément celle qui le dépouille de son autorité, et qui menace sa personne à chaque instant. Cette position est d'autant plus cruelle, que ce qu'elle a d'affreux n'est balancé par aucun avantage ; car le despotisme arbitraire, considéré dans ses rapports avec les peuples, n'a pas moins d'inconvénients pour le despote.

En effet, à parler rigoureusement, un despote arbitraire commande, mais ne gouverne pas : par la raison que sa volonté arbitraire est au-dessus des loix qu'il institue arbitrairement, on ne peut pas dire qu'il y ait des loix dans ses états ; or un gouvernement sans loix est une idée qui implique contradiction ; ce n'est plus un gouvernement. A la faveur d'une force empruntée ce despote commande donc à des hommes que cette force opprime ; mais ces hommes ne sont point des *sujets*, et ne forment point ce qu'on peut appeler une *nation*, c'est-à-dire, *un corps politique dont tous les membres sont liés les uns aux autres par une chaîne de droits et de devoirs réciproques, qui tiennent l'État gouvernant et l'État gouverné inséparablement unis pour leur intérêt commun.*

J'ai déja dit et redit que les *devoirs sont établis sur les droits, comme les droits le sont sur les devoirs* : mais sous le despotisme arbitraire il n'en existe réellement d'aucune espece ; le nom même de droits et de devoirs doit y être inconnu : quiconque jouït de la faveur du despote arbitraire, peut au gré de son caprice dépouiller les autres hommes de leurs biens, de leur vie, de leur liberté ; il n'y a donc parmi eux aucune sorte de propriété de constante, par conséquent aucuns droits réciproques et *certains*. Ce désordre s'accroît toujours en raison du nombre de ceux auxquels le despote communique une portion de son autorité : le système de ce prétendu gouvernement étant de rapporter tout à [174] la force, chacun de ceux qui commandent en sous-ordre, est autorisé par ce même système, à se permettre tout ce que lui permet la force dont il a la disposition.

C'est sous ce despotisme arbitraire qu'on peut dire qu'il n'existe qu'un seul et unique devoir absolu, celui d'obéir. Mais quoique j'aie déjà démontré dans le Chapitre XIII, que l'idée de ce prétendu devoir unique et absolu renferme des contradictions évidentes, cet objet est d'une trop grande importance, pour me contenter de ce que j'ai dit à son sujet.

Si l'obligation d'obéir est un devoir unique et absolu, cette obligation est donc sans bornes; elle est la même dans tous les cas, et quelque puisse être la chose commandée. Je demande à présent s'il est quelqu'un qui puisse entendre sans horreur, sans frémir, que tout homme placé pour obéir à un autre, est dans une obligation indispensable, dans une obligation absolue d'exécuter tout ce que son supérieur lui ordonne. Ne voit-on pas d'un coup d'un coup d'œil que tous les liens du corps politique sont rompus; qu'autant il est de commandants, autant il est d'autorités despotiques indépendantes les unes des autres? Un furieux se trouve avoir cent hommes à ses ordres; dans ce système il faut aller jusqu'à soutenir qu'ils sont indispensablement obligés de s'armer pour tous les forfaits qu'il leur commande : quel que soit l'objet sur lequel sa fureur veuille se déployer, les plus grands crimes et les plus évidents deviennent pour eux un devoir; et d'après le principe dont il s'agit, ils seroient coupables s'ils étoient arrêtés par l'évidence des atrocités qu'on leur ordonne de commettre.

Je viens de dire que dans ce système absurde tous les liens du corps politique sont rompus; pour le prouver d'une ma[175]niere bien sensible, il me suffit de faire observer qu'il n'est plus aucun moyen d'assurer à l'autorité l'obéissance qu'on doit naturellement à ses ordres. Quiconque commande doit être obéi; quiconque commande est donc despote. Mais s'il est despote il ne peut être commandé; et lorsqu'il l'est, son obéissance est absolument volontaire; car s'il lui plaît de donner aux hommes qui lui sont soumis, des ordres contraires à ceux qu'ils reçoit, ces hommes doivent exécuter ses volontés particulieres, et point du tout celles de ces supérieurs. Dans cet état d'insubordination, impossible qu'il existe aucune autorité réelle autre que celle qu'on exerce immédiatement sur des hommes qui n'ont aucune sorte de commandement. Au milieu de cette confusion, impossible qu'on puisse entendre la voix d'une autorité premiere; impossible de former cette chaîne de devoirs évidents qui forcent toutes les volontés de se rallier à elle pour ne point s'en séparer, si jamais cette séparation leur étoit commandée, au mépris de ces mêmes devoirs.

Les peuples qui gémissent sous le joug du despotisme arbitraire, ne forment donc point une nation, parce qu'ils ne forment point entr'eux une société ; car il n'est point de société sans droits réciproques, et il n'est point de droits là où il n'est point de propriété. Chaque homme ne voit dans les autres hommes que des ennemis, parce que s'ils ne le sont pas déja, ils peuvent le devenir d'un instant à l'autre. Dans cette position, il n'existe que des intérêts particuliers, et nullement un intérêt commun, si ce n'est dans un seul et unique point, qui est la destruction du despotisme pour établir, sur ses ruines, une société qui du moins ait forme de société.

Il est évident que des peuples qui n'ont entr'eux aucuns [176] droits *certains*, aucuns devoirs réciproques, aucun autre intérêt commun qu'un intérêt qui les rend ennemis du pouvoir sous le poids duquel ils sont accablés, ne tiennent à ce pouvoir par aucun lien social ; car il n'existe point de lien social sans société ; et il n'existe point de société entre un oppresseur et des opprimés : elle est totalement anéantie dès que les procédés arbitraires d'une force supérieure détruisent la réciprocité des droits et des devoirs.

Je ne dirai point ici combien cette situation violente met la personne du despote arbitraire en danger ; je ne dirai point que cet intérêt commun, toujours prêt à s'armer contre lui, peut opérer des associations qui lui deviennent funestes ; que plus le despotisme arbitraire veut resserrer les liens de l'esclavage, et plus il augmente l'intérêt et le desir d'en sortir ; que pour connoître combien cette dégradation morale peut devenir fatale à ceux qui en sont les auteurs, il est inutile de consulter des temps éloignés de nous, qu'il suffit de passer les mers, et d'y voir ce que les maîtres ont à craindre des esclaves qui ont formé la volonté de sortir de l'oppression ; j'observerai seulement que le danger du despote est d'autant plus grand et d'autant plus habituel, que sa perte n'a pas besoin d'être préparée de longue main, et qu'elle peut être consommée sans de grands mouvements : un vil esclave, un intérêt obscur, une intrigue sourde et basse suffisent pour porter des coups dont le despote arbitraire ne peut jamais être garanti par toutes les forces dont il est environné. Une chose même terrible à mon gré, et que je ne peux envisager de sang-froid, c'est que le despotisme arbitraire est fait pour assurer l'impunité du crime au succès de ces sortes d'entreprises : la volonté du despote étant la loi suprême, et s'anéantissant avec lui, la poursuite d'un tel attentat dépend uniquement des volontés [177] de celui qui le remplace : ainsi toutefois que ce dernier est coupable lui-même, il n'est plus de loi qu'il ait à redouter.

Mais nous, dont les mœurs ne nous permettent pas de croire à ses forfaits; nous dont les Souverains trouvent leur sûreté personnelle dans l'autorité sacrée des loix, et dans l'amour de leurs sujets, détournons nos regards de dessus ces objets qui nous font horreur, et contentons-nous de parcourir les effets du despotisme arbitraire dans les rapports d'intérêts réciproques qui se trouvent entre les peuples et le despote.

Le despotisme arbitraire, en cela qu'il est destructif du droit de propriété, devient absolument exclusif de l'abondance ; il éteint toute activité; il anéantit toute industrie; il tarit la source de toute richesse dans toute l'étendue de sa domination. Le produit des terres se trouve ainsi presque réduit à rien, en comparaison de ce qu'il pourroit ou devroit être; et les revenus du despote diminuent d'autant, ainsi que la population et tout ce qui concourt à constituer la force politique. Je dis que ses revenus diminuent d'autant, parce que l'impôt, comme on le verra dans les Chapitres suivants, ne peut être fourni que par les produits des terres[1], et il a une mesure *naturelle* qu'aucune puissance humaine ne peut outre-passer, si ce n'est au préjudice de l'impôt même qu'elle voudroit augmenter.

Cependant la diminution des revenus du despote arbitraire ne le dispense point d'être grévé d'un tribut considérable ; car on peut appeller de ce nom les sommes qu'il est obligé de sacrifier pour acheter la force qui fait le soutien de son autorité. Il arrive même, par une contradiction commune à tout ce qui est contraire à l'ordre, que plus il a [178] besoin de cette force, et moins il est en état de la payer: plus le despote abuse de son pouvoir, et plus il énerve ses propres revenus par les obstacles qu'il met à la reproduction : alors le mécontentement général croît en raison de ce que la réproduction s'affoiblit. Il est sensible que dans cette position le despote arbitraire augmente le besoin qu'il a d'être protégé par la force, et qu'à proportion de l'accroissement de ce besoin, les moyens de satisfaire aux dépenses qu'il exige, éprouvent de la diminution. Il se

---

1. Par le produit des terres, il faut entendre aussi celui des eaux.

trouve donc dans le cas d'avoir plus à payer et moins à recevoir ; je ne crois pas qu'il y ait un désordre plus évidemment contraire à ses propres intérêts.

Il est aisé maintenant d'apprécier à sa juste valeur le despotisme arbitraire : il dévore sa propre substance, en détruisant le germe de la richesse, de la population, de la force politique de l'État ; il tient le despote dans une dépendance *nécessaire* et dispendieuse pour lui ; en même-temps qu'il diminue doublement les revenus de ce Prince, il en laisse la personne et l'autorité perpétuellement exposées à tous les orages de l'opinion et des prétentions arbitraires ; il brise enfin tous les liens du corps politique ; au moyen de quoi danger pour l'état, à raison de sa foiblesse ; danger pour l'autorité, parce qu'elle n'a nulle consistence ; danger pour la personne du despote, parce qu'il n'est pour elle aucune sûreté ; danger par-tout, en un mot, et pour tout ce qui tient à ce despotisme désastreux. Quels sont donc ses attraits perfides, pour que tant de Souverains n'ayent pû se défendre de leur séduction, et en soient devenus les victimes ? Ces attraits ne sont que des jeux de l'opinion, des prestiges qui ne peuvent en imposer qu'à l'ignorance : si ces Princes infortunés eussent eu une connoissance évidente de l'ordre naturel et [179] essentiel des sociétés, ils auroient trouvé dans son despotisme légal, la véritable indépendance, le véritable despotisme personnel qui faisoit l'objet de leur ambition ; par son moyen, ils seroient parvenus *naturellement* et rapidement au dernier degré possible de richesses, de puissance, de gloire et d'autorité ; leur bonheur alors leur auroit paru d'autant plus vrai, d'autant plus parfait, qu'il eût été le fruit d'un ordre qui se maintient de lui-même ; qui n'exige des Souverains aucuns sacrifices ; il n'a besoin que d'être suffisamment connu pour s'établir, et il lui suffit d'être établi pour se perpétuer.

CHAPITRE XXIV.

Du despotisme légal. Il devient nécessairement personnel,
mais sans aucun inconvénient pour les peuples. Combien il
est avantageux aux Souverains. Parallèle de ses effets et de
ceux du despotisme arbitraire. Grandeur et puissance des
Souverains dans le despotisme légal. Il procure et assure le
meilleur état possible au Souverain et à la souveraineté, ainsi
qu'à la nation.

Ce n'est point assez d'avoir démontré combien le despotisme
arbitraire, si cruel pour les peuples est contraire à tous les intérêts
du despote ; il faut maintenant faire voir combien le despotisme
légal, si favorable, si nécessaire au bonheur des sujets, est, en tout
point, avantageux au Souverain et à la souveraineté.

[180] Quand le despotisme est légal, des loix immuables, dont la
justice et la nécessité sont toujours *en évidence*, rendent la
majesté du Souverain et son autorité despotique toujours présentes
jusques dans les parties de son empire les plus éloignées de sa personne ; comme ses volontés ne sont que l'expression de l'ordre, il
suffit qu'elles soient connues pour qu'elles soient fidèlement observées ; et au moyen de l'*évidence* qui manifeste leur sagesse, il gouverne ses états, comme Dieu, dont il est l'image, gouverne l'univers, où nous voyons toutes les causes secondes assujetties
invariablement à des loix dont elles ne peuvent s'écarter ; ce
Monarque ne s'occupe plus que du bien qui ne peut s'opérer sans
son ministere ; la paix qui règne sans cesse dans son intérieur, répand au dehors ses douceurs inestimables ; plus elles
se multiplient, pour les autres, et plus elles se multiplient
pour lui-même ; la garde qui l'environne, n'est qu'une décoration
extérieure, et nullement une précaution nécessaire ; sa personne
est par-tout en sûreté au milieu d'un peuple aussi riche, aussi nombreux, aussi heureux qu'il peut l'être ; il féconde, pour ainsi dire,
par ses regards, les terres les plus ingrates ; il se rend personnel le

bonheur d'une multitude de sujets qui l'adorent, dans la persuasion qu'ils lui en sont redevables; et l'abondance qui naît de toutes parts, ne se partage entre eux et lui que pour le rendre une source intarissable de bienfaits.

Un tel Souverain doit avoir pour amis et pour admirateurs toutes les nations étrangeres: pénétrées de vénération et de respect pour une puissance qui peut les étonner, mais jamais les allarmer, il me semble les voir venir mêler aux pieds de son trône, leurs hommages à ceux que l'amour filial de ses sujets s'empresse de lui rendre chaque jour; dans tout ce qui s'offre à ses yeux; il découvre un nouveau sujet de gloire, [181] un nouvel objet de jouïssance; il est sur la terre moins un homme qu'une divinité bienfaisante dont le temple est dans tous les cœurs, et qui paroît ne s'être revêtue d'une forme humaine, que pour ajouter aux biens que sa sagesse procure, ceux qu'on éprouve en jouïssant de sa présence.

On a cherché à distinguer l'autorité des loix et l'autorité personnelle du Souverain; mais cette idée est encore une de ces productions ridicules qu'on ne peut attribuer qu'à l'ignorance? Si ces deux autorités ne sont point une seule et même autorité, je demande de qui les loix tiennent celle dont elles jouïssent, et laquelle des deux est supérieure à l'autre. Si celle du Souverain est la supérieure et la dominante, l'autorité des loix n'est plus rien; si au contraire la supériorité est acquise à celle-ci, qu'on me dise donc de qui les loix l'ont reçue; certainement les loix ne peuvent tenir leur autorité que de la puissance législatrice : si donc cette puissance ne jouit pas de l'autorité dans toute sa plénitude, il est évident qu'elle ne peut la commuuiquer aux loix qu'elle institue.

Dans l'état d'ignorance et de désordre on peut diviser l'autorité; et j'ai fait voir les inconvénients qui en résultent nécessairement; j'ai fait voir que si la puissance législatrice n'est pas en même-temps puissance exécutrice, les loix qu'elle établit, ne sont plus des loix, parce que la puissance exécutrice est la seule qui puisse constamment assurer leur observation. Je conviens donc que dans l'état d'ignorance, on peut mettre une différence entre l'autorité des loix et celle de la puissance exécutrice; mais j'observe aussi que dans cet état, il faut *nécessairement* qu'une des deux se trouve nulle, et c'est toujours celle des loix; car c'est de la puissance exécutrice qu'elles empruntent alors toute leur force, vu qu'elles ne sont plus autre chose que les volontés arbitraires de cette puissance.

[182] Dans l'état opposé, dans celui d'une connoissance évidente de l'ordre, les loix positives, qui ne sont que l'expression d'un ordre évident, que l'application de ses loix essentielles, tiennent, il est vrai, toute leur autorité de cette évidence qui est le premier Instituteur; mais si, dans le fait, elles jouissent de cette autorité, et si elles deviennent despotiques, c'est parce que la même autorité réside dans la puissance exécutrice; de façon qu'entre la nation et l'autorité de l'évidence on apperçoit toujours l'autorité personnelle du Souverain, par le ministere duquel l'évidence se fait connoître d'une maniere sensible à tous ceux qui vivent sous sa domination.

Avant que les conséquences des loix essentielles de l'ordre soient adoptées comme loix positives, leur justice et leur nécessité ont commencé par devenir évidentes à la puiss.. e législatrice; elle les a reçues, pour ainsi dire, de l'évidence pour les dicter à ses sujets. Ces loix positives sont ainsi tout à la fois l'expression d'un ordre évidemment nécessaire, et celle des volontés du Souverain. Impossible donc qu'il puisse exister alors deux autorités distinctes; impossible que le despotisme des loix ne soit pas personnel à la puissance qui commande et agit d'après l'évidence dont les loix ne sont que l'expression; impossible même d'imaginer un autre despotisme légal que celui qui, par un effet de la force irrésistible de l'évidence, est acquis aux volontés du Souverain avant d'être acquis aux loix positives, c'est-à-dire, avant que ces mêmes volontés soient revêtues de la forme qui leur donne le caractere et le nom de loix.

Quelle différence énorme à tous égards entre la situation d'un Souverain que chacun regarde comme un bien qu'il craint de perdre, et celle d'un despote *arbitraire* que chacun regarde comme un mal qu'il ne supporte qu'autant [183] qu'il ne peut s'en affranchir. L'autorité du despote *arbitraire* n'est que précaire et chancelante, parce qu'il est impossible de fixer les opinions, les divers intérêts, et les prétentions qui lui servent de base; celle du despote légal est inébranlable, parce que l'évidence qui en est le principe, est invariable, et produit toujours les mêmes effets.

La puissance du despotisme *arbitraire* n'est au fonds qu'une association de plusieurs forces physiques réunies pour asservir d'autres forces physiques, qui ne sont plus foibles, que parce qu'elles sont divisées: celle du despotisme légal est le produit d'une réunion générale de toutes les forces; ce n'est pas parce qu'elle est supérieure qu'elle devient despotique; c'est parce qu'elle est *unique*, et qu'il ne peut s'en former une autre.

Le despote arbitraire n'est point propriétaire de l'autorité qu'il exerce; elle n'est qu'empruntée, puisqu'elle appartient réellement à ceux qui l'ont formée par une association qui n'a rien que d'arbitraire: celle du despote *légal* lui est propre et personnelle; elle est à lui, parce qu'elle est inséparable de *l'évidence* qu'il possede, et qui, habitant en lui, fait que sa volonté devient le point de réunion de toutes les autres volontés et de toutes les forces. Ainsi le premier toujours et *nécessairement* dépendant, n'est despote que de nom; et le second, toujours et *nécessairement* indépendant, est despote en réalité.

Il est dans la nature de l'autorité du despote *arbitraire* d'être toujours et nécessairement odieuse, parce qu'elle est destinée à tyranniser les volontés, à contraindre l'obéissance par la force physique: celle du despote *légal* n'étant que la force intuitive et déterminante de l'évidence, il lui est naturel de n'être, pour ses sujets, qu'un objet de respect et [184] d'amour, parce qu'il lui est naturel d'asservir leurs volontés sans leur faire aucune violence.

Le despotisme *arbitraire*, *nécessairement* destructif de la richesse du despote et de la puissance politique de l'état, renferme en lui-même le principe de sa destruction: le despotisme *légal*, procurant nécessairement le meilleur état possible à la nation, à la souveraineté, et au Souverain personnellement, renferme en lui même le principe de sa conservation.

Dans le despotisme *arbitraire* les volontés du despote ne sont point destinées à lui survivre; elles meurent avec lui; par cette raison les ennemis de ses volontés deviennent toujours les ennemis de sa personne; et comme il est moralement impossible qu'elles ne fassent pas un grand nombre de mécontents, il se trouve ainsi dans une impossibilité physique et morale de se procurer aucune sûreté personnelle contre les opinions, les intérêts et les prétentions arbitraires que ses volontés doivent blesser à chaque instant: dans le despotisme *légal* l'évidence, qui commande avant que le Souverain ordonne, fait que les volontés du Monarque deviennent les volontés constantes et uniformes de toute la nation; elles jouïssent après lui de la même autorité despotique dont elles jouïssoient pendant sa vie; cette autorité leur est même tellement propre, que l'évidence de leur justice ne permet pas de former des prétentions qui leur soient contraires; ainsi la sûreté la plus absolue, la plus entière *est naturellement et nécessairement* acquise pour toujours à sa personne : on ne s'élève point contre lui, parce qu'on ne peut s'élever contre ses volontés; et on ne peut s'élever contre ses volontés, parce qu'il faudroit s'élever contre la force de l'évidence, et contre toutes les forces réunies de la nation.

[185 Par-tout où la connoissance *évidente* de l'ordre naturel et essentiel des sociétés se trouvera tellement répandue, que chacun éclairé par cette lumiere, attache son bonheur au maintien religieux des loix, il doit regner un despotisme *personnel et légal*, qui est le seul et unique véritable despotisme, parce qu'il est le seul qui existe par lui-même, qui se maintienne par lui-même, et qui ne puisse jamais être ébranlé. Malgré l'aversion naturelle qu'on avoit du despotisme, on a bien senti qu'on ne pouvoit s'arracher à l'arbitraire, qu'en se livrant à une autorité absolue, qui enchaînât toutes les opinions; mais faute d'avoir remonté à un ordre social primitif et essentiel; faute d'avoir connu la force irrésistible de son évidence, on étoit toujours dans le cas de redouter cette autorité unique, parce qu'on ne voyoit point comment elle ne seroit pas arbitraire elle-même dans ses volontés : par cette raison, le seul mot de despotisme personnel inspiroit une certaine horreur dont on ne pouvoit se défendre, et on cherchoit, sans le trouver, le despotisme légal dont on parloit sans le connoître : tandis que les puissances qui gouvernoient, ne comprenoient point qu'il ne peut jamais exister un véritable despotisme personnel, s'il n'est légal, les peuples ignoroient aussi qu'il ne peut jamais exister un véritable despotisme légal, qu'il ne soit personnel.

Euclide est un véritable despote; et les vérités géométriques qu'il nous a transmises, sont des loix véritablement despotiques : leur despotisme légal et le despotisme personnel de ce Législateur n'en sont qu'un, celui de la force irrésistible de l'évidence : par ce moyen, depuis des siécles le despote Euclide regne sans contradiction sur tous les peuples éclairés; et il ne cessera d'exercer sur eux le même despo[186]tisme, tant qu'il n'aura point de contradictions à éprouver de la part de l'ignorance : la résistance opiniâtre de cette aveugle est la seule dont le despotisme personnel et légal ait à triompher; aussi l'instruction et la liberté de la contradiction sont-elles les armes dont il doit se servir pour la combattre, parce qu'il n'a besoin que de l'évidence pour assurer sa domination.

Il n'est rien au monde de si propre à nous inspirer l'amour de l'ordre, que l'évidence de sa justice, de sa nécessité, des avantages que nous en retirons, et des maux que son relâchement nous feroit éprouver : dès que rien n'empêche que le flambeau de cette évidence répande par-tout sa lumiere, chacun y participe en raison du besoin qu'il en a pour se conduire, et voit dans les biens que l'ordre procure, un patrimoine dont il ne peut perdre la propriété, tant que l'ordre subsistera. La justice et la sainteté de cet ordre portent tellement l'empreinte sacrée de son divin Instituteur, qu'on regarde ses loix invariables comme les clauses d'un contrat passé entre le ciel et la terre, entre la divinité et l'humanité : persuadés que notre soumission à ces loix doit être, de notre part, un culte agréable à Dieu, elles deviennent autant d'articles de foi, pour lesquels nous sentons naître dans nos cœurs, cet amour, cet enthousiasme dont les hommes ont toujours été susceptibles pour leur religion. Je ne dis point encore assez ; car aux biens surnaturels et inestimables que la religion promet aux fideles observateurs de l'ordre, se joignent les avantages naturels et temporels que l'ordre nous prodigue ; ils ajoutent ainsi à un intérêt éloigné, qui n'est assuré que par la foi, un intérêt présent et sensible, qui ne peut qu'attacher plus étroitement, plus religieusement les hommes à la pratique de la vertu.

[187] Si les Rois sont véritablemeut grands, véritablement Rois, ce n'est que dans un gouvernement de cette espece : toute l'autorité leur est acquise sans partage ; et au moyen de ce que l'évidence dicte toutes leurs volontés, on peut dire, en quelque sorte, qu'ils sont associés à *la raison suprême* dans le gouvernement de la terre ; qu'en cette qualité sa sagesse divine, que l'évidence leur communique, et qui habite toujours en eux, les constitue dans la nécessité de faire le bien, et dans l'impuissance de faire le mal ; qu'ainsi par leur entremise, le ciel et la terre s'entre-touchent, la justice et la bonté de Dieu ne cessant de se manifester aux hommes, de leur être présentes dans les Ministres de son autorité.

Ceux-là sont donc coupables du crime de haute trahison, de leze-Majesté divine et humaine, qui cherchant à légitimer tous les abus de l'autorité, dans l'espérance d'en rofiter, s'efforcent secrètement d'insinuer aux Souverains que leur despotisme *est arbitraire* et absolument indépendant de toute regle ; que leurs volontés seules enfin constituent le juste et l'injuste. Cette perfidie ne peut réussir qu'à la faveur d'un défaut de lumieres, qui ne permet pas aux Souverains de voir *évidemment* que l'ordre social est *naturellement et nécessairement* établi sur l'ordre physique même, qu'il n'est point en leur puissance de changer : faute de connoître cette vérité, ils se laissent persuader qu'un pouvoir *arbitraire* peut leur être d'une grande utilité pour faire le bien ; mais un pouvoir *arbitraire* ne peut servir qu'à faire le mal ; car il n'y a que le mal qui puisse être arbitraire, soit dans la forme soit dans le fonds : tous ce qui est dans l'ordre, a des loix *immuables* qui n'ont rien *d'arbitraire*, et qui produisent néces [188] *sairement* le bien pour lequel elles sont instituées : ainsi ce n'est qu'autant qu'un despote s'écarteroit des loix de l'ordre pour se livrer au désordre, qu'il pourroit faire un usage *arbitraire* de son pouvoir ; or il est démontré que l'ordre est tout à l'avantage du Souverain et de la souveraineté ; que le désordre ne peut que lui devenir funeste, à lui personnellement et à son autorité, qui ne peut être séparée de la force intuitive et déterminante de l'évidence, qu'elle ne se trouve à la discrétion de toutes les prétentions arbitraires qui peuvent naître de l'ignorance et de l'opinion, les seuls ennemis que sa puissance ait à redouter.

Heureuses, heureuses les nations qui jouissent du despotisme de l'évidence : la paix, la justice, l'abondance, la félicité la plus pure habitent sans cesse au milieu d'elles ; plus heureux encore les Souverains à qui l'on peut dire sans les offenser « Puissants maîtres « de la terre, *votre puissance* vient de Dieu ; c'est de lui que vous « tenez votre autorité absolue, parce qu'elle est celle de l'évidence « dont Dieu est l'Instituteur ; gardez-vous de la changer, cette « autorité sacrée, contre un pouvoir qui ne peut être *arbitraire* en « vous, qu'autant qu'il l'est dans son principe : votre puissance, « qui est naturelle, absolue, indépendante, ne seroit plus qu'une « puissance factice, incertaine, dépendante de ceux même qu'elle « doit gouverner. Vous êtes Rois ; mais vous êtes hommes : « comme hommes, vous pouvez *arbitrairement* faire des loix ; « comme Rois, vous ne pouvez que dicter des loix déja faites par « la divinité dont vous êtes les organes ; comme hommes, vous » avez la liberté du choix entre le bien et le mal, et l'ignorance « humaine peut vous égarer ; comme Rois, le mal et l'erreur ne « peuvent être [189] en vous, parce qu'ils ne peuvent être en Dieu, « qui, après vous avoir établis Ministres de ses volontés, vous les « manifeste par l'évidence ; le despotisme *personnel et légal* qu'elle

« vous assure à jamais, est le même que celui du Roi des Rois :
« comme lui vous êtes despotes ; comme lui vous le serez toujours,
« parce qu'il n'est pas dans la nature de l'évidence qu'elle et vous
« puissiez cesser de l'être ; et votre despotisme vous comblera de
« gloire et de prospérités dans tous les genres, parce qu'il n'est pas
« dans l'ordre, dont l'évidence vous éclaire, que le meilleur état
« possible des peuples ne soit pas le meilleur état possible des
« Souverains.

TROISIÈME PARTIE

SUITE DU DÉVELOPPEMENT DE LA SECONDE PARTIE.

Dans un gouvernement organisé en tout point suivant l'ordre naturel et essentiel des sociétés, le despotisme personnel d'un Souverain unique est sans aucun inconvénient à tous égards, parce que ce despotisme personnel est toujours et nécessairement légal.

Distribution des différentes parties de l'administration en trois classes, savoir, les rapports des sujets entre eux ; les rapports entre le Souverain et ses sujets ; les rapports entre une nation et les autres nations. Chacune de ces trois classes est, dans l'ordre naturel des sociétés, soumise à des loix immuables, dont on ne peut s'écarter qu'au préjudice commun du Souverain et de la nation, et dont l'évidence établit par conséquent un despotisme légal que rien ne peut ébranler, tant que cette évidence conserve sa publicité.

Exposition sommaire des rapports que les sujets ont entre eux. Comment les Magistrats ne peuvent, à cet égard, abuser de l'autorité qui leur est confiée. Du recours au Souverain contre ces abus. Ce recours est sans aucun inconvénient, parce qu'il n'est point suceptible d'arbitraire.

Exposition sommaire des rapports entre le Souverain et ses sujets. Ces rapports sont exclusifs de l'arbitraire. De l'impôt. L'ordre naturel des sociétés établit des principes évidents qui déterminent *nécessairement* la mesure proportionnelle [192] des revenus du Souverain et la forme de leur perception. Le Souverain est co-propriétaire du produit *net* des terres de sa domination : ses revenus sont le résultat du partage qu'il doit faire dans ce produit *net*, avec les autres co-propriétaires. Impossible que ces droits respectifs de co-propriété soient arbitraires.

La forme de l'impôt doit être directe : ce que c'est que cette forme directe ; elle assure au Souverain le plus grand revenu possible, sans que personne paye l'impôt. Ce que c'est qu'une forme indirecte : ses inconvénients. Doubles emplois qu'elle occasionne ; ils retombent tous sur les propriétaires fonciers ; ils sont destructifs de la richesse et de la puissance du Souverain.

Exposition sommaire des rapports entre une nation et une autre nation : ils sont les mêmes qu'entre un homme et un autre homme dans l'ordre de la nature ; ils sont la base essentielle de la politique, qui, séparée de ces principes, ne peut être que contradictoire avec les vues qu'elle se propose.

Comme l'établissement de l'ordre dans une nation lui assure, parmi les autres nations, la plus grande consistence politique qu'elle puisse se procurer.

Du commerce. Rapport du commerce extérieur avec les intérêts communs du Souverain et de la nation. Ces rapports établissent évidemment la nécessité de la plus grande liberté possible dans le commerce. Contradictions des systêmes opposés à cette vérité.

Récapitulation de cet ouvrage et conclusion.

CHAPITRE XXV.

Le despotisme légal est le même dans toutes les branches du
gouvernement. Division des différentes parties de l'adminis-
tration en trois classes. Examen de la première classe, com-
posée des rapports des sujets entre eux. Du recours au Sou-
verain contre les abus de l'autorité confiée aux Magistrats.
Ce recours n'est pas susceptible d'arbitraire. Le despo-
tisme légal en cette partie est avantageux au Souverain
autant qu'à la nation.

IL N'EST pas une branche du gouvernement social que le despotisme légal ne doive embrasser, parce qu'il n'en est pas une qui
soit étrangère à l'ordre; pas une qui pour l'intérêt commun du
Souverain et des sujets, ne doive essentiellement être soumise à
des loix naturelles et immuables, dont la justice et la nécessité soient
de la plus grande évidence.

Tous les différents objets d'un gouvernement peuvent être compris dans trois classes : les rapports des sujets entre eux; les rapports entre la nation et le Souverain; les rapports politiques de l'E-
tat avec les autres peuples. Examinons séparément chacune de ces
trois classes; nous trouverons qu'elles appartiennent également au
despotisme légal.

Les rapports des sujets entre eux sont tous leurs devoirs et droits
réciproques résultants de leur droit de propriété, et de la liberté
de jouïr qui en est inséparable. Lorsque les [194] loix positives,
relatives à ces devoirs et à ces droits, sont établies, comme elles
doivent l'être, d'après l'évidence de leur justice et de leur nécessité, le soin de faire observer ces loix avec une exactitude scrupuleuse, est *nécessairement* confié à des Magistrats, qui ne peuvent
absolument s'en écarter. Je dis qu'ils ne le peuvent absolument,
parce qu'ils ne pourroient commettre des injustices, qu'elles ne
devinssent *publiquement évidentes*; dans ce cas, la force domi-

nante de leur *évidence*, cette force qui devient propre aux loix, qui
constitue l'autorité protectrice des loix, armeroit le Souverain
contre de tels abus; et par son secours l'ordre seroit aussi-tôt réta-
bli.

Je touche ici un point d'administration bien délicat et bien
important : il semble nous conduire à l'arbitraire, par les contradictions apparentes qu'il présente, lorsqu'il n'est pas suffisamment
approfondi : d'un côté, le Législateur ne peut être Magistrat, parce
que, comme je l'ai démontré, les loix ne seroient plus des loix ; leur
exécution devenant alors *nécessairement* dépendante de ses volontés arbitraires : d'un autre côté, l'autorité du Législateur est la même
autorité qui doit assurer l'observation constante des loix ; il faut
donc *nécessairement* qu'il puisse connoître des jugements rendus
par les juges ordinaires, qu'il soit l'Arbitre suprême auquel on
puisse recourir dans tous les cas où ils contreviendroient aux loix.
De-là s'ensuit qu'il paroît se trouver tout à la fois dans l'impossibilité d'être juge, et dans l'impossibilité de ne pas l'être ; voyons
donc comment l'ordre fait disparoître cette contradiction.

Il est évident que si le recours au Souverain n'étoit pas une voie
ouverte aux sujets, pour obtenir justice contre les abus que les
Magistrats pourroient faire de leur autorité, le même despotisme
arbitraire qu'on redoute dans la main du [195] Souverain, se trouveroit dans celle des Magistrats, puisque leurs jugements, quelque
évidemment injustes qu'ils pussent être, seroient irréformables. Un
tel désordre opéreroit l'anéantissement de la puissance législatrice ;
car son droit exclusif d'instituer des loix se trouveroit séparé du
pouvoir de les faire observer.

Pour effacer sans retour toute apparence de contradiction dans
cette branche d'administration légale, il est deux choses à considérer : la première, que dans un gouvernement conforme à l'ordre,
les loix positives doivent être d'une justice et d'une nécessité, *publiquement évidentes*; la seconde, que pour parvenir à faire l'application des loix, il faut que le Juge réunisse deux sortes de connoissances ; premierement, celle de la loi d'après laquelle il doit juger;
et cette connoissance doit être explicite et évidente ; secondement,
celle des faits particuliers qui établissent l'espèce qui se présente à
juger d'après la loi ; et cette seconde connoissance peut rester
conjecturale, parce qu'elle a souvent pour objet une multitude de
faits ténébreux, au travers desquels la lumière de la vérité ne peut

pénétrer que très-difficilement. Il est évident qu'en pareil cas, le jugement à rendre par les Magistrats ne peut être régulierement rendu, qu'autant qu'ils ont pris toutes les mesures possibles pour éclairer leur religion.

Des Magistrats qui me condamneroient sans m'entendre; des Magistrats qui refuseroient de m'admettre à faire preuve des faits propres à détruire *nécessairement* et sans retour, ce qu'on m'impute; des Magistrats de qui je ne pourrois obtenir le temps *évidemment* nécessaire à ma défense; des Magistrats enfin dont les procédés préparatoires au jugement tiendroient *ma cause*, et par conséquent ma personne, dans un état d'oppression, ne pourroient être regardés comme [196] Ministres des loix, comme jugeant d'après les loix, puisqu'ils ne pourroient être censés avoir acquis la seconde connoissance qui leur est nécessaire pour faire l'application des loix. Leur jugement alors n'auroit aucun caractère d'un jugement rendu par des Magistrats; et il est évident qu'il seroit dans l'ordre de la justice que je pusse recourir au Souverain; lui exposer l'irrégularité des procédés de mes juges; lui demander de me protéger contre leur violence, et de me donner d'autres Magistrats, devant lesquels il me fût possible de défendre mes droits.

On voit ici la nécessité de distinguer dans les jugements la forme et le fonds : la forme est ce que je viens de nommer les procédés préparatoires au jugement, les voies par lesquelles le Juge est obligé de marcher à la connoissance de la vérité des faits d'après lesquels il doit donner une décision. Le fonds est l'espéce à juger, telle qu'elle est établie par ces mêmes faits, et la valeur des droits qui en résultent entre les parties qui se trouvent avoir des prétentions contraires. Les faits bien éclaircis, bien constatés, la loi *juge*, et le Magistrat *prononce :* ainsi le jugement sur le fonds est l'ouvrage de la loi; et les procédés qui conduisent au jugement, sont l'ouvrage du Magistrat.

D'après cette distinction il est aisé de voir dans quels cas le recours au Souverain doit avoir lieu, et quel doit en être l'objet : les juges auxquels on ne peut reprocher d'avoir négligé quelques moyens d'instruire leur religion, ne peuvent être accusés ni de prévention, ni de séduction, ni de partialité, ni d'aucune autre disposition semblable : alors leur jugement ne peut être attaqué devant le Souverain, quand même il ne seroit pas rendu d'une voix unanime ; car étant obligés de juger d'après des conjectures, il n'est point éton‾197‾nant que leurs opinions se partagent ; et voilà pourquoi il est nécessaire qu'il y ait plusieurs Juges pour rendre un même jugement.

Mais toutes fois que les procédés préparatoires au jugement annoncent *évidemment* dans les juges une disposition qui ne peut se concilier avec leur ministere, une disposition qui ne permet pas de supposer en eux l'impartialité qui leur est essentielle, le recours au Souverain est de droit ; il est conforme à l'ordre, parce qu'il n'y a dans la nation que l'autorité souveraine qui puisse arrêter le cours de tels procédés, qui sont un désordre.

Il faut observer que l'objet de ce recours n'est point de faire réformer par le Souverain, le jugement des Magistrats sur le fonds ; mais de lui faire annuler ce jugement ; de lui faire déclarer que ce jugement doit être regardé comme n'ayant point été rendu ; car en effet il n'a pû l'être, les Juges n'étant point suffisamment instruits des faits sur lesquels ils avoient à délibérer pour en connoître les rapports avec la loi ; en conséquence, l'ordre demande absolument que le Souverain renvoie les parties pardevant d'autres Magistrats, qui, pour faire parler la loi, constatent les faits par tous les éclaircissements que les premiers ont négligé de se procurer.

Il est sensible qu'une telle opération ne met point le Souverain dans le cas d'être à la fois Législateur et Magistrat : il ne connoît point du jugement *rendu par la loi*, et il ne le pourroit ; car *le Souverain et la loi ne sont qu'une même autorité*, puisque la loi n'est que l'expression de la volonté du Souverain. Recourir au Souverain contre un jugement rendu par la loi, ce seroit appeler *du Souverain au Souverain*, attendu que ce jugement doit être regardé comme son pro‾198‾pre ouvrage, parce qu'il est *celui de la loi :* une telle pratique est donc inadmissible, par la seule raison qu'elle ne tendroit qu'à mettre le Souverain en contradiction avec lui-même : une fois qu'un Juge a jugé, il ne peut plus juger une seconde fois ; ce seroit cependant ce qui arriveroit, si après que la loi a jugé, le Souverain qui a jugé par elle, vouloit rendre un nouveau jugement.

L'ordre veut donc *nécessairement* que dans le cas supposé, le Souverain, comme je viens de le dire, se borne à déclarer que la loi n'a pas jugé, parce qu'elle n'a pû juger ; et qu'il renvoie ensuite devant des Magistrats qui la mettent en état de le faire : par ce moyen le Souverain ne juge lui-même que les procédés des Magistrats; et il peut le faire sans aucun inconvénient, sans tomber dans aucune contradiction, parce que leurs procédés ne sont point son ouvrage [1].

Je ne crains pas qu'on m'objecte que si le Souverain ne peut connoître que de la forme des jugements, sans entrer dans l'examen du fonds, il sera facile aux Juges de préparer des injustices par une marche réguliere. Ceux qui me feroient cette objection entendroient sans doute par le terme d'injustice une injustice *évidente* ; car si elle ne l'étoit pas, on n'auroit nul droit de la caractériser d'injustice. Mais une injustice *évidente* commise par des Magistrats, est une chose qu'on ne peut jamais supposer dans une nation parvenue à *une connoissance évidente et publique de l'ordre*, et dont les loix positives sont toutes marquées au coin de cette *évidence*. Une injustice [199] *évidente* seroit la violation d'un droit *évident* : or si ce droit étoit *évident*, son *évidence* seroit publique ; dans ce cas, il ne s'éleveroit point de contestation à son sujet, pour fournir aux Juges l'occasion de commettre une injustice *évidente ;* et s'il étoit possible que ce droit fût contesté, son *évidence* triompheroit, par la seule *force* qu'elle trouveroit dans sa *publicité*.

Il ne faut pas assimiler une nation éclairée à une nation qui vit dans l'ignorance : dans la première l'évidence est *despotique*, et personne ne peut se soustraire ouvertement à son *despotisme ;* car l'action de choquer ouvertement l'évidence blesseroit *évidemment* l'intérêt général, l'intérêt commun du Souverain et de la nation, et les armeroit sur le champ contre ce désordre *évident.* Dans la seconde, tout devient ou paroît arbitraire; et l'évidence peut être contredite, parce qu'elle n'est jamais assez répandue pour que les regards soient généralement attachés sur elle. Les hommes alors séparés les uns des autres par la diversité de leurs opinions et de leurs intérêts particuliers, ne font quelque attention aux objets, qu'autant qu'ils sont liés avec ces mêmes intérêts particuliers ; et

---

1. S'il est des cas où l'on pourroit croire que, pour des raisons d'État, on seroit obligé de déroger à ces règles, nous ne pensons pas qu'il nous convienne de les prévoir :

1°. Parce que comme nous ne nous occupons ici que de ce qui se doit faire en règle, ou dans l'ordre, ce qui en sort par des considérations supérieures, n'est plus de notre sujet.

2°. Parce que la raison d'État étant alors difficile à apprécier, on pourroit aisément s'y méprendre.

c'est toujours par cette liaison qu'ils en jugent. Dans cette position une injustice *évidente* ne peut faire une sensation publique ; tandis qu'elle est totalement inconnue du plus grand nombre, il arrive que parmi ceux qu'elle intéresse, les uns la blâment, et les autres lui applaudissent : ainsi son évidence est sans force, parce qu'elle n'acquiert aucune *publicité*.

Si je poussois plus loin cette dissertation, elle me conduiroit à répéter ce que j'ai dit dans les Chapitres précédents sur l'autorité despotique de l'évidence dans une nation instruite, ainsi que sur la maniere dont cette autorité se communique aux loix, et assure à perpétuité l'observation la plus scrupuleuse des devoirs du Magistrat. Je termine donc [200] ce Chapitre, en disant qu'il est évident que la forme essentielle de la société établit le despotisme légal dans la partie du gouvernement qui a pour objet de maintenir l'ordre des rapports que les sujets ont entre eux ; et que ce despotisme légal est avantageux au Souverain autant qu'à la nation ; car ces rapports n'étant que les droits et les devoirs résultants du droit de propriété, leur ordre ne peut être troublé qu'au préjudice de ce même droit de propriété ; par conséquent au détriment des produits qui ne peuvent renaître sans lui, et dans lesquels le Souverain partage avec la nation.

Il est vrai que ce despotisme légal, étant un effet nécessaire de l'évidence, il écarte absolument l'arbitraire, et rend impraticables dans les Souverains, comme dans les Magistrats, les abus de l'autorité, qui troubleroient l'administration de la justice ; mais si les Rois pouvoient commettre arbitrairement toute sorte d'injustices, ils ne seroient plus les images vivantes d'un Etre souverainement et essentiellement juste ; ils cesseroient d'être Rois, dès qu'ils cesseroient d'agir en Rois ; et de quoi leur serviroit d'avoir cette liberté funeste, cette liberté qui n'est pas même dans celui qui les a faits ce qu'ils sont ? Ils ne pourroient en faire usage, sans dégrader leur dignité, et sans trahir, à tous égards, leurs véritables intérêts.

CHAPITRE XXVI.

Des rapports qui se trouvent entre la Nation et le Souverain:
réciprocité du besoin qu'ils ont l'un de l'autre ; rapport et
conformité de leurs intérêts. Notions générales dont le déve-
loppement démontrera que cette branche de gouvernement
n'est point susceptible d'arbitraire.

Les rapports qui subsistent entre le Souverain et ses sujets, sont les mêmes que ceux qui se trouvent naturellement et *nécessairement* entre la nation et la souveraineté: ce sont des rapports d'une utilité, ou plutôt d'une nécessité réciproque ; car sans la nation, il n'y auroit ni force publique ni souveraineté ; et sans la souveraineté, il n'y auroit ni ordre social, ni nation proprement dite.

La souveraineté vue en elle-même n'est autre chose que la force publique formée par le concours et la réunion de toutes les forces particulieres. Observez que par le mot *de forces*, il faut entendre non-seulement les forces physiques de nos corps, mais encore les richesses qui servent à multiplier ces mêmes forces, et à fournir aux dépenses nécessaires à l'emploi des forces physiques. La souveraineté, qui n'acquiert ces richesses que par le ministere de ses sujets, tient donc toute sa force de la nation ; et en cela, la nation est utile et nécessaire à la souveraineté. D'un autre côté, c'est à l'aide [202] de la force qui constitue la souveraineté, que l'ordre se maintient, et que la sureté civile et politique de la société s'établit. La nation, considérée comme corps social, n'a donc d'autre consistence que celle que lui donne la puissance politique de la souveraineté ; et en cela, la souveraineté est utile est nécessaire à la nation.

De ces premieres notions résultent évidemment deux grandes vérités: la premiere qu'il est de l'intérêt de la souveraineté que la nation, dont elle tire toute sa richesse, toute sa force, soit dans le meilleur état possible de richesse et de population ; la seconde, qu'il est de l'intérêt de la nation que la souveraineté, dont elle attend toute sa sûreté, soit dans son dernier dégré possible de puissance.

Ainsi l'ordre des rapports qui se trouvent entre la nation et la souveraineté, est tel que les véritables intérêts de l'une sont inséparables de véritables intérêts de l'autre; par conséquent que l'évidence de cet ordre devient l'évidence de l'intérêt commun du Souverain et des sujets. De-là nous devons conclure qu'il est moralement impossible que l'évidence de cet ordre, de sa nécessité, de l'intérêt commun qui en résulte, puisse être publiquement reconnue, sans devenir despotique; et comment son despotisme légal pourroit-il ne pas s'établir en cette partie, quand tous les intérêts réunis par leur évidence, demandent qu'il s'établisse.

En vain on voudroit chercher dans le Souverain, un intérêt personnel contraire à celui de la nation et de la souveraineté: cet intérêt ne pourroit avoir pour objet que d'augmenter *arbitrairement* le revenu public. Je conviens que ce desir peut naître dans les Souverains; mais j'ajoute en même-temps que ce n'est qu'autant qu'il ne sera pas *évident* que cette [203] partie ne comporte rien d'arbitraire; qu'elle est soumise à des loix essentielles et immuables établies par l'ordre physique même; que l'observation constante de ces loix est la seule voie par laquelle un Souverain puisse parvenir au dernier degré possible de richesse; que de toute autre manière, ce qu'il pourroit faire pour l'augmenter, ne serviroit qu'à la détruire: que la richesse des sujets enfin est toujours et *nécessairement* la mesure proportionnelle de celle du Souverain; qu'ainsi sa plus grande richesse possible ne peut résulter que de la plus grande richesse possible de la nation.

Il est certain que si ces vérités sont *publiquement évidentes*, il n'est plus d'abus à craindre dans la formation du revenu public; et comme les abus dans ce genre sont la source de tous les autres, je vas tâcher de démontrer qu'il n'en est aucun dont l'ordre social, toujours fondé sur l'ordre physique, soit susceptible; et qu'une administration telle que ce même ordre l'établit *nécessairement, est nécessairement* aussi la plus conforme aux intérêts personnels du Souverain et à ceux de la nation.

[204] # CHAPITRE XXVII.

*Formation du revenu public ; ses causes, son origine, son
essence. Deux sortes d'intérêts communs au Souverain et à
la Nation, qui paroissent opposés entre eux ; comment ils
se concilient dans l'ordre essentiel des sociétés ; comment ils
contrastent dans un état d'ignorance. Impossible que le
revenu public soit arbitraire ; il ne doit être que le résultat
de la co-propriété des produits nets acquise incommutablement au Souverain. Entre cette co-propriété et les propriétés particulieres il y a des bornes communes et immuables.
Intérêts personnels du Souverain inséparables de ceux de la
Nation.*

———

J'ai déja représenté plusieurs fois les Souverains comme *co-propriétaires* du produit *net* des terres de leur domination : je ne crois
pas qu'on puisse trouver parmi les institutions sociales, rien de
plus heureux pour eux et pour leurs sujets tout à la fois : d'un
côté, le revenu d'un Souverain se trouve être le produit d'un droit
semblable à tous les autres droits de propriété, et qui tient, comme
eux, à l'essence même de la société ; d'un autre côté, les sujets ne
voyent rien dans ce droit qui puisse leur paraître onéreux : le Souverain considéré dans son droit de co-propriété, n'est plus à leurs
yeux [205] qu'un grand propriétaire, qui ne jouït point aux dépens
des autres ; qui tout au contraire, leur est uni par l'intérêt commun
qu'ils ont tous à donner la plus grande consistence et la plus grande
valeur possibles à leurs propriétés communes.

Tel est le revenu public, et telle est la force publique dans une
nation. Telle est cette force publique, et telle est la sûreté civile
et politique du corps social ; conséquemment la sûreté de la propriété, et de tous les droits qui en résultent. Sous ce premier point
de vue il importe donc beaucoup à une nation, que le revenu
public parvienne à son plus haut degré de richesse *physiquement*
possible ; ainsi son intérêt et celui du Souverain sont le même à
cet égard.

Il importe encore à la nation, que les revenus particuliers dont elle jouit personnellement, soient les plus grands revenus physiquement possibles; qu'ils forment pour elle personnellement, une grande masse de richesses *disponibles :* mais cette grande masse de richesses *disponibles* ne peut exister chez elle, qu'elles ne lui procurent une nombreuse population, et qu'en cela, la puissance du Souverain, par conséquent la force et la sûreté politique de la société, n'augmentent à proportion : l'intérêt de la nation devient donc encore, en cette partie, l'intérêt personnel du Souverain.

Au premier coup d'œil cependant ces deux intérêts paroissent se contredire dans le Souverain comme dans la nation: en effet toujours ils se sont contredits, et toujours ils se contrediront, tant qu'on n'aura pas une connoissance évidente des rapports essentiels qu'ils ont entre eux, et qui indiquent naturellement les moyens de les concilier.

Si le Souverain augmente son revenu, aux dépens de ceux de la nation, ou si la nation augmente les siens, aux [206] dépens de celui du Souverain, un des deux intérêts est sacrifié ; le Souverain ou la nation cessent alors de jouir de leur plus grande richesse possible. Ce n'est donc par aucune de ces deux voies, que ces mêmes intérêts peuvent s'accorder : impossible même que le sacrifice de l'un n'entraîne pas la ruine de l'autre : si le revenu du Souverain s'affaiblit, la force politique et la consistence du corps social s'alterent en proportion ; alors la propriété se trouve essentiellement compromise : si ce sont les revenus particuliers de la nation qui diminuent, la propriété est attaquée dans son essence ; le germe de l'abondance des productions est étouffé ; la richesse de la nation, la population et la puissance du Souverain s'évanouissent ; le corps social ne fait plus que languir jusqu'à ce qu'il soit détruit.

Ainsi ces deux intérêts, qui paroissent opposés entre eux, sont faits, pour être exactement compensés ; pour être liés ensemble de manière qu'ils soient dans une dépendance mutuelle, et s'entre soutiennent réciproquement ; aucun d'eux ne peut éprouver un échec que l'autre n'en reçoive le contre-coup. La nécessité absolue de cet accord parfait entre eux, est un fil qui doit nous guider perpétuellement dans la recherche de l'ordre essentiel et invariable que nous devons suivre à cet égard.

Les moyens de satisfaire à cette nécessité absolue n'ont rien de

mystérieux : sitôt qu'on reconnoîtra le Souverain pour co-propriétaire du produit des terres de sa domination, nous trouverons dans
les rapports de l'ordre social avec l'ordre physique, toutes les loix
essentielles qui concernent cette co-propriété, et rendent son intérêt inséparable de ceux de la nation. Alors nous serons convaincus
par l'évidence de ces loix essentielles, non-seulement que la formation du re[207]venu public n'a rien d'arbitraire, mais encore
qu'elle est assujétie à un ordre tellement nécessaire, qu'on ne peut
s'en écarter, qu'au préjudice commun du Souverain même et de la
nation.

Pour peu que nous fassions attention au terme de *co-propriété*,
cet ordre nécessaire va de lui-même se manifester à nos yeux :
d'abord il nous avertit qu'il faut *nécessairement instituer le revenu
public d'une manière qu'il ne puisse jamais être préjudiciable aux
droits sacrés de la propriété dont les sujets doivent jouir ;* il nous
fait connoître ensuite, qu'en conséquence de ce premier principe,
ce revenu ne doit être autre chose que *le produit de la co-propriété qui est jointe à la souveraineté :* alors examinant quel peut
être le produit de cette co-propriété, nous voyons qu'il suppose
nécessairement un partage à faire du *revenu* des terres entre le
Souverain et les autres co-propriétaires de ce *revenu ;* partage dont
le droit immuable de chaque co-propriétaire doit regler pour toujours les proportions, quelque révolution en bien ou en mal que ce
même revenu puisse éprouver.

La formation du revenu public ainsi simplifiée, il est évident que
tout ce que vous y ajouteriez de plus, blesseroit les proportions suivant lesquelles le partage doit être fait, et seroit pris *nécessairement* sur les revenus particuliers de la nation. De là résulteroit 1°.
que les intérêts du Souverain et ceux de la nation, au lieu d'être
des intérêts communs, deviendroient opposés les uns aux autres,
puisque pour augmenter le revenu du Souverain on détruiroit la
richesse de la nation ; 2°. qu'on établiroit dans le Souverain, un
pouvoir arbitraire, qui seul et par lui-même, anéantiroit tout droit
de propriété dans les sujets, par conséquent la premiere des conditions essentielles à la culture, et le principe constitutif de toute
société.

[208] Puisqu'il est ainsi socialement impossible d'étendre le
revenu du Souverain au-delà du produit de sa co-propriété, il en
résulte évidemment que cette co-propriété doit avoir elle-même une

mesure fixe et déterminée; car si l'on pouvoit lui donner une extension arbitraire, il est évident que le Souverain, au-lieu d'être co-propriétaire seulement, se trouveroit propriétaire unique, et qu'il n'existeroit *réellement* aucun autre droit de propriété que le sien: alors l'état commun et respectif de la nation et du Souverain seroit dénaturé: la nation ne formeroit plus un corps politique dont le Souverain est le chef; et la souveraineté ne seroit plus qu'une propriété foncière démesurée, qui resteroit inculte, et *nécessairement* seroit incapable de fournir les moyens de résister aux forces étrangères, qui certainement viendroient bientôt s'emparer de ces déserts.

Nous tenons donc déja deux regles fondamentales concernant la formation du revenu public: la premiere, que pour ne point détruire les droits de propriété dans les sujets, *il ne doit avoir rien d'arbitraire;* la seconde, que pour n'avoir rien d'arbitraire, *il ne doit être que le produit d'une co-propriété acquise incommutablement au Souverain, et renfermée dans des bornes qui soient posées tout à la fois et pour elle et pour toutes les propriétés particulieres.* Dans cet ordre naturel et immuable, il est évident que le revenu public et le revenu particulier de chaque propriétaire n'étant que le résultat d'un partage dans une masse commune, ils se trouvent naturellement en société, sans jamais pouvoir se confondre; qu'ils ne peuvent croître l'un sans l'autre; qu'ainsi les intérêts du Souverain et ceux de la nation, quoiqu'aux yeux de l'ignorance ils paroissent opposés entre eux, sont cependant des intérêts communs, qui, bien loin de s'entre-choquer mutuellement, [209] adoptent les mêmes principes, tendent au même but, et pour le remplir, ne peuvent employer que les mêmes moyens. O bonté suprême, ordre divin, qui voulez que le meilleur état possible des Rois, soit établi sur le meilleur état possible des peuples, si les hommes à cet égard ne sont pas aussi heureux qu'ils pourroient et devroient l'être; si le gage naturel de leur prospérité commune se change en un fléau destructeur, ce n'est pas vous, ce sont eux-mêmes qu'ils en doivent accuser; leurs préjugés les aveuglent, et les empêchent de voir que leur bonheur est placé dans leurs mains; qu'il est le fruit nécessaire de l'observation de vos loix; de ces loix qu'on ne peut violer, sans éprouver les peines attachées invariablement à ce déréglement.

Pour mettre dans la plus grande évidence les deux regles fondamentales que je viens d'établir d'après l'ordre physique même, remontons à l'origine des sociétés particulieres : lorsqu'elles ont pris une forme et une consistence, lorsqu'elles sont devenues de véritables corps politiques, elles se sont trouvées dans le cas d'avoir des besoins politiques qui exigeoient d'elles des dépenses ; pour y satisfaire il a fallu instituer des fonds publics ; et pour instituer ces fonds publics, on a dû *nécessairement* fixer la proportion dans laquelle chaque revenu particulier y contribueroit. Nous n'avons point à examiner quelle a dû être cette proportion ; la seule vérité que nous ayons à saisir ici, c'est que *cette institution d'un revenu public étant faite en faveur de la propriété, elle n'a pu ni dû être destructive de la propriété.*

De cette premiere vérité résulte évidemment que la contribution au revenu public n'a pu ni dû rester arbitraire, ni dans les contribuables, ni dans l'autorité qui avoit l'administration de ce revenu : arbitraire dans les contribuables, les [210] besoins du corps politique auroient pû n'être pas satisfaits ; elle eût donc été hors d'état de remplir l'objet de son institution ; de procurer aux propriétés particulieres, la sûreté, la stabilité qui leur étoient essentielles ; arbitraire dans l'administrateur, la propriété fonciere seroit devenue nulle, en ce qu'elle se seroit trouvée séparée de la propriété des produits. Une telle désunion est physiquement impossible par deux raisons : premierement, le droit de propriété n'est autre chose que le droit de jouïr ; or on ne peut jouïr d'une propriété fonciere que par le moyen de ses produits ; en second lieu, personne ne voudroit travailler et dépenser pour faire renaître des produits, dès qu'un pouvoir arbitraire pourroit en disposer à son gré.

Il est sensible que si les hommes avoient en cette partie, établi un tel pouvoir, ils auroient perdu sur le champ et le droit et la liberté de jouïr ; ainsi, pour conserver leurs propriétés, ils auroient commencé par s'en dépouiller ; pour fonder un revenu public, ils auroient commencé par éteindre le germe de la reproduction ; pour se donner une consistence sociale, ils auroient commencé par détruire le premier principe de toute société.

La proportion de la contribution au revenu public a donc été dès l'origine des sociétés, assujettie, par une nécessité physique, à une mesure certaine et constante, du moins pour les temps qui n'exigeoient point des dépenses extraordinaires, telles que celles qu'une nation seroit dans le cas de faire, pour résister aux entreprises d'une puissance étrangere qui voudroit lui donner des fers.

Cette proportion ayant été réglée, et se trouvant invariable, il est évident que l'obligation de s'y conformer dans la contribution au revenu public, est devenue une charge [**211**] *réelle*, inséparable des biens-fonds, dans quelques mains qu'ils passassent ; il est évident encore que les terres cultivées n'ont pu être échangées, vendues, transmises, en un mot, à un nouveau propriétaire qu'à la charge, par lui, de satisfaire à cette obligation.

Ainsi s'est fait *nécessairement* une sorte de partage du produit des terres entre les propriétaires fonciers et l'administrateur du revenu public ; partage qui a rendu le corps politique, par-conséquent le Souverain qui le représente, co-propriétaire de ce produit ; partage, qui bien loin d'avoir été onéreux aux premiers propriétaires fonciers, s'est trouvé nécessaire et avantageux pour eux, puisqu'il leur procuroit la sureté de leurs propriétés, et la liberté d'en jouïr : aussi n'a-t-il eu lieu qu'à raison de son utilité.

Avant ce partage, le corps politique n'ayant aucune consistence, le droit de propriété n'étoit point, *dans le fait*, un droit solide et constant, et la possession des terres, si tant est qu'elles fussent cultivées, ne pouvant être garantie par aucune force capable de la mettre à l'abri des violences, elles ne pouvoient avoir aucune vénalité, aucune valeur courante dans le commerce. Mais au moyen de ce partage, la propriété fonciere devenant un droit certain, aussi solidement établi qu'il pouvoit l'être, les terres ont pu être défrichées sans aucun risque pour la dépense que le défrichement exigeoit ; alors elles ont acquis une valeur vénale, non en raison de la totalité de leur produit *net*, mais en raison seulement de la portion de ce produit *net* que ce même partage laissoit à la disposition du propriétaire foncier. Cette portion seule est devenue aliénable ; l'autre portion ne pouvant l'être, puisqu'elle étoit désignée pour devoir appartenir *incommutablement* au Souverain, et former dans sa main une sorte de [**212**] richesse commune, destinée à l'utilité commune de toute la nation ; ainsi dès-lors tous les acquéreurs n'ont payé les terres qu'à un prix relatif à la portion que leur acquisition leur donnoit droit de prendre dans le produit de ces mêmes terres.

Si le revenu public s'est, en quelque sorte, formé aux dépens des revenus particuliers dont jouïssoient les premiers possesseurs des terres, il est sensible qu'ils n'ont fait ce prétendu sacrifice, que parce qu'il leur étoit avantageux de le faire, et que sans cela, ils ne pouvoient s'assurer aucune propriété fonciere, aucuns produits.

Mais après eux quiconque a acquis la propriété d'une terre cultivée, ne peut pas dire qu'il contribue de son bien à ce même
revenu, *à moins que la proportion* du partage à faire avec le Souverain n'ait changé, et *n'ait augmenté l'impôt depuis l'acquisition*:
il est vrai que la terre que possede cet acquéreur, l'assujettit à
payer un impôt ; mais aussi c'est elle-même qui lui fournit les
valeurs nécessaires pour satisfaire à ce payement ; par ce moyen
cette charge se trouve acquittée sans qu'il soit rien pris sur le produit *net* que le nouveau propriétaire a compté se procurer en
acquérant la terre. Ne me dites pas que sans l'impôt, ce produit
net seroit plus considérable pour ce même propriétaire ; il est vrai
que ce produit *net* seroit plus considérable pour les possesseurs de
cette terre ; mais alors ou le même homme ne seroit pas propriétaire de ce produit *net* en son entier, ou il l'auroit payé plus cher à
proportion.

Supposons que le prix courant des terres soit le denier 20 : un
particulier, avec 40 mille francs, achete une terre de 2 mille liv.
de revenu, et qui donne 1000 liv. à l'impôt ; mais elle en vaudroit
60 mille, si l'impôt ne prenoit pas ces 1000 livres dans le produit
net de cette terre ; ainsi son acquéreur ou rendroit annuellement
ces 1000 livres à quelque [213] co-propriétaire de ce produit *net*, ou
il auroit déboursé 20 mille francs de plus pour cette acquisition.

Les 1000 livres payées par la terre à l'impôt sont donc totalement
étrangeres à son acquéreur : que cette somme fixe et déterminée
soit remise annuellement au Souverain ou à d'autres co-propriétaires du produit *net* de cette terre tant qu'elle donnera le même
revenu total, rien de plus indifférent à l'intérêt direct et immédiat
de cet acquéreur : comme propriétaire il ne paye rien à l'impôt,
quoiqu'il participe, en cette qualité, à tous les avantages qui
résultent de l'institution de l'impôt.

J'observe en passant que c'est à regret que je donne au revenu
public le nom d'impôt : ce terme est toujours pris en mauvaise
part ; il annonce une charge dure à porter, et dont chacun voudroit être exempt : le revenu public au contraire, tel qu'il se présente ici, n'a rien d'affligeant : en remontant à son institution, on
voit quel est le fruit de son utilité ; depuis ces premiers temps ce
revenu n'est pour le Souverain, que le produit d'une propriété fonciere distincte de toutes les autres propriétés qui appartiennent à
ses sujets ; encore ce produit est-il employé pour l'utilité com-

mune de la société, de sorte qu'à raison de cette utilité commune, il devient un patrimoine commun, dont on jouït en commun, tout aussi réellement que chacun jouït de son patrimoine particulier.

Il me semble que nos idées acquierent une grande clarté, en distinguant ainsi deux époques, celle d'une société naissante et celle d'une société formée : dans la premiere, nous trouvons que les propriétaires fonciers payoient l'impôt ; que ce sont eux, qui par les dépenses primitives qu'ils ont faites pour préparer les terres à recevoir la culture, les ont mises en état de donner les produits destinés à l'impôt ; qu'ils n'ont [214] point été remboursés de ces dépenses ; qu'ainsi l'impôt a été pris constamment sur des produits dont ils étoient en possession, mais dont ils ont préféré de distraire une portion pour convertir leur possession incertaine en pleine propriété, et s'assurer ainsi la jouïssance constante et paisible de l'autre portion.

Il n'en est pas de même des propriétaires fonciers dans une société formée ; dans une société où les terres ont tellement changé de main, qu'il ne reste plus aucune trace de leurs premiers possesseurs, ni de leurs intérêts personnels : en la supposant organisée suivant son ordre essentiel ; suivant cet ordre qui ne comporte rien d'arbitraire, l'impôt y conserve bien sa même destination ; mais il n'est le fruit d'aucun sacrifice fait par ces propriétaires fonciers : nous voyons au contraire que dans une telle société, le produit *net* des terres est destiné à se partager entre le Souverain et eux ; que la proportion suivant laquelle ce partage doit être fait, est établie d'une manière invariable ; qu'en vertu de cette proportion constante et connue, le sort des propriétaires fonciers est assuré ; que par ce moyen, les terres ont acquis dans le commerce, une valeur vénale relative au partage à faire de leur produit *net* entre l'acquéreur et l'impôt ; que cette valeur vénale est telle que l'acquéreur ne paye que le prix de la portion du produit *net* dont il doit jouïr ; que l'autre portion n'est point aliénable ; qu'elle n'entre dans aucune considération lors de l'estimation des terres à vendre ; qu'ainsi les nouveaux propriétaires ne contribuent nullement à l'impôt, qui ne prend rien sur leurs capitaux quand ils achetent, ni sur les revenus que ces mêmes capitaux doivent leur donner après l'acquisition.

Il est donc évident que dans une société formée, la loi [215] la plus essentielle, la loi fondamentale concernant l'impôt, *est qu'il n'ait rien d'arbitraire* : voilà le point fixe dans lequel l'ordre à cet

égard consiste essentiellement. Cette regle est d'une nécessité physique, parce qu'un impôt arbitraire, en annullant la propriété mobiliaire des produits, annulleroit aussi la propriété fonciere dont
l'ordre physique ne peut absolument se passer ; il deviendroit ainsi
destructif de la reproduction annuelle, par-conséquent de sa propre
substance : l'anéantissement des richesses de la nation entraîneroit
nécessairement celui des revenus du Souverain, et celui de la souveraineté.

Quand l'impôt n'est point arbitraire, la propriété fonciere se
trouve inséparablement unie à la propriété mobiliaire d'une portion
fixe dans les produits ; ces deux propriétés concourent ensemble à
former la valeur vénale des biens-fonds ; alors l'action d'acquérir
une terre *est un contrat passé, au nom de toute la nation, entre
l'acquéreur et l'autorité tutélaire* ; contrat sinallagmatique par
lequel cette autorité lui garantit la propriété de la portion du produit dont il paye la valeur et acquiert la jouïssance, tandis que de
son côté, il s'engage aussi de laisser cette même autorité jouïr
constamment de l'autre portion qu'il n'a point acquise. Dès ce
moment, cet acquéreur forme librement et volontairement *une
société* avec le Souverain même : si ce particulier parvient à augmenter le produit *net* de sa terre, cette augmentation se partagera
entre le Souverain et lui, dans une proportion établie par une loi
constante, uniforme, générale, et reconnue tacitement par lui-
même dans son contrat d'acquisition.

Le terme de société doit être pris à la lettre ; car le Souverain,
en sa qualité de co-propriétaire du produit, doit participer à toutes
les variations en bien ou en mal que ce même [216] produit peut
éprouver. Il ne faut donc pas confondre la part proportionnelle
que le Souverain doit prendre dans les produits en vertu de son
droit de co-propriété, avec un impôt fixe et invariable établi sur
telle ou telle portion de terre. Le seul avantage qu'on puisse trouver dans ce dernier impôt, c'est qu'après son établissement, il ne
prête point à l'arbitraire : mais il a des inconvénients majeurs auxquels il est physiquement impossible de remédier.

Les terres ne produisent qu'en proportion des avances qu'elles
reçoivent ; or celles-ci n'ont rien d'uniforme, surtout dans un état
où la culture n'est point encore dans sa perfection : les impôts
fixes sont donc *nécessairement* préjudiciables ou au Souverain ou
aux propriétaires fonciers, lorsque leur évaluation n'a pour base

que la mesure et la qualité des terres, et non leurs produits connus. Dans les mains d'un cultivateur malaisé une terre ne donnera
qu'un revenu médiocre : confiez la culture à un riche cultivateur,
la même terre donnera le double du revenu. Dans le premier cas,
l'impôt peut se trouver être une surcharge, tandis que dans le
second, le Souverain perd une partie de ce qu'il doit prendre dans
le produit.

Il est encore d'autres inconvénients propres et particuliers à ce
genre d'impôt ; mais sans les présenter en détail, je me contente
d'observer qu'il est essentiellement vicieux en ce qu'il *suppose* le
produit, et qu'il en est indépendant ; au-lieu que l'impôt proportionnel perçu par forme de partage, ne se mesure point sur un produit
supposé, mais bien sur un produit *réel*, et avec lequel il est
toujours parfaitement d'accord. Cette balance a deux grands avantages : le premier, que le revenu public est toujours le plus grand
qu'il soit possible, sans que personne soit grévé, et puisse se
plaindre d'y contri[217]buer ; le second, est que le Souverain n'est
jamais étranger au progrès de la culture : il s'établit naturellement
et *nécessairement* entre ses sujets et lui, une communauté d'intérêts dont l'accroissement de la richesse nationale est l'objet, et qui
forme ainsi le lien le plus puissant du corps politique.

Cette communauté d'intérêts résultante de l'impôt proportionnel
est un article bien important aux progrès dont la culture est susceptible dans un Royaume agricole : chaque propriétaire foncier
qui fait des dépenses en améliorations, ne s'y détermine que parce
qu'il est assuré que la valeur vénale de sa terre augmentera d'autant ; et cette assurance lui vient de la certitude qu'il a que la portion qu'il doit prendre dans ces améliorations, ne lui sera point
enlevée par l'impôt. Remarquez encore en cela combien l'impôt
proportionnel est préférable à un impôt fixe et indépendant des
produits : dans ce dernier cas, un propriétaire foncier n'est point à
l'abri de la crainte d'une nouvelle évaluation, qui lui fasse perdre
le fruit et la propriété de toutes les sommes dépensées en améliorations.

Je ne fais qu'indiquer ici les avantages qui résultent de la vénalité des terres ; j'entends, de la certitude morale de pouvoir les
vendre à un prix relatif aux dépenses que l'on fait pour les améliorer. Les apperçus que je présente, suffisent pour montrer combien
il est intéressant pour un Souverain et pour une nation, que la pro-

portion établie entre les revenus des propriétaires fonciers et l'impôt ne soit sujette à aucune variation ; car c'est l'immutabilité de cette proportion qui décide de cette vénalité.

Dénaturons maintenant cet ordre essentiel, et rendons l'impôt arbitraire : que vendra-t-on, quand on voudra vendre une terre ? Et qui est-ce qui se présentera pour l'acheter ? [218] Une terre n'est vénale qu'autant qu'elle a une valeur certaine ; et elle n'a une valeur certaine, qu'autant qu'elle donne un revenu certain : celles même dont le produit est absolument casuel, sont considérées comme ayant un revenu certain ; on parvient à le fixer, malgré ses variations, en formant de plusieurs années une année commune. Un tel casuel peut être évalué tant que le cours des révolutions qu'il éprouve, est dans l'ordre de la nature et des mouvements d'une société ; mais son évaluation n'est plus possible, sitôt qu'il dépend absolument d'un pouvoir arbitraire : dans le premier cas, on vend du-moins une propriété ; dans celui-ci, on n'en vend point une véritable ; car on n'est point véritablement propriétaire d'une chose dont une autorité quelconque peut arbitrairement nous dépouiller.

Il est évident que dans une telle position, le propriétaire foncier, ne l'étant pas d'une portion fixe et assurée dans le produit de ses terres, *il ne peut vendre une propriété qu'il n'a pas.* Mais dès qu'il n'est aucune portion du produit qui soit vénale, les terres ne le sont plus aussi : il n'est plus possible ni de les vendre, ni de les faire entrer dans les engagements que les membres d'une même société ont si souvent besoin de contracter entre eux. Ainsi plus de ressources pour les propriétaires fonciers ; il faut absolument qu'ils périssent, si quelque évenement les met hors d'état de soutenir les charges de la propriété : un mur de séparation se trouve élevé entre les richesses pécuniaires et les biens-fonds ; ces deux sortes de richesses ne peuvent plus s'unir pour se féconder mutuellement ; celles-là, pour trouver de l'emploi, passent chez l'étranger, et laissent les terres incultes, faute des bâtiments nécessaires à leurs exploitations, ou d'autres dépenses semblables, dont les propriétaires fonciers sont tenus ; [219] mais qu'ils ne peuvent plus faire, parce qu'ils n'en ont plus les moyens.

Les terres ne se fertilisent que par des dépenses ; et une partie de ces dépenses sont à la charge du propriétaire foncier : il est donc d'une nécessité physique que les richesses pécuniaires, *stériles* par elles-mêmes, puissent *se marier* avec les richesses foncieres, pour que de leur union résulte une abondance de productions, qui sans cela ne peut avoir lieu ; il est donc d'une nécessité physique que les terres acquièrent dans le commerce, une valeur certaine et courante, qui permette ou de les vendre ou de les engager ; qui les mette, en un mot, dans le cas d'attirer à elles les richesses pécuniaires dont elles ont besoin ; il est donc d'une nécessité physique que les terres donnent à leurs propriétaires, un revenu certain, dont la propriété certaine assure aux terres une valeur qui les rende commerçables ; il est donc d'une nécessité physique que l'impôt ne soit point arbitraire ; que la proportion qui regle le partage à faire du produit *net* entre le Souverain et les propriétaires fonciers, soit fixe et invariable ; sans cela plus de propriété fonciere ; plus de culture ; plus de produits ; plus d'impôt ; plus de nation ; plus de souveraineté.

Si au-contraire cette loi fondamentale de l'ordre essentiel est suivie, l'état du propriétaire foncier est, dans la société, l'état le plus avantageux possible, à raison de sa solidité ; la préférence lui étant acquise sur tous les autres états, chacun à l'envi s'empresse de convertir ses richesses mobiliaires en richesses foncieres ; on ne connoît plus de meilleure façon d'employer son argent, que celle, pour ainsi dire, de le semer pour le multiplier ; on voit naître ainsi la plus grande abondance possible dans tous les genres de productions ; l'industrie, la population, les revenus du Souverain, sa puis-[220] sance politique, tout enfin croît *nécessairement* en raison de cette même abondance ; pour comble de bonheur, personne alors ne paye l'impôt ; et cependant tout le monde jouït des avantages qu'il assure à la société.

CHAPITRE XXVIII.

Suite du Chapitre précédent. Ce qui est à faire avant que la co-propriété du Souverain puisse partager dans les produits des terres. Ce que c'est qu'un produit brut ; *ce que c'est qu'un produit* net. *Ce dernier est le seul qui soit à partager entre le Souverain et les propriétaires fonciers. Reprises privilégiées du cultivateur sur le produit* brut. *Dans une société conforme à l'ordre, ces reprises sont toujours et naturellement fixées à leur taux le plus bas possible par la seule autorité de la concurrence : dans cet état, le produit net est toujours aussi la plus grande richesse possible pour le Souverain et pour les propriétaires fonciers, en raison de leur territoire.*

Nous avons vu dans le Chapitre précédent, que le revenu public ne devoit avoir rien d'arbitraire, et qu'il ne pouvoit être autre chose que le résultat d'un partage à faire du produit des terres entre le Souverain et les propriétaires fonciers, en vertu de la co-propriété de ce même produit dévolue à la [**221**] souveraineté. J'ai fait observer que cette co-propriété devoit être bornée comme toutes les propriétés particulieres ; que sans cela, elle les envahiroit et les annuleroit toutes ; qu'ainsi au-lieu de consolider la société, elle la détruiroit dans son principe essentiel.

Cette derniere vérité est par elle-même d'une évidence si frappante que je pourrois me dispenser d'y revei.. ; mais elle est aussi d'une telle importance, et elle a tant de préjugés à vaincre avant de s'établir solidement parmi les hommes, que je crois à propos de la faire envisager dans tous les rapports qu'elle se trouve avoir avec la reproduction. En conséquence je vas tâcher de développer comment l'ordre physique de la reproduction veut que les produits des terres soient partagés ; comment cet ordre établit les loix fondamentales de ce partage ; comment ces loix réglent tout à la fois les droits des propriétaires fonciers, et ceux qui appartiennent au Souverain en vertu de sa co-propriété.

Le produit des terres se divise en produit *brut* et en produit *net*. Comme en général un produit ne s'obtient que par le moyen de dépenses préalables, il commence d'abord par être un produit *brut*, c'est-à-dire, *une masse plus ou moins forte de productions, chargée de restituer la valeur de toutes les dépenses qui l'ont fait naître.* Quand sur cette masse ces mêmes dépenses ont été reprises, le surplus qui reste, est un produit *net ;* il est *tout gain* pour la société, parce qu'il est par lui-même, et à tous égards, un accroissement de richesses pour la société.

Personne n'ignore que sans les avances du cultivateur, la terre ne nous donneroit presque aucunes productions. Il faut donc qu'il y ait toujours dans la société, une portion de ses richesses mobiliaires qui soit consacrée à faire ces avan-[222]ces, et qui ne puisse être détournée de son emploi. De-là résulte qu'avant que la société puisse disposer *arbitrairement* du produit des terres, il est d'une nécessité physique que sur ces mêmes produits, on prélève le montant des reprises à faire pour raison des avances du cultivateur : sans cela ces avances, et par conséquent les produits ne pourroient plus se renouveller.

Ainsi avant que le Souverain et les propriétaires fonciers puissent, en leur qualité, exercer aucun droit sur le produit des terres, il est de toute nécessité que le produit *net* soit dégagé du produit *brut ;* ainsi ce produit *net*, ce produit quitte et libéré des indemnités dues au cultivateur, est le seul qui puisse et doive être partagé entre les propriétaires fonciers et le Souverain ; ainsi à cet égard la nature a elle-même posé des bornes au-delà desquelles le Souverain ne peut étendre sa co-propriété ; s'il entreprend de les passer, de violer les droits sacrés du cultivateur, ce ne peut être qu'au préjudice des avances de la culture, et conséquemment de la reproduction ; car les terres ne se fécondent qu'en raison des avances qu'elles reçoivent.

Observez que cette premiere regle est toujours la même, quel que soit le cultivateur : que cet homme soit lui-même propriétaire des terres qu'il exploite, ou qu'il soit un étranger entrepreneur de la culture de ces terres, il n'en a pas moins les mêmes avances à faire pour cette culture, et les mêmes reprises à exercer pour l'entretien de ces avances. Ainsi dans le cas où ce cultivateur se trouveroit être le propriétaire foncier, le Souverain ne pourroit toujours partager que dans le produit *net*, et suivant la proportion établie, afin de ne point porter atteinte au droit de propriété.

Avant de songer à partager le produit *net* entre le [223] Souverain et les propriétaires fonciers, il faut donc commencer par nous occuper du partage à faire du produit *brut* entre eux et le cultivateur : à cet égard, nous devons le regarder comme un homme tout-à-fait distinct des propriétaires fonciers, parce que les dépenses de la culture sont tout-à-fait distinctes de celles qu'il faut faire pour acquérir des propriétés foncieres, ou pour les entretenir dans un état convenable à leur culture. Par cette raison, il est à propos d'examiner si ce premier partage est assujéti par l'ordre physique, à des loix propres à regler les différents intérêts qui se trouvent ici en opposition, et à les concilier entre eux de maniere que la classe cultivatrice et la classe propriétaire jouissent également et constamment de la plus grande portion que chacune d'elles puisse prétendre dans les produits *bruts*.

Le cultivateur, comme cultivateur, a deux sortes d'avances à faire ; les avances primitives, qui sont l'achat de toutes les choses nécessaires à son établissement, et les avances annuelles, qui sont toutes les dépenses que sa personne et ses travaux occasionnent pendant l'année, et jusqu'à ce que la récolte soit faite.

Je ne calculerai point ici les reprises que ces doubles avances l'obligent de faire sur les produits *bruts*, pour pouvoir continuer ses dépenses et ses travaux ; je dirai seulement que, toute proportion gardée, ses salaires et les intérêts de ses avances doivent lui être payés par le produit de la culture, *au-moins* aussi cher qu'ils le seroient dans une autre profession ; si vous rendez sa condition, à cet égard, pire que celle des autres hommes, la culture sera bientôt abandonnée, parce qu'il préférera l'emploi le plus lucratif de ses richesses mobiliaires, sans qu'il soit possible de l'en empêcher. Les richesses en argent qui servent à faire les achats des choses nécessaires [224] aux avances de l'exploitation, sont des richesses occultes et fugitives, qui trouvent toujours le secret de se dérober à la contrainte, et d'aller où l'intérêt des possesseurs les appelle : impossible de forcer un homme à se faire cultivateur ; impossible de l'obliger à consacrer à la culture, une richesse clandestine, et dont, par cette raison, l'emploi ne dépend que de sa volonté ; il ne cultivera, il ne dépensera qu'autant qu'il trouvera son intérêt à cultiver et à dépenser : c'est une condition *sine quâ non*.

De cette premiere vérité, je passe à une seconde ; c'est que les reprises du cultivateur ne sont jamais que ce qu'elles doivent être *nécessairement*, quand le gouvernement se trouve conforme à l'ordre ; c'est-à-dire, quand la liberté sociale est telle que l'ordre veut qu'elle soit : alors sans le secours d'aucune autorité civile, l'autorité naturelle de la concurrence qui se trouve entre les cultivateurs, déterminent la mesure essentielle de leurs reprises, et les maintient dans la proportion *nécessaire* qu'elles doivent avoir avec les bénéfices de toutes les autres professions.

Tant que l'état de cultivateur ne sera point incertain et dangereux ; tant qu'il ne sera point exposé directement ou indirectement à des vexations arbitraires, et toujours imprévues ; tant qu'il sera *immune*, qu'il ne dépendra que des engagements qu'il aura librement contractés pour exercer sa profession ; tant que cette même profession enfin, bien loin d'être dégradée dans l'opinion déréglée des hommes, sera parmi eux honorée comme elle doit l'être, et jouïra de toute la liberté dont elle a besoin, on la verra, parée de toutes ses beautés naturelles, se placer sur une ligne parallele, et à côté de toutes les autres professions lucratives, pour appeller à elle les richesses mobiliaires ; alors les possesseurs de [**225**] ces richesses s'empresseront à l'envi de les lui consacrer ; et cette concurrence permettant aux propriétaires fonciers de ne consulter que leurs propres intérêts dans le choix des cultivateurs, il en résultera que la préférence ne sera donnée qu'à ceux dont les offres et les facultés seront plus à l'avantage du produit *net*.

Il faut convenir qu'en cette partie l'administration n'est point embarrassante ; elle n'a rien à faire ; il lui suffit *de ne* rien empêcher ; de ne priver la culture ni de la liberté ni des franchises qui lui sont essentielles ; d'abandonner aux propriétaires fonciers le soin de débattre vis-à-vis des entrepreneurs de culture, les intérêts du produit *net* ; car ces débats, qui seront toujours rigoureux, ne peuvent être au profit des premiers, qu'ils ne soient au profit du Souverain ; de laisser ainsi la concurrence en possession d'être l'arbitre naturel et souverain de ces mêmes débats ; la balance à la main, celle-ci ne manquera jamais d'apprécier et de réduire à sa juste valeur, ce qui doit appartenir aux cultivateurs dans les produits *bruts*, soit comme salaires de leurs travaux, soit comme indemnités et intérêts de leurs avances ; ils seront donc constamment assujettis par elle à ne prendre dans ces produits *bruts*, que la portion qu'on ne peut absolument leur refuser ; et cette portion étant ainsi la plus modique qu'il soit possible, celle qui formera le produit *net*, pour se partager entre les propriétaires et le Souverain, sera par-conséquent toujours aussi forte qu'elle peut et doit l'être.

Faites attention à notre derniere conséquence : la portion des produits *bruts*, qui formera le produit *net*, sera toujours aussi forte qu'elle peut et doit l'être : cette proposition est d'une vérité rigoureuse dans tous les sens qu'elle présente ; car la sagesse d'un tel gouvernement assurant pour toujours à [226] la culture, les plus grosses avances possibles, l'état peut toujours aussi compter sur les plus gros produits *bruts* possibles en proportion de son territoire ; et au moyen de ce que la concurrence ne permet aux cultivateurs de retenir sur ces produits, que la portion qui leur est nécessaire pour les mettre en état de perpétuer ces mêmes avances, il se trouve que le produit *net* prend tout ce qu'il peut prendre dans les plus gros produits *bruts* possibles ; qu'il est ainsi pour ceux qui doivent le partager, la plus grande richesse possible.

Maintenant que nous voyons comment se forment les plus grands produits *nets* possibles, pour que le plus grand revenu possible soit acquis au Souverain, il ne reste plus qu'une condition à remplir ; c'est de lui assigner la plus grande part possible dans ces produits *nets*. Mais pour déterminer cette plus grande part possible, c'est encore l'ordre physique qu'il nous faut consulter : nous n'avons point d'autre boussole que l'évidence de ses loix, ni d'autres moyens pour montrer ce que les Souverains ne peuvent se permettre, sans préjudicier à leurs propres intérêts.

Cependant, avant de nous livrer à cet examen, je crois à propos de prévenir une objection. Le tableau, me dira-t-on, que vous venez de présenter, suppose toutes les terres affermées, et les produits *nets* connus par des baux faits de bonne-foi ; or cette supposition est en cela doublement vicieuse.

Je sais qu'il arrive souvent que des terres ne sont point affermées ; mais il en est peu qui ne l'ayent été, ou du moins qui ne ressemblent à d'autres terres de leur voisinage qui sont affermées : je conviens qu'au défaut des baux, il ne reste que la voie de la comparaison et de l'évaluation, pour déterminer la portion que le Souverain doit prendre dans le produit [227] *net* d'une terre. Mais aussi ces évaluations n'auront rien de dangereux, dès que les points de comparaison qui leur serviront de base, n'auront rien d'arbitraire. D'ailleurs ce qui n'est pas affermé aujourd'hui le sera demain ; tôt ou tard son produit *net* sera donc constaté par des actes authentiques, et en attendant, les terres voisines affermées, et reconnues de même qualité, serviront de boussole. A l'égard des fraudes qu'on peut pratiquer à l'occasion de la passation des baux à ferme, elles ne peuvent guere être que momentanées ; ajoutez à cela qu'il est bien des moyens pour les découvrir, et même pour les prévenir, du-moins en grande partie.

Ces fraudes ne peuvent être pratiquées que de deux manieres : 1°. par des contre-lettres ; mais elles n'auront pas lieu quand elles seront déclarées par la loi ne pouvoir jamais être obligatoires, etc. 2°. par une indemnité en argent, donnée par les fermiers lors de la passation des baux. Mais calculez bien ces indemnités, ces *pots-de-vins*, car c'est le nom que nous leur donnons, et vous trouverez qu'il n'est pas à craindre qu'on emploie de tels expédients pour éluder le payement d'une modique portion de l'impôt. En effet ces expédients ne pourroient avoir lieu qu'autant qu'un fermier auroit des fonds inutiles aux avances dont il est chargé ; car s'il prend le pot-de-vin sur ces mêmes avances à faire, il faudra qu'on lui tienne compte du vuide que le détournement de cette somme occasionnera dans la reproduction. Alors un tel arrangement devient impossible, par la raison que la somme qu'il donneroit pour pot-de-vin, est destinée à rendre annuellement 200 p. $\frac{0}{0}$. en l'employant à la culture. Mais en supposant qu'un fermier soit assez riche pour distraire de ces avances, le pot-de-vin qu'on lui demande, toujours faudra-t-il qu'on lui tienne compte des intérêts sur le pied de 10 p. $\frac{0}{0}$. **[228]** au-moins, et qu'il profite de quelque chose encore dans la fraude à laquelle il veut bien se prêter : au moyen de cela, le bénéfice se réduit presque à rien pour le propriétaire foncier, qui d'ailleurs par cette pratique, préjudicie à la valeur vénale de sa terre.

Il ne faut pas juger de cet objet par l'idée qu'on pourroit s'en former dans un état de désordre ; chez les nations où la culture étant languissante, le produit net se trouveroit dans un cours de dégradation progressive, par une suite naturelle de la mauvaise forme des impositions : dans l'état opposé, chez une nation où l'on ne connoîtroit d'impôt qu'un impôt *sur le revenu* des terres, où par-conséquent cet impôt n'auroit rien d'arbitraire, les revenus ne seroient, pour ainsi dire, sujets à aucunes variations sensibles ; tous

s'achemineroient du même pas vers leur plus haut dégré d'accroissement, et acquerroient ainsi une sorte de publicité qui rendroit
moralement impossible la mauvaise foi sur l'article des baux, surtout si les loix empêchoient qu'on pût sans danger la mettre en pratique : il faudroit que la fraude fût bien modique, pour qu'elle ne
devînt pas notoire.

Ces observations rassemblées, et que j'élague considérablement,
vous prouvent bien que les petits inconvénients dont il s'agit ici,
ne peuvent être d'aucune considération dans la masse générale des
avantages que le Souverain et la nation trouvent *nécessairement* à
se conformer, sur ce point, à l'ordre de la nature, à cet ordre qui
favorise en toute maniere l'accroissement des produits dans lesquels
le Souverain doit toujours prendre une part proportionnelle. Il ne
faut pas s'occuper de si foibles objets quand il s'agit d'un grand
nombre de millions pour le revenu public et pour les revenus particuliers des propriétaires, ainsi que de la force politique d'un [229]
état et de tout ce qui doit concourir à sa plus grande prospérité.

CHAPITRE XXIX.

Seconde suite du Chapitre XXVII. Comment le produit net
*doit se partager entre le Souverain et les propriétaires fon-
ciers. L'état du propriétaire foncier doit être le meilleur état
possible. Sans cela les produits doivent s'anéantir. Une partie du produit net n'est point disponible ; elle est affectée*
nécessairement *aux charges de la propriété foncière. Le despotisme personnel et légal est le seul qui puisse empêcher
l'impôt de devenir préjudiciable aux produits. Loix physiques
concernant l'emploi du produit net : d'après ces loix le partage est toujours fait naturellement entre le Souverain et
les propriétaires fonciers ; et la portion du Souverain est
toujours la plus grande portion physiquement possible.
L'impôt est assujetti par la nature même, à une forme essentielle.*

L'ORDRE physique est un ordre absolu, un ordre immuable dont
nous ne pouvons nous écarter qu'à notre préjudice. Les Souverains
ne peuvent donc rien prendre dans le produit net des terres au-delà
de la plus grande portion *physiquement possible.* Mais quelle est-
elle, cette portion ? Voilà ce qu'il est essentiel de rendre évident :
en conséquence, il faut distin[230]guer, comme nous l'avons déja
fait, deux temps différents, celui des sociétés naissantes, et celui
des sociétés formées.

Dans les sociétés naissantes le revenu public institué librement,
quoique *nécessairement,* en faveur de la propriété, n'a pu tellement
la gréver, que l'état du propriétaire foncier cessât d'être préférable
à tous les autres : sans cela, cet état eut été *nécessairement* aban-
donné, ou plutôt personne ne l'auroit embrassé. Il est dans notre
constitution de tendre toujours vers notre meilleur état possible ;
nous y sommes entraînés par la pente naturelle du desir de jouïr
qui naît et meurt avec nous : ainsi dans les sociétés naissantes la

propriété foncière a dû nécessairement être l'état le plus avantageux : ce n'a été qu'à cette condition qu'il a pû se former un revenu public ; car ce n'a été qu'à cette condition qu'il a pû s'établir des propriétaires fonciers, pour faire les dépenses primordiales de la propriété foncière, et celles de son entretien.

Si cette prérogative de la propriété foncière a été d'une nécessité absolue dans les sociétés naissantes, elle se trouve être encore de la même nécessité dans les sociétés formées : dans celles-ci comme dans celles-là, la propriété foncière n'est point un don gratuit ; elle ne s'acquiert et ne se conserve que par des dépenses, qui ne peuvent être faites qu'à raison de leur utilité. Puisque les mobiles qui agissent en nous, n'ont point changé de nature ; puisque les impulsions de l'appétit des plaisirs sont les mêmes qu'elles ont toujours été, il est sensible que lorsqu'il s'agira d'employer nos richesses, nous préférerons toujours l'emploi qui nous promet le plus de jouïssances ; et qu'ainsi nous ne nous porterons à convertir nos richesses mobiliaires en richesses foncières, qu'autant que nous croirons cette conversion avantageuse pour nous.

Dans les sociétés naissantes, la nécessité de rendre l'état [231 des propriétaires fonciers *le meilleur état possible*, résultoit de la nécessité de les engager à défricher, à construire les bâtimens nécessaires à l'exploitation des terres, à creuser des canaux pour les arroser ou les dessécher, à planter, à faire, en un mot, les divers travaux sans lesquels en général la culture ne pouvoit avoir lieu. Ne croyez pas que toutes ces dépenses premieres une fois faites, la propriété foncière se trouve exempte de toutes charges : la situation des propriétaires fonciers n'a nullement changé à cet égard, et c'est une vérité fondamentale qu'on ne peut mettre dans un trop grand jour.

Nous ne connoissons point de nation qui n'ait plus ou moins de terres à défricher : en cela, chaque société formée est comme une société naissante ; ces terres ne seront défrichées, qu'autant que l'état du propriétaire foncier sera *le meilleur état possible*, sans néanmoins que ce soit au préjudice et en diminution du meilleur état possible du Souverain ; car ces deux intérêts ne doivent jamais se diviser.

Mais quand même les terres seroient toutes en valeur, on ne pourroit rien changer encore à la condition de la propriété fonciere : il est constant que beaucoup de domaines se dégradent de di'férentes manieres ; et que pour être rétablis, ils exigent de fréquentes dépenses qui ne peuvent être faites que par des propriétaires fonciers. D'ailleurs indépendamment du cas forcé de la dégra-:ation, nous avons celui de l'amélioration : il est très-peu de terres, qu'on ne puisse améliorer par des dépenses qui ne peuvent convénir qu'aux propriétaires fonciers ; or il est certain que si, en cette qualité, leur état n'est pas *le meilleur état possible*, aucune de ces deux sortes de dépenses n'aura lieu : certainement elles ne seront pas faites, dès que chacun en particulier trouvera son intérêt à ne pas les faire.

232 Ne comptons pour rien cependant ces trois premieres observations ; en voici une quatrieme qui sera plus sensible, parce qu'elle embrasse des objets plus étendus et plus connus. L'exploitation de la majeure partie des terres ne peut se passer de divers bâtiments ; plusieurs même sont dans le cas de ne pouvoir être cultivées, qu'autant que les eaux qui les avoisinent et les arrosent, sont contenues et dirigées par des ouvrages pratiqués à cet effet : or, il est évident que l'entretien de toutes ces différentes parties est une charge de la propriété fonciere, et que si l'état du propriétaire foncier n'est *pas le meilleur état possible*, j'entends, si le produit dont il jouït n'est pas de nature, que son plus grand intérêt soit de l'entretenir par les dépenses nécessaires à cet effet, il ne se portera point à faire ces mêmes dépenses.

Cette quatrieme observation, quoiqu'elle soit d'une grande importance par elle-même, acquiert encore une nouvelle force, quand on la rapproche de la maniere dont les hommes parviennent à l'état de propriétaire foncier dans une société formée. Les acquéreurs des terres, il est vrai, achetant ordinairement des terres toutes défrichées, des terres en rapport, n'ont point à faire les mêmes travaux et les mêmes dépenses que les premiers possesseurs ont faites lors des sociétés naissantes ; mais aussi ces acquéreurs remboursent-ils ces mêmes dépenses par le prix dont ils payent leurs acquisitions ; or, en vertu de ce remboursement, chaque acquéreur entre *nécessairement* en possession de tous les droits que son vendeur avoit sur le produit net des terres vendues ; et la filiation des vendeurs forme ainsi une chaîne, au moyen de laquelle le dernier acquéreur représente le premier possesseur, et doit en avoir tous les droits en propriété.

Il est évident que si dans l'origine de la société, l'état du

[233] propriétaire foncier n'avoit pas été *le meilleur état possible*, les terres n'auroient pas été cultivées ; il est évident que pour constituer *ce meilleur état possible*, il a fallu que le revenu des terres, déduction faite de l'impôt, se trouvât être le plus fort produit qu'on pouvoit se promettre de ses dépenses, et que la propriété de ce revenu fût assurée pour toujours aux propriétaires des richesses mobiliaires employées à le former.

Tels sont les deux avantages dont les premiers possesseurs des terres ont dû jouïr *nécessairement*, et sans le concours desquels les terres n'auroient jamais acquis, dans le commerce, une valeur vénale représentative des premieres dépenses faites pour les mettre en état de recevoir la culture. Mais dès que nous connoissons l'état *nécessaire* des premiers possesseurs dans une société naissante, nous connoissons aussi l'état *nécessaire* de ceux qui les remplacent et les représentent dans une société formée, puisque ceux-ci doivent jouïr de tous les droits de ceux-là; ainsi l'état des propriétaires fonciers doit être aujourd'hui, comme il a dû toujours l'être, *le meilleur état possible*.

Quand je dis que dans une société formée l'état du propriétaire foncier doit être le *meilleur état possible*, je ne veux point faire entendre qu'on doive lui accorder des priviléges particuliers, des prérogatives sur les autres états : il n'a besoin que de celles qui lui sont attribuées par la nature, et dont il doit jouïr *nécessairement* pour l'avantage commun de toute la société. La reproduction n'est-elle pas le premier principe de toutes richesses, de toutes les jouïssances que nous pouvons nous procurer? Cela posé, le premier agent dont la reproduction a besoin, est donc l'homme le plus essentiel à la société; or ce premier agent, c'est le propriétaire foncier : ainsi le titre de ses prérogatives se trouve dans la [234] nécessité physique de la reproduction.

Un homme a des richesses mobiliaires à employer; il commence par examiner quel sera l'emploi le plus utile pour lui : la société ne lui en présente que trois sortes : un emploi en achat de propriétés foncieres; un emploi en entreprises de culture; un emploi en quelqu'une des diverses opérations auxquelles les reproductions donnent occasion. Mais observez que les richesses mobiliaires ne peuvent se procurer ces deux derniers emplois, qu'autant qu'elles ont commencé par se consacrer au premier; car il n'y a lieu aux travaux de l'industrie, qu'après qu'il s'est établi des cultivateurs ;

et l'établissement des cultivateurs doit toujours être précédé de celui des propriétaires fonciers.

Si donc une société étoit organisée de maniere qu'on préférât à l'état de propriétaire foncier, les différents emplois que l'industrie peut offrir aux richesses mobiliaires, il en résulteroit que la reproduction s'éteindroit; et que ces mêmes emplois ne seroient plus possibles : alors les richesses mobiliaires ou pécuniaires s'éclipseroient; elles passeroient chez l'étranger, tandis que la nation s'appauvriroit et se dépeupleroit de jour en jour.

Les priviléges du propriétaire foncier ne lui sont donc point particuliers; ce sont au contraire des priviléges dont l'utilité réfléchit sur tous les autres hommes, et qu'il importe au Souverain même de conserver. Nous pouvons dire plus encore : c'est qu'ils ne sont point d'une nature différente de celle des droits dont tous les hommes doivent jouïr également : ces priviléges consistent dans la sûreté et la liberté qui sont essentielles à la propriété fonciere, parce qu'elles sont essentielles à toute autre propriété. Ainsi toute la faveur que les propriétaires fonciers exigent du gouvernement, [235] c'est qu'ils ne puissent être troublés dans la jouïssance paisible de leurs droits naturels : à ce prix, leur état devient naturellement et *nécessairement le meilleur état possible*, parce qu'alors il est physiquement impossible qu'il ne le soit pas.

Il est constant qu'une multitude d'événements périodiques, et de différente espece, occasionne une telle révolution dans la fortune des propriétaires fonciers, qu'on peut dire qu'elle les met tour à tour dans l'impuissance de soutenir les charges de la propriété fonciere. Alors il faut que des acquéreurs se présentent pour les remplacer, avec des richesses mobiliaires capables de satisfaire à ces mêmes charges. Mais on sent bien que ce remplacement ne peut avoir lieu, qu'autant que la propriété fonciere est maintenue religieusement dans tous ses droits essentiels, et que l'état du propriétaire foncier continue d'être ainsi *le meilleur état possible*.

Ce que je dis ici des charges de la propriété fonciere, nous montre que le revenu des terres n'est point dans tout son entier véritablement *disponible*; qu'il en est une partie spécialement affectée aux dépenses que ces charges exigent; qu'on ne peut la détourner de son emploi naturel et *nécessaire*, sans préjudicier à la culture, par-conséquent au revenu du Souverain et à la richesse de la nation; qu'ainsi cette partie ne doit point entrer dans la masse à partager entre les propriétaires fonciers et l'impôt. En cela nous voyons distinctement une seconde borne posée par l'ordre physique, et que le Souverain ne peut franchir sans blesser ses intérêts personnels, et ceux de la souveraineté.

Dans le code physique nous trouvons trois loix immuables concernant la reproduction : la premiere porte que *les avances de la culture, sans lesquelles il n'est point de reproductions, ne pourront être faites par les cultivateurs, qu'après les* [**236**] *dépenses à faire par les propriétaires fonciers;* la seconde ordonne expressément *que ces doubles avances ne cesseront jamais de se renouveller dans leur ordre essentiel, suivant que le cours naturel de la destruction l'exige, et ce sous peine de l'anéantissement des produits et de la société :* en conséquence, dit la troisieme loi, *il est fait défense, sous les peines ci-dessus énoncées, aux propriétaires fonciers, et à toute puissance humaine, de rien détourner de la portion qui doit être prélevée sur les produits, pour perpétuer ces mêmes avances.*

D'après cette législation naturelle et divine, il est évident 1º. que sur les produits *bruts*, c'est-à-dire, sur la masse totale des reproductions, on doit d'abord prélever les reprises à faire par le cultivateur ; 2º. que dans le surplus, qui est un produit *net*, un accroissement de richesses, il ne faut pas regarder comme *disponible*, la portion nécessaire à l'acquittement des charges de la propriété foncière ; que le surplus est dans le vrai, la seule partie qui puisse se partager entre le Souverain et les propriétaires fonciers, par la raison qu'elle est la seule dont la société puisse arbitrairement disposer.

Une fois que sur un produit *brut* on a prélevé les reprises du cultivateur, pour ne laisser que le produit *net*, le partage de la portion qui dans ce produit *net* est réellement *disponible*, se trouve naturellement tout fait entre le Souverain et le propriétaire foncier, *si l'impôt n'a rien d'arbitraire ;* car c'est-là le point essentiel.

Je dis que ce partage se trouve *tout fait*, parce qu'alors chacun de ces deux co-propriétaires du produit *net disponible* a des droits certains, des droits essentiellement nécessaires d'après lesquels la part proportionnelle qu'ils doivent prendre l'un et l'autre dans ce produit *net disponible*, a été tout d'abord *nécessairement* et régulièrement déterminée. Dans ce [**237**] point seulement une société naissante diffère d'une société formée : dans celle-là, il a fallu examiner et fixer quelle seroit la part proportionnelle que l'impôt prendroit dans le produit *net disponible* ; au lieu que dans celle-ci, il ne s'agit point de régler la proportion à suivre dans le partage, mais seulement de partager d'après la proportion qui se trouve établie. Il n'y a plus de loi à faire à cet égard ; il faut se conformer à la loi faite ; la société naissante l'a instituée ; et depuis ce moment tous les contrats d'acquêts ont été autant d'actes confirmatifs de cette loi, autant d'actes où elle a parlé pour manifester et assurer de nouveau les droits proportionnels du Souverain et ceux de l'acquéreur, relativement à l'accroissement ou au décroissement du produit disponible. Le partage entre eux ne peut donc éprouver aucune difficulté dans une société formée, à moins que la loi qui en ordonne, ne perdît l'autorité despotique dont elle doit jouïr, et que l'impôt ne devînt arbitraire ; révolution qui, comme je l'ai déja dit, ne peut être que le fruit de l'ignorance, parce qu'elle ne peut arriver sans entraîner après elle la destruction de la propriété fonciere, et même de tous droits de propriété, par-conséquent de la Nation et de la Souveraineté.

Les loix essentielles et invariables de l'ordre physique ont donc de tous côtés circonscrit la co-propriété du Souverain ; de tous côtés on trouve en évidence les limites qui lui sont assignées comme *nécessaires* à la conservation de son plus grand revenu possible : ici, c'est le privilége du cultivateur : si ses droits ne lui sont conservés dans leur entier, plus de culture, plus de productions, plus de revenu, ni pour le Souverain ni pour la nation ; là, ce sont les dépenses inséparables de la propriété fonciere : si on lui enleve les moyens d'y [238] pourvoir, on met les terres dans la nécessité de se dégrader au point de rendre la culture impraticable, autre cause de l'anéantissement des produits ; de toutes parts enfin ce sont les attributs essentiels de cette même propriété fonciere, propriété dont le Souverain est obligé, pour son intérêt personnel, de protéger les droits, puisque c'est sur eux que les siens sont établis ; propriété sans laquelle la culture devenant presque nulle faute d'avances, les productions ne pourroient plus renaître ; propriété qui décide de la vénalité des terres et des dépenses qu'on fait pour les améliorer ; propriété qu'on ne peut par-conséquent détruire dans les sujets, sans détruire aussi le domaine même de la Souveraineté, et dont les produits ne peuvent croître à leur profit particulier, qu'ils ne croissent en même-temps au profit commun du revenu public.

De quels abus l'établissement de l'impôt pourroit-il donc être susceptible dans le gouvernement d'un seul? Il est physiquement impossible que le Souverain, sans se préjudicier à lui-même, veuille augmenter son revenu aux dépens de ceux de la nation; ainsi ce projet ne peut être formé de sa part, qu'autant qu'il seroit séduit et aveuglé sur ses véritables intérêts par l'ignorance de l'ordre qu'il lui est avantageux de garder dans toute sa pureté. Plus vous le supposerez avide de richesses, et plus il sera fortement attaché à la conservation de ce même ordre, *si son évidence est tellement publique, qu'on ne puisse lui en imposer sur cet article.*

Dans cette partie comme dans toutes les autres branches du gouvernement, si vous écartez l'ignorance, dont le despotisme est *nécessairement* destructif, parce qu'il est arbitraire, le despotisme personnel ne sera que le despotisme légal de l'évidence d'un ordre essentiel, dans lequel il est de toute nécessité que l'état des propriétaires fonciers *soit le meilleur état possible*, [239] afin que toutes les terres soient mises en valeur; qu'elles reçoivent toutes les améliorations dont elles sont susceptibles; que tous les genres de culture parviennent à leur dernier dégré de vigueur et de perfection; que le Souverain et la nation se maintiennent constamment dans la plus grande richesse possible; que l'ordre social enfin puisse remplir l'objet de l'institution des sociétés particulieres, et par la plus grande abondance possible des productions, assurer le plus grand bonheur possible à la plus grande population possible.

Si par une suite de quelques désordres qui auroient considérablement altéré les revenus des terres, l'impôt se trouvoit être démesuré, tellement exagéré que la part des propriétaires fonciers n'eût plus aucune proportion avec les charges inséparables de leur propriété, un tel malheur ne seroit pas l'effet du gouvernement d'un seul, mais celui des abus qui auroient ou accompagné ou suivi son institution. En pareil cas même on ne pourroit pas dire pourquoi le gouvernement d'un seul ne seroit pas plus propre que tout autre gouvernement à remédier à cet inconvénient: certainement il n'auroit besoin pour cela, que d'une connoissance évidente de l'ordre à rétablir: cette connoissance évidente une fois acquise, les intérêts, et conséquemment la volonté du Souverain, feroient que toutes les forces de la nation se porteroient de concert vers le rétablissement de cet ordre; il s'opéreroit donc alors ce rétablissement heureux; car il seroit moralement et même physiquement impossible qu'il ne

s'opérât pas. D'ailleurs il n'auroit rien d'embarrassant ; il consiste-
roit uniquement à faire cesser les désordres qui alterent les produits des terres : à mesure que ceux-ci reviendroient dans leur état
naturel, on verroit tout à la fois l'impôt s'alléger, et cependant
former un plus grand revenu public.

[240] Nous ne pourrions raisonner ainsi en parlant d'un gouvernement où l'autorité seroit partagée dans les mains de plusieurs :
le malheur commun de la nation seroit alors la source d'une multitude d'avantages particuliers, d'intérêts exclusifs, qui, quoique
divisés entre eux, seroient cependant toujours unis, quand il s'agiroit de faire force pour éloigner toute réforme. D'ailleurs on a déjà
vu que l'ordre réprouve cette forme de gouvernement ; qu'ainsi on
ne peut y supposer une connoissance évidente de l'ordre : sans cette
connoissance cependant le retour à l'ordre est impossible ; on ne
peut l'attendre que du despotisme légal de son évidence, tel qu'il
doit être dans le gouvernement d'un seul.

Avant de clore cette dissertation, je reviens sur une proposition
que j'ai ci-dessus avancée : j'ai dit que dans le cas supposé d'un
impôt démesuré, sans cependant être arbitraire, on n'auroit besoin
pour y remédier, que d'une connoissance évidente de l'ordre. Cette
proposition est d'autant plus vraie, que ce désordre ne peut exister
sans causer des maux évidents ; il ne manque donc alors pour les
faire cesser que la connoissance évidente de leurs causes, et de la
nécessité du retour à l'ordre. Quand je dis que ces maux sont évidents, c'est qu'il suffit des yeux du corps pour voir évidemment
quand la culture est languissante ; quand il reste beaucoup de
terres en friche ; quand il se fait une dégradation progressive dans
cette partie ; quand la population diminue ; quand les revenus
naturels et réels s'éteignent successivement ; quand les revenus
factices et simulés les remplacent pour les surcharger de plus en
plus : tels sont en général les effets destructeurs d'un impôt démesuré, ou plutôt désordonné, de tout gouvernement enfin où le sort
du propriétaire foncier n'est pas ce qu'il devroit être, où son état
n'est *pas le meilleur* [241] *état possible*. Quelles que soient les
causes de ce désordre, il est certain qu'on ne peut les faire cesser
qu'après les avoir approfondies, qu'après avoir acquis une connoissance évidente de l'ordre dont on s'est écarté sans le savoir : il est
certain encore que dans un État monarchique, cette connoissance
évidente suffit pour rétablir cet ordre, parce qu'alors les intérêts

communs du Souverain, des propriétaires fonciers, de tous ceux qui tiennent *nécessairement* au corps politique de l'État, veulent absolument ce rétablissement; en un mot, parce que toutes les volontés, et par-conséquent toutes les forces de l'État se réunissent à cet effet dans le Souverain.

C'est donc une vérité bien constante que par-tout où regne une connoissance évidente et publique de l'ordre naturel et essentiel à chaque société, par-tout où le despotisme personnel est légal, l'autorité, bien loin de pouvoir devenir abusive par rapport à l'institution du revenu public, se trouve être nécessairement le plus ferme appui de cet ordre, et cela par la seule raison qu'il est l'unique moyen par lequel le Souverain puisse s'assurer le plus grand revenu possible.

Cet ordre, ai-je dit, se trouve tout entier renfermé dans deux regles fondamentales : la premiere, que l'impôt n'ait rien d'arbitraire ; la seconde, qu'il ne soit que le résultat de la co-propriété acquise au Souverain dans les produits nets des terres de sa domination. En développant ces deux regles essentielles j'ai fait voir comment elles tenoient l'une à l'autre ; comment l'ordre physique avoit posé les bornes évidentes des droits résultants de cette co-propriété ; combien il importe au Souverain même de respecter, de maintenir l'institution naturelle de ces bornes salutaires. Mais en supposant cet ordre nécessaire gardé comme il doit l'être, il s'ensuit [242] que la perception de l'impôt est assujettie à une forme essentielle, à une forme qui le met *nécessairement* à l'abri de tous les inconvénients que le Souverain a tant d'intérêt d'écarter. Cette forme est facile à découvrir d'après les principes que je viens d'établir ; cependant elle a été jusqu'à présent si peu connue, et les pratiques qui lui sont opposées, sont si universellement adoptées, que je crois devoir en parler de maniere que les préjugés les plus accrédités ne puissent échapper à la force de l'évidence avec laquelle je me propose de les combattre.

CHAPITRE XXX.

De la forme essentielle de l'impôt. Dans quel cas il est direct, *et dans quel cas il est* indirect. *Il est deux sortes d'impôts indirects, celui sur les personnes, et celui sur les choses commerçables : tous deux sont nécessairement arbitraires. Pourquoi on leur donne le nom d'impôt indirect.*

L'IMPOT est *une portion prise dans les revenus annuels d'une Nation, à l'effet d'en former le revenu particulier du Souverain, pour le mettre en état de soutenir les charges annuelles de sa Souveraineté.* De cette définition résulte évidemment que l'impôt, qui n'est qu'une portion d'un produit net annuel, ne peut être établi que sur les produits nets annuels ; car produit net et revenu ne sont qu'une seule et même chose : qui dit un revenu, dit une richesse disponible, une richesse qu'on [243] qu'on peut consommer au gré de ses desirs, sans préjudicier à la reproduction annuelle ; or on a déjà vu qu'il n'y a que les produits nets qui soient ainsi disponibles.

Ces premieres notions nous indiquent quelle est la forme essentielle de l'impôt : *ce qui n'est qu'une portion d'un produit net, ne peut être pris que sur un produit net* ; on ne peut donc demander l'impôt, qu'à ceux qui se trouvent possesseurs de la totalité des produits nets dont l'impôt fait une partie.

Ainsi la forme essentielle de l'impôt consiste à prendre *directement* l'impôt où il est, et à ne pas vouloir le prendre où il n'est pas. D'après ce que j'ai dit dans les chapitres précédents, il est évident que les fonds qui appartiennent à l'impôt, ne peuvent se trouver que dans les mains des propriétaires fonciers, ou plutôt des cultivateurs ou fermiers qui à cet égard les représentent : ceux-ci reçoivent ces fonds de la terre même ; et lorsqu'ils les rendent au Souverain, ils ne donnent rien de ce qui leur appartient ; c'est donc à eux qu'il faut demander l'impôt, pour qu'il ne soit à la charge de personne. Changer cette forme *directe* de l'établissement de l'impôt, pour lui donner une forme *indirecte*, c'est renverser un ordre naturel dont on ne peut s'écarter, sans les plus grands inconvénients.

La forme de l'impôt est *indirecte* lorsqu'il est établi ou sur les personnes mêmes ou sur les choses commerçables : dans l'un et l'autre cas les préjudices qu'il cause au Souverain et à la nation sont énormes et inévitables ; et ils sont à-peu-près les mêmes, quoiqu'ils ayent une marche et une gradation différentes.

L'impôt sur les personnes est *nécessairement* un impôt *arbitraire*, destructif par-conséquent du droit de propriété ; car quelle mesure évidente peut-on suivre pour fixer la quotité [244] d'un tel impôt? Il est impossible d'en indiquer une : par lui-même notre individu ne fait que des consommations ; par lui-même il ne produit rien, et ne peut rien payer; il n'y a donc aucun rapport connu, disons plus, aucun rapport possible entre nos individus et un impôt établi sur eux: un tel impôt ne peut avoir d'autre mesure que l'estimation *arbitraire* de celui qui en ordonne ; car tout ce qui n'a rien d'*évident* est *arbitraire*.

L'impôt sur les choses commerçables a le même défaut : sous quelque aspect qu'on l'envisage, il est impossible de partir d'un point évident pour en déterminer la proportion : le prix auquel la chose imposée sera vendue, est adventice et très-inconstant ; les facultés de celui qui la vendra, et ce qu'elle lui coûte à lui-même, sont des particularités totalement ignorées ; les richesses de celui qui l'achetera ou qui voudra l'acheter pour la consommer, ne peuvent même se présumer ; la quantité de choses semblables qui pourront être consommées, loin d'être uniforme, est sujette à mille variations ; cet impôt, soit dans son produit total, soit dans ses proportions avec les objets qui ont rapport à lui, n'ayant ainsi rien que d'incertain et d'inconnu, il est impossible qu'il ne soit pas *arbitraire*.

L'impôt sur les personnes ou sur les choses commerçables étant donc absolument et *nécessairement* un impôt *arbitraire* , c'en est assez pour le rendre incompatible avec l'ordre essentiel des sociétés, et cela, en supposant même que cet impôt ne forme point un double emploi; je veux dire, que le Souverain n'ait pas déjà pris *directement* la portion qui lui revient dans les produits nets des terres.

Quand je dis qu'un tel impôt, en cela seul qu'il est arbitraire, devient incompatible avec l'ordre essentiel des so[245]ciétés, il faut prendre à la lettre cette façon de parler. En effet qu'est-ce que c'est que la propriété foncière ? C'est une propriété représentative de la propriété mobiliaire, par la raison qu'un bien-fonds repré-sente les richesses mobiliaires qu'on a dépensées pour l'acquérir. Qu'est-ce que c'est qu'une propriété mobiliaire ? C'est la propriété personnelle même, considérée dans les effets qu'elle doit produire nécessairement : on ne peut être propriétaire de son individu, qu'on ne le soit aussi de ses travaux et par-conséquent des fruits qui en résultent. Ainsi, à proprement parler, il n'y a qu'un seul droit de propriété, qui est la propriété personnelle; ainsi c'est cette propriété personnelle que vous anéantissez, lorsque vous faites violence à la propriété mobiliaire; ainsi cette violence éteint le germe de la propriété foncière qui n'est qu'une autre branche de la propriété personnelle ; ainsi par l'impôt arbitraire dont il s'agit tous droits de propriété, et par-conséquent toute société se trouvent détruits.

Impossible d'ailleurs que la répartition de l'impôt soit *arbitraire*, sans que chacun cherche à payer le moins qu'il peut, et à se décharger de sa cottisation sur les autres : ce point de vue prête à tous les écarts de l'opinion ; impossible qu'à cet égard elle ne soit souvent blessée, et qu'elle le soit sans causer des inimitiés cruelles : la haine, la jalousie, la vengeance, les affections particulieres, les intérêts personnels, le déreglement des mœurs, voilà donc ce qui préside à cette répartition ; impossible qu'elle ne devienne pas un moyen d'oppression ; une pratique destructive, et par-conséquent toujours redoutable. De la crainte qu'elle imprime, naît naturelle-ment et *nécessairement* dans la plupart des contribuables, la ferme résolution de ne point s'exposer à ses fureurs ; ils ne voyent point de plus grand intérêt pour eux que de dérober à la société, la [246] connoissance du peu de richesses qu'ils possédent; bien loin d'en faire des emplois utiles pour eux et pour les autres, ils en sont détournés par cette même crainte, chaque fois que ces emplois sont de nature à acquérir une certaine publicité.

Ce système léthargique s'étend jusqu'à ceux qui n'ont pour tout bien que leurs salaires journaliers : ils voyent que la répartition arbitraire de l'impôt ne leur permet pas d'accumuler ces mêmes salaires ; ils voyent que leur droit de propriété mobiliaire n'ac-quiert une réalité que par les consommations qu'ils peuvent faire clandestinement, et que ce droit n'a pour eux, d'autre durée que celle du moment même où ils consomment : pleins de cette idée qu'une expérience journalière nourrit et fortifie, ils se gardent bien de mettre un intervalle entre le gain de leurs salaires et leur consommation : sitôt que ces salaires sont acquis, ils se hâtent de les dépenser, et ils ne retournent au travail, que lorsqu'ils y sont rappellés par la nécessité.

Cette politique *naturelle* est tellement adoptée par tous les malheureux qui gémissent sous le poids d'une imposition *arbitraire*, que bien des gens se sont persuadé qu'il importoit au bien public que ces hommes fussent toujours tenus dans un état d'indigence : ô vous, qui croyez que le malheur des uns est nécessaire au bonheur des autres, quelle idée vous êtes-vous donc formée de la justice et de la bonté de Dieu ? Quelle notion avez-vous du *bien public*, lorsque vous condamnez à une misere habituelle, la majeure partie des hommes dont *le public* est composé ? Brisez les chaînes qui empêchent ces infortunés de se mouvoir ; changez leur état d'*oppression*, en un état de *propriété* et de *liberté* ; alors vous ne verrez plus en eux que des hommes commes vous ; des hommes avides de jouissances, cherchant à les multiplier par des travaux, *et pour* [247] *leur utilité personnelle devenant utiles à tous.*

Quand même il seroit possible qu'un impôt *arbitraire* n'occasionnât aucun des abus dont il est susceptible, comme arbitraire, la forme d'un tel impôt, qui contraste avec l'ordre physique, ne renfermeroit pas moins en elle-même des inconvénients *nécessaires*, qui deviennent, malgré nous, tellement destructifs des richesses de l'Etat, qu'il nous est physiquement impossible d'arrêter le cours de cette destruction.

Les inconvénients dont je veux parler sont dans la nature même de l'impôt *indirect*. Le nom qu'on lui donne ici annonce qu'il n'est point supporté par ceux sur lesquels il semble être *directement* établi, et cela est vrai, comme on le verra dans les Chapitres suivants : lors même qu'il paroît totalement étranger aux propriétaires fonciers, il retombe sur eux, et à grands frais ; car il leur coute toujours beaucoup plus qu'il ne rend au Souverain ; il leur occasionne même en certains cas, des pertes seches dont personne ne profite ; des diminutions progressives de la masse commune des richesses disponibles, dans lesquelles le Souverain doit partager, et qui sont la mesure de la puissance politique.

Si ces inconvénients avoient été connus, s'ils avoient été mis en évidence, certainement ils auroient fait proscrire pour jamais tout impôt *indirect :* aucun Souverain n'auroit cherché à augmenter son revenu par des procédés qui le détruisent, et qui, par cette raison même, ne peuvent être mis en pratique, qu'ils ne le constituent dans la cruelle nécessité d'augmenter d'année en année de tels impôts, par-conséquent d'aggraver d'année en année les maux qu'ils occasionnent. C'est donc dans cette évidence que nous devons puiser nos arguments pour achever de démontrer qu'il est pour l'impôt une forme essentielle, une forme dont le Souverain ne peut s'é[248]carter qu'à son préjudice ; qu'ainsi ses intérêts en cette partie sont tellement liés à ceux de la nation, que pour rendre impossible tous les abus qu'elle auroit à redouter, il suffit d'unir à l'autorité personnelle du Souverain, l'autorité despotique de cette même évidence ; de rendre, en un mot, *publiquement évident* combien il perdroit en voulant s'écarter d'un ordre qui lui assure constamment son plus grand revenu possible, et le plus haut degré de puissance auquel il puisse espérer de parvenir.

CHAPITRE XXXI.

De la forme directe de l'impôt. Combien elle est avantageuse
au Souverain. Combien une forme indirecte lui seroit pré-
judiciable. Une forme indirecte occasionne nécessairement
des doubles emplois dans l'établissement de l'impôt. Incon-
vénients de l'arbitraire, qui forme le premier caractere de
ces doubles emplois.

La forme directe de l'impôt est une forme essentielle, sous
quelque rapport qu'elle soit considérée : soit que vous consultiez
les intérêts du Souverain, soit que vous consultiez ceux de ses
sujets, vous la trouverez d'une égale nécessité.

Qu'est-ce que l'impôt dans l'ordre essentiel des sociétés ? C'est le
produit d'un partage dans le revenu des terres ; partage qui se fait
en vertu d'un droit de co-propriété qui appartient au Souverain.
Un tel impôt est donc aussi certain que [**249**] la renaissance
annuelle des revenus de la nation ; il est établi sur l'ordre physique de la reproduction ; il l'est encore sur notre constitution
même ; sur les mobiles qui nous portent naturellement à nous
assurer de la reproduction, à l'accélérer et l'accroître autant qu'il
est en notre pouvoir.

Ainsi dans l'ordre essentiel des sociétés, l'impôt est totalement
indépendant ; le produit qu'il donne annuellement, est le fruit
nécessaire d'un enchaînement de diverses causes, qui seront toujours les mêmes, et qui produiront toujours les mêmes effets. Mais
il ne peut conserver cet avantage précieux, qu'autant qu'on ne
change point sa forme essentielle ; que le Souverain prend directement la part proportionnelle que sa co-propriété lui donne droit
de prendre dans les produits nets des terres de sa domination.

Si le Souverain cessoit d'user ainsi de son droit, de partager
directement dans les produits nets, par quelle voie pourroit-il
s'en dédommager ? Dans quelles mains iroit-il chercher l'impôt
qu'il auroit laissé dans celles des propriétaires fonciers ? Quelles

que fussent les personnes auxquelles il voulût s'adresser à cet effet, elles ne pourroient lui *remettre* l'impôt, qu'autant qu'elles-mêmes l'auroient reçu de ceux qui en font renaître les fonds annuellement : mais s'il dépend arbitrairement de ceux-ci de se dessaisir de ces fonds ou de les garder, le recouvrement de l'impôt devient dépendant de tous les caprices de l'opinion dans les sujets, et le revenu public, n'est plus un revenu *certain*, tel qu'il doit l'être pour l'intérêt commun du Souverain et de la nation.

Indépendamment de cette incertitude, dont les suites ne peuvent être que funestes, la lenteur du recouvrement seroit encore un inconvénient majeur : les fonds de l'impôt restés dans les mains des propriétaires fonciers, ne pourroient [**250**] en sortir que peu-à-peu, et souvent par une suite d'opérations très-tardives : en attendant qu'ils parvinssent au Souverain, par quels moyens pourroit-il subvenir aux charges journalières dont le revenu public est grévé ? Les ressources qu'il trouveroit peut-être en pareil cas, lui seroient *nécessairement* vendues fort cher ; et leur cherté aggraveroit encore de plus en plus le mal auquel il seroit toujours pressé de remédier.

Je suis propriétaire d'une terre qui me donne un revenu annuel de quatre mille livres, et qui paye au Souverain deux mille livres d'impôt. Le revenu du Souverain naît et se perçoit en même-temps que le mien : sur le retour périodique et constant de cette richesse, nous pouvons également régler notre dépense de chaque jour : en cela nous jouïssons d'un avantage *nécessaire*, parce que chaque jour est marqué par des dépenses qui ne peuvent se différer. Voilà comment le revenu public se forme dans l'ordre naturel ; mais si au préjudice de ce même ordre, on me laisse possesseur des deux milles livres qui doivent appartenir au Souverain ; si elles ne peuvent arriver jusqu'à lui, qu'autant que mes dépenses les font passer par des mains étrangeres, il peut très bien se faire qu'il ne reçoive jamais une partie de ces deux mille livres, et que le peu qu'il en touchera, ne lui parvienne que long-temps après le moment du besoin.

Nous voyons donc évidemment qu'il est physiquement et socialement impossible de dénaturer ainsi le revenu public ; qu'il est physiquement et socialement impossible qu'on puisse subvenir à des dépenses certaines et journalières, par le moyen d'une richesse accidentelle et incertaine dans sa quotité comme dans la marche de son recouvrement ; par-conséquent qu'il est d'une nécessité physi-

que et sociale que le Sou[251]verain prenne directement et immédiatement dans les produits nets, la part proportionnelle qui lui
appartient en vertu de son droit de co-propriété.

Si vous doutez encore de cette vérité, jettez un coup d'œil sur la
société ; voyez comme elle se divise sommairement en deux classes
d'hommes ; les uns qui sont toujours premiers propriétaires des
productions renaissantes ; les autres qui ne participent à ces productions, qu'autant qu'ils les reçoivent en payement des travaux
de leur industrie. Examinez ensuite quelle est celle de ces deux
classes qui est annuellement créatrice des produits dans lesquels le
Souverain doit partager ; et comment ces produits passent de
cette première classe à la seconde : bientôt vous reconnoîtrez que
tous les revenus de la seconde classe ne sont que des especes de
salaires qui lui sont payés par les premiers propriétaires des productions ; par-conséqent que cette seconde classe, qui jamais n'est
créatrice des valeurs qu'elle consomme ou qu'elle dépense, ne peut
donner qu'en raison de ce qu'elle reçoit de ces premiers propriétaires ; qu'elle ne reçoit d'eux qu'à mesure qu'ils jugent à propos
d'acheter ses services ; qu'ainsi l'impôt, qui ne seroit établi que
sur les salaires ou les prix payés pour ces services, se trouveroit
toujours acquitté par les productions, mais ne pourroit jamais
avoir rien de certain.

C'est donc une vérité de la plus grande évidence, que l'impôt
doit être pris sur les produits nets des terres, et demandé par-conséquent à ceux qui sont possesseurs de ces produits : ceux-là ne sont,
pour ainsi dire, que dépositaires des fonds destinés à l'impôt ;
c'est à eux qu'il faut directement s'adresser pour faire passer ce
dépôt, de leurs mains dans celles du Souverain immédiatement.

[252] Je m'attends bien qu'on m'accordera sans peine que le
Souverain doit partager dans le produit net des terres, avec les
propriétaires fonciers, et qu'il faut éviter tout circuit pour le faire
jouïr de la portion qu'il doit prendre dans ce produit. Mais ce
qu'on me contestera sans doute, c'est que le Souverain ne puisse
augmenter *constamment* son revenu par d'autres voies, par d'autres
impôts établis sur d'autres richesses que sur les produits nets des
terres.

Si pour décider cette question nous remontons aux premieres
notions de l'impôt et de l'ordre immuable suivant lequel les
richesses se consomment et se reproduisent, nous ne concevrons

plus qu'elle puisse être proposée sérieusement ; nous chercherons envain ces autres richesses sur lesquelles on pourroit établir un impôt à perpétuité, et sans les anéantir ; nous n'en trouverons point qui puissent se prêter à nos vues, parce que nous n'en trouverons point qui, lorsqu'elles ont été dépensées, puissent se renouveller par un autre moyen que par un partage dans le produit des terres ; en un mot, nous reconnoîtrons ce produit pour être la seule et unique richesse annuellement renaissante dans la société, pour fournir à toutes les dépenses de la société ; une fois convaincus qu'il ne peut circuler dans la société d'autre richesse qu'un produit sur lequel on a dû commencer par prélever l'impôt, nous nous bornerons à demander si la même richesse peut, sans inconvénient, payer plusieurs fois la même dette ; car c'est-là que cette question alors se réduira.

L'impôt, considéré par rapport à celui qui le paye, est une dépense annuelle, qui certainement ne peut être supportée que par une reproduction annuelle. Pour que je puisse tous les ans payer 100 pistoles à l'impôt, et cela sans interruption, il est d'une nécessité absolue qu'il y ait une cause [253] productive qui tous les ans aussi renouvelle dans mes mains, ces mêmes 100 pistoles : il est sensible qu'une fois que je les ai données, je ne les ai plus, et qu'il faut qu'elles me soient rendues, pour que je puisse les donner une seconde fois. Quel que soit celui qui me les rende, il en est de lui comme de moi ; il ne peut me les rendre *toujours*, qu'autant qu'on les lui rend à lui-même ; il faut donc que cette chaîne aboutisse à un homme pour qui cette somme se renouvelle *toujours* par la voie de la reproduction, et qui, de main en main, me la fasse passer pour la donner à l'impôt. Mais dans ce cas je demande, qui est-ce qui paye l'impôt ? Est-ce moi, qui ne fais que recevoir ces 100 pistoles pour les porter à l'impôt ? Ou bien est-ce celui par qui ces 100 pistoles me sont fournies ? Je crois qu'on ne doit point être embarrassé pour me répondre ; et qu'il est évident que le premier qui fournit les 100 pistoles, est celui qui paye véritablement l'impôt : à cet égard, je ne suis, en quelque sorte, qu'un agent intermédiaire entre lui et l'impôt.

L'argent, qui est le gage et le signe de toutes les valeurs, et dont, par cette raison, on se sert pour payer l'impôt, ne pleut point dans nos mains : personne n'a d'argent qu'autant qu'il l'achete, qu'autant qu'il échange une valeur quelconque pour de l'argent. Si donc je paye l'impôt avec de l'argent *que je n'ai point acheté*, avec de l'argent en échange duquel je n'ai fourni aucune valeur, il est certain que ce n'est pas sur moi que frappe l'impôt, mais bien sur celui qui m'a donné l'argent nécessaire pour satisfaire à ce payement : c'est le cas de ces hommes publics, qui tous les jours font des payements considérables sans s'appauvrir, parce qu'ils les font pour le compte d'autrui, et avec l'argent d'autrui.

Ces premières notions, toutes simples qu'elles sont, nous [254] conduisent cependant à voir très-clairement par qui se trouve acquitté un impôt qui semble n'être pas établi sur les premiers propriétaires du produit des terres. Dans la main de ces premiers propriétaires on ne voit que des valeurs en productions ; que des productions en nature, ou des sommes d'argent qui les représentent ; dans la main des autres hommes on ne voit que de l'argent reçu en échange de travaux, et l'on se persuade que ce sont ces travaux qui ont produit cet argent ; on ne prend pas garde que dans cette dernière main, il n'est point une valeur nouvellement reproduite ; qu'il n'est au-contraire qu'une portion de ces mêmes valeurs qui déjà appartenoient aux premiers propriétaires des productions, et avoient été partagées entre eux et le Souverain. L'argent qui sert à payer l'impôt, peut bien successivement passer dans plusieurs mains ; mais il faut examiner si le dernier qui le porte à l'impôt, a fourni la valeur de cet argent : s'il ne l'a pas fournie, il nous faut remonter à celui qui lui a remis l'argent, et poursuivre ainsi notre recherche jusqu'à ce que nous ayons trouvé le véritable propriétaire de cet argent, celui qui réellement *l'a acheté*, mais qui ensuite, au lieu de le *revendre*, l'a *donné* pour le faire passer de main en main à l'impôt.

J'ai à mes gages un homme à qui je donne 100 francs, parce que 100 francs sont le prix nécessaire de sa main-d'œuvre, le prix fixé par une concurrence établie sur une grande liberté ; ces 100 francs sont à lui ; il les reçoit de moi en échange d'une valeur de 100 francs en travaux : établissez sur lui un impôt de la même somme ; il ne pourra plus vivre, à moins que je ne lui donne 200 francs. Cependant pour ces 200 francs, je ne recevrai de lui que les mêmes travaux, que la même valeur qu'il me donnoit auparavant : il y aura donc la moitié de cette somme que je ne lui donnerai sans qu'il l'a [255] chete, et dont il se servira pour payer l'impôt : d'après cela n'est-il pas sensible que c'est sur moi que l'impôt retombe, et non sur lui ?

Tout impôt acquitté par un salarié dont les salaires augmentent en proportion, n'est certainement point supporté par le salarié ; cet impôt est à la charge de ceux qui, par l'augmentation de ses salaires, lui fournissent gratuitement les moyens de payer. On me dira peut-être qu'un tel impôt n'occasionne pas toujours une pareille augmentation de salaire ; c'est un article que j'examinerai dans un autre moment : quant à présent n'abandonnons point notre objet, et démontrons rigoureusement que *toute richesse sur laquelle on voudroit établir un impôt, n'est qu'une portion du produit des terres, produit qui déja se trouve avoir payé l'impôt.*

Il est certain que cette proposition ne peut souffrir aucune difficulté par rapport aux propriétaires fonciers : un impôt établi sur eux personnellement, et en considération des revenus que leur donnent leurs propriétés foncieres, forme bien évidemment un double emploi : ils ne peuvent payer cet impôt qu'avec un produit qui ne passe dans leurs mains, qu'après qu'on en a séparé la portion destinée pour l'impôt, et qui est totalement distincte de celle qui doit leur rester en propriété. Si le double emploi peut paroître douteux, ce n'est donc que relativement aux impôts sur les autres hommes : ainsi c'est-là l'objet particulier qui doit fixer notre attention.

Les richesses ne nous parviennent que de deux manieres ; par la voie de la reproduction qui les multiplie, ou par quelque opération en vertu de laquelle nous sommes admis à partager dans le bénéfice de cette multiplication. En deux mots, il faut tenir ses richesses ou de la terre immédiatement, ou de ceux au profit de qui la terre les a reproduites. Un hom[256]me salarié peut bien en salarier d'autres à son tour ; mais cet homme ne fait que partager ce qu'il a reçu et ne peut continuer de donner qu'autant qu'il continue de recevoir : il faut donc que nous remontions à une source primitive de tous les salaires qui se distribuent ; à une source qui d'elle-même les renouvelle perpétuellement ; car ils sont tous destinés à être absorbés par la consommation.

Tous les cas où il se fait des payements en argent, reviennent à celui que j'ai ci-dessus supposé : il faut que je tienne de quelqu'un les 100 francs que je donne à mon salarié ; mais pour avoir ces 100 francs, il a fallu que je les achetasse, que je donnasse en échange une autre valeur égale : ainsi au fonds mon opération est pour moi la même que si j'avois donné tout simplemeut à mon salarié,

celte autre valeur en nature, au lieu de la convertir en argent :
impossible donc que je puisse *toujours* salarier en argent ce même
homme, si tous les ans cette autre valeur ne se renouvelle pour moi.
Je sais que je peux *la gagner* par mon industrie, au lieu de me la
procurer par la voie de la reproduction annuelle ; mais pour que je
la gagne, il faut qu'elle *existe* ; par-conséquent qu'il y ait une classe
d'hommes pour qui elle renaisse annuellement. Cette classe
d'hommes est évidemment la classe propriétaire des productions :
cela n'a pas besoin de commentaire ; ainsi c'est de cette classe,
c'est des richesses qu'elle fait renaître, que proviennent toutes les
richesses qui se distribuent parmi les autres hommes.

Cette vérité est une vérité fondamentale qu'il est nécessaire de
mettre dans le plus grand jour. Pour la rendre plus sensible, proscrivons pour un moment l'usage de l'argent, banissons-le du commerce, et n'y faisons plus entrer que des productions et des marchandises en nature. Dans cette [257] hypothèse vous ne voyez plus
que les premiers propriétaires des productions qui puissent communiquer des richesses aux autres hommes : c'est cette classe propriétaire qui fournit les matieres premieres des marchandises ; c'est
cette classe propriétaire qui donne des productions en échange
des travaux de main-d'œuvre ; une partie de ces productions
peuvent passer de main en main jusqu'à ce qu'elles soient entiérement consommées ; mais dans quelque main que vous les trou-
viez, vous ne voyez toujours en elles, qu'une richesse qui provient
de cette classe propriétaire.

En-vain direz-vous que les agents de l'industrie, en façonnant
les matieres premieres, en ont augmenté les valeurs ; je le veux
bien ; mais qui est-ce qui leur a payé cette augmentation ? la classe
propriétaire, qui, pour salaires de leurs travaux, leur a donné des
productions ; ainsi la valeur de leurs travaux ne se réalise pour
eux, qu'autant qu'elle est convertie en productions ; ainsi les
richesses que leurs travaux leur procurent, ne sont point de nouvelles richesses dont ils soient créateurs ; ce ne sont que des valeurs
qui existoient déja, et qui tout simplement n'ont fait que passer
des mains de la classe propriétaire dans les leurs.

Ne nous arrêtons pas plus long-temps à la fausse idée qu'on a de
cette prétendue augmentation que l'industrie paroît procurer à la
premiere valeur des matieres qu'elle employe ; poursuivons notre
hypothèse ; et sans rétablir l'usage de l'argent, formons le revenu

public. N'est-il pas évident qu'il ne peut plus être composé que de productions en nature ? N'est-il pas évident qu'une fois que le Souverain aura pris dans cette masse de productions, toute la portion qu'il doit y prendre, ces mêmes productions ne doivent plus rien à l'impôt, et que s'il veut partager de nouveau dans ces valeurs, ce nou[258]veau partage est un double emploi ? Pourquoi, dira-t-on, ne pourroit-il pas aussi exiger en nature des valeurs en travaux de l'industrie ? J'y consens ; mais tandis que les agents de l'industrie travailleront pour le Souverain, qui est-ce qui les nourrira ? Qui est-ce qui leur donnera les moyens de subvenir aux diverses dépenses auxquelles ils sont chaque jour assujettis par leur existence ? Ne voyez-vous pas qu'une valeur en travaux, n'est qu'une valeur en consommations déjà faites ou du-moins à faire *nécessairement* par l'ouvrier personnellement ? Qu'ainsi il est impossible que les travaux soient faits, si quelqu'un ne fournit les choses qui entrent dans ces consommations ? Si ce quelqu'un est le Souverain, c'est donc lui qui paye les travaux ; si c'est un autre homme, les travaux exigés par le Souverain deviennent donc un impôt indirect sur les productions que cet autre homme possede ; et cet impôt pris sur une richesse qui ne lui doit plus rien, forme donc évidemment un double emploi.

Cette façon de présenter les salaires de l'industrie payés par les productions en nature, n'a rien d'imaginaire : si l'argent sert à faire ces payements, c'est parce qu'avec de l'argent on se procure les choses usuelles qui entrent dans nos consommations : l'argent n'est ainsi qu'un intermédiaire ; et lorsque nous l'écartons pour ne plus voir que les choses qu'il représente, nous ne faisons que simplifier les opérations qu'il complique. On sent bien, comme je viens de le dire, qu'on ne peut avoir de l'argent, qu'autant qu'on l'achete, en donnant d'autres valeurs en échange : pour avoir *toujours* de l'argent, il faut donc avoir *toujours* des valeurs avec lesquelles on puisse l'acheter. Mais ces valeurs sont des choses que nous anéantissons par nos consommations ; nous n'avons par-conséquent que la reproduction qui puisse nous restituer ces valeurs [259] après que nous les avons consommées : il faut qu'elles soient *reproduites*, pour que la circulation de l'argent se perpétue par le moyen des échanges qu'on fait de l'argent contre ces productions.

Dans toutes les opérations de commerce que les hommes font entre eux, il est un point fixe sur lequel nous ne devons cesser d'attacher nos regards : ce point fixe est la consommation des choses usuelles. L'argent circule, mais ne se consomme point : sa circulation n'est au fonds, qu'une continuité d'échanges faits de l'argent contre les choses que nous consommons, c'est-à-dire, contre les productions ; car on n'échange pas de l'argent contre de l'argent : on l'échange quelquefois contre des travaux ; mais dans ce cas, comme dans tous les autres, il n'est qu'un gage intermédiaire ; les ouvriers qui le prennent en payement, ne le reçoivent que parce qu'il représente une valeur en productions : sans cela ils exigeroient des productions, et refuseroient votre argent.

De tout ceci il résulte qu'une valeur en argent n'est au fonds qu'une valeur en productions, qui n'a fait que changer de forme, sans rien gagner à ce changement. Ainsi tout ce que vous ne pouvez prendre sur les productions même, vous ne pouvez aussi le prendre sur l'argent qui n'est que leur représentant.

J'ai 100 mesures de bled qui ne vous doivent rien : si je les convertis en 100 écus d'argent, il s'ensuivra que ces 100 écus ne vous doivent rien non plus ; et que si je dispose de cet argent au profit de quelqu'un que j'emploie, la totalité de cette somme lui appartient, comme lui auroit appartenu la totalité de mon bled, si je le lui avois remis en nature. Ajoutez à cela que dans quelques mains que passent successivement ces 100 écus, ils sont toujours également dans le cas [260] de ne rien vous devoir, parce qu'ils sont toujours une valeur représentative d'une valeur en bled qui ne vous devoit rien.

Ces vérités, ainsi simplifiées, doivent paroître triviales, et je le souhaite : leurs conséquences en seront plus frappantes, plus victorieuses. Cependant quelque simples, quelque évidentes qu'elles soient, on les a perdu de vue dans la pratique chez presque toutes les nations policées. La circulation de l'argent a fait illusion au point qu'on ne s'est plus occupé que de l'argent. Par le moyen de cette circulation, dont on néglige d'examiner les causes, on le voit revenir dans les mains des agents de l'industrie ; et l'on prend ce retour pour une reproduction : en conséquence, on se persuade que cette reproduction *simulée* peut produire les mêmes effets qu'une reproduction *réelle*. D'après cette méprise on a conclu qu'une partie de cette prétendue reproduction devoit entrer dans la formation du revenu public ; on n'a pas fait attention que l'argent reçu par ces agents, n'étoit qu'une valeur *factice et conventionnelle*, établie dans

la société, pour être le gage et le *représentant* des valeurs en productions; qu'ainsi prendre une partie de cet argent pour l'appliquer
au revenu public, c'étoit prendre dans les productions même, une
nouvelle portion en sus de la premiere appartenante à ce même
revenu, et qu'on avoit déja remise au Souverain.

Les termes d'agents de l'industrie et de salaires ne doivent point
être pris ici dans un sens étroit et littéral : ce que je dis à leur sujet
doit s'étendre et s'appliquer à tous les hommes qui, sans être premiers propriétaires des productions, jouïssent cependant d'un
revenu quelconque : ce n'est que sur la reproduction que ces revenus
se trouvent établis ; ils ne sont que des portions plus ou moins fortes
des produits de la culture.

[261] Le propriétaire d'une maison la loue mille francs par an,
certainement ce n'est pas cette maison qui produit elle-même ces
mille francs dont jouït annuellement ce propriétaire; il ne les reçoit,
qu'autant qu'il trouve un locataire en état de les lui payer chaque
année. Ainsi premiere vérité : *Le loyer d'une maison n'est point,
pour la société, une augmentation de revenu, une création de
richesses nouvelles; il n'est au-contraire qu'un mouvement, qu'un
changement de main, qui survient dans la possession d'une richesse
déja existante :* le propriétaire qui a reçu son loyer, ne se trouve
avoir 1000 francs; que parce qu'un autre qui les avoit, ne les a plus.

Considérons donc cette somme de 1000 livres dans les mains du
locataire, et voyons d'où elle peut lui provenir annuellement. Si
cet homme est un propriétaire foncier, cette somme représente,
dans ses mains, une pareille valeur en productions qu'il a converties
en argent, après les avoir partagées avec le Souverain, et dont ce
même homme doit librement disposer, en vertu de la pleine propriété qui lui en est acquise par ce partage. Ainsi seconde vérité :
*Le loyer d'une maison n'est qu'une portion d'une richesse qui ne
doit plus rien à l'impôt.*

Ce locataire, il est vrai, peut n'être pas un propriétaire foncier :
alors il nous faut examiner qui est-ce qui lui fournit tous les ans,
les 1000 livres pour payer son loyer; car il n'est point créateur de
cette somme. Il l'acquiert, me direz-vous, par ses salaires; mais
ceux qui lui payent annuellement ces salaires, ne sont-ils pas obligés d'acheter l'argent par des valeurs qu'ils donnent en échange, et
qui ne reviennent plus dans leurs mains ? Il faut donc que *toujours*
ces 1000 livres partent primordialement des propriétaires fonciers,

les seuls pour qui renaissent chaque année des valeurs [262] avec lesquelles ils achetent l'argent, pour l'employer ensuite à payer des salaires, et généralement tout ce qu'on peut assimiler à cette sorte de dépense.

Je sais qu'entre ces propriétaires fonciers et ce locataire, il peut se trouver plus ou moins d'intermédiaires; mais leur nombre n'y fait rien : ce ne sont que des dégrés de plus pour remonter à la reproduction, source primitive de la circulation de l'argent. Toutes les valeurs qu'on donne en échange de l'argent, sont des choses qui se consomment : si ces mêmes choses n'étoient pas reproduites, il ne se pourroit plus faire ni échanges, ni circulation d'argent. Ainsi ce n'est jamais que la reproduction, qui entretient la circulation de l'argent; disons plus : ce n'est jamais qu'une valeur en productions, qui circule sous la forme d'une valeur en argent; et qui ne gagnant rien à ce déguisement, n'est jamais autre chose que cette même richesse sur laquelle on a prélevé la part proportionnelle du Souverain.

Il en est du rentier comme du propriétaire d'une maison : nulle différence entre le loyer d'une maison qui tient lieu d'une somme d'argent, et le loyer d'une pareille somme d'argent prêtée en nature : le contrat qui est le titre du rentier, ne produit pas plus la rente, que la maison produit le loyer : l'un et l'autre sont payés avec des richesses déja existantes, et n'operent qu'un changement de main dans ces richesses. Ainsi, soit directement, soit indirectement, c'est toujours avec une valeur en productions, que la rente est payée; par ce moyen la rente se trouve faire partie d'une richesse qu'un partage déja fait avec le Souverain, a rendue franche et quitte de tout impôt.

Par le terme de rentier nous entendons ceux qui sont acquéreurs d'un revenu fixe et annuel en argent. Il est clair [263] que ces acquéreurs sont des co-propriétaires de la valeur en argent des produits nets de la culture; il est clair que la portion qu'ils y prennent, ne leur parvient qu'après que la totalité de ces produits nets a été partagée avec le Souverain. Ainsi la rente peut être définie, *une portion à prendre dans un revenu qui ne doit plus rien à l'impôt.*

Ce que je viens d'observer sur les rentes et sur les loyers des maisons, me dispense de parler des autres revenus *factices et simulés :* on voit évidemment qu'il n'y a dans une nation de revenus *réels*, que ceux qui se forment constamment par la voie de la reproduction ; en un mot, que tous les revenus ne sont au fonds que des portions prises directement ou indirectement dans les valeurs que la reproduction donne annuellement ; qu'ainsi l'on a pris les effets pour les causes, quand on a cru voir dans la circulation de l'argent, des richesses autres que les produits des terres, et sur lesquelles on pouvoit établir un impôt particulier, sans former un double emploi.

Si les premiers propriétaires du produit des terres n'eussent jamais payé qu'avec des productions en nature, il eut été difficile de tomber dans une telle méprise, de ne pas voir que les productions distribuées à la classe industrieuse, sont les mêmes que celles dans lesquelles le Souverain a partagé, et qui, au moyen de ce partage, sont devenues pleinement disponibles pour leurs propriétaires. Mais ces premiers propriétaires, au-lieu de payer avec leurs productions en nature, les convertissent en argent, et payent avec cet argent, parce que cela facilite leurs opérations : et qu'importe au fonds cette métamorphose ? Qu'importe que les valeurs disponibles dont ils doivent jouïr, changent de forme ou n'en changent pas ? Après [264] leur conversion en argent, en sont-elles moins ces mêmes richesses dans lesquelles le Souverain a pris la part proportionnelle qui devoit lui revenir, et dont le Souverain a intérêt de garantir la propriété à ses co-partageants ? Leur nouvelle forme les a-t-elle fait augmenter ? Et s'il ne leur est point survenu d'augmentations, comment la même richesse qui a payé ce qu'elle devoit à l'impôt, peut-elle le lui devoir encore ?

Supposons un fonds de terre qui produise de l'argent en nature ; qui tous les ans donne à son propriétaire 100 écus, et 50 au Souverain : n'est-il pas vrai que ces 50 écus une fois remis au Souverain, le propriétaire de cette terre doit avoir la disposition libre des 100 autres écus ? Mais s'il ne peut les faire passer dans une main étrangere, sans que l'impôt en prenne un sur deux, il est évident que cet homme n'est plus propriétaire que d'un sur deux, que de 50 écus sur les 100, qui lui sont laissés cependant pour en disposer à son gré, et comme étant les fruits inséparables de sa propriété fonciere. L'impôt alors forme donc évidemment un double emploi ; il commence par prendre la portion qui lui appartient dans ce produit ; puis il partage encore dans la portion du propriétaire foncier.

Mais parce que ce propriétaire ne cueille pas l'argent en nature ;

parce que pour jouïr de ces productions, il les convertit en argent, cet argent en est-il moins le produit de sa propriété foncière? Ce produit ne lui est-il pas même remis en argent par ses fermiers, comme s'ils l'avoient cueilli réellement sur ses terres? N'est-ce pas d'un produit en argent que le partage se fait entre le Souverain et lui? Et après ce partage, ce même argent, sur lequel la portion du Souverain a été prélevée, peut-il encore être en partie pris pour le revenu [265] public, sans que l'impôt forme un double emploi?

Je sais qu'on répond à cela qu'un impôt pris sur cet argent, ne frappe pas toujours sur celui qui en est premier propriétaire ; que souvent ces sortes d'impôts ne portent que sur ceux qui le remplacent dans la possession de ce même argent. Cette réponse ne fait point disparoître le double emploi ; car en admettant cette proposition, il n'en seroit pas moins évident que cet argent ou les productions qu'il représente, proviennent d'un partage déja fait avec le Souverain ; elle ne pourroit donc tendre qu'à prouver que ce double emploi ne greve point les propriétaires fonciers, quand l'impôt n'est pas établi sur eux personnellement; or à cet égard, elle ne peut valoir qu'en supposant que le dernier possesseur de l'argent, celui qui le porte à l'impôt, en a fourni la valeur à un autre de qui il le tient ; que cet autre avoit pareillement acheté cet argent, et ainsi de tous les possesseurs intermédiaires, en remontant jusqu'au premier possesseur, le propriétaire foncier : mais si aucun de ces possesseurs intermédiaires n'a réellement acheté l'argent qu'on donne à l'impôt; si lorsque le propriétaire foncier s'en est dessaisi, il n'a réellement reçu aucune valeur en échange, n'est-il pas vrai que c'est lui qui se trouve réellement chargé de l'impôt, quoique le payement paroisse fait par des étrangers ?

Ainsi relativement à cette objection, toute la question se réduit à savoir à quelles conditions l'argent sort des mains de ce propriétaire foncier, pour passer successivement à l'impôt. Mais en attendant que j'approfondisse cette même question, toujours reste-t-il pour constant que le double emploi dont je viens de parler, est évident : cela posé, commençons par attacher nos regards sur les rapports généraux qu'il a *nécessairement* avec les premiers principes de l'ordre essentiel des [266] sociétés : quand nous aurons vu comment il contraste avec les premiers principes, nous nous livrerons à l'examen particulier de ses contre-coups, et cette recherche nous fera connoître sur qui retombent les surcharges qu'il occasionne.

Le premier inconvénient de ce double emploi est celui que j'ai présenté dans le Chapitre précédent : il imprime à l'impôt le caractère d'un pouvoir arbitraire qui tend à anéantir tout droit de propriété, et attaque ainsi, dans son essence, l'ordre constitutif des sociétés. Les rapports de ce désordre avec les intérêts particuliers de la nation sont sensibles et évidents ; mais leurs rapports avec les intérêts particuliers du Souverain ne le sont pas moins ; car, comme on l'a déjà vu, ces deux sortes d'intérêts sont si parfaitement, si inséparablement unis, qu'on doit les regarder comme étant les mêmes à tous égards : d'ailleurs la chaîne qui les lie dans le point de vue dont il s'agit ici, est facile à concevoir dans toute sa simplicité.

Le Souverain n'est point lui-même créateur de son revenu : le revenu public, dont il dispose pour l'acquittement des charges publiques, n'est qu'une portion de la masse totale que forment les différents revenus particuliers. Ces revenus particuliers ne sont point des productions gratuites et spontanées de la terre ; il faut au contraire les *acheter* par des dépenses ; ainsi tout ce qui tend à diminuer ces dépenses, tend à diminuer aussi ces mèmes revenus particuliers, par-conséquent le revenu public.

La premiere condition requise pour que la culture puisse recevoir de grandes avances, est que ceux qui sont chargés de faire ces avances, possedent de grandes richesses ; la seconde, que ces avances donnent des produits proportionnés à la valeur dont elles sont ; la troisieme, que la propriété [267] de ces produits soit assurée à ceux qui les font renaître par leurs dépenses. Les deux premières conditions ne peuvent absolument rien sans la dernière : les moyens d'agir ne produisent aucune action, lorsqu'on n'a ni aucun intérêt pour agir, ni aucune volonté d'agir ; or, ici ce n'est que dans la propriété des produits, qu'il faut chercher cet intérêt et cette volonté. D'ailleurs sans cette propriété, comment les richesses qui serviroient à faire les avances de la culture, pourroient-elles se perpétuer ? Elles ne s'entretiennent que par le produit qu'elles donnent à ceux qui les font.

Ne vous persuadez pas que cette propriété des produits ne puisse être blessée que dans la personne même de leurs premiers propriétaires ; il est physiquement impossible qu'elle ne le soit pas encore par toutes les atteintes qu'on peut porter à la propriété mobiliaire dans les autres hommes. Une chose bien constante, c'est que nous

ne travaillons que pour jouïr ; nous ne travaillons qu'autant que
nous espérons retirer de nos travaux, des fruits que nous pourrons
convertir en jouïssances. Mais cet espoir ne pouvant s'établir en
nous, si la propriété mobiliaire de ces mêmes fruits ne nous est
assurée, on peut regarder cette propriété comme le germe de tous
les travaux de l'industrie. Je demande à présent s'il n'existe pas
une proportion *nécessaire* entre la masse de ces mêmes travaux, et
celle des produits de la culture.

En-vain me conserverez-vous religieusement la propriété des denrées que je récolte ; ma consommation en nature prélevées, si je ne
peux convertir le surplus en jouïssances, ce surplus ne m'est d'aucune utilité ; et s'il ne m'est d'aucune utilité, je ne ferai certainement aucune dépense pour m'en procurer la reproduction. Il est
donc essentiel à la reproduction de ce surplus, que je le distribue
à d'autres hommes dont [268] l'industrie me permette de jouïr,
sous une forme nouvelle, de cette richesse, qui sous sa première
forme, seroit dégénérée en superflu. Mais cette opération ne peut
se faire qu'autant que l'industrie se verra propriétaire des productions que je peux lui offrir en échange de ses travaux : sans cela
ces mêmes travaux n'auront pas lieu ; leur cessation deviendra
pour moi, une privation de la liberté de jouïr ; et dès-lors la propriété de mes productions devient nulle ; car sans la liberté de
jouïr, le droit de propriété, qui n'est autre chose que le droit de
jouïr, n'est plus rien.

C'est ainsi que chaque branche de l'ordre essentiel des sociétés,
dès que vous voulez l'approfondir, vous présente tous les hommes
unis entre eux par les liens d'une utilité réciproque ; c'est ainsi que
depuis le Souverain jusqu'au dernier de ses sujets, vous ne voyez
pas un membre de chaque société particuliere, dont le meilleur
état possible ne soit *toujours et nécessairement* établi sur le meilleur état possible des autres membres de la même société. Mais je
me suis déja trop étendu sur l'intérêt commun qu'ils ont tous à
maintenir dans chacun d'eux, le droit de propriété, pour que je
puisse me permettre ici de plus longs détails : je brise donc sur
cet article pour considérer sous de nouveaux points de vue, les
doubles emplois que forment les impôts indirects, afin d'en montrer tous les inconvénients, et de faire voir comme il est physiquement impossible qu'ils ne deviennent pas destructifs des revenus
communs de la Nation et du Souverain.

CHAPITRE XXXII.

Effets et contre-coups des impôts établis sur les cultivateurs personnellement. Quand ils sont anticipés ils coutent à la nation quatre et cinq fois plus qu'ils ne rendent au Souverain. Progression de leurs désordres. Effets et contre-coups des impôts établis sur les hommes entretenus par la culture. Ils occasionnent nécessairement, comme les premiers, une dégradation progressive des revenus du Souverain, de ceux de la nation, et par conséquent de la population.

Toute richesse provient de la terre, et il n'y a dans la société que les reproductions annuelles qui puissent fournir aux dépenses, aux consommations annuelles de la société. Ainsi lorsque les productions ou leur valeur en argent ont été partagées avec le Souverain, l'impôt ne peut prendre une nouvelle portion dans cette richesse, qu'il ne forme un double emploi. Mais les effets de ce double emploi varient, selon l'assiette et la marche de l'impôt, je veux dire, selon l'état des personnes auxquelles il enleve une portion de leurs richesses. Pour connoître et apprécier ces effets, il nous faut remonter à une première vérité, à un axiome qui présentement n'éprouve aucune contradiction.

La consommation est la mesure proportionnelle de la [270] *reproduction.* En effet, on ne fera pas annuellement des dépenses et des travaux pour se procurer des productions dont il ne doit résulter aucunes jouïssances. Cette seule réflexion, en nous démontrant la justesse de cet axiome, nous conduit encore à découvrir d'autres vérités. Quand nous disons que la consommation est la mesure proportionnelle de la reproduction, il faut entendre une consommation qui tourne au profit de ceux dont les travaux et les dépenses font renaître les productions : une consommation qui ne leur seroit absolument d'aucune utilité, ne les décideroit certainement point à travailler et dépenser pour renouveller les choses qu'elle absorberoit.

Il y a donc dans la consommation, un ordre essentiel, un ordre nécessaire pour qu'elle puisse servir à assurer constamment une reproduction qui lui soit proportionnée. Cet ordre nécessaire dans la consommation est ce qui doit conséquemment régler la distribution des productions, après que le partage en a été fait avec le Souverain ; car c'est en conséquence de cette distribution que s'opere la consommation. Il est sensible que cette distribution doit être nécessairement *un moyen de jouïssance* pour les premiers propriétaires des productions : ce n'est certainement qu'à cette condition qu'ils continueront de cultiver ou de faire cultiver ; qu'ils se livreront enfin aux dépenses nécessaires pour entretenir les terres dans un état convenable à la culture. Remarquez qu'en cela le système de la nature est toujours le même ; que son but est d'enchaîner les hommes les uns aux autres par les liens d'une utilité réciproque.

L'ordre dont on apperçoit ici la nécessité pour que la consommation soit utile à la reproduction, n'a rien de factice : le Législateur universel n'a point laissé aux hommes le soin d'instituer des loix à cet égard ; ce même ordre est au-[271] contraire tout naturellement établi tel qu'il doit être dans toutes les sociétés du monde entier ; aussi se maintiendra-t-il toujours et *nécessairement*, pourvu que nous ne fassions rien pour le troubler.

Le desir de jouïr, nourri par la liberté de jouïr, met tous les hommes en action : les uns s'employent à perfectionner les productions, à augmenter leur agrément ou leur utilité, tandis que les autres s'occupent à les faire renaître annuellement. Si les productions qui excédent la consommation en nature de leurs premiers propriétaires, n'étoient utiles qu'à la classe industrieuse, ces mêmes productions ne seroient, ni cultivées, ni reproduites ; si les travaux de cette classe industrieuse n'étoient utiles qu'aux premiers propriétaires des productions, ces mêmes travaux cesseroient d'avoir lieu, et la majeure partie des productions devenant inutile, leur culture seroit également abandonnée.

Il est donc d'une nécessité absolue que la distribution et la consommation des productions soient faites de maniere que les uns trouvent un grand intérêt à se livrer aux travaux de leur industrie, et les autres à se charger des dépenses et des travaux de la culture. Mais pour remplir ces vues, et accorder des intérêts qui semblent se contredire, quelle regle de proportion doit-on observer dans la distribution des productions ? Ce n'est point à nous à chercher cette regle, il existe naturellement au milieu de nous, une puissance dont l'autorité despotique saura bien la faire observer, tant que nous n'empêcherons point son autorité d'agir.

La concurrence des agents de l'industrie les force de vendre leurs ouvrages au rabais : dès-lors ils sont dans l'impossibilité de ne pas faire valoir les productions au profit de ceux qui les font renaître annuellement ; d'un autre côté, la concur[272]rence des vendeurs de ces productious offre pareillement au rabais leurs marchandises à la classe industrieuse ; ils sont donc contraints de l'associer à leurs jouïssances, tandis qu'ils les augmentent par son entremise. Il est clair que par ce moyen, chacun achetant aussi bon marché qu'il doit acheter, et vendant aussi cher qu'il doit vendre, il en résulte pour les uns et pour les autres, un grand intérêt à multiplier les choses dont ils sont vendeurs. C'est ainsi que la concurrence regnant paisiblement dans le sein de la liberté, regle sans violence, quoique despotiquement, les droits de ces deux classes d'hommes, et les concilie si parfaitement, que la consommation est utile à chacune d'elles, autant qu'elle peut et doit l'être, et qu'à raison de son utilité commune, elle devient *nécessairement* la mesure proportionnelle de la reproduction.

D'après l'exposition sommaire de cet ordre essentiel, qui doit *nécessairement* regner dans la consommation, ou plutôt dans la distribution qui la précede et l'occasionne, il est facile de juger des effets qui doivent résulter des doubles emplois que forment les impôts indirects. Ces doubles emplois, qui surviennent toujours après la distribution des productions, dérangent *nécessairement* ce même ordre essentiel suivant lequel cette distribution s'est faite sous l'autorité de la concurrence; alors par une suite naturelle et nécessaire de l'interruption de cet ordre, la consommation ne peut plus être de la même utilité à la reproduction ; les intérêts de celle-ci se trouvent directement ou indirectement sacrifiés : *inde mali labes :* la reproduction s'altere en raison de ce qu'on retranche de l'utilité qu'elle auroit trouvée dans la consommation.

Pour rendre ces vérités plus sensibles, parcourons les différentes professions sur qui peuvent frapper les impôts [273] indirects ; examinons les rapports de ces impôts avec les consommations de ces mêmes professions, et les rapports de leurs consommations avec la reproduction.

Je commence par les cultivateurs ou entrepreneurs de culture :

les richesses qui sont dans leurs mains, sont précisément celles qui ne sont pas disponibles, parce qu'elles sont spécialement affectées aux dépenses de la reproduction : impossible donc qu'on puisse se proposer d'établir sur eux personnellement un impôt, puisqu'il en résulteroit *nécessairement* une diminution des dépenses productives : un tel impôt ne peut être mis en pratique, qu'autant qu'on se persuade que les cultivateurs en seront indemnisés par les reprises qu'ils feront sur la masse   .le des productions ; mais ou ces reprises seront ainsi faites, ou elles ne le seront pas : au premier cas, l'impôt devient un double emploi bien évident, puisqu'en définitif, il est payé par le produit net, dans lequel le Souverain partage avec les propriétaires fonciers. Dans le second cas, on peut dire que cet impôt ne forme point un double emploi sur les richesses disponibles ; mais en cela même il leur cause un préjudice bien plus grand, car il éteint le germe de la reproduction de ces richesses.

Un impôt sur les cultivateurs nous présente donc différentes hypothèses à parcourir séparément : s'il est connu avant la passation des baux à ferme, et payable après la récolte, il n'est autre chose qu'une surcharge peu indirecte sur les propriétaires fonciers, relativement à la portion qu'ils prennent dans le produit net : ainsi le double emploi qu'il forme, est de la même nature que celui qui résulteroit d'un impôt établi directement sur la personne même des propriétaires fonciers. Mais outre les inconvénients propres et particuliers à un tel impôt, comme double emploi, et comme surcharge pour les [274] propriétaires fonciers, si cet impôt est pris sur les cultivateurs *par anticipation*, et sans attendre la reproduction, il est clair qu'il frappe sur les richesses non disponibles, sur les avances de la culture : alors comme impôt *anticipé*, il porte à la reproduction un préjudice qui est au-moins le double de ce qu'il prend sur ces avances : je dis *au-moins le double*, parce qu'en général les avances annuelles rendent 2 pour 1, et que leur succès dépendant beaucoup de leur *ensemble*, il arrive souvent que faute des avances qu'on ne fait pas, celles qui sont faites deviennent moins productives.

Voici donc un premier désordre inévitable : détournez des avances de la culture, une valeur de 100, vous éteignez au-moins une reproduction de 200. Voyons maintenant les contre-coups de cette détérioration, en supposant toujours que l'impôt *anticipé* ait été prévu par le cultivateur lors de la passation de son bail, et que son marché avec le propriétaire foncier ait été fait en conséquence.

Le cultivateur, qui, au lieu d'employer cette valeur de 100 en avances de culture, la donne à l'impôt, n'en a pas moins fait *les mêmes frais*, et n'en a pas moins *les mêmes reprises* à exercer sur la masse des productions qu'il fait naître : mais cette masse est diminuée de 200 ; c'est donc 200 de moins sur le produit net que le cultivateur s'oblige de fournir annuellement ; or, en supposant que le Souverain prenne le tiers dans ce produit net, c'est environ 70 de diminution dans son revenu direct, ce qui réduit à 30 ou à peu près, les 100 qu'il retire d'un tel impôt : pour peu que le recouvrement de cet impôt soit dispendieux, il est clair que de cette valeur de 100, il ne doit rien rester au Souverain.

Si la valeur de 100, prise par l'impôt, n'avoit pas été enlevée à la culture, il en seroit résulté une reproduction de [275] 200, dont la moitié auroit été une richesse disponible dans la nation ; et cette richesse se seroit distribuée à tous ceux qui, par leur industrie, sont appellés à partager dans les richesses disponibles. Mais tandis que vous auriez eu plus de salaires à distribuer aux agents de l'industrie, vous auriez encore eu plus d'hommes entretenus par la culture, parce qu'elle auroit dépensé 100 de plus en travaux utiles : en deux mots, puisque la reproduction annuelle est diminuée de 200, il faut bien que la consommation, et par-conséquent la population diminuent en proportion.

Nous venons de voir que l'impôt dont il s'agit, commence par être réduit pour le Souverain, au tiers de son produit, par la diminution qu'il occasionne dans le revenu direct de la Souveraineté ; et qu'ainsi pour peu que la régie d'un tel impôt soit dispendieuse, il doit être absorbé par les frais en totalité. Mais ne comptons pour rien ces mêmes frais, quoiqu'indispensables, et attachons-nous à la premiere observation. Cette réduction du produit de l'impôt en question, fait que le Souverain, qui perd les 2/3 de l'impôt, ne peut se procurer 100 par une telle voie, à moins qu'il ne porte l'impôt à 300 : or, ces 300, pris par anticipation sur les cultivateurs, éteignent une reproduction de 600, dans laquelle, suivant la proportion que nous avons supposée ci-dessus, le Souverain auroit pris 200, et les propriétaires fonciers 400. Si maintenant vous voulez revenir sur les frais, et ne les évaluer qu'à 10 p. % seulement, vous trouverez que cet impôt, pour donner 100 de revenu net au Souverain, doit être au-moins de 400, par-conséquent éteindre une reproduction de 800 : quiconque doutera de cette vérité, peut s'en convaincre par un calcul qui seroit ici superflu, vu la facilité dont il est.

Je demande à présent s'il est socialement possible qu'on [276] établisse jamais un impôt *anticipé* sur les cultivateurs, lorsqu'on sera publiquement et évidemment convaincu qu'il n'en revient pas le tiers de net au Souverain, et qu'un tel impôt ne peut lui rendre 100, qu'en éteignant une reproduction de 800, extinction qui est entiérement en déduction d'un revenu commun, que nous supposons se partager des deux tiers aux tiers entre le Souverain et les propriétaires fonciers, et qui conséquemment coute à ceux-ci, au-delà de quatre fois *plus* que le Souverain ne retire de l'impôt.

Oui, je dis que cette opération est doublement impossible : elle l'est à raison de ses rapports avec le Souverain, et à raison de ses rapports avec les propriétaires fonciers. Dès que nous admettons que l'évidence de ces vérités est publiquement reconnue, il seroit contre nature qu'un Souverain voulût se procurer 100, par une voie qui anéantit une reproduction de 800, et détruit ainsi la Souveraineté, tandis qu'il le peut faire par une autre voie qui n'a nul inconvénient, j'entends, en demandant directement cette valeur de 100 aux propriétaires fonciers. En-vain m'alléguerez-vous qu'il peut vouloir abuser de son autorité pour augmenter son revenu ; mais s'il vouloit en abuser, ce ne seroit pas par des pratiques évidemment contraires à ses vues, à ses intérêts les plus chers, et qui le mettroient en contradiction avec lui-même : en supposant cet abus possible, il en résulteroit qu'il se garderoit bien de préférer une forme d'imposition qui lui rendroit beaucoup moins, à une autre forme d'imposition qui lui rendroit beaucoup plus : au-contraire, plus vous le supposerez avide de richesses, et moins vous aurez à craindre que cette avidité lui permette de changer ainsi la forme naturelle de l'impôt : l'ignorance en cette partie est le seul principe des maux qu'on ait à redouter.

[277] A l'égard de la nation, nous découvrons dans l'évidence de ses intérêts, les mêmes preuves de l'impossibilité dont il est qu'un tel impôt s'établisse : il seroit également contre nature que sachant évidemment qu'il lui en coute 500 et plus pour fournir au Souverain une valeur de 100, elle ne se mît pas à l'abri de cette perte en allant au-devant des besoins du Souverain, sitôt qu'elle les connoîtroit, et prenant sur les revenus particuliers dont elle jouït, la portion nécessaire pour satisfaire à ces besoins.

Tout ce que je viens de dire d'un impôt pris *par anticipation* sur les cultivateurs, suppose, comme on a dû le voir, que cet impôt est conuu avant la passation des baux à ferme ; qu'il est entré dans les calculs des frais et des reprises à faire par les fermiers sur le produit brut, et en diminution du produit net. Si au-contraire un tel impôt s'établissoit sans qu'il eût été prévu par les fermiers, et qu'on obligeât néanmoins ceux-ci à payer les sommes convenues par leurs baux, il en résulteroit que la diminution de la reproduction seroit entiérement à la charge de ces cultivateurs ; que la premiere année une valeur de 100, enlevée aux avances d'un cultivateur, lui occasionneroit un vuide de 200 dans la récolte ; que l'année suivante, le même impôt continuant de subsister, la diminution de ses avances se trouveroit être de 300, ce qui en causeroit une de 600 dans la reproduction.

Je ne pousserai pas plus loin cette progression géométrique : il est aisé d'en appercevoir le dernier résultat : il faut peu d'années de cette espece pour que les fermiers soient ruinés. C'est donc autant de richesses productives éteintes dans la nation. Il est vrai que cette progression s'arrête au renouvellement des baux passés avec de nouveaux fermiers ; mais pour qu'il s'en présente, il faut faire cesser les risques ; il faut [278] qu'ils n'ayent point à craindre d'être ruinés comme ceux qui les ont précédés : sans cela les propriétaires fonciers sont réduits à faire eux-mêmes les avances de la culture, et les terres restent en friche, s'ils ne sont pas en état de pourvoir à cette dépense : ainsi tant que le risque subsiste, l'appauvrissement du Souverain et de la Nation doit avoir une progression très-rapide ; car *la diminution des avances en occasionne une dans les produits ; et celle-ci en occasionne à son tour une autre dans les avances.* Ce cercle sans fin est une chose bien effrayante pour quiconque veut lui donner une legere attention.

En général, il y a dans chaque nation une classe d'hommes salariés par les cultivateurs ; une classe d'hommes dont la main-d'œuvre et l'industrie sont immédiatement employées aux travaux de la culture, et aux différents ouvrages dont elle a besoin. Les fonds qui servent à payer les salaires de ces ouvriers, font partie des richesses non disponibles, de ces richesses que les cultivateurs doivent prélever sur la masse totale des productions, avant même qu'elles se partagent entre le Souverain et les propriétaires fonciers. On conçoit bien que ce prélevement privilégié n'est plus qu'un jeu, qu'une illusion, s'il n'assure pas aux cultivateurs, la liberté de consacrer en leur entier, ces richesses à la culture, ou plutôt, si après le prélevement qu'ils en ont fait, ils ne peuvent les appliquer à leur destination, sans qu'une partie de ces mêmes richesses leur soit enlevée pour l'impôt.

Tel est pourtant l'inconvénient de toute imposition qui seroit établie sur les salaires des hommes entretenus au service direct ou indirect de la culture : une telle imposition fait *nécessairement* renchérir d'autant leurs salaires ; alors ce renchérissement équivaut à une diminution directe des avances du cultivateur ; car il est parfaitement égal de lui prendre dire[**279**]ctement, 100 francs, par exemple, sur 300, ou de lui faire payer 300, ce qu'il n'auroit dû payer que 200 : dans l'un et l'autre cas, les travaux, et généralement tous les secours, dont la culture profite, sont également diminués de 100 ; d'où résulte l'extinction d'une reproduction de 200, suivie de tous les maux progressifs dont je viens de parler.

Mais, nous dit-on, si la main-d'œuvre de ces salariés ne renchérit point, le désordre que j'expose ici n'aura plus lieu. Je veux bien qu'elle ne renchérisse point, à condition que vous trouverez un secret pour empêcher cette classe d'hommes de dépérir de jour en jour ; un secret pour lui procurer les moyens de faire la même dépense avec une moindre recette.

Examinez bien quel est l'état de tous ceux dont la profession est de servir aux différents travaux que la culture occasionne : en général, vous ne verrez en eux que des hommes réduits à des consommations qu'on peut regarder comme l'étroit nécessaire ; il s'en faut bien qu'ils soient salariés en raison de l'utilité qui résulte de leurs travaux : leurs diverses professions sont communément d'une pratique si facile, qu'elles soat à la portée d'une multitude d'hommes, et d'hommes nés sans aucune sorte de richesses ; par cette raison, la grande concurrence de ces ouvriers qui se forment promptement et sans frais, tient *nécessairement* leurs salaires au plus bas prix possible, je veux dire, à un prix au-dessous duquel on ne trouve que l'indigence et la misere, fléaux toujours destructifs des classes d'hommes dont ils forment l'état habituel.

Voici donc un premier point évident : si les salaires des hommes en question n'augmentent pas en raison de l'impôt établi sur eux, vous verrez nécessairement cette espece d'hommes se détruire ; et en cela, contradiction frappante [**280**] dans notre hypothèse ; car il est moralement impossible que le prix d'une main-d'œuvre n'augmente pas, quand la concurrence des ouvriers diminue, et que le besoin qu'on en a, est un besoin indispensable. Il n'y a qu'une seule circonstance qui puisse permettre qu'en pareil cas cette augmentation n'ait pas lieu ; c'est que les ouvriers qui subsistent encore, soient tellement pressés par la nécessité, qu'ils ne puissent profiter du besoin qu'on a de leurs services ; mais aussi un tel état est-il un état de misere *excessive*, un état *homicide* des hommes nés et à naître ; bientôt ainsi, faute d'ouvriers, les travaux manquent à la culture, et l'on voit ses produits s'éteindre progressivement, comme les hommes dont les travaux sont nécessaires à la reproduction.

Cependant faisons violence à la nature ; supposons que la population soit toujours la même parmi les hommes employés à la culture, quoiqu'un impôt leur enleve une portion des salaires que la concurrence a réglés pour leur subsistance. Toujours est-il vrai que ces mêmes hommes ne pourront plus faire les mêmes consommations, à moins qu'ils n'achetent moins cher les productions qu'ils consomment : dans l'un et l'autre cas le contre-coup d'un tel impôt cause un préjudice égal au cultivateur : celui-ci perd en raison de la diminution du débit ou de la valeur vénale de ses productions.

Arrêtons-nous un moment à considérer les effets de ce contre-coup : si cette perte est imprévue pour le cultivateur ; si elle trompe les calculs des produits annuels qu'il a dû supposer en passant son bail, et que néanmoins il soit forcé de remplir rigoureusement les engagements qu'il a contractés par ce bail, il est clair que ce contre-coup, qui fait diminuer sa recette, sans faire diminuer ses frais, équivaut à un impôt *anticipé* qui seroit établi sur ce cultivateur personnellement : [281] on a vu ci-dessus quelle est la progression géométrique de la perte qui en résulte pour lui d'année en année, et comme cette perte progressive altere progressivement aussi la masse des productions, la richesse nationale et la population.

Formons donc l'hypothèse la moins défavorable, et supposons que la non-valeur qui vient de survenir dans les productions, soit en déduction du produit net, dont le partage doit se faire entre le le Souverain et les propriétaires fonciers. J'observe d'abord qu'il est impossible d'évaluer cette non-valeur ; car en général il regne une sorte d'équilibre nécessaire entre les prix de toutes les productions, de celles du moins qui se consomment en nature ou avec peu de préparations. On sent bien que les cultivateurs, autant que le physique et leurs facultés pourront le permettre, cultiveront toujours par préférence, les productions dont le débit sera le plus avantageux ; par-conséquent que l'abondance de ces productions croissant en raison de cette préférence, il doit en résulter une diminution dans leur prix, jusqu'à ce qu'il soit rentré dans la proportion qu'il doit avoir avec les prix des autres productions.

Remarquez d'ailleurs que le prix d'une production est ce qui sert à payer le prix d'une autre production : celui qui n'a que des prés, ne paie ce qu'il consomme, qu'avec le prix qu'il retire de ses foins ; de même celui qui ne cueille que du bled ; de même celui qui ne cueille que du vin ; qui ne cueille que des légumes, que du bois, que de la laine, que du lin, etc. Ainsi quand il ne seroit pas possible aux cultivateurs de changer de culture, dès que telle espece de production diminue de prix, il n'en est pas moins nécessaire que le prix des autres productions diminue proportionnellement, car il se trouve alors qu'il y a moins de moyens pour les payer.

Les salaires des hommes consacrés aux travaux de la [282] culture ou analogues à la culture, sont relatifs au prix courant des productions qu'ils consomment ; c'est sur ce prix courant que la concurrence regle leurs salaires, parce que les salaires sont le gage et le signe de la part qu'ils doivent prendre dans les productions : si donc, en conséquence d'un impôt qui leur enleve une portion de leurs salaires, le prix de ces productions diminue, les vendeurs de ces productions ne peuvent plus faire la même dépense en argent, ne peuvent plus mettre le même prix à ce qu'ils achetent ; ainsi de contre-coups en contre-coups, les prix de presque toutes les autres productions éprouvent une diminution proportionnelle ; et en vertu de cette diminution presque générale (car elle devient un mal épidémique, qui de proche en proche, occupe tout le territoire d'une nation) ; en vertu, dis-je, de cette diminution, le Souverain et les propriétaires fonciers font une perte immense sur leurs revenus en argent ; perte qu'il est, comme je viens de le dire, impossible d'évaluer.

Heureusement nous n'avons pas besoin de cette évaluation pour arriver au but que je me suis proposé : l'argent étant reçu chez toutes les nations policées pour servir de mesure à toutes les valeurs, il est évident qu'une nation fait une perte réelle sur ses revenus, quand ses reproductions perdent de leur valeur en argent. Cette perte, il est vrai, ne seroit rien, chez un peuple qui ne feroit aucune sorte de commerce avec les étrangers : mais aucun des peuples policés ne peut être dans ce cas : c'est donc dans les rapports d'une nation avec les autres nations par le moyen du commerce, que cette même perte se réalise ; c'est aussi dans ce point de vue que nous allons la considérer.

Les revenus communs du Souverain et des propriétaires fonciers se dépensent, partie en achat de productions, et par[283]tie en achat des ouvrages de l'industrie. Si la diminution du prix des productions leur a fait perdre une portion de leurs revenus, on peut regarder comme une indemnité pour eux, la diminution de la dépense qu'ils font en achetant ces mêmes productions pour leur consommation. Mais une semblable indemnité n'a pas lieu pour la partie de ces revenus qu'ils employent en achats des ouvrages de l'industrie, du moins relativement à tous ceux de ces mêmes ouvrages qui sont susceptibles d'être transportés et consommés chez l'étranger. La concurrence des étrangers dans l'achat de ces marchandises, fait qu'elles se maintiennent au prix courant de toutes les nations commerçantes, chez lesquelles ce prix courant se proportionne toujours à la bonne valeur que leurs productions ont en argent. Il est sensible, par exemple, que les manufacturiers des toiles et des draps ne les vendront pas dans la nation au-dessous de ce que l'étranger les leur paie, quoiqu'ils ayent acheté de la nation les matieres premieres, ou les productions qu'ils consomment journellement, à des prix qui leur permettent de vendre moins cher.

Je sais qu'on peut m'objecter que les gains de ces fabricants en feront augmenter le nombre, et que leur concurrence fera renchérir les matieres premieres qu'ils emploient : cela se peut, et je le crois. Mais qu'en résultera-t-il ? Il en résultera que les prix de ces productions seront affranchis de la diminution commune au prix de toutes les autres productions qui se consomment dans la nation sans pouvoir être exportées ; par cette raison le préjudice national sera moins grand ; mais il le sera toujours beaucoup pour le Souverain et les propriétaires fonciers ; car tandis que les productions territoriales dont la valeur vénale forme leur revenu com[284]mun en argent seront à bas prix, ils n'en payeront pas moins cher toutes les marchandises qu'ils seront dans le cas de tirer de l'étranger.

Tout ceci cependant n'est encore qu'un apperçu de ce même préjudice ; il faut l'envisager présentement dans les suites qu'il doit *nécessairement* avoir, et qui l'aggravent singuliérement. Vous voyez ici la classe industrieuse qui achete à bas prix les productions, sans qu'elle en vende moins cher ses ouvrages au Souverain et aux propriétaires fonciers : il n'est donc pas possible que le Souverain et les propriétaires fonciers, dont les revenus perdent en proportion de la non-valeur des productions, achetent autant d'ouvrages de l'industrie, qu'ils pourroient en acheter, si leurs revenus en argent étoient plus considérables : alors la classe industrieuse se trouve dans le cas d'avoir besoin d'une plus grande exportation de ses marchandises ; par conséquent de faire de plus grands frais de débit ; car les consommateurs éloignés achetent moins cher en raison des frais que les marchandises ont à faire avant de leur parvenir ; par ce moyen cette classe est constituée dans des dépenses dont elle ne peut s'indemniser que par le bas prix des productions qu'elle achete ; ainsi *moins on consommera dans l'intérieur de la nation, et plus ce prix diminuera ; or plus il diminuera, et moins on consommera :* essayez de couper cette chaîne circulaire de diminutions progressives : si vous ne commencez par en détruire le principe, je vous défie d'en arrêter le cours.

Le même inconvénient a lieu pour toutes les productions susceptibles d'être exportées en nature : la concurrence de l'étranger soutient chez vous leur valeur vénale ; mais, comme je viens de le dire, cette valeur perd toujours en raison[285]des frais de transport ; frais que le prix de vos productions n'auroit point à supporter, si la diminution de vos revenus en argent ne vous avoit mis dans l'impossibilité d'avoir chez vous des consommateurs en état de payer et de faire valoir ces mêmes productions : ainsi à cet égard, *même cercle encore ; même progression dans la dégradation.*

Voyez donc combien vos pertes se multiplient ; voyez quel enchaînement de désordres résultants d'une seule cause, d'un impôt établi sur les salaires des hommes entretenus par la culture ; cependant la progression *nécessaire* de ces désordres tient encore à d'autres contre-coups qui l'accélerent, et qu'il est aisé de vous rendre sensibles ; ce dernier tableau achevera de vous démontrer qu'un tel impôt ne peut jamais être établi, quand ses effets seront évidents aux yeux du Souverain et de la Nation.

Vous avez dû remarquer que la diminution du prix des productions n'étant pas suivie d'une diminution semblable dans les prix des ouvrages de l'industrie, il en résulte que la classe industrieuse est dans le cas de s'enrichir aux dépens des propriétaires fonciers ; par-conséquent que l'état du propriétaire foncier n'est plus, dans la société, le meilleur état possible ; que les hommes ne sont plus pressés de convertir leurs richesses mobiliaires en richesses foncieres ; que la classe propriétaire des terres doit se trouver presque toujours sans intérêt, sans volonté, et sans moyen pour améliorer ses possessions, souvent même dans l'impuissance de subvenir aux dépenses nécessaires à leur exploitation : de-là, la dégradation de ces mêmes possessions ; de-là, une multitude de terres incultes ; de-là, l'extinction progressive des revenus nationaux et de la population.

[286] Pour se former une idée juste de la nécessité de cette progressison, il faut observer qu'une fois que les revenus en argent sont diminués dans une nation, il se fait chez elle moins de dépenses en achat des ouvrages de l'industrie ; que la diminution des dépenses en cette partie entraîne *nécessairement* une diminution dans la population ; que la diminution dans la population en occasionne *nécessairement* une autre dans la consommation des productions ; que de celle-ci résulte encore *nécessairement* une diminution nouvelle dans le débit ou la valeur en argent des productions, par-conséquent dans ce qui forme les revenus en argent du Souverain et des propriétaires fonciers : partez maintenant de ce dernier point ; vous allez décrire *nécessairement* un nouveau cercle de diminutions ; un nouveau cercle qui, par les mêmes raisons, sera *nécessairement* suivi d'un troisieme ; ce troisieme le sera *nécessairement* d'un quatrieme ; et toujours ainsi croîtra *nécessairement* la détérioration, jusqu'à ce que vous en ayez fait cesser les causes, ou que tout soit détruit.

io

CHAPITRE XXXIII.

Les doubles emplois formés par les impôts indirects retombent
tous sur les propriétaires fonciers. Cette vérité démontrée
par l'analyse des contre-coups d'un impôt sur les rentes et
sur les loyers des maisons. Le Souverain paye lui-même une
grande partie d'un tel impôt.

TOUT IMPÔT est payé par le produit des terres ; tout ce que
l'impôt prend sur ce produit, après le partage fait avec le Souverain,
forme un double emploi ; tout double emploi retombe sur les
propriétaires fonciers, avec déprédation de la richesse nationale et
de tout ce qui constitue la puissance politique de l'État : voilà
l'ordre des idées que j'ai voulu présenter. Les deux premieres propositions sont déjà démontrées, et le double emploi résultant d'un
tel impôt est évident. Nous avons vu pareillement que lorsqu'il
frappe sur les richesses non disponibles, il éteint progressivement
les revenus communs du Souverain et des propriétaires fonciers,
ainsi que la population : il ne reste donc plus à remplir qu'une
partie de notre démonstration ; qu'à prouver que les doubles
emplois qui s'operent par d'autres voies, sont aussi des charges sur
la propriété foncière ; et qu'il n'est pas une de ces charges qui ne
soit préjudiciable aux intérêts du Souverain, quoiqu'elles ne le
soient pas toutes au même dégré.

[288] Il est deux manieres de diminuer un revenu : on peut en
anéantir une partie ; on peut aussi faire augmenter les frais des
jouïssances auxquelles on emploie ce même revenu. On sent bien
qu'il ne faut pas confondre une jouïssance avec les frais qu'on fait
pour se la procurer. Moins ces frais sont considérables, et plus on
est riche ; car *richesse et moyens de jouïr ne sont qu'une même*
chose : or l'augmentation des frais à faire pour parvenir aux jouïssances, est évidemment une diminution des moyens de jouïr :
aussi tel qui est riche dans un lieu, seroit-il très-mal aisé dans un

autre   il seroit obligé de payer beaucoup plus cher les choses qu'il voudroit consommer.

Parmi les impôts qui paroissent les plus étrangers aux propriétaires fonciers, il n'en est pas un qui n'ait un de ces deux inconvénients ou tous les deux à la fois; pas un qui n'occasionne aux propriétaires fonciers ou la destruction d'une partie de leur revenu, ou l'augmentation des frais qu'ils ont à faire pour le convertir en jouïssances, ou ces deux pertes en même-temps : deux exemples suffiront pour établir évidemment ces vérités.

Je suppose deux loix, dont l'une fixe l'intérêt de l'argent à 5 p. $\frac{o}{o}$. et l'autre assujettisse les rentes à un impôt du cinquieme de leur valeur : n'est-il pas vrai que ces deux loix combinées réduisent l'intérêt de l'argent à 4. p. $\frac{o}{o}$. pour le prêteur ; et que quiconque prêtera, comptera bien ne placer son argent qu'à 4. p. $\frac{o}{o}$.

Observez présentement que ces loix n'obligent pas de prêter ; que le prêt n'a lieu qu'autant que l'intérêt fixé par les loix convient au prêteur, que souvent aussi les prêts se font à un intérêt plus bas que celui qu'elles ont établi ; qu'elles peuvent, tout au plus, empêcher qu'on prête *ouvertement* à un intérêt plus fort qu'elles ne le permettent ; mais que leur pou[**289**]voir ne s'étend point jusqu'à faire prêter, quand cette façon de placer son argent, ne paroît pas préférable à tout autre emploi ; car c'est-là ce qui détermine la volonté des prêteurs.

Malgré les loix qui reglent l'intérêt de l'argent, l'action de prêter, et celle d'emprunter sont des actions pleinement libres : je n'emprunterai pas au taux fixé par les loix, si je me vois lésé par une telle opération ; et quand personne ne voudra emprunter à 5 p. $\frac{o}{o}$, les prêteurs seront forcés de diminuer l'intérêt de l'argent. Quand personne aussi ne voudra prêter au-dessous de 5 p. $\frac{o}{o}$. il faudra bien que l'intérêt de l'argent s'établisse sur ce pied. Dans toutes les operations qui se font librement, la fixation de cet intérêt dépend donc beaucoup moins des loix, que de la concurrence des prêteurs et des emprunteurs; il se regle naturellement entre eux, d'après le produit qu'on peut retirer de son argent dans d'autres emplois : voilà pourquoi les prêts se font souvent à un intérêt au-dessous de celui fixé par les loix ; et pourquoi, lorsque cet intérêt ne peut convenir aux prêteurs, les prêts n'ont lieu que dans des cas où l'on trouve moyen d'éluder la disposition des loix.

Ainsi quiconque se détermine librement et volontairement à

placer son argent à 5 p. ⁰/₀. dont il en revient 1. à l'impôt, prêteroit tout simplement à 4 p. ⁰/₀. si cet impôt ne lui prenoit rien ; ainsi le le cinquieme de cette rente, remis à l'impôt, n'est point pris sur le rentier, mais bien sur le débiteur de cette rente ; ainsi le cinquieme n'est qu'une augmentation de dépense pour tous ceux qui ont besoin d'emprunter ; ainsi cette augmentation de dépense n'est qu'une surcharge établie sur le produit des terres, par la raison que toute dépense est acquittée par ce produit ; ainsi cette surcharge retombe sur les pro[**290**]priétaires fonciers, parce qu'elle augmente les frais qu'ils ont à faire pour convertir ce produit en jouïssances.

Je ne crois pas devoir insister sur cette derniere conséquence ; elle doit être sensible, évidente pour quiconque sait qu'il n'y a que le produit des terres qui puisse annuellement fournir les fonds pour payer les rentes. D'après cette vérité, on comprend facilement qu'un impôt, qui tient l'intérêt de l'argent à un taux plus haut qu'il ne le seroit sans cela, greve le débiteur de la rente : or ce débiteur est ou un propriétaire foncier ou un autre homme qui, en vertu des services qu'il rend à la classe propriétaire du produit des terres, partage dans ce produit : au premier cas, point de doute que la propriété fonciere ne soit lésée d'autant ; au second cas, la cherté de l'argent que cet autre homme emprunte, est pour lui une augmentation de dépense, augmentation qui doit faire rénchérir à proportion les services qu'il rend à la classe propriétaire : ainsi c'est toujours sur cette classe que tombe directement ou indirectement la cherté de l'argent.

Le second exemple que j'ai à proposer, c'est celui d'un impôt sur le loyer des maisons. S'il étoit plus utile d'employer son argent d'une toute autre maniere qu'à bâtir ou acheter des maisons, personne assurément ne s'aviseroit d'en faire la dépense, à moins que ce ne fût pour soi personnellement, et par une suite de l'impossibilité où l'on seroit de se loger. Il est donc indispensable que l'emploi de l'argent en achat ou en construction de maisons, donne un intérêt proportionné à celui qu'on trouveroit dans un autre emploi. De-là résulte qu'il est de toute nécessité que le loyer des maisons renchérisse, si vous l'assujettissez à un impôt ; par conséquent que la jouïssance d'une maison sujette à cet impôt, soit plus dispendieuse. Faites-la maintenant occuper par quel homme [**291**] il vous plaira : si c'est un propriétaire foncier, il est évident qu'il sera grévé par le renchérissement nécessaire de son loyer ; si c'est un autre homme, quel qu'il puisse être, il ne peut payer qu'avec ce qu'il reçoit directement ou indirectement des propriétaires fonciers : ainsi de toute manière cet impôt n'est pour eux qu'une augmentation de dépense, et conséquemment une diminution de leur richesse.

Observez présentement que quand je dis que ces sortes d'impôts sont des charges qui retombent sur les propriétaires fonciers, il faut étendre cette proposition jusqu'au Souverain personnellement ; car il est impossible que dans les dépenses qu'il fait par lui-même et par ceux qu'il entretient, il ne soit pas grévé par la cherté que de tels impôts occasionnent et entretiennent : ainsi ces mêmes impôts reprennent dans ses mains, une grande partie de ce qu'ils lui ont donné.

Il peut arriver cependant qu'un impôt sur les rentes et sur les loyers des maisons ne retombe point sur les propriétaires fonciers, et c'est le cas d'un impôt accidentel et imprévu. Mais si de tels évenements étoient assez fréquents pour qu'il en résultât ce qu'on appelle *un risque* pour les acquéreurs des rentes et des maisons, qui est-ce qui voudroit s'y exposer gratuitement ? On ne court un risque qu'autant qu'on est payé pour le courir : il faudroit donc que ce risque fût balancé par de gros profits, qui ne pourroient être faits qu'aux dépens des propriétaires fonciers et du Souverain.

Vous remarquerez ici, qu'un tel *risque* seroit très-*réel*, si l'on établissoit *arbitrairement* des impôts personnels sur les rentiers et sur les propriétaires des maisons : au moyen de ces impôts *arbitraires*, ils se trouveroient avoir perdu la propriété des capitaux qu'ils auroient dépensés pour faire de telles acquisitions ; *car ce n'est pas avoir la propriété d'un fonds, que de* [292] *ne pas avoir la propriété de son produit.* Un tel désordre mettroit donc les richesses pécuniaires dans le cas de chercher d'autres emplois, fût-ce même chez l'Etranger, à moins, comme je viens de le dire, que le *risque* de placer ainsi son argent dans la nation, n'y trouvât des contrepoids qui seroient eux-mêmes un autre désordre à la charge du Souverain et des propriétaires fonciers.

Il me semble entendre déjà une multitude d'hommes s'élever contre moi ; s'écrier qu'il seroit bien singulier de prétendre que les rentiers et les propriétaires des maisons ne contribuassent point aux charges de l'Etat, ne payassent aucun impôt. Qu'ils me permettent de leur demander de quelles charges et de quel impôt ils entendent parler : si par le mot de charges, ils veulent désigner les charges annuelles et ordinaires, je leur répondrai que dans le systême de l'ordre, personne n'y contribue; que ces charges sont acquittées par le revenu public annuel, qui n'est qu'une portion déterminée dans le produit net des cultures; que cette portion est une richesse commune, qui se renouvelle perpétuellement à mesure que les richesses particulieres de chaque propriétaire foncier se renouvellent par la reproduction; qu'ainsi *c'est la terre qui paye elle-même l'impôt, en l'acquit de toute la nation.* Ne voyez-vous pas, leur dirai-je, qu'on achete une rente ou une maison, comme on achete une terre? Qu'on ne met un prix à celles-là, comme à celle-ci, qu'en raison du revenu qu'elles donnent à leur propriétaire; qu'en les achetant on ne paye rien pour la portion que l'impôt prend chaque année dans ce revenu; qu'on n'achetera pas les rentes et les maisons, ou qu'on les achetera moins cher, si vous les assujettissez à un impôt; par conséquent que l'impôt, bien loin de porter sur ces acquéreurs, se trouvera toujours à la charge de ceux qui [293] payent les rentes et les loyers; en un mot, que le sort des rentiers et des propriétaires des maisons n'est pas, en cela, plus avantageux que celui des propriétaires fonciers, puisque ceux-ci ne payent point l'impôt.

Il n'en est pas ainsi des charges accidentelles et momentanées : il peut se trouver des circonstances impérieuses et passagères qui exigent des secours extraordinaires; alors il n'est pas douteux que ces secours doivent être pris sur les rentes, comme sur les revenus des propriétaires fonciers : la raison en est bien simple : les rentes sont une portion du produit net, c'est-à-dire, de la seule richesse qui soit disponible dans une nation, et qui puisse être employée aux besoins politiques de l'État : les rentiers doivent donc *nécessairement* être exposés à tous les évenements qui sont inséparablement attachés à la propriété de cette richesse disponible, et qui sont même dans l'ordre des opérations qui peuvent être nécessaires pour assurer ou faire valoir cette propriété.

Si dans de telles circonstances les rentes n'étoient pas imposées, l'intérêt commun du Souverain et de la nation seroit blessé; et par contre-coup, l'intérêt particulier du rentier seroit compromis : les rentes se trouveroient être une diminution des revenus de l'État; diminution qui altéreroit la force et la consistence de l'État; diminution qui tourneroit ainsi, de toute façon, au détriment de la pro-

priété fonciere, et par conséquent de la sureté des rentes établies
sur les produits nets de cette propriété.

Ce que je dis ici des rentiers ne peut cependant s'appliquer aux propriétaires des maisons : leurs loyers different des rentes, en ce qu'ils
sont susceptibles de renchérir ; au-lieu qu'une rente ne peut point
augmenter au gré du rentier : le renchérissement est ainsi une voie
toujours *ouverte* à ces propriétai[294]res, pour faire reprise sur le
produit de la culture, de tout ce qu'ils seroient obligés de payer à
l'impôt ; ils ne pourroient donc en être personnellement chargés
que jusqu'au moment du renouvellement des baux de leurs maisons : l'impôt alors retomberoit sur ceux qui payent les loyers plus
chers, et par contre-coup, sur les produits des propriétés foncieres
qu'on auroit cru soulager d'autant.   ·

C'est ainsi qu'un impôt *habituel* et proportionnel sur les rentes
et sur les loyers des maisons porte indirectement, partie sur les
propriétaires fonciers, et partie sur le Souverain : à l'égard des propriétaires fonciers, il est pour eux une diminution de richesses,
parce qu'il est pour eux une augmentation des frais qu'ils ont à
faire pour parvenir aux jouïssances. Un tel impôt est donc non-seulement un double emploi, mais encore un double emploi, qui, lorsqu'il est arbitrairement établi sur la personne des rentiers ou des
possesseurs des maisons, greve arbitrairement la propriété fonciere,
la réduit, pour ainsi dire, à n'être qu'un vain titre, et attaque ainsi
dans son essence, l'ordre constitutif des sociétés. Par ces sortes
d'impôts, on peut juger de tous ceux qui leur ressemblent ; de tous
ceux qui ne sont point une portion prise directement et immédiatement dans le produit des terres : il est évident qu'il n'en est pas un
qui ne devienne une charge indirecte sur les revenus des propriétaires fonciers, charge qui n'est allégée pour eux que par la portion
que le Souverain en supporte personnellement, en quoi il est toujours trompé dans les calculs qu'il peut faire sur les produits de ces
impôts.

Cependant, comme je l'ai déja dit, les effets des impôts indirects
ne sont point toujours les mêmes ; aussi les grands désordres qu'ils
produisent, ne sont-ils pas les suites des doubles emplois dont je
viens de parler : c'est principalement [295] lorsque de tels impôts
se trouvent assis immédiatement sur la personne ou les salaires des
agents de l'industrie, que le mal qui en résulte, devient énorme, et
ne cesse de s'accroître, tant qu'il est entretenu par le principe qui

l'occasionne. La démonstration de cette derniere vérité achevera de faire connoître évidemment combien le Souverain personnellement et les sujets sont intéressés à ne point changer la forme essentielle de l'impôt, et conséquemment combien on doit être certain que dans le gouvernement d'un seul, dès qu'on y suppose l'évidence de cet intérêt publiquement établie, on n'a rien à craindre des abus qui résulteroient d'un tel changement.

CHAPITRE XXXIV.

Doubles emplois résultants des impôts sur les salaires de l'industrie, ou sur la vente des choses commerçables; ils retombent tous à la charge du propriétaire foncier et du Souverain, en raison de la portion que chacun d'eux prend dans le produit net des cultures. Ces impôts sont dans tous les cas possibles, progressivement et nécessairement destructifs des revenus de la Nation, de ceux du Souverain, et de la population.

———

RAPPELLEZ vous ce que j'ai précédemment observé sur la nécessité dont il est que la distribution et la consommation des productions se fassent dans une proportion dont il puisse résulter un avantage commun à ceux qui les font renaître et [296] à la classe industrieuse; rappellez-vous que toutes les productions qui ne peuvent être consommées en nature par leurs premiers propriétaires, ne leur deviennent utiles que par l'entremise des travaux de l'industrie; rappellez-vous que les salaires ou les prix payés pour ces travaux ne sont que des portions prises dans ses productions en nature, ou, ce qui revient au même, dans leur valeur en argent; rappellez-vous que la mesure de chacune de ces portions n'a rien d'arbitraire; qu'elles sont au-contraire toutes déterminées par l'autorité despotique de la concurrence, qui, pour l'intérêt commun de toute la société, fait ainsi regner l'ordre le plus avantageux dans la distribution et la consommation des productions; ordre qui ne peut plus subsister, dès qu'un impôt vient dénaturer les proportions suivant lesquelles la concurrence a fait faire cette distribution.

Tout homme qui par ses travaux et ses dépenses, se procure plus de productions qu'il n'en peut consommer en nature, se propose *nécessairement* de changer la forme de cet excédent, de le convertir en ouvrages de l'industrie; d'un autre côté, ceux qui se consacrent aux professions relatives à ces ouvrages, comptent certainement sur l'échange de leur main-d'œuvre contre des productions. Il faut donc *nécessairement* qu'il y ait une proportion établie entre la valeur vénale des productions et la valeur vénale des ouvrages de l'industrie : ce n'est que d'après cette proportion, que chacun peut se déterminer sur l'emploi de sa personne, de ses richesses mobiliaires et de ses talents.

Remarquez bien la nécessité de cet équilibre qui doit régner entre le prix des productions et celui des travaux de main-d'œuvre. Inutile d'examiner lequel des deux commande le premier à l'autre : le point essentiel à saisir, c'est qu'ils sont [297] tous deux dans une dépendance réciproque ; qu'ils se servent mutuellement de mesure ; et que vous ne pouvez changer l'ordre de leurs rapports, qu'au détriment commun de tous les intérêts que nous cherchons le plus à ménager.

Cet équilibre dont je veux ici vous faire comprendre toute la nécessité, n'a rien de mystérieux : pourquoi cet Artisan me paye-t-il la mesure de mon bled 30 sols ? c'est parce que ses salaires le lui permettent : et qui est-ce qui lui paye ces salaires ? Les premiers propriétaires de la valeur des productions, ou d'autres hommes à qui déjà ils ont distribué une partie de cette valeur. Retranchez la moitié de ces salaires : cet Artisan ne peut plus me payer mon bled au même prix, à moins qu'il ne diminue la somme des achats qu'il fait à d'autres vendeurs ; mais dans ce cas, ces autres vendeurs n'auront plus les mêmes moyens pour acheter mon bled : c'est toujours le même inconvénient, le même contre-coup. Le mouvement de l'argent n'est qu'une circulation, suivant laquelle chacun doit en recevoir autant qu'il en donne, et chacun doit en donner autant qu'il en reçoit. Suivez cette circulation dans toutes ses branches ; vous verrez facilement, que la classe industrieuse ne peut mettre un prix aux productions, qu'en raison du prix que leurs premiers propriétaires mettent à sa main-d'œuvre ; qu'ils ne peuvent mettre un prix à sa main-d'œuvre, qu'en raison de celui auquel ils vendent aussi leurs productions ; qu'ainsi ce sont ces premiers propriétaires qui fournissent eux-mêmes à cette classe, les valeurs en argent avec lesquelles elle paye les productions : aussi est-ce parce que tous les salaires sont payés par les valeurs des productions, que nous avons donné le nom de double emploi, à tout impôt qui se trouve établi sur les salaires.

De ces observations il résulte que dans une nation qui ne [298] feroit aucune sorte de commerce extérieur, qui dans ses dépenses n'auroit aucune sorte de relation avec les étrangers, il seroit très-indifférent que les productions eussent une grande valeur en argent, ou qu'elles n'en eussent qu'une médiocre; ce dernier même seroit plus avantageux, parce qu'il y auroit moins d'embarras dans le transport de l'argent pour faire ses payements : quelle que fût cette valeur en argent, celle des travaux de main-d'œuvre se mettroit au niveau, et l'équilibre nécessaire se maintiendroit également.

Mais pour peu qu'une nation fasse quelque commerce extérieur, la valeur vénale des productions devient une chose très-intéressante; parce que cette valeur est ce qui décide du plus ou du moins des productions territoriales qu'elle doit donner en échange des marchandises étrangeres. Il est donc, par contre-coup, d'une égale importance pour elle, que les salaires proportionnels de l'industrie ne soient point altérés par une force majeure; car ce sont ces mêmes salaires qui, placés dans les mains de l'industrie, sont destinés à maintenir la valeur des productions; valeur qui d'ailleurs est la seule et unique richesse disponible pour le Souverain et la Nation.

Pour mieux démontrer ces vérités et les conséquences qui en résultent, parcourons les différents désordres qui naissent *nécessairement* à la suite du double emploi formé par un impôt sur les agents de l'industrie. Cet impôt ne peut être acquitté que par une partie de leurs salaires : cela est évident. Mais alors veut-on que les salaires augmentent, ou veut-on qu'ils n'augmentent pas? Chacune de ces deux hypothèses demande un examen particulier.

Si les salaires augmentent, il est clair que l'impôt retombe à la charge de ceux qui les payent; et qui sont-ils? D'abord le Souverain; par-conséquent il se trouve lui-même suppor[299]ter une partie de cet impôt, en raison du renchérissement des ouvrages de l'industrie, qu'il achete pour sa consommation personnelle ou celle des hommes qui sont à ses gages; ensuite les propriétaires fonciers, qui en cela, se trouvent très-réellement privés d'une portion du revenu ou des jouïssances qui doivent leur appartenir en propriété; enfin les cultivateurs, qui par eux-mêmes et par leurs entretenus, sont dans le cas de faire divers achats à la classe industrieuse.

Un impôt sur les salaires de l'industrie, et qui les fait augmenter, est donc un impôt indirect, non-seulement sur le Souverain et sur les propriétaires fonciers, mais encore sur les cultivateurs; aussi ce dernier contre-coup est-il la principale cause des maux progres-

sifs que cet impôt entraîne *nécessairement* après lui. L'augmentation qu'il occasionne dans les dépenses des cultivateurs, est une
diminution réelle de la masse des richesses productives ; un tel
impôt est donc destructif de la reproduction, en raison *doublée* de
ce qu'il prend indirectement sur les avances ; je veux dire que s'il
coute un million aux cultivateurs, il éteint une reproduction qui
vaudroit au moins 2 millions.

Je ne répéterai point ici que si les cultivateurs ne sont pas indemnisés du vuide que le détournement d'une partie de leurs avances
occasionne ainsi dans la masse totale de la reproduction, il faudra
qu'ils se ruinent, et que la culture tombe dans un état de dégradation progressive : je suppose au contraire qu'ils ayent calculé le
contre-coup de cet impôt, et que leurs baux soient analogues au
résultat de ce calcul : dans ce cas, le produit net se trouvera nécessairement diminué du double de ce que l'impôt prend indirectement
sur les cultivateurs. Mais dès-lors nous découvrons un désordre
dont la progression est évidente : les propriétaires fonciers se
trouvent [300] tout à la fois avoir un moindre revenu, et néanmoins
payer plus cher une partie des choses qu'ils consomment ; il est
donc indispensable qu'ils diminuent doublement leurs consommations ; par-conséquent qu'ils ne fassent point assez d'achats à la
classe industrieuse, pour qu'elle puisse s'indemniser avec eux des
sommes qu'elle paye à l'impôt.

Bien des gens cependant se persuadent que la masse totale des
achats faits à cette classe industrieuse, sera toujours assez considérable pour que ses agents puissent se dédommager de l'impôt, par
la voie du renchérissement de leurs marchandises. La raison vague
qu'ils en rendent, est que si les propriétaires fonciers consomment
moins, le Souverain, disent-ils, consommera plus, soit par lui-même
personnellement, soit par ses entretenus. Mais un calcul très-simple
peut mettre cette erreur dans une grande évidence.

Considérons le revenu du Souverain et celui des propriétaires
fonciers, comme ne formant qu'une seule masse, qui paye les deux
tiers des ouvrages que vend la classe industrieuse ; en conséquence,
supposons que les cultivateurs joints avec les hommes qu'ils entretiennent, achetent l'autre tiers de ces ouvrages. Notre hypothèse
ainsi présentée, soit 30 le total d'un impôt établi sur les salaires de
l'industrie, renchérissant par-conséquent de 30 ces mêmes salaires :
n'est-il pas vrai que ce renchérissement coute 10 aux cultivateurs,

puisqu'ils achetent le tiers des ouvrages renchéris de 30? n'est-il pas vrai que ces 10 dérobés aux avances de la culture, éteignent une reproduction de 20? n'est-il pas vrai qu'en suivant notre supposition, il doit en résulter une diminution de 20 dans le revenu commun du Souverain et des propriétaires fonciers? Quel est donc présentement l'état de ce revenu? D'un côté, il augmente de 30 par un impôt sur les ⌐301⌐ salaires; d'un autre côté, il diminue de 20 par l'extinction de la reproduction; le bénéfice net qu'il retire de cet impôt, n'est donc que 10. Observez maintenant, que ce revenu doit payer les deux tiers des ouvrages de l'industrie, conséquemment que le renchérissement des salaires doit lui couter 20; mais comment peut-il augmenter de 20 sa dépense, tandis que sa recette n'augmente que de 10? impossible donc qu'il puisse les fournir, impossible que sur les 30 pris par l'impôt, il n'y en ait pas 10 qui soient en pure perte pour la classe industrieuse qui les a déboursés.

De quelque côté que vous jettiez les yeux, vous n'appercevez présentement que détérioration, et détérioration progressive : quoique le revenu commun du Souverain et des propriétaires fonciers soit augmenté de 10 en argent, ils sont cependant moins riches qu'ils ne l'étoient auparavant, parce que les choses qu'ils achetent sont, en total, renchéries de 20 pour eux. Ils sont donc obligés de consommer moins; conséquemment d'entretenir moins d'hommes en faisant cependant une dépense plus forte en argent. Tandis que la population s'affoiblit par ce moyen, vous voyez aussi que la classe industrieuse perd, sans retour, le tiers de l'impôt qu'elle paye, et qu'elle fera toujours la même perte tant que le même impôt subsistera : il faut donc que d'année en année les richesses de cette classe, le nombre de ses agents et ses consommations diminuent; par-conséquent que d'année en année on voie grossir la quantité des productions qui, dans l'intérieur de la nation, manquent de consommateurs en état de les payer. Ainsi la décadence *progressive* de la classe industrieuse va réfléchir sur la reproduction, et la décadence *progressive* de la reproduction va réfléchir sur la classe industrieuse : ces deux désordres vont, pour ainsi dire, se donner la main, pour ac⌐302⌐célérer mutuellement la rapidité de leur *progression.*

Peut-être, me direz-vous, que la classe industrieuse a la ressource de vendre aux étrangers : mais les étrangers ne lui tiendront

pas compte de l'impôt ; ne se prêteront pas au renchérissement de
ses ouvrages pour raison de l'impôt; ainsi elle sera toujours en
perte. D'ailleurs les étrangers n'acheteront pas toujours en argent ;
il faudra donc que cette classe reçoive d'eux aussi des marchandises
en payement; mais quand elle les aura reçues, qu'est-ce qu'elle en
fera ? Dans notre hypothèse tout le revenu national est déja
dépensé; où donc trouvera-t-elle, dans la nation, des consommateurs auxquels elle puisse revendre ces marchandises étrangères
pour recouvrer les 10 en argent dont elle est en perte : elles resteront invendues, comme l'auroient été celles auxquelles elles se
trouveront substituées; et la classe industrieuse aura dépensé de
plus les frais qu'une telle opération entraîne nécessairement après
elle.

Si je me permettois d'entrer dans de plus grands détails, je
démontrerois par le calcul, qu'il n'y a pas une partie du corps politique qui n'éprouve quelque préjudice à l'occasion de la diminution qui survient dans la reproduction, et qu'il n'y a pas un préjudice particulier qui ne devienne à son tour un préjudice commun,
d'où résulte qu'ils concourent tous mutuellement à leur progression.
Mais sans nous appésantir sur cette démonstration, il suffit d'en
indiquer le principe; de faire voir que l'ordre qui doit régner dans
la circulation des valeurs en argent, est interrompu; que l'impôt
s'approprie une portion de ces valeurs avant qu'elles ayent été
employées aux dépenses de la reproduction ; que par ce moyen la
reproduction ne peut plus les rendre annuellement à ceux qui les
ont données à l'impôt; qu'ainsi chaque année le vice de [**303**] cette
circulation leur occasionne une nouvelle perte dont ils ne peuvent
être dédommagés, parce que rien ne peut suppléer la reproduction,
source unique où les dépenses peuvent puiser les moyens de se
renouveller.

Voulez-vous présentement partager le revenu national pour en
former le revenu public, et considérer séparément les effets d'un tel
impôt par rapport au Souverain en particulier? Sur le produit total
de l'imposition trois articles à déduire. 1°. Les frais de la perception ; 2°. la diminution que le Souverain éprouve dans son revenu
direct ; 3°. la perte que lui cause le renchérissement des ouvrages
de l'industrie. Malgré cela, je vous accorde que le revenu du Souverain est d'abord augmenté : mais combien subsistera cette augmentation ? A mesure que la classe industrieuse s'éteindra, ne faudra-

t-il pas que le produit total de cet impôt diminue, sans cependant que le renchérissement cesse d'être le même dans ses détails? Ne faudra-t-il pas qu'en même temps son revenu direct décroisse faute d'un débit suffisant pour les productions nationales, dont la valeur vénale forme ce revenu? Ne faudra-t-il pas que cette double diminution dans son revenu influe sur ses achats à la classe industrieuse, et qu'en cette partie il se fasse un vuide qui croisse de jour en jour? Voulez-vous qu'en raison des contribuables qui disparoissent à la classe industrieuse, on augmente les cottisations particulieres de ceux qui sont encore existants? Analysez cette prétendue ressource et ses contre-coups; vous trouverez qu'elle n'est qu'un moyen de hâter la dégradation; qu'il doit en être alors de la progression de ce désordre, comme de la chûte des corps, dont le mouvement s'accélere en raison de leur pésanteur, et se multiplie par le quarré des temps.

Nous avons déja de si bons ouvrages modernes sur cette [304] matiere, que je crois devoir ne pas m'y arrêter plus longtemps, quoique j'en laisse à dire beaucoup plus encore que je n'en dis; mais mon objet n'est point de faire un traité particulier de l'impôt : je me dépêche donc d'examiner la seconde branche de notre alternative; de voir ce qui résultera d'un impôt sur les salaires de l'industrie, en supposant qu'ils ne renchérissent pas.

Chaque homme de la classe industrieuse ne consomme qu'en raison de ses salaires : ainsi retrancher ses salaires, c'est retrancher ses consommations. Mais si ses consommations diminuent, qui est-ce qui les remplacera? Et comment les premiers vendeurs des productions pourront-ils s'en procurer le débit à un bon prix? Ne vous figurez pas pouvoir à cet égard substituer les entretenus par l'impôt aux agents de l'industrie : premierement, il n'est pas possible que les consommations de ceux-là soient les mêmes que les consommations de ceux-ci; en second lieu, la marche de ces consommations est absolument différente.

Le produit d'un impôt sur les salaires se cantonne, se distribue à un certain nombre de consommateurs, qui sont ordinairement rassemblés dans un même lieu, ou du moins dans quelques lieux particuliers; par ce moyen la consommation se trouve éloignée du lieu de la reproduction. Or il est certain que les productions perdent nécessairement de leur valeur vénale en proportion des frais qu'elles ont à faire pour aller trouver les consommateurs. Ajoutez à cela qu'il est beaucoup de productions qui par leur nature, ne sont pas propres à être transportées, beaucoup encore qui à raison de leur volume, de leur pesanteur, et de la modicité de leur valeur premiere, ne sont pas susceptibles d'un transport qui deviendroit si dispendieux, qu'il n'en résulteroit que des dépenses [305] en pure perte pour ceux qui se proposeroient de s'en procurer ainsi le débit.

Une fois que vous appercevez dans une nation, une multitude de productions qui manquent d'un débit suffisant, vous tenez le germe d'une dégradation *nécessairement* progressive, lorsque l'insuffisance du débit est occasionnée, comme dans notre hypothèse, par une cause qui détruit la proportion qui doit régner entre la valeur vénale des productions et celle des travaux de main-d'œuvre. Dans une telle position, si ceux qui achetent ces travaux les payent toujours au même prix, ils ne peuvent en acheter la même quantité, parce qu'ils ont un moindre revenu : alors les agents de l'industrie reçoivent moins de salaires, et cependant n'en ont pas moins le même impôt à payer. Ainsi dans cette même hypothèse, où ces travaux ne renchérissent point, l'impôt sur leurs salaires forme un contraste singulier : plus il prend sur les salaires, et plus il les fait diminuer ; j'entends que plus les agents de l'industrie payent à l'impôt, et moins ils ont de salaires à recevoir, par-ce que la diminution de leurs consommations en occasionne une autre dans les revenus de ceux qui leur payent ces salaires.

Le produit d'un tel impôt peut, il est vrai, se reverser dans la Nation, et de ce reversement on verra résulter des consommations. Mais pour couper court à tous les mauvais raisonnements qu'on pourroit faire à ce sujet, il suffit de faire observer que ce reversement ne peut rendre à la consommation que les sommes prises par l'impôt sur les salaires : il ne dédommage donc point de toutes les non-valeurs dont je viens de parler, et qu'il occasionne dans la vente d'une partie des productions. Ces non-valeurs sont des pertes seches, qui diminuent d'autant les moyens qu'on avoit pour payer et faire [306] valoir les autres productions, ainsi que les travaux de la main-d'œuvre. Il n'est donc pas possible qu'il y ait après l'impôt, une distribution de salaires égale à celle qui se faisoit avant l'impôt : cela posé tant que le même impôt subsistera, le mal croîtra progressivement, parce que la consommation des agents de l'industrie diminuera de plus-en-plus, sans être remplacée ; et qu'ainsi de plus-en-plus le débit ou la valeur vénale des productions, les revenus et la masse des salaires diminueront.

Une autre observation importante à faire sur le reversement fait par le Souverain, des sommes que lui fournit un impôt levé sur les salaires, c'est que ce reversement est en partie chimérique : une partie de ces sommes peut bien être employée à acheter en nature une portion des productions que les agents de l'industrie ne peuvent plus consommer ; mais l'autre partie de ces sommes ne peut être pareillement employée en achats d'ouvrages de l'industrie fabriqués dans la Nation. Pour que les vendeurs de ces ouvrages pussent faire ainsi repasser dans leurs mains cette partie des sommes qu'ils ont payées à l'impôt, il faudroit qu'ils eussent des marchandises à donner en échange de cet argent ; qu'ils échangeassent valeurs pour valeurs, ce qui leur est physiquement impossible, dès que leur main-d'œuvre ne renchérit point ; et quand ils le pourroient, donnant *deux fois* pour ne recevoir qu'une, ils seroient toujours en perte.

Faites attention à cette dernière observation : elle est d'une force et d'une simplicité singuliere : vous me forcez de vous donner 10 francs, et avec ces 10 francs, vous venez m'acheter une marchandise de la même valeur : mais pourquoi cette marchandise vaut-elle 10 francs ? C'est parce que ce prix lui est fixé par la concurrence comme étant son prix [307] nécessaire, son prix relatif aux dépenses nécessaires de ceux qui parviennent à la mettre en vente. Cette marchandise est donc, dans mes mains, réprésentative d'une valeur de 10 francs que j'ai dépensés ; ainsi quand je vous la vend, je vous livre une valeur de 10 francs ; par ce moyen les 10 francs d'argent que je vous avois donnés, et que vous me rendez en échange de ma marchandise, n'empêchent point que je sois en perte de cette somme tout aussi réellement que quand un autre me prend pareille marchandise sans la payer. Il faut donc qu'une telle opération me ruine progressivement.

Soit dans une Nation la valeur de la main-d'œuvre égale à 100. prix fixé par la concurrence ; prenez-en 20 pour l'impôt, et de ces 20 employez-en une portion en achat de productions, toujours est-il vrai que l'autre portion ne pourra plus circuler dans cette Nation, et qu'il faudra qu'elle passe à l'étranger pour y acheter d'autres ouvrages de main-d'œuvre. Mais, dira-t-on, les ouvriers travaille-ront davantage : vaine supposition ; car avant l'impôt, chacun d'eux étoit forcé, par la concurrence, de travailler autant qu'il étoit en son pouvoir. D'ailleurs comme il n'y a point, après l'impôt, plus de matieres à employer qu'il y en avoit auparavant, si chaque ouvrier pouvoit travailler plus long-temps, il y auroit moins d'hommes salariés, moins de consommations faites par conséquent. C'est une autre voie qui nous conduit au même désordre.

Ainsi quelque ressource que nous imaginions, nous n'en trouve-rons point qui puisse empêcher que de la diminution des salaires il ne résulte une diminution des revenus, et que de la diminution des revenus il ne résulte une nouvelle diminution des salaires. On conçoit bien qu'un tel enchaînement doit bien-tôt être suivi d'un décroissement progressif de la population, [308] autre principe d'une nouvelle diminution progressive dans le débit des produc-tions territoriales, dans les revenus de la nation et du Souverain. Ce décroissement sera même d'autant plus prompt, que l'industrie est cosmopolite ; elle ne connoît de patrie que les lieux où elle est appellée par son intérêt particulier ; sa devise est *ubi bene, ibi patria* : la nature le veut ainsi.

Cependant si vous forcez l'industrie de s'éloigner de vous, il va se trouver encore, dans la nation, moins de consommateurs en état de payer vos productions, et moins de moyens pour les con-vertir en jouïssances : vous serez obligés d'aller chercher au loin, des consommateurs étrangers, qui vous déduiront les frais d'expor-tation ; et les marchandises étrangeres dont vous voudrez jouïr en retour, seront grevées aussi des frais d'importation. Vous croirez peut-être que le commerce extérieur rétablira la valeur vénale de vos productions ; mais cette espérance ne peut avoir lieu que pour celles qui seroient susceptibles d'être transportées chez l'Étranger, encore faudroit-il à cet égard défalquer les frais qu'elles ont à faire avant d'y arriver. D'ailleurs entre les premiers propriétaires de ces productions et les consommateurs étrangers ne faut-il pas qu'il y ait des agents intermédiaires, des commerçants, qui auront grand intérêt à tenir vos productions à bas prix pour vous, afin de gagner plus, en les revendant au prix courant des autres nations.

Vous voyez donc que vos ressources mêmes sont pour vous de nou-velles causes d'une dégradation progressive ; que vous ne gagnez rien à supposer qu'un impôt sur les salaires ne les fera point ren-chérir ; que cette seconde hypothèse ne differe de la premiere que par la marche de ses inconvénients ; et que dans tous les cas un impôt sur les salaires est progressivement [309] destructif de la richesse nationale et de la population.

Parmi les diverses manieres de mettre un impôt sur les salaires, il en est une à laquelle on a donné le nom d'impôt sur les consommations. Sous ce titre, cette forme d'imposition a pris faveur dans l'opinion d'une multitude de personnes à qui ce nom a fait illusion : le payement de cet impôt leur a paru n'avoir aucun inconvénient, parce qu'il leur a paru libre et volontaire, du moins tant que cet impôt ne porte point sur les choses qu'on regarde comme étant de premier besoin. Ainsi dans leur système on peut établir un tel impôt sur mon vin, et non sur mon bled : mais ils ne voyent pas que le salarié qui achete mon bled, ne peut le payer qu'avec l'argent que je lui donne pour ses salaires, et qui provient en partie de la vente de mon vin ; ils ne voyent pas que le prix d'une denrée est ce qui sert à payer et faire valoir le prix d'une autre denrée ; par conséquent que tout ce qui tend à faire diminuer la valeur vénale et l'abondance d'une production, devient un préjudice commun à la valeur vénale et à l'abondance de toutes les autres productions.

Un impôt sur les consommations n'est qu'un impôt sur les moyens de consommer. Le propre d'un tel impôt est donc de diminuer la consommation ou la valeur vénale des marchandises sur lesquelles il est établi. Dans les deux cas le premier vendeur de ces marchandises est également en perte ; mais le dernier cas est celui qui doit naturellement arriver, parce qu'on veut vendre à quelque prix que ce soit ; que d'ailleurs la diminution du prix d'une marchandise est une suite nécessaire de la diminution de son débit.

Cette regle cependant n'a pas lieu par rapport aux marchandises qu'on tire de l'Etranger : il faut ou s'en passer ou les payer au prix courant des autres Nations. Elles renchérissent [310] donc dans une Nation chez laquelle elles ne peuvent entrer qu'en payant des droits. Mais ce que ce renchérissement coute à chaque consommateur de ces marchandises étrangeres, est en déduction des dépenses qu'il feroit en achat de marchandises nationales ; il faut qu'il achete celles-ci ou à plus bas prix ou en moindre quantité. Un tel impôt tourne donc au détriment du débit, de la valeur vénale et de l'abondance des productions nationales ; il est par-conséquent destructif du reveuu du Souverain, de celui de la Nation, et de la population.

A l'égard d'un impôt sur la vente des productions cueillies dans l'intérieur de la Nation, et dont le commerce reste libre cependant entre le vendeur et l'acheteur, comme il n'est pas possible d'y assujettir toute une même espece de production, il en résulte un inconvénient singulier : cette marchandise diminue de prix nonseulement pour les consommateurs qui ne peuvent se la procurer qu'en payant des droits ; mais encore pour tous les autres qui n'ont point de droits à payer, en supposant néanmoins que cette production ait besoin de cette premiere classe de consommateurs.

Chaque lieu où se cueille une production est une sorte de marché public formé par la concurrence des vendeurs: là, chacun achete au même prix, toutes choses égales d'ailleurs ; et la concurrence des acheteurs établit un prix courant qui devient une loi commune : que vous ayez des droits à payer après l'achat, ou que vous n'en ayez point, vous n'achetez ni plus cher ni à meilleur marché. Ainsi dès que parmi les consommateurs dont le débit d'une production a *nécessairement* besoin, il s'en trouve qui sont chargés de payer des droits, ils sont forcés de diminuer le premier prix d'achat ; et cette diminution fait tomber également le prix courant de cette [311] production pour tous les autres acheteurs.

Je dis que les consommateurs sujets aux droits sont forcés de diminuer le premier prix d'achat, et cela est facile à concevoir : l'établissement de ces droits n'augmente point, dans ces consommateurs, les moyens qu'ils avoient pour dépenser ; il faut donc qu'ils achetent cette production moins cher, ou qu'ils en achetent une moindre quantité : mais s'ils en achetent une moindre quantité, la surabondance de cette production en fait *nécessairement* diminuer la valeur.

Impossible donc d'empêcher que le prix de cette production ne diminue, et ne diminue pour tous les acheteurs indistinctement. Cela posé, voyez quelle disproportion énorme entre le revenu qu'une telle imposition peut donner au Souverain, et les préjudices qu'elle lui cause ainsi qu'à la Nation ; qu'il y ait seulement les deux tiers d'une telle production qui ne soient point sujets aux droits, il est évident que l'impôt devient nul pour le Souverain, puisqu'il en résulte l'extinction d'une valeur qui vaudroit trois fois l'impôt, et dans laquelle le Souverain prendroit le tiers. L'impôt alors pour donner 10, éteint 30 et dans ces 30 qui seroient un produit net, 10, appartiendroient au Souverain : il est donc évidemment en perte, si cet impôt n'est établi que sur une partie qui ne soit pas le tiers de la production.

Cette premiere perte cependant n'est rien encore en comparaison de celles que ses contre-coups occasionnent : au moyen de ce qu'il est dans la Nation une production dont la valeur vénale éprouve une diminution considérable, tous les premiers propriétaires de cette production se trouvent jouïr d'un moindre revenu ; ils sont par-conséquent moins en état d'acheter et de faire valoir les autres productions ; il faut donc qu'elles perdent aussi pıoportionnellement de leur valeur [312] vénale ; en conséquence, qu'il se fasse une diminution prodigieuse dans toutes les valeurs qui concourent à former le revenu de la Nation et celui du Souverain.

Suivez maintenant les contre-coups de cette diminution des revenus par rapport aux salaires de l'industrie et à la population qu'elle détruit ; du dépérissement de celle-ci passez au vuide qui doit en résulter dans ses consommations, et de-là au nouveau préjudice que ce vuide doit, à son tour, causer au débit et à la valeur vénale des productions ; vous retrouverez ainsi cet enchaînement de dégradations progressives qui sont successivement occasionnées les unes par les autres, et sur lesquelles on ne conçoit pas que les hommes puissent long-temps s'aveugler ; sur-tout quand les cultures se détériorent de jour-en-jour, par l'impossibilité dont il est que la foiblesse des produits nets puissent entretenir dans les mains des propriétaires fonciers et des cultivateurs, des richesses suffisantes pour toutes les dépenses relatives à l'exploitation.

Il est donc dans la nature même de cette sorte d'impôt d'appauvrir le Souverain au lieu de l'enrichir : impossible par conséquent qu'un tel impôt, soit mis en pratique, quand les effets qu'il produit *nécessairement* seront publiquement et évidemment connus. Il est même un inconvénient particulier qui lui est propre, et qui seul doit suffire pour le faire proscrire à jamais, dès qu'on sera convaincu que les doubles emplois qu'il forme, retombent en entier sur les propriétaires fonciers, à la réserve de la portion que le Souverain en supporte personnellement. Cet inconvénient particulier est celui des frais prodigieux dont on ne peut exempter la régie de cet impôt.

Je comprens sous le nom de frais, non-seulement ceux qui sont inséparables de cette régie, mais encore le prix du temps que ses formalités font perdre au commerce ; les avaries et les [313] aug-

mentations de dépenses que les visites et les entrepôts occasionnent ; les procédures et les vexations auxquelles cet ensemble
doit donner lieu ; les manœuvres de toute sorte qui tendent à
détourner de sa destination, une portion du produit même de l'impôt.
Quelle que soit la somme à laquelle peuvent monter tous ces
objets cumulés, il est certain qu'elle ne peut être qu'un objet très-
important ; il est certain que l'impôt dont il s'agit, doit augmenter
en proportion de ces mêmes frais, pour que le Souverain puisse se
procurer, par cette voie, les fonds dont il a besoin ; il est certain
que par ce moyen, l'impôt sur les choses commerçables se trouve
réunir en lui nombre d'inconvénients majeurs qui lui sont particuliers, et tous ceux encore qui sont af'   és à l'impôt sur les
personnes ; il est certain que cette multitude de frais ne peut être
acquittée que par le produit net, et que si le Souverain doit prendre
le tiers dans ce produit, il se trouve payer le tiers de ces frais ; il
est certain enfin que le tiers des dégradations que les contre-
coups de ces frais doivent occasionner dans le produit net, est
encore à la charge du Souverain ; qu'ainsi il lui est impossible de
regarder un tel impôt comme une ressource pour lui, puisque le
produit d'une telle ressource est absorbé par les pertes qu'elle
occasionne, et qui bientôt font progressivement diminuer ses
revenus au lieu de les augmenter.

Tels sont donc les inconvénients qu'on éprouve dès qu'on veut
changer la forme directe et naturelle de l'impôt : je crois que leur
évidence suffit pour remplir l'objet que je me suis proposé ; pour
démontrer que cette forme est une forme essentielle ; une forme
dont les intérêts communs du Souverain et de la Nation ne per-
mettront jamais qu'on s'écarte, lorsqu'on sera convaincu des maux
affreux qui doivent en résulter. Un tel désordre n'est certainement
point à craindre dans un [314] État monarchique parvenu à une
connoissance évidente et publique de l'ordre, parce que l'unique
intérêt de l'autorité gouvernante, de cette autorité qui réunit à elle
toutes les volontés, est que cet ordre soit suivi. Aussi par cette
raison le gouvernement monarchique seroit-il le plus propre à
rétablir ce même ordre, lorsqu'il auroit reconnu qu'on s'en seroit
écarté : il est sensible qu'un tel avantage ne peut se trouver dans
tout autre gouvernement ; car pour rentrer dans l'ordre il faudroit
qu'il commençât par devenir monarchique ; le despotisme de l'ordre
ne pouvant jamais s'établir solidement que dans une monarchie,

seule et unique forme de gouvernement où l'intérêt personnel du Souverain est nécessairement un intérêt commun avec toute la Nation ; seule et unique forme de gouvernement où l'Etat gouvernant ne peut jamais avoir de plus grand intérêt que celui de bien gouverner.

Nous devons voir avec douleur que les hommes ayent si longtemps ignoré des vérités si simples, si précieuses à tous les membres d'une société. Ce malheur est d'autant plus grand, qu'une fois que les générations passées se sont écartées de l'ordre à cet égard, les générations qui leur succedent, ont les plus grandes difficultés à surmonter pour y revenir : les maladies dont les corps politiques sont alors affligés, exigent des ménagements, et ne peuvent se guérir que par une gradation à laquelle il est socialement impossible de se refuser. Mais le premier pas à faire pour rétablir ces corps dans leur état naturel, est de rendre *publique* la connoissance *évidente* des premiers principes du mal, et de l'ordre immuable dans lequel il faut aller puiser les remedes qu'on peut employer : sans cette connoissance *évidente et publique*, le zele et les bonnes intentions des dépositaires de l'autorité se trouveront toujours trop foibles contre la force aveugle des préjugés anciennement [315] établis ; contre la force opiniâtre de l'habitude chez les hommes ignorants ; contre la force tyrannique des besoins impérieux du moment ; contre la force perfide et tumultueuse des intérêts particuliers et désordonnés : voilà les ennemis puissants qu'ils ont à combattre, et contre lesquels la publicité de l'évidence doit les armer, pour la gloire des Souverains, la prospérité de leur Empire, la félicité de leurs Sujets.

Qu'on me permette de terminer ce Chapitre par une réflexion, qui doit faire une vive impression sur toutes les ames honnêtes et sensibles, et qu'on ne peut désapprouver, à moins de commencer par avouer qu'on a perdu tout sentiment d'humanité. Quand un gouvernement est organisé de maniere que la culture des terres tend perpétuellement vers son meilleur état possible, l'abondance progressive des productions précede toujours l'accroissement progressif de la population : tous les hommes alors ne naissent que pour être heureux ; et par la raison que le dernier dégré possible de la multiplication des productions nous sera toujours inconnu, on peut dire que le dernier dégré possible auquel l'ordre peut porter la prospérité d'une Nation, est une mesure que personne ne peut concevoir. Mais dans un gouvernement contraire à l'ordre; dans un gouvernement où la culture est dans un état progressif de dégradation, il doit toujours et *nécessairement* se trouver plus d'hommes que de productions, parce que c'est la diminution de la masse des productions qui précede et entraîne celle de la population : la terre alors doit être couverte d'un grand nombre de malheureux destinés à traîner par-tout la misere qui doit enfin les détruire, et qui jusqu'à ce moment, ne peuvent s'offrir à vos yeux, sans que leurs importunités naturelles vous avertissent que c'est dans l'appauvrissement général, qu'on doit chercher la cause premiere de leur malheur particulier.

[316] Dans une telle position c'est en vain qu'on fait des loix contre la mendicité; impossible d'éteindre une profession qui se perpétue par une nécessité physique, et qui se renouvelle sans cesse : le décroissement progressif et annuel des productions fait que chaque année il se trouve une nouvelle disproportion entre la somme des salaires à distribuer, et le nombre des hommes qui en ont besoin pour subsister; entre la masse des choses à consommer, et celle des choses nécessaires pour pouvoir fournir à toutes les consommations. Le germe intérieur de cette maladie circulant dans toutes les parties du corps politique, c'est ce germe qu'il faut attaquer pour la guérir; sans cela, les plaies que vous aurez fermées, n'empêcheront point d'autres plaies de s'ouvrir. Heureux encore si les douleurs qu'elles causent, ne jettent point ceux qui les souffrent, dans un désespoir qui ne craint rien, parce qu'ils n'ont rien à perdre, si ce n'est une existence qui leur est à charge, et qu'ils regardent comme un malheur.

[317]
CHAPITRE XXXV.

Des rapports entre une nation et les autres nations. Il existe, sous une forme différente de celle des premiers temps, une société naturelle, générale et tacite parmi les nations ; devoirs et droits essentiels qui en résultent, et qui sont réciproques entre elles. L'ordre naturel qui régit cette société générale, est ce qui assure à chaque nation son meilleur état possible. Cet ordre, qui n'a rien d'arbitraire, doit être la base fondamentale de la politique. Il est de l'intérêt d'un Souverain et d'une Nation de s'y conformer, quand même il ne seroit point adopté par les autres nations. Balance de l'Europe ; observations sur ce système.

La TROISIEME CLASSE des différents objets qui appartiennent au gouvernement des Empires, renferme, suivant la division que nous en avons faite, tous les rapports qui se trouvent naturellement et *nécessairement* entre une nation et les autres nations. Pour montrer clairement comment l'évidence de l'ordre naturel et essentiel des sociétés doit régner despotiquement dans cette branche d'administration, il nous faut remonter à la source de ces mêmes rapports, aux temps qui ont précédé la formation des sociétés particulieres ; aux devoirs et aux droits réciproques que les hommes alors avoient [318] naturellement et *nécessairement* entre eux, et qui constituoient le juste et l'injuste absolus.

Nous avons vu ces sociétés naître de la nécessité de multiplier les subsistances par la culture : tant que les hommes ont été assez peu nombreux pour pouvoir subsister des productions spontanées de la terre, il n'existoit entre eux qu'une société naturelle, générale et tacite ; société naturelle, parce qu'elle consistoit en ces premiers droits respectifs que la nature a établis sur les premiers devoirs dont elle a grevé notre existence ; société générale, parce que ces devoirs et ces droits, liés au physique de notre constitution, étoient

Corpus des Economistes. — MERCIER. I.

16

les mêmes pour tous les êtres de notre espece, et dans tous les lieux où des hommes errants pouvoient se transporter · société tacite, parce qu'elle se trouvoit établie sans aucune convention expresse; sa justice et sa nécessité étoient sensibles à chaque homme en particulier; elle existoit enfin par la seule impossibilité physique et évidente que sans elle le genre humain pût se multiplier et se perpétuer.

Ce n'est pas que je prétende que chacun s'abstint alors scrupuleusement de tout ce qui pouvoit troubler l'ordre de cette société primitive; et que les hommes n'eussent aucune sorte d'association pour leur sûreté commune : nous devons au-contraire supposer des crimes, parce que leur germe qui est en nous, a été le même dans tous les temps; nous n'avons fait que lui donner plus d'activité, par les écarts dans lesquels notre ignorance nous a fait tomber; nous devons supposer aussi des associations, parce qu'elles sont une suite naturelle du besoin que nous avons les uns des autres : besoin impérieux, que notre premier âge ne nous permet pas de méconnoître, et qui paroît ne s'affoiblir en nous, que pour être remplacé par notre sensibilité pour les plaisirs d'attrait dont [319] la nature a rendu notre union susceptible pour nous.

Cette société naturelle, générale et tacite, qui a dû *nécessairement* précéder l'établissement des sociétés particulieres, n'a point été détruite par leur institution; elle n'a fait que se distribuer en différentes classes; prendre ainsi une forme nouvelle pour se donner plus de consistence, pour consolider parmi les hommes les devoirs et les droits essentiels et réciproques qui étoient inséparables de l'humanité. C'est donc dans ces devoirs et ces droits primitifs qu'il faut aller puiser les devoirs et les droits que les nations ont respectivement entre elles; c'est le moyen de les mettre en évidence, de les juger sans aucune sorte de prévention, et de nous convaincre qu'ils ne comportent rien d'arbitraire.

O Lecteur! qui que vous soyez, faites attention aux vérités simples que je viens de mettre sous vos yeux; elles ne vous annoncent que ce que vous savez, que ce que vous voyez vous-même : pénétrez chez les peuples les moins connus, les moins fréquentés; présentez-vous à eux dans un état qui ne puisse les allarmer; si des expériences fâcheuses ne leur ont point appris à se défier des autres hommes, vous trouverez chez eux un asyle et des secours; vous les reconnoîtrez pour être naturellement et tacitement en société avec votre nation, dont peut-être ils n'ont aucune idée. Regardez aussi cette multitude de peuples qui ont entre eux des relations de commerce; voyez comme, malgré les distances prodigieuses qui les séparent, ce lien commun les rapproche les uns des autres; voyez comme ils respectent tous et ces devoirs et ces droits réciproques qui les tiennent unis les uns aux autres pour leur avantage commun; ces devoirs et ces droits par le moyen desquels la société se perpétue, et embrasse toutes les parties de la terre habitée.

[320] Les sociétés particulieres ne sont donc véritablement que différentes branches d'un même tronc dont elles tirent leurs substances; que différentes classes de la société naturelle, générale et tacite qui a précédé leur institution. Nous pouvons même les regarder comme ayant été, dans leur origine, des sociétés errantes, mais devenues sédentaires, par la nécessité de demeurer attachées à tel territoire en particulier pour le cultiver. Chaque nation n'est ainsi qu'une province du grand royaume de la nature; aussi seroient-elles toutes gouvernées par les mêmes loix, par des loix qui, dans ce qu'elles ont d'essentiel, seroient parfaitement semblables, si toutes ces nations s'étoient élevées à la connoissance du juste et de l'injuste absolus; à la connoissance de cet ordre immuable, par lequel l'Auteur de la nature s'est proposé que les hommes fussent gouvernés dans tous les lieux et dans tous les temps, et auquel il a attaché leur meilleur état possible.

L'idée de cette société générale toujours existante est antérieure à l'établissement du Christianisme: ce rayon de lumiere bri' it dans les ténebres du paganisme, et plusieurs Philosophes de l'antiquité payenne en ont parlé avec force et dignité[1]. Cette vérité philosophique cependant n'a point été suffisamment approfondie; et nous voyons qu'elle ne s'est présentée que très-confusément à ceux qui se sont proposé d'en faire une maxime politique: faute de remonter aux premiers principes de cette société générale, ils ne se sont pas apperçu que cette même société générale qu'ils désiroient d'établir, existoit déja; qu'elle étoit l'ouvrage de la nature même; qu'il ne s'agissoit pas de la former, mais de l'entretenir, de ne pas la troubler, de connoître *évidemment* les loix qui constituent son ordre essentiel, afin de nous y assujettir par [321] la seule force des

---

1. Voyez le dernier Chapitre de cet ouvrage.

avantages *évidents* qu'on trouve à s'y conformer. L'établissement de cet ordre politique parmi les nations, ou plutôt son observation doit même paroître encore une chimere à tous ceux qui ne seront pas convaincus par l'évidence, qu'il n'est autre chose que l'*ordre évidemmeut le plus avantageux à chaque nation, comme il l'est à chaque Souverain et à chaque homme en particulier*, par-conséquent qu'il suffit que ce même ordre soit connu pour être observé.

On peut dire que jusqu'ici chaque Nation a pris pour base de sa politique, le dessein de s'enrichir ou de s'aggrandir aux dépens des autres : quand les traités entre quelques Nations confédérées n'ont pas eu pour objet des conquêtes communes, leur but a du-moins été de se ménager de grands profits par le moyen du commerce, aucune d'elles ne s'est peut-être jamais demandé qui est-ce qui payeroit les profits qu'elles se proposoient de faire : aucune d'elles n'a jamais songé que l'état respectif de leurs intérêts factices et arbitraires pouvoit changer d'un instant à l'autre ; que leurs traités n'étoient ainsi que des Édifices élevés pompeusement sur un sable mouvant ; qu'il est physiquement impossible qu'une politique qui blesse les intérêts des autres Nations, n'ait pas les autres Nations pour enne- mis : que cette fausse politique nous fait payer bien cher de *pré- tendus* avantages, qui, par les guerres qu'ils occasionnent, compro- mettent la sûreté d'un État, et qui, dès qu'on les approfondit, non- seulement s'évanouissent, mais encore se convertissent en priva- tions, en pertes réelles pour les Nations et les Souverains que ces avantages illusoires ont séduits.

La politique, science dont l'obscurité fait la profondeur, et dont les contradictions n'osent se montrer au grand jour, a inventé dans notre continent, le système de la *balance* de [322] l'Europe, terme énigmatique dont le vrai sens me paroît impossible à définir. Mais sans vouloir approfondir ce mystere, nous pouvons dire que les effets de ce système en démontrent évidemment les inconséquences : certainement il est peu propre à prévenir les guerres parmi les Puis- sances de l'Europe ; il semble plutôt leur servir d'occasion, ou de pré- texte ; car tous les jours elles se font la guerre pour maintenir la balance ; les peuples ainsi s'entr'égorgent, armés les uns contre les autres par un système imaginé pour les empêcher de s'entr'égorger.

Quoi qu'il en soit, distinguons, dans ce plan politique, l'objet qu'il se propose, et les moyens qu'il emploie pour le remplir. Son objet, nous dit-on, est la pacification de l'Europe ; d'arrêter les

entreprises arbitraires du plus fort qui voudroit opprimer et dépouiller le plus foible ; de maintenir ainsi chaque Nation dans la jouissance paisible de ce qui constitue son état politique ; de ne pas permettre enfin qu'aucune puissance puisse acquérir un tel degré de
forces, qu'il ne soit plus possible de lui en opposer de supérieures,
dans le cas où des passions effrénées la porteroient à vouloir
étendre sa domination sur d'autres peuples.

Ce projet est assurément bien louable ; tous applaudissent avec
raison à sa sagesse, à sa justice ; mais il n'en est pas ainsi des
moyens de l'exécuter ; c'est un article sur lequel une politique
factice, une politique séparée de ses vrais principes tient les
Nations divisées ; et l'expérience ne nous a que trop appris combien
nous devons redouter les suites funestes et naturelles de cette division. Il faut donc que la théorie de la politique ne soit pas exacte à
cet égard, puisqu'elle s'égare dans la pratique, et qu'elle ne peut
arriver à son but.

Cependant le systême de la balance de l'Europe, quelque [323]
mal combiné qu'on puisse le supposer, nous fournit de grands
arguments pour prouver que toutes les Nations de cette partie de
la terre se regardent comme une seule et même société formée par
un intérêt commun, par un intérêt qui doit *nécessairement* réunir
toutes leurs forces particulieres, pour leur donner une seule et
même direction, afin que leur sureté commune en soit le résultat.
La base de ce systême est la persuasion où l'on est que chaque
Nation veut naturellement sa sureté personnelle ; que toutes celles
dont la sureté personnelle est directement ou indirectement mena-
cée, sont naturellement décidées, par ce danger commun, à s'unir
pour lui opposer une résistance commune ; qu'ainsi leur confédération, sans être même ni prévue ni convenue par aucuns traités
antérieurs, doit *nécessairement* embrasser toutes les Nations qui
ont à craindre d'être tôt ou tard enveloppées dans le même danger.

Une confédération générale de toutes les Puissances de l'Europe
n'est donc point une chimere, comme bien des gens l'ont imaginé ;
elle est même tellement dans l'ordre de la nature, qu'on doit la
supposer toujours faite, ou plutôt toujours existente sans l'entremise d'aucunes conventions expresses à cet égard, et par la seule
force de la nécessité dont elle est à la sureté politique de chaque
Nation en particulier. Le systême de la balance de l'Europe n'a pu
s'établir sur un autre fondement que sur l'existence de cette con-

fédération naturelle et nécessaire ; et la maniere de règler les procédés qui devoient en résulter, a été le seul point dont la politique a dû s'occuper.

Si ce système, vu dans le principe dont il est émané, dans l'ordre naturel des intérêts des Nations et des procédés que ces intérêts leur suggerent, nous montre que tous les peuples [324] de l'Europe ne forment naturellement qu'une seule et même société, ce même système envisagé dans les mauvais effets dont il est suivi, nous offre encore une seconde preuve de cette vérité, pour peu que nous voulions remonter aux causes naturelles de ces mêmes effets : par lui-même le projet d'entretenir la paix ne peut jamais occasionner la guerre, à-moins que pour l'exécution de ce projet, on n'ait choisi des moyens qui soient contradictoires avec la fin qu'on se propose : alors les causes de la guerre sont dans les moyens, et non dans le dessein projetté : ainsi par la raison que le système de la balance de l'Europe ne la préserve point de la guerre, nous devons conclure avec certitude que ce point de vue politique péche dans les moyens de l'exécuter.

Deux circonstances peuvent rendre vicieux ces moyens : ils le sont, s'ils tendent à *diviser* les Puissances de l'Europe, pour les mettre en contre-forces et en opposition les unes aux autres ; ils sont vicieux encore s'ils blessent les intérêts naturels et légitimes de quelques Nations : essayons maintenant de nous développer.

Si, pour établir un équilibre entre elles, les Puissances de l'Europe forment des confédérations particulieres et se divisent, il est impossible qu'elles parviennent à leur but ; et quand elles y parviendroient, il seroit impossible que cet équilibre pût se conserver.

Supposons, par exemple, la masse générale des forces égale à 12 : pour trouver l'équilibre, en les divisant seulement en deux parties, il faut les composer chacune de 6 : mais cette égalité de forces devient *nécessairement* égalité de danger pour chacune de ces deux divisions ; et par ce moyen leur sureté respective est fort équivoque. Cette égalité parfaite est donc une position inquiétante et périlleuse, que cha[325]que Puissance a grand intérêt d'éviter, et qui naturellement doit la décider à se confédérer de maniere qu'elle ait pour elle la supériorité des forces.

Rien de plus simple que l'argument qu'on propose ici contre la division des Puissances : en supposant leurs forces dans l'équilibre

le plus parfait, chacune d'elles se trouve réellement en danger ;
car si deux forces égales s'attaquent, rien de plus incertain que l'évé-
nement. Comment donc peut-on se flatter d'établir ou de conserver
ce même équilibre parmi des Puissances dont il n'en est pas une
qui ne doive le redouter ?

Cependant si, dans le cas que nous venons de supposer, une
seule Puissance, pressée par cet intérêt majeur, se détache de son
parti pour se réunir à l'autre, voilà que celui-ci se trouve être 7
contre 5, alors plus d'équilibre ; il faut que toutes les autres
branches du parti qu'elle vient d'abandonner, suivent son exemple,
auquel cas la confédération devient générale, ou que la guerre
s'allume entre les deux divisions, soit parce que celle qui se croit
supérieure en forces, peut être tentée d'en abuser, soit parce que
l'autre, qui redoute cette supériorité, doit se proposer de faire les
plus grands efforts pour la dissiper : aussi dans ces circonstances,
la politique épuise t-elle toutes ses ressources pour faire naître de
nouveaux intérêts qui puissent faire changer l'état des confédérations ; et de-là, les méfiances, les jalousies, les haines nationales,
les guerres enfin qui ne se terminent que par des traités faits par
force, et destinés à être rompus sitôt qu'on croira pouvoir le faire
avec quelque avantage.

Il est encore une autre raison à rendre de l'impossibilité de
pouvoir compter sur un équilibre parfait entre les Puissances de
l'Europe, en les divisant pour les opposer les unes aux [326] autres :
il est certain que pour établir cet équilibre il faudroit pouvoir calculer et garantir de toute variation, un genre de Puissance qui est
tout à la fois incalculable et sujet à des révolutions qui le changent
du tout au tout. Les forces physiques d'une Nation n'ont, pour
ainsi dire, d'autre valeur, que celle qu'elles acquièrent par la
manière de les employer : de-là s'ensuit que le génie, les talents,
l'art, en un mot, de faire valoir les forces physiques d'une
Nation, font une grande partie de sa puissance ; or, ces avantages
ont une si grande influence dans les opérations pour lesquelles on
cherche à balancer les forces, *qu'un homme de plus* fait pencher
cette balance ; ajoutez que ces mêmes avantages sont reconnus pour
être si inconstants, si passagers, qu'on ne peut jamais savoir de
quel côté se trouvera *cet homme de plus*.

Le projet de diviser des Puissances pour les forcer, les unes par
les autres, à vivre en paix, renferme donc une contradiction évi-

dente entre la fin et les moyens. Mais observez que cette idée chimérique tient essentiellement au second vice qui peut se trouver
dans les pratiques par lesquelles on croit pouvoir maintenir la
balance de l'Europe : toutes fois que les intérêts naturels et légitimes de quelques Nations seront blessés, il y aura *nécessairement*
division entre-elles ; ce schisme politique ne cessera même de changer de forme et d'état, jusqu'à ce que l'arbitraire ait été banni des
prétentions.

Si dans les confédérations on se rappelloit que tous les Peuples
ne forment entre eux qu'une même société générale ; si d'après
cette premiere vérité, on examinoit de bonne foi les droits essentiels dont chacun d'eux doit invariablement jouïr dans cette même
société ; qu'on évitât avec soin de préjudicier à ces droits ; que les
traités ne fussent que l'expression fidelle de cet ordre naturel et
immuable dont il ne [327] nous est pas possible de nous écarter
sans être injustes, toutes les Nations regarderoient comme avantageux pour elles d'accéder à ces mêmes traités, au moyen de quoi
la confédération deviendroit naturellement et *nécessairement* générale. Ainsi quand le système de la balance laisse subsister cette
division, nous devons être certains qu'elle est le fruit de ses inconséquences, des injustices qui se trouvent dans les moyens qu'il
emploie ; ainsi lorsque cette division devient une occasion de
guerre, c'est par une suite naturelle et nécessaire de cette même
injustice ; ainsi considéré dans son principe ou dans ses mauvais
effets, ce système est également une preuve qu'une confédération
générale est l'état naturel de l'Europe ; et que tous les peuples de
notre continent, divisés *dans le fait* et par des méprises, ne
forment cependant *dans le droit*, qu'une seule et même société.

Au fonds, ce qu'on entend par la balance de l'Europe ne peut
être qu'une sorte de ligue défensive, dans laquelle les engagements
auxiliaires sont conditionnels et relatifs aux différents événements
qui peuvent troubler la paix. Sous ce point de vue, il est encore
évident que le système de cette balance ou ne peut produire l'effet
qu'on en attend, ou suppose une confédération générale. De
quelque côté que vienne l'orage, la confédération ne doit-elle pas
avoir lieu ? Quelle que soit la puissance qui veuille former des
entreprises, ne compromet-elle pas la sûreté de toutes les autres ?
Par-conséquent toutes les autres ne doivent-elles pas se réunir
pour faire force contre elle ? Ainsi par la raison qu'on ne sait pas

quel sera l'ennemi commun qu'on pourra dans la suite avoir à combattre, la confédération, si elle n'étoit pas générale, ne pourroit maintenir l'équilibre dans tous les cas.

[**328**] Non-seulement le système de la balance, sous quelque face qu'on l'envisage, nous montre que depuis long-temps on a regardé les nations de l'Europe comme ne formant qu'une seule et même société ; mais cette vérité est encore consacrée par des pratiques qui seroient pour nous d'excellentes leçons, si nous leur donnions toute l'attention qu'elles méritent de notre part. Les Rois sont dans l'usage de se traiter réciproquement de *freres* : cette qualification qu'ils se donnent mutuellement entre eux, est un titre précieux dont je reclame ici l'autorité. Les Rois n'employent cette expression que dans les actes où ils parlent en Rois, en chefs des nations qu'ils représentent : ce n'est donc point précisément une *fraternité* personnelle qu'ils veulent désigner par cette manière d'écrire ou de parler, c'est au-contraire une *fraternité* nationale : comme Rois ils se reconnoissent pour *freres*, parce que chaque peuple, chaque État doit se reconnoître pour *frere* d'un autre peuple, d'un autre Etat.

Par quelle fatalité voudroit-on donc que cette *fraternité* ne fût qu'un nom ? Par quelle fatalité ce nom si saint, si cher, seroit-il fait pour frapper nos yeux ou nos oreilles, sans nous peindre aucune idée sensible que nos esprits puissent comprendre, et dont nos ames puissent être affectées ? Si jamais nous sommes assez heureux pour nous dégager des préjugés qui nous aveuglent sur nos véritables intérêts, et chercher dans l'établissement de l'ordre naturel des sociétés, le meilleur état possible des Souverains, des Nations, de chaque homme en particulier, la politique changera de système et de langage ; au terme de balance elle substituera celui de *fraternité* ; alors il lui sera facile de n'être plus inconséquente ; de ne plus faire contraster son langage et ses procédés ; les [**329**] objets qu'elle se propose et les effets qu'elle produit ; l'intérêt commun des puissances et un système qui, pour les accorder, les tient désunies.

La *fraternité* des nations n'est donc point une vérité nouvelle ; il y a long-temps qu'elle est découverte par les hommes ; mais ils ne l'ont vue ni dans sa véritable source, ni dans ses rapports essentiels ; et voilà pourquoi les plans mal combinés d'une politique factice et arbitraire nous ont si souvent donné la guerre, en se proposant de nous donner la paix. Mais puisque cette vérité nous est connue ; puisque nous sommes forcés d'avouer cette *fraternité* naturelle ; qu'elle est même un dogme fondamental de notre religion, regardons-la donc comme étant le point fixe d'où la saine politique doit *nécessairement* partir, pour fixer l'ordre et la nature des procédés respectifs qui doivent être adoptés par toutes les Nations.

Sitôt que nous prendrons pour base de notre politique la *fraternité* naturelle des nations, nous examinerons ce qui appartient à l'essence de cette *fraternité*, et nous trouverons que *de nation à nation la nature a établi les mêmes devoirs et les mêmes droits qu'entre un homme et un autre homme;* nous trouverons que le meilleur état possible de chaque homme en particulier est attaché à la plénitude de son droit de propriété et de la liberté qui en est un attribut essentiel ; or dès que nous connoissons ce qui constitue le meilleur état possible de chaque homme en particulier, nous connoissons aussi ce qui constitue le meilleur état possible de chaque nation ; car enfin l'intérêt public, l'intérêt général d'une nation n'est autre chose que le produit des divers intérêts particuliers de ses membres.

A peine avons-nous saisi ce premier apperçu, que la [**330**] politique cesse d'être un mystere ; elle ne cherche plus les ténebres pour cacher sa difformité ; elle n'a plus besoin d'artifices pour étayer sa foiblesse chancelante ; loin de se couvrir d'un voile épais, elle se met en évidence, se place au milieu des nations, et d'un front serein leur tient à toutes ce langage : « Le meilleur état possible d'une « nation consiste dans la plus grande abondance possible de ses « récoltes annuelles, jointe à la plus grande valeur vénale possible « de ses productions. Ces deux avantages réunis, parce qu'ils doivent « l'être *nécessairement*, lui assurent, en raison de son territoire, la « plus grande richesse possible, la plus grande population possible, « la plus grande industrie possible, la plus grande consistence pos« sible parmi les autres nations. Pour arriver ainsi à son plus haut « dégré possible de prospérité dans tous les genres, elle n'a qu'une « seule chose à faire, c'est de protéger chez elle le droit de pro« priété, de lui procurer la plus grande solidité possible et la plus « grande liberté : voilà son premier devoir essentiel, devoir qui « détermine tout à la fois ceux qui sont réciproques entre ses sujets, « et ceux dont elle est tenue envers les autres nations.

« Par la raison *qu'il n'est point de droits sans devoirs*, que *les* « *devoirs sont la mesure des droits*, et qu'un homme, qui prétend

« qu'on respecte ses propriétés, ne peut l'exiger qu'en vertu de
« l'obligation qu'il s'impose de respecter celles des autres, une
« nation aussi ne peut établir solidement ses droits de pro-
« priété et sa liberté, que sur le devoir qu'elle se fait de ne
« jamais attenter sur les droits de propriété et sur la liberté des
« autres peuples. De ces vérités résulte qu'un intérêt capital,
« un intérêt évident, et commun à toutes les nations, les tient toutes
« naturellement et *nécessairement* confédérées entre elles pour
« consolider le droit de propriété et la liberté par [**331**] une garan-
« tie commune : cette confédération naturelle et générale, qui est
« la même que celle qui subsiste entre les membres d'une société
« particuliere, impose à chaque nation le devoir de concourir au
« maintien des droits des autres nations ; mais aussi par ce devoir
« elle achete le droit de s'approprier à son tour les forces des autres
« nations pour la défense de ses propres droits.

« Ainsi vos devoirs et vos droits respectifs sont établis les uns
« sur les autres ; et leur proportion est déterminée par un ordre
« essentiel dont vous ne pouvez vous écarter qu'à votre préjudice ;
« ainsi vous n'avez rien à regler entre vous, que la forme extérieure
« des procédés, dans le cas où quelque nation aura besoin du
« secours des autres. Ce cas même ne sera jamais problématique ;
« car les entreprises qu'une nation peut faire à force ouverte sur
« les sujets d'une autre nation, n'ont rien d'équivoque ; et c'est-là
« le seul désordre que votre confédération doive se proposer d'arrê-
« ter. D'ailleurs laissez chaque peuple mettre, comme il le voudra,
« son commerce extérieur à la gêne ; plaignez en cela son aveugle-
« ment, mais ne lui en faites point un crime par rapport aux nations
« qu'il prive de la liberté de commercer dans ses États ; c'est à lui-
« même qu'il préjudicie ; un tel désordre porte *nécessairement* sa
« punition avec lui. Mais vous devez respecter jusqu'à son erreur,
« parce que vous ne pouvez lui faire violence, sans offenser ses
« droits de propriété et sa liberté : gardez-vous sur-tout d'user vis-
« à-vis de lui de représaille ; ses méprises alors vous deviendroient
« communes, et elles vous causeroient les mêmes dommages.

« Ne se permettre aucune entreprise sur une autre nation, s'unir
« et faire force pour contenir les autres dans le même devoir,
« voilà l'ordre essentiel de votre société générale, [**332**] comme
« celui des sociétés particulieres ; il est tout entier renfermé dans
« ces deux maximes ; leur simplicité, ou plutôt l'évidence de leur

« justice et de leur nécessité vous annonce même que cet ordre est
« fait pour assurer de proche en proche, et dans toutes les parties
« de la terre, la paix et le bonheur de l'humanité. »

Ce qui prouve bien la sagesse et la vérité de la politique ainsi
ramenée à ses premiers principes, c'est qu'elle convient aux intérêts particuliers de chaque nation indépendamment des systêmes
contraires que les autres nations pourroient adopter. Il importe
assurément à une nation que ses procédés à l'égard des étrangers
s'accordent avec la forme de son gouvernement intérieur, pour
annoncer une politique exclusive de ces projets ambitieux que les
autres nations ne peuvent soupçonner sans s'allarmer, et sans chercher à les prévenir ; or elle ne peut trouver cet avantage que dans
l'établissement de l'ordre naturel et essentiel des sociétés, parce que
cet ordre est le seul qui mette en évidence l'intérêt personnel que
les Souverains ont à conserver la paix, et qui permette ainsi à cette
évidence *d'enchaîner l'arbitraire* dans les motifs qui peuvent les
porter à déclarer la guerre, et dans l'usage des moyens dont ils ont
besoin pour la soutenir.

En même-temps qu'une nation inspire cette confiance, il est
important pour elle aussi de porter ses forces à leur plus haut
dégré possible, afin de jouïr de toute la considération à laquelle
elle peut prétendre parmi les autres puissances. Enfin, elle ne peut
ni conserver ni même acquérir au-dehors une grande consistence,
qu'autant qu'elle jouït au-dedans d'une grande prospérité ; or, le
germe de cette prospérité est cette même politique que l'ordre
essentiel des sociétés vient de nous indiquer: respecter les propriétés et la liberté des [**333**] autres nations ; donner chez elle à ces
mêmes droits toute l'extension et toute la solidité dont ils sont susceptibles ; d'après ces principes, et sans avoir aucun égard aux
entraves que les étrangers peuvent mettre à leur commerce extérieur, accorder à celui qu'elle fait, la plus grande liberté possible ;
s'assurer par ce moyen une grande richesse, une grande population
une grande puissance, voilà la vraie politique, une dans ses principes et dans ses effets : il est évident qu'une nation peut l'adopter
pour elle indépendamment des autres nations : le droit de propriété
peut devenir pour ses sujets un droit sacré, sans qu'il le soit pareillement chez tous les étrangers ; l'ordre essentiel dont ce droit est la
base et le principe, peut gouverner despotiquement chez elle, sans
gouverner despotiquement chez les autres ; enfin, pour rendre

le commerce pleinement libre dans tous les pays de sa domination, il n'est pas nécessaire qu'il le soit également sous les domi-
nations étrangeres; et c'est ce que je me propose de démontrer dans les Chapitres suivants. Il est évident encore que cette
politique ne comporte rien d'arbitraire; qu'elle n'est qu'une conséquence naturelle de l'ordre essentiel des sociétés, qu'elle s'établit naturellement et *nécessairement* avec lui; qu'ainsi toute nation
qui fera régner chez elle cet ordre essentiel, doit être au-dehors et
au-dedans dans son plus haut degré de puissance et de splendeur;
dans l'état le plus florissant, le plus tranquille, le plus heureux que
le Souverain et les sujets puissent espérer.

[334] ## CHAPITRE XXXVI.

Du commerce. Premieres notions qui conduisent à reconnoître la nécessité de sa liberté. Tout acheteur est vendeur, et tout vendeur doit être acheteur. Les sommes de ces deux opérations doivent être égales entre elles. Les ventes, même en argent, ne sont que des échanges de valeurs égales. Erreurs et préjugés contraires à ces premieres notions.

———

J'AI DIT dans le Chapitre précédent qu'il étoit dans l'ordre naturel et essentiel des sociétés, par-conséquent dans les intérêts communs du Souverain et de la Nation, qu'on donnât au commerce extérieur la plus grande liberté possible : il s'agit maintenant de porter jusqu'à l'évidence la démonstration de cette vérité. Pour y parvenir, il suffit de présenter d'une maniere simple et claire les premieres notions du commerce ; de fixer ainsi la véritable signification des expressions dont on se sert journellement, sans les entendre ; de donner, par ce moyen, du corps, pour ainsi dire, et de la précision à des idées abstraites et vagues qui prêtent à tous les différents systêmes, nourrissent l'illusion et les préjugés, jusques dans ceux mêmes qui de bonne foi cherchent à s'en garantir.

Si je ne parle point ici du commerce intérieur, c'est que je me persuade qu'on est d'accord aujourd'hui sur la nécessité de le faire jouïr de la plus grande liberté. *La consommation est* [335] *la mesure de la reproduction ;* car des productions qui resteroient sans consommation, dégénéreroient en superflu sans utilité, sans valeur ; et dès-lors on cesseroit de faire les avances de leur culture. Mais il n'est pas possible de reconnoître cette vérité, sans reconnoître aussi que le commerce intérieur étant le moyen par lequel la consommation s'opere, la liberté dont il jouït est toute à l'avantage de la reproduction.

Cependant en même-temps qu'on s'éclaire sur cet objet, on ne s'achemine que lentement vers l'établissement de cette même liberté : ses progrès sont retardés par quelques préjugés qui subsistent encore : on se persuade que les profits faits *sur une Nation* par ceux qui dans son intérieur, achetent d'elle et lui revendent, sont néanmoins une augmentation de richesse pour cette Nation. Cette erreur évidente n'auroit aucun inconvénient, si elle ne décidoit pas les Gouvernements, non-seulement à mettre des entraves aux consommations, par les impôts qu'ils établissent sur les consommateurs, en croyant les établir sur ceux qui ne font que leur vendre leur ministere, mais encore à sacrifier souvent la liberté du commerce intérieur aux intérêts particuliers des revendeurs, par les privileges qu'on leur accorde au détriment de cette même liberté : l'effet de ces privileges, qui diminuent la concurrence, est de faire passer dans des mains *stériles*, une portion des richesses qui pourroient servir à l'augmentation des dépenses *productives ;* opération qui nécessairement devient destructive de la reproduction.

De quelque maniere que se fasse le commerce, il n'est qu'un échange de marchandise pour marchandise. L'action de vendre ou d'acheter n'est que l'action *d'échanger*, lors même que cette ction s'opere par l'entremise de l'argent ; car l'argent [336] n'est qu'une marchandise. Le but de cet échange est la jouïssance, la consommation : de sorte que le commerce peut être défini sommairement *l'échange des choses usuelles pour parvenir à leur distribution dans les mains de leurs consommateurs, de ceux enfin auxquels la jouïssance en est destinée.*

Il est important de se former une idée précise du commerce ; de bien saisir qu'il n'est *qu'un échange pour parvenir à une consommation.* Cette premiere notion nous apprend à ne pas confondre le commerce avec le mouvement et les frais du commerce ; à ne voir dans chaque opération de commerce, que deux hommes et deux valeurs : deux hommes, dont l'un est premier vendeur, et l'autre, dernier acheteur ou consommateur ; deux valeurs, dont une part de ce premier vendeur pour arriver à ce dernier acheteur consommateur ; tandis qu'une autre valeur, en échange de la premiere, part à son tour de celui-ci pour arriver à celui-là. C'est dans cet échange uniquement que le commerce consiste, et qu'il faut le considérer pour juger de son importance. Si cet échange pouvoit être fait immédiatement et sans frais, il n'en seroit que plus avantageux aux deux échangeurs : aussi se trompe-t-on bien lourdement quand on prend pour le commerce même, les opérations intermédiaires qui servent à faire faire le commerce.

Cette méprise cependant est très-ordinaire : avant qu'une chose commerçable soit rendue à sa derniere destination, souvent elle éprouve plusieurs reventes, fait beaucoup de circuits et de frais : le commerce en cette partie produit l'effet des glaces disposées pour réfléchir en même-temps, et dans différents sens, les mêmes objets ; comme elles, il semble les multiplier, et trompe ainsi les yeux qui ne le voyent que superficiellement : ils croyent appercevoir un grand commerce, [337] lorsqu'en réalité ce n'est qu'un commerce très-médiocre, mais qui occasionne un grand mouvement et de grands frais. Cependant pour peu qu'on veuille y faire quelque attention, on ne peut plus être dupe de cette multiplication illusoire ; il devient évident que par la répétition des ventes et des reventes, la chose commercée ne gagne rien en volume ou en quantité ; que quelques circuits qu'elle fasse, quelques changements de main qu'elle éprouve, lorsqu'elle arrive à sa derniere destination, elle se trouve n'être que ce qu'elle étoit en partant.

Il est vrai, me dira-t-on, qu'une marchandise ne se multiplie point par les reventes qui en sont faites ; mais elle augmente de valeur vénale, et cette augmentation de valeur est une augmentation de richesses pour l'État. Si cette maxime est vraie, nous pouvons aisément nous rendre aussi riches que nous le voudrons : ne permettons pas qu'aucune marchandise soit consommée sur le lieu de sa production, à moins qu'elle n'ait fait le tour du Royaume ; défendons les transports par eau ; imaginons encore d'autres polices qui grossissent les frais, et renchérissent les marchandises pour les consommateurs ; notre commerce intérieur et nos richesses vont doubler, vont décupler : je laisse à juger de l'absurdité du principe par l'absurdité des conséquences.

Il en est qui pressés par l'évidence de cette même absurdité, abandonnent une partie du systême, et se tiennent comme retranchés dans l'autre partie. Nous reconnoissons, disent-ils, que le voiturier et le simple revendeur n'augmentent point la masse des richesses nationales ; qu'ils ne sont que des instruments servant à la consommation ; mais il n'en est pas ainsi du manufacturier, des artistes qui avec des matieres premieres d'un prix médiocre, font des ouvrages d'une grande [338] valeur. Ceux-là multiplient donc réellement les richesses ; ils les triplent, les quadruplent, et plus encore ; toute faveur ainsi doit leur être acquise dans l'intérieur de l'État.

Je pardonne aux hommes d'avoir pris pour des réalités, les faux produits de l'industrie ; mais je ne leur pardonne point leurs contradictions ; ils auroient dû, d'après leur illusion, défendre chez eux l'usage de tout ouvrage qui n'exigeoit pas la main-d'œuvre la plus chere : au moyen de cette police, ils se seroient ménagé le brillant avantage de ne consommer que des choses d'un grand prix. Oh, qu'ils auroient été riches, s'ils avoient été conséquents ! Cette courte réflexion pourroit peut-être suffire pour montrer que cette seconde erreur n'est pas moins évidente que la premiere : mais comme elle est plus séduisante, j'en traiterai dans un Chapitre particulier, où j'espere achever de la démasquer.

Si les hommes avoient bien compris que le commerce n'est qu'un échange, ils ne se seroient laissés séduire ni par les dehors imposants des ventes et des reventes qui se succedent les unes aux autres, ni par l'éclat trompeur des renchérissements simulés que causent les frais de la main-d'œuvre : ils n'auroient point cru voir un accroissement de richesses et de commerce, dans ce qui n'est qu'une dépense onéreuse au commerce. Autant vaudroit juger de l'utilité d'une méchanique par la complication de ses mouvements, et par les frais de son entretien, sans avoir aucun égard à l'effet qui en résulte : on verra dans la suite combien cette comparaison est juste dans tous ses points.

Comme il n'est point ici question de la vente des biens fonds, mais seulement de celle des effets mobiliers et susceptibles de transport, je dirai que nous ne connoissons que deux especes de choses commerçables ; les productions en nature [339] ou les matieres premieres, et les travaux de la main-d'œuvre ou les ouvrages de l'industrie. Ces deux sortes de marchandises ont donné lieu à distinguer deux sortes de commerce ; mais dans l'un comme dans l'autre, acheter c'est vendre, et vendre c'est acheter ; car acheter ou vendre c'est *échanger*.

On appelle *vendre* échanger une marchandise contre de l'argent ; et les hommes attachent un si grand intérêt à cette façon de commercer, qu'ils voudroient pouvoir toujours vendre et ne rien acheter en argent. Cet intérêt est une manie inconcevable, sous quelque face qu'il soit considéré. Mais sans m'arrêter à parcourir ici tous ses rapports, je vas l'attaquer dans son principe, et faire voir que les ventes qu'on se propose de faire en argent, ne peuvent constamment avoir lieu, qu'autant qu'à son tour on achete en argent ; qu'il est d'une nécessité absolue que les vendeurs et les acheteurs se rendent alternativement par leurs achats l'argent qu'ils ont reçu par leurs ventes.

Un homme salarié, quel qu'il soit, vend sa main-d'œuvre, son talent, et du prix de ses salaires il paye ce qu'il consomme. Le cultivateur vend les productions qu'il récolte ; donne une partie du prix qu'il reçoit au Souverain et au propriétaire foncier, et du surplus paye ce qu'il consomme. Le Souverain et le propriétaire foncier doivent être aussi regardés comme vendeurs de productions par l'entremise du cultivateur ; du prix de ces ventes ils payent ce qu'ils consomment. Le rentier touche un revenu qui est le fruit d'une richesse qu'il a vendue pour un temps ou à perpétuité, et avec ce revenu il paye ce qu'il consomme. Le propriétaire d'une maison vend la jouïssance annuelle des dépenses qu'il a faites pour l'acquérir, et qu'il est obligé de faire encore pour l'entretenir ; la vente de [340] cette jouïssance annuelle est ce qui lui donne annuellement les moyens de payer ce qu'il consomme.

Ainsi en considérant le commerce comme une multitude de ventes et d'achats faits en argent, *personne n'est acheteur qu'autant qu'il est vendeur ;* et comme acheter c'est payer, *personne ne peut acheter qu'en raison de ce qu'il vend*, parce que ce n'est qu'en vendant qu'il se procure l'argent pour payer ce qu'il achete.

De ce que tout acheteur doit être vendeur, et ne peut acheter qu'autant qu'il vend, il résulte évidemment un deuxieme axiome ; c'est que *tout vendeur doit être acheteur, et ne peut vendre qu'autant qu'il achete ;* qu'ainsi *chaque vendeur doit, par les achats qu'il fait à son tour, fournir aux autres l'argent pour acheter les marchandises qu'il veut leur vendre.*

N'est-il pas évident que si les ventes que nous nous faisons l'un à l'autre, se soldent en argent, je ne peux acheter de vous qu'autant que vous achetez de moi ; qu'entre vous et moi la somme de nos ventes et celle de nos achats alternatifs doivent être égales entre elles : si après m'avoir vendu pour 100 francs, vous voulez ne m'acheter que pour 50, comment ferai-je pour vous payer ? Et quand je le pourrois une fois, comment pourrai-je continuer de toujours vous donner plus d'argent que je n'en reçois ? Un troisieme achetera de moi peut-être ; mais qui est-ce qui achetera de lui ? Et comment peut-il acheter s'il ne vend ? Prolongez tant qu'il vous plaira la chaîne des vendeurs et des acheteurs en argent, il faudra toujours que chaque achat soit payé par le produit d'une vente ; qu'ainsi chacun soit alternativement acheteur et vendeur en argent pour des sommes égales. Dès que l'argent devient le moyen unique dont on peut se servir pour ache[**341**]ter, tout seroit perdu s'il cessoit de circuler ; il est d'une nécessité absolue qu'il ne fasse que passer dans chaque main.

Je conviens cependant que cette balance peut bien n'être pas exacte dans les ventes et les achats que fait chaque homme en particulier ; mais si l'un vend plus qu'il n'achete et s'enrichit, un autre se ruine en achetant plus qu'il ne vend ; et par l'opposition qui regne entre ces deux sortes de désordres, l'équilibre se rétablit dans la masse générale des ventes et des achats.

Que *la consommation soit la mesure de la reproduction*, c'est une vérité que personne aujourd'hui ne révoque en doute, et c'est par cette raison que j'en ai parlé si succinctement. Pour peu qu'on médite un moment cet axiome, on trouvera qu'il nous dit en d'autres termes que chacun doit vendre en proportion de ce qu'il achete, et acheter en proportion de ce qu'il vend.

La consommation ne peut s'opérer que par deux sortes de personnes ; les unes qui sont premiers propriétaires des productions, et les autres qui ne le sont pas : ces dernieres ne peuvent consommer, qu'autant qu'elles payent en valeurs factices, les productions qu'elles achetent, et qu'ainsi ces valeurs factices sont achetées ou prises en échange par les vendeurs des productions. Si dans ces doubles opérations de ventes et d'achats alternatifs, vous voulez ne voir que des échanges, vous appercevez tout d'un coup que la somme des valeurs factices échangées contre les productions, et la somme des productions échangées contre les valeurs factices doivent être *nécessairement* égales entre elles. Mais si au lieu de simplifier les choses en supposant ces échanges faits en nature, vous admettez l'argent comme un *moyen commun d'échange*, [**342**] comme *un gage intermédiaire* qui facilite ces mêmes opérations, vous devez sentir qu'il est d'une nécessité absolu que ce *gage* circule perpétuellement ; qu'il revienne sans cesse dans les mains dont il est parti pour en ressortir encore ; sans quoi l'usage de cet *intermédiaire* cesseroit d'avoir lieu, attendu qu'on ne peut le reproduire comme on peut reproduire les valeurs naturelles ou factices qu'il représente.

Cette vérité n'eut jamais été contestée, si les termes de vente et d'achat, ainsi que l'usage de l'argent *monnoie*, n'avoient jetté dans les idées une telle confusion, qu'il n'a plus été possible aux hommes ni de s'entendre, ni de s'accorder sur leurs intérêts communs. Qu'est-ce donc que vendre ? *c'est échanger.* Qu'est-ce donc que l'argent considéré comme monnoie ? *C'est une marchandise dont la valeur a la faculté d'être réprésentative d'une valeur égale en toute autre espece de marchandises.* Au moyen de cette faculté qu'une convention, ou du moins un usage presque universel lui attribue, les ventes en argent ne sont que de véritables échanges d'une marchandise pour une autre marchandise. Cependant comme il n'est point une chose usuelle, et que celui qui le reçoit en vendant, ne peut s'en servir qu'autant qu'il le rend en achetant, on ne l'emploie que dans le cas où quelqu'un veut acheter les marchandises des autres, sans avoir, en nature, les choses que ceux-ci desirent de recevoir en échange : alors l'argent peut être regardé comme *un gage intermédiaire*, par le moyen duquel l'échange se commence entre l'acheteur et ces vendeurs, pour ensuite être consommé par eux avec d'autres hommes, qui, sur ce gage commun, fournissent les marchandises que le premier acheteur n'avoit pas dans sa possession.

Proscrivons pour un moment l'usage de l'argent *monnoie*, [343] ainsi que les termes de vente et d'achat, pour leur substituer celui d'échanges, et supposons ceux-ci réellement faits en nature : n'est-il pas évident que si je veux me procurer votre marchandise, il faut que j'en aie une d'une valeur égale à vous donner, et qu'en cela, *je sois vendeur pour être acheteur ?* N'est-il pas évident aussi que si je veux trouver le débit de ma marchandise, il faut que je prenne en échange quelque autre marchandise d'une semblable valeur, et qu'en cela, *pour être vendeur je sois acheteur.*

Mais vous avez la chose qui me convient, et celle que j'ai ne vous convient pas ; alors rappellons l'argent que nous venons de bannir ; employons-le entre nous comme un *gage intermédiaire*, comme une valeur réprésentative pour vous de la chose que je ne peux vous donner en échange ; dans ce cas, comme je ne cueille point l'argent, il faut que je m'en procure par un autre échange de ma chose contre ce même argent ; de-là résulte que je fais deux échanges au lieu d'un, et que de votre côté vous en faites autant, en portant mon argent à un autre vendeur qui vous donne la mar-

chandise que vous desirez. Il est donc évident qu'au fonds l'opération est toujours la même : on peut bien acheter avec de l'argent
sans avoir dans le moment même, une chose usuelle à vendre ;
mais pour avoir cet argent il faut avoir vendu.

Telle est pourtant cette vérité si simple en elle-même qu'une infinité de gens n'ont pas voulu voir : j'aurois honte de m'y être
arrêté si long-temps, si notre aveuglement sur cet article ne nous
avoit fait adopter des systêmes monstrueux, au point qu'on s'est
persuadé qu'on pouvoit toujours vendre en argent à quelqu'un qui
ne vendroit rien. Cette idée, telle que je la présente ici, paroît sans
doute être le comble [**344**] de l'extravagance : cependant je ne
charge point le tableau ; car c'est d'après elle qu'on a posé comme
des principes incontestables, qu'il importoit à une Nation de faire
un grand commerce d'exportation ; de vendre beaucoup en argent
et d'acheter peu, se persuadant que par ce moyen le commerce
l'enrichiroit. Dans ces prétendus principes autant de termes, autant
d'hérésies, qui toutes proviennent de ce qu'on ne s'est pas apperçu
qu'on ne peut absolument donner de l'argent pour des marchandises, à moins d'avoir commencé par donner des marchandises
pour de l'argent.

Avec de l'argent on achete des marchandises, et avec des marchandises on achete de l'argent ; ainsi vendre ou acheter, c'est
toujours, comme je l'ai dit, échanger une valeur quelconque contre
une autre valeur quelconque : que l'une de ces deux valeurs soit
argent, ou qu'elles soient toutes deux marchandises usuelles, rien
de plus indifférent en soi, si ce n'est que celui qui reçoit l'argent
est moins avancé que s'il avoit reçu immédiatement les choses en
nature dont, avec ce même argent, il compte se procurer la jouïssance.

CHAPITRE XXXVII.

Définition du Commerce vu dans tous ses rapports essentiels.
De la manière dont il peut enrichir une nation : fausses
idées des hommes à cet égard. Son utilité est dans les rap-
ports qu'il a avec les intérêts de la culture. Le Commerce
extérieur n'est qu'un pis-aller et un mal nécessaire.

IL EST FACILE à présent de donner du Commerce une définition
dans laquelle on embrasse tout à la fois les choses qui entrent dans
le commerce, les intérêts qui l'occasionnent ; les hommes qui font
le commerce entre eux ; les objets qu'ils se proposent en commerçant, et les moyens qu'ils employent souvent pour commercer. Le
commerce est *un échange de valeurs pour valeurs égales, pratiqué*
par le moyen d'agents intermédiaires ou sans ces agents, pour
l'intérêt commun des échangeurs qui fournissent ces valeurs, et les
échangent entre eux pour les consommer. Ainsi après une telle
opération chacun d'eux n'est ni plus riche ni plus pauvre qu'il étoit,
quoiqu'il ait en sa possession une chose qui lui convient mieux que
celle qu'il avoit auparavant.

Un homme qui possede beaucoup de vin et point de bled, commerce avec un autre homme qui a beaucoup de bled et point de
vin : entre eux se fait un échange d'une valeur de 50 en bled, contre
une valeur de 50 en vin. Cet échange **[346]** n'est accroissement de
richesses ni pour l'un ni pour l'autre ; car chacun d'eux, avant
l'échange, possédoit une valeur égale à celle qu'il s'est procurée par
ce moyen. Cet échange néanmoins leur est également utile : sans
lui, chacun de ces deux hommes seroit dans le cas de ne pouvoir
jouïr d'une partie de sa récolte, et par cette raison, chacun aussi
diminueroit sa culture.

On voit ici bien clairement dans quel sens on doit entendre que
le commerce enrichit une nation : il ne lui procure point, par lui-
même, un accroissement de richesses ; mais il est pour elle, *une*

ressource qui lui permet de les augmenter par la culture. Plusieurs cependant se persuadent qu'une nation *gagne* sur une autre nation ; ils ne voyent pas que par rapport au commerce, une nation n'est qu'un corps composé de plusieurs hommes qui tous séparément ne peuvent payer le prix de ce qu'ils achetent qu'avec le prix de ce qu'ils vendent ; que des millions d'hommes réunis en corps de nation ne trouvent point, à la faveur de leur nombre, le moyen de s'élever au-dessus de l'*impossibilité de donner ce qu'on n'a pas ;* qu'ainsi les loix naturelles et fondamentales du commerce, les conditions essentielles sans lesquelles il ne peut se soutenir, sont entre une nation et une autre nation, les mêmes qu'entre un homme et un autre homme ; qu'une nation enfin ne peut vendre qu'autant qu'elle achete, ne peut acheter qu'autant qu'elle vend.

Quelle que soit la nation qui, par le moyen du commerce, se propose de *gagner* sur les autres nations, qu'elle me dise donc comment elle pourra *gagner* si les autres ne *perdent* rien, ou comment elles pourront *toujours perdre.* Toutes les nations commerçantes se flattent également de s'enrichir par le commerce ; mais, chose étonnante ! elles [347] croient toutes s'enrichir *en gagnant* sur les autres. Il faut convenir que ce prétendu *gain,* tel qu'elles le conçoivent, doit être une chose bien miraculeuse ; car dans cette opinion, chacun *gagne* et personne ne *perd.* Comme le mystere d'un *gain* sans *perte* n'est point un article de foi, nous pouvons bien dire que la contradiction évidente qu'il renferme, en démontre l'absurdité.

Un homme, ou une nation ; car encore une fois le nombre ne change rien à l'ordre essentiel des choses dans l'espece dont il s'agit ; un homme donc commence par prélever sur ses productions, la quantité qu'il peut et doit en consommer en nature, et vend le surplus : pourquoi cet homme a-t-il fait des dépenses pour se procurer, par la culture, une masse de productions qui excede ses consommations ? C'est qu'il savoit bien qu'en raison de leur utilité, elles ont dans le commerce une valeur vénale, un prix qui leur est habituellement attribué, et qu'il a compté trouver à ce prix, le débit de cet excédent. Faites disparoître une de ces deux conditions, un de ces deux points de vue qui entrent dans l'espoir du cultivateur ; faites perdre à ces productions leur valeur vénale ou leur débit : certainement la culture qui les faisoit renaître, va cesser, ou tout au moins se rétrécir au point de ne plus en donner que la quantité nécessaire aux consommations que ce cultivateur fait personnellement.

Quand on dit que *la consommation est la mesure de la reproduction*, on doit entendre par le terme de *consommation*, celle qui est faite par des consommateurs en état de payer la valeur courante des choses qu'ils consomment. C'est dans cet axiome considéré sous ce point de vue, qu'il faut aller chercher la maniere dont le commerce extérieur enrichit une Nation, ou plutôt *lui présente des occasions dont elle peut profiter* [348] *pour multiplier les richesses que son territoire peut lui fournir.* Le commerce offre à cette nation des consommateurs qu'elle ne trouve pas chez elle ; cette augmentation de consommateurs procure le débit des productions nationales ; ce débit leur assure, et leur conserve toute la valeur vénale qu'elles doivent avoir parmi les choses commerçables ; le cultivateur trouve ainsi cette valeur vénale et ce débit, dont l'espoir l'a déterminé à faire les avances de la culture, pour obtenir des récoltes dont l'abondance pût excéder la consommation nationale. On peut dire en deux mots que par le moyen du commerce, la consommation n'a plus de bornes connues : de-là s'ensuit que l'abondance des productions ne peut jamais devenir à charge aux cultivateurs ; avantage inestimable pour ceux qui sans lui seroient dans le cas de redouter cette même abondance, parce qu'elle ne peut plus servir qu'à faire tomber la valeur vénale de leurs productions, et rendre leur débit insuffisant.

Maintenant il est aisé d'expliquer l'énigme, et de voir comment le commerce enrichit une nation : il en enrichit une comme il les enrichit toutes ; non en les mettant dans le cas *de gagner* les unes sur les autres ; car ou ces *gains* seroient alternatifs et conséquemment *nuls*, ou bientôt ils ne pourroient plus avoir lieu ; mais il les enrichit en ce que, procurant le débit de toutes les productions nationales *au meilleur prix possible*, il fait passer dans les mains des cultivateurs tout le produit sur lequel ils ont dû compter. L'effet direct de cette opération est que les richesses consacrées à la reproduction reviennent *avec profit* à la classe productive ; que cette classe se trouve avoir ainsi tout à la fois *plus de moyens* pour améliorer ses cultures, et *plus d'intérêt* à s'occuper de ces améliorations.

[349] Ne croyez pas que le cultivateur, proprement dit, soit la seule et unique classe d'hommes que le commerce enrichisse : ce nom ne doit point être pris ici dans un sens étroit, littéral, et par opposition à tous les autres hommes, comme il est d'usage à plu-

sieurs égards. Premiérement par le terme de classe productive, j'entends non-seulement les entrepreneurs de culture, mais aussi les propriétaires fonciers qui en cette qualité sont spécialement chargés de diverses dépenses nécessaires à la reproduction, soit pour l'entretenir, soit pour l'améliorer. En second lieu, je parle du cultivateur, parce que sa richesse personnelle est la source principale de toutes les richesses, et que pour augmenter la masse des richesses nationales, il faut nécessairement rendre leur source plus abondante. Mais aussi nous devons considérer ensuite la maniere dont l'abondance se partage dans les autres classes que cette source arrose : nous devons voir que le Souverain et les autres co-propriétaires du produit net profitent de cette même abondance, et que sans s'arrêter dans leurs mains, elle continue son cours, pour se répandre sur la classe industrieuse, ou plutôt sur toute la Nation.

Observez que le commerce extérieur, considéré comme moyen d'enrichir une nation, ne peut absolument avoir une autre marche ; que celle-ci est dans l'ordre physique même, et que vous ne pouvez vous en écarter, que vous n'en soyez puni : disposez le commerce de maniere qu'il enleve aux cultivateurs une partie du prix auquel ils devroient vendre leurs productions ; tout change de face en un instant : la culture n'a plus ni les mêmes motifs d'encouragement, ni les mêmes moyens pour fructifier ; non-seulement vos productions ont moins de valeur vénale, mais encore vous en avez une moindre quantité ; vous perdez ainsi de tous côtés ; alors [350] les revenus du Souverain et ceux des propriétaires fonciers se trouvant plus foibles, leurs dépenses diminuent à proportion ; par conséquent moins de salaires à distribuer, moins d'hommes occupés et entretenus : le commerce extérieur n'enrichit plus une Nation, il l'appauvrit ; et si ce désordre continuoit, il parviendroit à la ruiner, à l'anéantir.

De ces premieres notions nous devons conclure que le commerce extérieur peut être nuisible, comme il peut être avantageux ; que son utilité consiste entièrement dans celle dont il est à la reproduction ; qu'ainsi cette utilité résulte, non du commerce précisément, mais de la façon dont le commerce se fait.

Une autre conséquence encore, c'est que le commerce extérieur n'est *qu'un pis-aller ;* qu'il suppose toujours qu'une nation manque au-dedans d'un nombre suffisant de consommateurs en état de mettre un bon prix à ses productions ; que par cette raison elle est obligée d'aller chercher au-dehors d'autres consommateurs, dont l'éloignement ne peut lui être qu'onéreux. Ne m'alléguez point qu'elle peut être réduite à cette nécessité par le physique, par le climat dans lequel elle est placée ; cela peut être ; mais c'est un malheur, et ce malheur ne prouve rien, si ce n'est que par-tout l'ordre physique est l'ordre sur lequel il faut nécessairement calquer celui de la société ; d'où je conclus que de tels peuples ont encore plus de besoin que tous les autres, d'une grande liberté. Règle générale : plus on est contrarié par le physique, et plus la liberté devient importante à la prospérité d'une nation.

Je conviens donc que le commerce extérieur peut être indispensable, par rapport à quelques productions étrangeres qu'une nation ne peut obtenir de son territoire, et dont cependant elle a besoin : sous ce point de vue, nous devons dire [351] que le commerce extérieur est *un mal nécessaire* : car si cette nation avoit l'avantage de trouver chez elle les mêmes productions qui lui manquent, elle ne prendroit pas la peine de faire de gros frais pour les aller chercher chez les autres. Je crois que cette derniere proposition est évidente par elle-même : tout le monde sait que les productions qui viennent de loin, doivent être plus cheres que celles qui croissent autour de nous, et qu'il faut que le consommateur paye les frais de transport, soit par l'augmentation du prix de ces productions étrangeres, soit par la diminution du prix de celles qu'il donne en échange ou en payement ; en un mot, que l'intérêt de la reproduction est d'être voisine du lieu de la consommation, et que l'intérêt de la consommation est d'être voisine du lieu de la reproduction. Je laisse le Lecteur méditer ces vérités, en attendant que je les lui présente dans un nouveau jour, et dans un dégré d'évidence qui ne lui permette ni de douter des principes, ni de rejeter les conséquences qui en résultent en faveur de la liberté.

[352]   CHAPITRE XXXVIII.

De l'intérêt du Commerce. Ce qu'on doit entendre par cette façon de parler : il n'est point chez un peuple de Commerçants le même que chez une Nation agricole. Véritable idée du Commerçant. Ce sont les consommateurs et non les Commerçants, qui font le Commerce. Opposition entre les intérêts particuliers des Commerçants et l'intérêt commun des autres hommes.

QUE le Commerce extérieur, selon qu'il se comporte bien ou mal, enrichisse une nation ou l'appauvrisse, c'est une vérité que personne ne peut révoquer en doute, mais qui se trouve tellement dénaturée par la façon bisarre de l'interpréter, que les hommes ne peuvent convenir entre eux de l'idée qu'on doit se former de l'*intérêt du commerce* : je sais qu'en général ce qu'on nomme *l'intérêt du commerce* est l'intérêt de ceux qui *font* le commerce ; car le commerce n'est point un être particulier. Mais qui sont ceux qui *font* le commerce ? Voilà ce que les politiques au nent dû nous expliquer, pour nous mettre d'accord. Ils conviennent uniformément cependant que par *l'intérêt du commerce*, on doit entendre *l'intérêt de la nation ;* mais demandez-leur ensuite ce que c'est que une nation considérée comme corps politique ; de quels hommes elle est essentiellement composée, et quels sont les liens qui les tien[353]nent unis entre eux, demandez-leur si *l'intérêt de la nation,* vu dans le commerce, est un intérêt commun à tous ses membres, ou s'il n'est qu'un intérêt propre à une classe particuliere ; alors vous voyez les opinions se diviser, et les contradictions qu'elles présentent, les armer les unes contre les autres ; chacun, d'après l'idée qu'il se forme d'une nation, et des intérêts d'une nation par rapport au commerce, fabrique des principes, et sur ces principes factices établit un système dont il prétend qu'on ne peut s'écarter, que tout ne soit perdu.

La méprise la plus commune sur ce qui constitue *l'intérêt du commerce*, celle même dans laquelle sont tombés des hommes à grande réputation, c'est de confondre l'intérêt *commun* de la nation relativement au commerce, avec l'intérêt *particulier* des commerçants nationaux, qui pourtant ne sont que les instruments du commerce : en conséquence, on n'a plus jugé de l'importance et de l'utilité du commerce, que par les fortunes de ces commerçants ; sans examiner aux dépens de qui ces fortunes sont acquises, ni pour qui elles sont disponibles ; on s'est bonnement persuadé que la nation s'enrichissoit quand on voyoit ces mêmes commerçants s'enrichir ; ce n'est que dans leurs opérations qu'on a considéré le commerce ; et c'est à leur intérêt personnel exclusif, présenté comme étant l'intérêt général, qu'on a sacrifié les intérêts communs de tous les *membres essentiels* d'une nation.

Un des moyens les plus puissants dont on se sert pour fortifier et entretenir cette illusion, c'est d'alléguer des exemples ; d'attacher nos regards sur quelques peuples de commerçants enrichis par le commerce seulement ; de les présenter comme des modeles à suivre par toutes les Nations. On s'est laissé séduire par ces prétendus exemples, sans faire aucune [**354**] attention à la différence qui doit se trouver entre les intérêts de ceux qui *trafiquent* les productions des autres, et les intérêts des propriétaires de ces mêmes productions : et qui ne voit pas que ces deux positions n'ont rien de commun ? Que leurs intérêts sont diamétralement opposés entre eux ? Que la maniere dont les *salariés* s'enrichissent, n'est point la même que celle qui enrichit ceux qui les payent ? Par quel excés d'aveuglement a-t-on donc pu confondre, et prétendre assujettir aux mêmes polices, les intérêts de ces peuples de commerçants, qui ne trouvent point chez eux les productions qu'ils trafiquent, et les intérêts des Nations agricoles et productives, qui cueillent sur leurs propres territoires, toutes les productions qu'elles commercent entre elles ?

Il est très-différent de *servir* le commerce ou de *faire* le commerce : il est très-différent encore de *trafiquer* ou de *commercer*. Le voiturier, soit par mer, soit par terre, *sert* le commerce, mais ne le *fait* pas ; le commissionnaire, qui ne fait qu'exécuter les ordres qu'on lui donne, *sert* le commerce, mais ne le *fait* pas ; le commerçant, qui achete et revend à ses risques et pour son compte, *sert* le commerce, mais ne le *fait* pas. Ce dernier cependant fait quelque chose de plus que les deux premiers : il *trafique*, et les autres ne *trafiquent* point ; mais *trafiquer* n'est pas *commercer*. On *trafique* quand on *achete et revend* les marchandises dont d'autres hommes sont premiers propriétaires ; on *commerce* quand on tire de son propre fonds, les marchandises qu'on échange contre des valeurs quelconques, en autres marchandises ou en argent. Ainsi celui qui *trafique* n'est qu'une espece de *salarié*, qui, par son industrie, parvient à s'approprier une portion des richesses des autres hommes ; et ceux qui *commercent*, ne font en cela que *jouir de leurs propres richesses*.

[355] En prenant le terme de *commerce* dans la plus grande étendue qu'on puisse lui donner, nous avons vu qu'il n'en est que deux especes, celui des productions ou matieres premieres, et celui de l'industrie ou travaux de main-d'œuvre. Ces deux sortes de commerce sont utiles l'un à l'autre ; mais ils different entre eux, en ce que le second ne peut absolument exister sans le premier, au-lieu que le premier peut exister sans le second, dont il est le germe et l'aliment.

Il seroit à souhaiter qu'on ne perdît jamais de vue les rapports essentiels qui se trouvent entre ces deux especes de commerce, et que jamais on ne voulût renverser l'ordre immuable de leur *génération :* il seroit à souhaiter qu'on sentît que pour multiplier les enfants, il faut *nécessairement* commencer par féconder la mere dans le sein de laquelle ils prennent naissance, et du sein de laquelle ils se nourrissent après qu'ils sont nés ; qu'on ne se proposât point d'augmenter la masse des travaux de l'industrie par des moyens propres à diminuer *nécessairement* l'abondance des matieres qui donnent occasion à ces mêmes travaux, et servent encore à les payer.

Je n'insiste point quant à présent sur ces inconséquences ; j'en parlerai dans un autre moment : revenons à l'idée qu'on doit se former du commerce et des commerçants. Le commerce n'est *qu'un échange de valeur pour valeur égale;* ainsi il ne peut *se faire* qu'entre les propriétaires de ces valeurs ; et les commerçants eux-mêmes ne *font* véritablement et réellement le commerce, qu'en proportion des valeurs en industrie qu'ils échangent contre des valeurs en autres marchandises propres à leurs consommations. Gardons-nous donc de nous tromper sur l'idée que nous devons attacher au nom de *commerçant;* ce nom ne désigne point les hommes qui *font* le commerce ; car alors il deviendroit commun à tous les consom[356]mateurs, vu que tous les consommateurs *font* le commerce, étant tous dans la nécessité d'être alternativement acheteurs et vendeurs. Mais par le nom de *commerçants* nous ne devons entendre autre chose que *des hommes consacrés au service immédiat du commerce.*

Point de doute assurément que les opérations du commerce, pour peu qu'elles deviennent multiples et compliquées, n'ayent besoin d'une classe particuliere d'hommes qui s'en occupent : mais le commerce ainsi organisé renferme quatre objets qu'il ne faut pas confondre. Ces quatre objets sont : 1º. Les causes du commerce ; 2º. La matiere du commerce ; 3º. La fin du commerce ; 4º. Les moyens du commerce. Les consommateurs considérés comme premiers vendeurs et comme derniers acheteurs, sont les causes du commerce ; car ce sont eux qui le provoquent et l'occasionnent. La matiere du commerce est la masse de toutes les choses commerçables fournies par les consommateurs. La fin du commerce est la consommation de ces mêmes choses commerçables ; et les moyens du commerce sont tous les instruments, tous les agents par les procédés desquels on parvient à cette consommation. Ce n'est donc qu'en qualité de *moyens*, que les commerçants tiennent à cet ensemble que nous appellons commerce ; il est évident que les consommateurs, qui sont les causes du commerce, qui fournissent les matieres du commerce, et dont l'utilité réciproque est la fin du commerce, sont ainsi ceux qui *font* véritablement le commerce.

On regardera peut-être comme un pointillage, comme une dispute de mots, ce que je viens d'observer sur les termes dont nous nous servons. C'est cependant pour leur avoir attaché des idées vagues et superficielles, que nous nous sommes égarés au point de prendre les effets pour les causes, et [357] le voiturier pour le premier propriétaire même des marchandises qu'il transporte. Quand on oppose à des préjugés établis, des vérités importantes et rigoureuses, on ne peut mettre trop de précision dans les idées qu'on attache aux termes dont on fait choix : ces vérités ne sont susceptibles ni de plus ni de moins : à cet égard, le plus ou le moins ne seroit qu'erreur et contradiction.

Il en est du commerce comme des procès : ce ne sont point les officiers subalternes de la justice qui les *font*, à moins qu'ils n'en ayent en leur propre et privé nom ; dans tous les autres cas ils ne sont que les instruments des procès : il est vrai qu'ils peuvent bien les susciter, les multiplier, en grossir les frais ; mais enfin les procès, lors même qu'ils les occasionnent, sont toujours entrepris par les parties et pour les parties : les prétentions et les intérêts de celles-ci forment la matiere des procès ; ce sont donc elles qui les *font;* aussi est-ce par elles que les frais en sont payés. Nous devons dire la même chose des agents du commerce : ils sont pour le commerce des instruments dont chaque consommateur se sert au besoin, pour pratiquer les échanges qu'il se propose ; mais lors même qu'on employe leur ministere, ce ne sont point eux qui *font* commerce des choses qui entrent dans ces échanges ; ce sont au contraire les consommateurs qui le *font* réellement entre eux par l'entremise de ces agents ; et ces derniers, en les servant ainsi, ne *font* véritablement d'autre commerce que celui de leurs travaux qu'ils échangent contre des salaires.

Ceux qui prétendent que par l'intérêt du commerce nous devons entendre l'intérêt de ceux qui *font* le commerce, ont donc raison dans le principe; et ils auroient raison encore dans les conséquences, s'ils n'avoient pas mis les commerçants [358] à la place des consommateurs ; s'ils avoient voulu voir que ce sont ceux-ci, et non ceux-là, qui *font* le commerce. Il est donc à propos de leur faire connoître le point fixe dans lequel ils se sont mépris.

La conséquence qui résulte de ces observations, c'est qu'il n'y a que deux sortes d'hommes qui soient *essentiels* au commerce, le premier vendeur et le dernier acheteur consommateur ; aussi commercent-ils souvent entre eux directement et sans agent intermédiaire : les circuits que fait une marchandise. les changements de main qu'elle éprouve, les reventes qu'elle occasionne *ne sont point le commerce,* quoique le commerce soit leur objet : ces opérations ne sont en elles-mêmes qu'un *mouvement intermédiaire entre le lieu de la production et celui de la consommation, entre le premier vendeur et le dernier acheteur consommateur.* Ce mouvement intermédiaire est celui de la chose commercée, qui part toujours de celui-là pour arriver à celui-ci, et qui, comme je l'ai déjà dit, fait des frais sur la route, mais n'acquiert point une nouvelle valeur.

Au premier coup-d'œil, les intérêts de ces deux hommes paroissent être entre eux en opposition, et cela parce que le vendeur veut vendre cher, et le consommateur acheter à bas prix : mais un ordre naturel, un ordre immuable a pourvu, et pour toujours, à la conciliation de leurs intérêts, quelque nombreuse que puisse être la multitude des vendeurs et des acheteurs.

Chaque marchandise jouït dans le commerce d'un prix qui lui est propre, et qui est principalement déterminé par l'utilité ou l'agrément dont elle est, et par les dépenses que sa reproduction ou sa main-d'œuvre exigent. Ce prix doit être aussi *nécessairement* relatif aux facultés des consommateurs ; [359] mais que signifie cette derniere façon de parler ? Elle veut dire que le prix d'une marchandise ne pouvant être payé que par le prix d'une autre marchandise, et chaque consommateur ne pouvant acheter qu'en proportion de ce qu'il vend, il s'établit *nécessairement*, ainsi que je l'ai dit en parlant de l'impôt, un équilibre entre les valeurs vénales de toutes les choses commerçables ; équilibre qui fait que le prix de l'une est mesuré sur le prix des autres ; qu'ainsi la somme des choses à vendre est *habituellement* balancée par la somme des moyens que les consommateurs ont pour les payer.

Cet équilibre ne peut être dérangé *qu'accidentellement* : si le prix d'une marchandise s'élevoit au-dessus de son niveau, il n'y auroit plus assez de consommateurs en état de l'acheter ; d'ailleurs tous les hommes s'empresseroient de profiter de sa faveur, et se feroient à l'envi vendeurs d'une telle marchandise ; on la verroit donc bientôt perdre tout son avantage, par un effet nécessaire de la concurrence, dont le propre est de vendre au rabais.

D'après toutes les différentes circonstances qui concourrent à fixer les valeurs vénales des choses commerçables, la concurrence assigne naturellement à chaque espece et qualité de marchandise, le plus haut prix auquel chaque vendeur puisse se proposer de vendre, et le plus bas prix auquel chaque acheteur puisse se proposer d'acheter. Il existe ainsi naturellement une puissance despotique qui marque le prix auquel chaque consommateur peut acheter, parce qu'elle marque le prix auquel il peut vendre : chaque vendeur ne peut donc parvenir à renchérir *habituellement* ses marchandises, qu'en se soumettant aussi à payer *habituellement* plus cher les marchandises des autres vendeurs ; et par la même raison, chaque consommateur ne peut parvenir à payer *habituellement* [360] moins cher ce qu'il achete, qu'en se soumettant aussi à une diminution semblable sur le prix des choses qu'il vend.

Remarquez ici combien sont vaines les spéculations de ceux qui dans une nation se proposent de faire parvenir une espece de production à son plus haut prix possible, et à son dernier dégré possible d'abondance, sans songer à procurer les mêmes avantages aux autres productions dont les valeurs doivent opérer la consommation et le payement de celle qu'on veut favoriser. Un tel projet est précisément celui de vouloir établir plus de vendeurs que d'acheteurs, plus de choses à vendre, que de moyens pour les payer. En vain on se flattera de trouver un débit suffisant chez les étrangers : certainement dans l'ordre général de la nature ils ne sont point ceux qui sont destinés à consommer la majeure partie des productions de votre territoire ; leur consommation a des bornes naturelles, parce que les moyens qu'ils ont pour acheter nos productions sont bornés comme leur population. D'ailleurs ils ne peuvent nous payer qu'en nous échangeant des productions de leur cru ; ainsi chaque fois que vous voulez augmenter chez vous, l'abondance d'une de vos productions, et vous en assurer le débit à son plus haut prix possible, il faut *nécessairement* que vous mettiez votre nation en état de faire plus de consommations, soit de ses propres productions, soit de celles des autres nations. Mais pour cet effet il faut aussi que vous vous occupiez également de l'abondance et du bon prix de toutes les autres productions nationales ; par conséquent que vous ayez grande attention de faire cesser tout ce qui peut être contraire aux intérêts des cultivateurs. A cette condition, vous verrez toutes les valeurs qui doivent être échangées les unes contre les autres, se multiplier en même-temps, et s'acheminer d'un pas égal vers leur meilleur prix possible ; vous [**361**] verrez aussi l'industrie nationale et la population croître en raison de votre abondance, qui par ce moyen trouvera toujours dans l'intérieur de la nation un nombre suffisant de consommateurs en état de mettre un bon prix aux choses qu'ils consomment : c'est dans l'ensemble que réside la perfection de l'ordre qui procure à chaque partie son meilleur état possible. Si vous perdez de vue la chaine des rapports, vous ne pouvez plus vous promettre de grands succès ; quelque sages que soient vos opérations à quelques égards, dès qu'elles n'embrassent pas le tout, elles ne vous serviront que foiblement ; encore seront-elles sujettes à des inconvénients.

Qu'on ne m'objecte point que les hommes qui vendent et achetent, ne se conduisent pas sur ces spéculations philosophiques ; j'en conviens ; mais aussi, comme dit Pope, voyons-nous que l'Auteur de la nature a greffé sur un sauvageon un arbre qui porte des fruits excellents : la cupidité, qui divise le vendeur et l'acheteur dans leurs projets, est précisément ce qui les rapproche et les concilie dans la pratique : c'est cette cupidité, ce desir de jouïr qui devient l'ame de la concurrence, et la met en état de donner despotiquement des loix aux vendeurs comme aux acheteurs.

Il n'est point ici question de rendre les hommes philosophes et profonds pour qu'ils puissent garder toutes les proportions qui doivent se trouver dans les échanges qu'ils font entre eux : ces proportions s'établissent d'elles-mêmes, parce qu'il est physiquement impossible qu'elles ne s'établissent pas ; parce qu'il est physiquement impossible que la somme des ventes excede habituellement celle des moyens que les consommateurs ont pour acheter ; parce qu'il est physiquement impossible qu'une partie des marchandises renchérisse, et soit néanmoins consommée en totalité, si l'autre partie [362] des marchandises, dont le prix sert à payer la premiere, ne renchérit à proportion ; parce qu'il est physiquement impossible qu'alors le manque de débit ne fasse pas cesser le renchérissement et ne rétablisse pas l'équilibre dans les valeurs.

Lorsque je veux vous vendre pour 100 francs de marchandises, qui sans votre consommation deviendroient superflues, et ne seroient pour moi d'aucune utilité, mon intérêt est que vous ayez une valeur quelconque de 100 francs à me donner en échange ou en payement : supposons donc que vous soyez en possession de cette valeur, mais aussi que vous n'ayez rien au-delà : si je prétends doubler le prix de cette marchandise que vous devez consommer, vous ne pouvez plus en acheter que la moitié, à moins que je ne consente qu'en me vendant, vous doubliez aussi le prix de la vôtre, auquel cas il n'est pour vous et pour moi ni perte ni gain. Mais si des circonstances passageres me permettent de vous faire la loi, il en résulte que vous perdez la moitié des jouïssances que vous devriez avoir pour votre argent, et que moi, je n'y gagne rien, puisque dans notre supposition, je ne peux tirer aucun parti de ce qui me reste : de-là s'ensuit qu'un tel commerce entre nous ne peut subsister, parce que je vous mets dans la nécessité de faire en sorte qu'il ne subsiste plus. C'est ainsi que je me prépare des pertes et des privations par une voie qui paroissoit me conduire à l'augmentation de ma richesse.

Une fois que l'argent a été institué le signe représentatif de toutes les valeurs, il est devenu la mesure commune dont on s'est servi pour les énoncer et les peindre d'une maniere sensible : on ne s'informe point du rapport que la valeur vénale d'une marchandise peut avoir avec celle de telle ou telle autre marchandise : combien *vaut-elle* en argent? Quelle [363] somme d'argent faut-il pour la payer? Voilà tout ce qu'on demande à savoir : nous sommes si peu dans l'habitude de suivre le fil des liaisons que les choses ont entre elles, que sans nous mettre en peine du rapport que cette même somme d'argent peut avoir avec les autres marchandises, nous croyons gagner beaucoup en donnant moins d'argent pour les choses que nous achetons, ou en recevant plus d'argent pour les choses que nous vendons. Il est pourtant tout naturel de ne *priser le signe qu'à raison de la chose qu'il représente.*

Un homme qui ne cueille que du vin en augmente le prix en argent de 25 p. $\frac{o}{o}$; tandis que toutes les autres productions sont renchéries de 50 : cet homme alors n'est-il pas moins riche avec un revenu plus considérable en argent? Changeons l'hypothèse, et disons que le prix en argent de toutes les choses commerçables est diminué de 50 p. $\frac{o}{o}$, et que celui du vin n'est diminué que de 25 ; dans ce cas, ce même homme n'est-il pas plus riche avec un revenu moins considérable en argent ?

L'argent n'est qu'un gage, n'est qu'un signe représentatif des choses usuelles : c'est donc une bien forte méprise que de le prendre pour ces choses mêmes, et de ne pas voir que les valeurs *numéraires*, les valeurs en argent ne sont que des noms, des termes que les hommes emploient pour se communiquer leurs idées, et parvenir à faire entre eux des échanges dont ils conviennent par le moyen de ces mêmes termes. Aussi, comme je l'ai déjà dit, faut-il ramener toutes ces différentes idées à celle de l'échange en nature, et c'est le moyen de ne pas tomber dans cette méprise inconcevable, qui pourtant n'est que trop commune parmi nous.

Sitôt que nous ne verrons plus dans le commerce que des échanges en nature, nous regarderons les prétentions au ren[364]chérissement d'une marchandise, comme autant de chimères, et les renchérissements eux-mêmes comme des mots et rien de plus : toujours faudra-t-il que chacun reçoive *telle* quantité de telle ou telle marchandise, pour *telle* quantité de celle qu'il donne en échange : à vous permis de donner un grand nom à la valeur des marchandises que vous possédez; cela m'est absolument indifférent, pourvû que dans la réalité, les échanges des choses commerçables entre nous se trouvent toujours faits dans la même proportion.

Le nom des valeurs *numéraires* peut changer pour les marchandises, comme il change pour l'argent même : qu'un Prince double la valeur *numéraire* de ses monnoies ; en résultera-t-il qu'on pourra se procurer le double des marchandises pour la même quantité réelle d'argent ? C'est ainsi que quand on laisse les mots pour s'attacher aux choses, on trouve que malgré les changements qui surviennent dans les dénominations, la réalité se trouve toujours être la même ; que les échanges des choses commerçables se font dans une proportion qui n'a rien d'arbitraire ; que la concurrence enfin ne permet à personne de s'en écarter *habituellement*, et cela par des raisons qu'il seroit inutile de répéter.

Voilà comment les prétentions du vendeur et de l'acheteur, quoiqu'elles soient opposées entre elles, se concilient cependant parfaitement ; voilà comment chacun d'eux est obligé de se soumettre à la loi qu'il reçoit de la concurrence ; comment leur intérêt particulier se borne à profiter, tant en vendant qu'en achetant, des prix qu'elle a réglés : cela posé, il devient évident qu'ils sont liés par un intérêt commun ; qu'il leur importe à l'un et à l'autre, que leurs échanges occasionnent le moins de frais qu'il est possible ; car il est de toute nécessité que ces frais soient à leur charge ; aussi leur intérêt [**365**] commun est-il tout l'opposé de l'intérêt particulier des commerçants, qui profitant d'une partie de ces frais, doivent naturellement chercher à les augmenter, du moins dans la partie destinée à rester dans leurs mains.

CHAPITRE XXXIX.

Suite du Chapitre précédent. Par qui sont payés immédiate-
ment les profits ou les salaires des Commerçants? Erreurs
relatives à cette question. Comment l'intérêt particulier des
Commerçants se concilie, par le moyen de la liberté, avec
l'intérêt des autres hommes. La profession des Commerçants
est cosmopolite : rapports de cette vérité avec la nécessité d'une
grande liberté de commerce. Différences essentielles et plus
détaillées entre un peuple de Commerçants et les Nations
agricoles et productives. Quel est chez elles le véritable inté-
rêt du commerce : besoin qu'il a de la liberté.

JE COMMENCERAI ce chapitre par l'examen d'un *rien* de grande
importance aux yeux des politiques ; d'une question qui parmi eux
est débattue avec chaleur, partage leurs opinions, et pourtant ne
porte que sur des mots qu'on n'entend pas. Les uns prétendent
que les profits des commerçants sont payés par les consommateurs,
d'autres soutiennent que ces profits sont faits sur les premiers
vendeurs : quant à moi, je [366] dis que les deux partis ont tout à
la fois tort et raison ; que séparément elles ne considerent qu'une
portion d'un tout qu'on ne peut diviser et qui souffre également,
qu'elle que soit la partie dans laquelle il se trouve blessé.

Les profits des commerçants doivent être placés dans la classe des
frais ; par cette raison, ils concourent à fixer le prix que les marchandises doivent avoir dans le commerce. Un commerçant achete ici
pour revendre dans d'autres lieux avec un bénéfice qu'on ne peut
lui refuser : au moyen de ce bénéfice à faire par cet intermédiaire,
le prix courant des marchandises qu'il trafique, est plus foible pour
les premiers vendeurs, et plus fort pour les acheteurs-consomma-
teurs ; la différence qui se trouve entre ces deux prix, est précisément la somme qui doit en rester dans les mains du commerçant
pour ses salaires et les frais de ses opérations. La question se
réduit donc à savoir si dans le cas où il ne retiendroit pas cette

somme, le vendeur vendroit plus cher, ou si le consommateur acheteroit à meilleur marché. Mais cette recherche n'a aucun objet, aucune sorte d'intérêt : chaque consommateur n'est-il pas al_ernativement acheteur et vendeur pour des sommes *égales*? Et ne doit-il pas toujours regner la même proportion entre toutes les valeurs vénales, afin que *les vendeurs fournissent aux acheteurs même les moyens d'acheter?*

Le prix courant de ce que je vends 100 francs devient 110 livres pour vous qui le consommez, et le prix courant de ce que vous vendez 100 francs devient 110 livres aussi pour moi qui le consomme : il est évident que vous et moi nous perdons chacun 10 francs à ce marché, et qu'il est fort inutile d'examiner si c'est en vendant ou en achetant que nous faisons cette perte. Ce qu'il y a de certain, c'est que sans cette différence entre le prix du premier vendeur et celui du der[367]nier acheteur, ou nous payerions chacun 10 francs de moins en achetant, on nous recevrions 10 francs de plus en vendant ; par conséquent votre consommation et la mienne se trouveroient plus fortes d'un dixieme.

Nous échangeons vous et moi 100 mesures de votre vin contre 100 mesures de mon bled : des circonstances nous obligent de placer entre nous, un agent intermédiaire, qui pour les services qu'il nous rend, retient sur votre vin, 10 mesures, et autant sur mon bled. Sur lequel de nous deux prend-il les 10 mesures de bled, sur lequel prend-il les 10 mesurs de vin? Belle question! ce sera sur qui l'on voudra ; mais toujours est-il vrai qu'il s'approprie la dixieme partie de ce que, sans lui, votre vin vous permettroit de consommer en bled, et la dixieme partie de ce que mon bled me permettroit de consommer en vin.

Telle est pourtant au fond cette question importante aux yeux d'un grand nombre de politiques, qui, pour la plupart, l'ont décidée de maniere qu'ils se sont persuadé que les agents du commerce gagnent tout sur les étrangers, et rien sur la nation dont ils trafiquent les productions. C'est une telle chimere qui a fait éclore les privileges exclusifs et les autres polices que chaque nation adopte pour donner des entraves à son commerce extérieur, et favoriser l'accroissement des profits de ses agents nationaux.

Comme toutes les erreurs s'entretouchent et se tiennent, il a bien fallu que pour étayer leur système, ces mêmes politiques regardassent les bénéfices faits par les agents nationaux du commerce, comme étant des bénéfices faits par l'Etat; et qu'ils donnassent aux intérêts particuliers de ces agents, le nom d'*intérêt du commerce*, ou plutôt, le nom imposant d'*intérêt général de l'Etat*. Je ne crois pas qu'il soit pos[368]sible de se tromper plus lourdement, car il n'y a rien de plus opposé à l'intérêt général de l'Etat que l'intérêt personnel de ces mêmes agents, lorsque pour les favoriser, on les sépare des commerçants étrangers, et qu'on renonce à la concurrence de ces derniers en leur donnant l'exclusion.

Les frais pour parvenir à la consommation, qui est la fin que tout commerce se propose, se partagent nécessairement entre tous les consommateurs, parce qu'ils sont alternativement acheteurs et vendeurs, et qu'ainsi *ce sont les vendeurs qui fournissent aux acheteurs les moyens d'acheter*. Ces frais sont une dépense commune à laquelle chacun d'eux contribue en raison de ce qu'il achete ou de ce qu'il vend; ils ont donc tous un intérêt commun à diminuer cette dépense autant qu'il est possible; au lieu que ceux qui profitent de cette même dépense, ont tous intérêt de l'augmenter.

Ainsi par rapport au commerce, la société générale des hommes ne doit se diviser qu'en deux classes; l'une est celle des consommateurs qui font entre eux des échanges auxquels nous avons donné le nom de commerce; l'autre est celle des agents intermédiaires qu'ils employent souvent dans ces échanges, et auxquels nous avons donné le nom de commerçants, c'est-à-dire, *d'hommes servant le commerce*.

Rien de plus facile présentement que de fixer la véritable idée qu'on doit se former de l'intérêt du commerce, ou de l'intérêt général de l'Etat vu dans le commerce. 1°. On ne peut le chercher dans l'intérêt particulier des commerçants nationaux; car il ne seroit plus général; 2°. Cet intérêt ne peut être autre chose que l'intérêt commun des consommateurs, car ce sont eux qui font le commerce, et ce n'est que pour eux que le commerce se fait; d'ailleurs ce n'est que dans leur classe qu'on peut trouver les hommes qui constituent réellement l'Etat.

[369] Ce qu'on nomme l'Etat est un *corps politique composé de différentes parties unies entre elles par un intérêt commun qui ne leur permet pas de s'en détacher sans se préjudicier à elles-mêmes.* Cette définition nous fait voir que l'Etat ne réside *essentiellement* que dans le Souverain qui en est le chef, dans les propriétaires du produit net, et dans les entrepreneurs de culture; car leur profes-

sion est locale ; ils ne peuvent se proposer d'aller l'exercer dans un autre Pays, attendu que chaque Pays ne comporte qu'un certain nombre de cultivateurs, qui déja sont en possession du sol : d'ailleurs leurs effets mobiliers ne sont pas transportables comme l'argent, et ils ne pourroient, sans perte, les convertir en argent.

Il n'en est pas ainsi d'un commerçant considéré comme commerçant seulement, et abstraction faite des propriétés foncieres qu'il peut avoir : chez quelque nation commerçante qu'il veuille s'établir, il y trouvera place pour sa personne et pour sa profession ; son émigration est même d'autant plus facile, qu'il n'est étranger dans aucun des lieux où s'étendent les relations de son commerce. et souvent sa fortune est répandue beaucoup plus au-dehors qu'au dedans.

Le commerçant, en sa qualité de *sujet du commerce*, d'homme *attaché au service du commerce*, n'appartient exclusivement à aucun Pays en particulier ; il est *nécessairement* cosmopolite, parce qu'il est impossible que sa profession ne le soit pas : en effet, le commerce extérieur se fait toujours entre plusieurs nations ; ainsi le commerçant, comme instrument du commerce, est *nécessairement* aux gages de plusieurs nations à la fois, et son utilité est commune à toutes celles entre lesquelles se fait le commerce dont il est l'agent : qu'il soit Anglois, François, ou Hollandois, les échanges entre les nations qu'il sert en même-temps, doivent toujours se faire aux mêmes [370] conditions pour elles, et leurs avantages réciproques doivent à cet égard être toujours les mêmes, pourvu qu'il ne leur vende pas plus cher, ou qu'il n'achete pas leurs productions à meilleur marché que ne feroient d'autres commerçants : aussi une grande liberté de commerce est-elle nécessaire pour mettre à l'abri de cet inconvénient.

Quand un commerçant achete il ne considere point de quel Pays sont ses vendeurs ; quand il revend il ne considere pas plus de quel Pays sont ses acheteurs : il n'est, et ne doit être occupé que de deux objets, du prix de ses achats, ses frais compris, et du prix de ses reventes : tous les acheteurs et tous les vendeurs sont, et doivent être égaux à ses yeux ; de quelque nation qu'ils soient, sa profession les traite, et doit les traiter tous de la même maniere ; aucun d'eux ainsi n'est par rapport à lui, comme commerçant, ni plus ni moins étranger que les autres ; il est donc comme commerçant, véritablement cosmopolite, homme pour qui nulle nation n'est étrangere, et qui n'est étranger pour aucune nation.

Une autre preuve que les commerçants nationaux ne font point, en cette qualité, partie des hommes qui constituent l'Etat, c'est que leurs richesses mobiliaires et occultes, ne font jamais *corps* avec les richesses de l'Etat et même ne s'accroissent qu'aux dépens de celles de l'Etat. Il n'y a que les productions annuellement renaissantes dans l'Etat, qu'on puisse regarder comme richesses *pour* l'Etat, en raison de la valeur vénale qu'elles ont dans le commerce. Cette sorte de richesses est la seule qui devienne disponible, et qui puisse contribuer aux charges de l'Etat : impossible d'établir des impôts sur les salaires ou bénéfices des commerçants : un tel impôt n'est pour eux qu'une augmentation de frais, dont il faut qu'ils soient indemnisés comme des loyers de leurs magasins, [371] et des autres dépenses qu'ils sont obligés de faire. Mal-à-propos s'imagine-t-on qu'un impôt sur eux diminue leurs bénéfices : ceux-ci sont réglés par la concurrence ; subsistent ainsi *nécessairement* et indépendamment des frais dont ils ne peuvent se dispenser : s'ils se ressentent d'un tel impôt, ce ne peut être qu'autant qu'il augmente tellement leurs frais que les consommations en soient sensiblement diminuées : ils gagnent moins alors, parce qu'il y a moins de consommateurs en état de les employer.

Je ne m'arrêterai pas plus longtemps sur cette vérité que j'ai déjà démontrée dans les Chapitres où j'ai traité de l'impôt : j'ai fait voir que ces sortes d'impôts *indirects* retombent toujours et *nécessairement* sur les produits de la culture ; mais ce que je dois ajouter ici, c'est que si des besoins urgents mettoient l'Etat dans la nécessité de chercher des ressources en argent, il n'auroit aucun moyen pour se procurer l'argent de ses commerçants nationaux à meilleur compte que celui des commerçants étrangers : ces deux richesses en argent ne lui appartiennent donc pas plus l'une que l'autre ; au lieu que dans un tel cas les revenus des propriétaires fonciers lui préparent des secours qu'ils ont intérêt de ne pas lui refuser, parce qu'il importe à la sureté de leur propriété de les accorder.

Nous avons vu précédemment que le produit net des terres est la seule richesse disponible dans une nation : l'intérêt commun du Souverain et de cette nation est donc d'avoir le plus grand produit net possible ; or, ils ne peuvent obtenir cet avantage, qu'en retirant le plus grand prix possible de leurs productions. Le commerçant au contraire, quoique national, a un intérêt tout opposé ; car ce qu'il

gagne est en diminution de ce même prix, et par conséquent du produit [372] net qui fait la richesse unique du Souverain et de la
nation.

Le commerçant, considéré relativement à la nature de ses
richesses, est donc cosmopolite, comme il l'est à raison de sa profession. Le terme de cosmopolite ne doit point être regardé comme
une injure : je parle ici des choses et non des personnes ; de la
profession du commerçant, et point du tout de ceux qui l'exercent ;
il se trouve souvent parmi eux d'excellents patriotes, nous en
avons des exemples, et j'en ai même quelquefois été témoin, tandis
qu'il s'en trouve de très-mauvais parmi les hommes attachés au sol
par un droit direct ou indirect de propriété, ainsi que par leur profession. La bigarrure des sentiments, des affections purement
morales ne doit être ici d'aucune considération : nous sommes partis de l'ordre physique, et nous n'envisageons les hommes que dans
les rapports physiques qu'ils ont entre eux, parce que ces rapports
sont les seuls qui soient évidents, qui ne varient point, et qu'on
puisse calculer avec sûreté.

Le nom de cosmopolite que je donne ici aux commerçants doit
également convenir à un militaire considéré comme militaire uniquement ; à un savant considéré comme savant ; à tout homme dont
la profession peut s'exercer partout. Celle du commerçant diffère
seulement des autres, en ce qu'il lui est impossible de servir une
nation sans en servir une autre en même-temps, et que ses opérations sont naturellement et *nécessairement* établies sur les territoires étrangers comme sur celui de sa nation.

Qu'on ne m'impute donc point de vouloir déprimer les commerçants : non-seulement je crois toutes les professions utiles ; mais
j'honore même la leur en particulier ; elle est peut-être la seule où
l'on puisse trouver les grands procédés de la bonne foi ; cette franchise qui ne se dément jamais ; [373] cette confiance si respectable,
qui fait que la parole est un contrat ; qui tient lieu de gages, de
sûreté ; qui par les facilités qu'elle met dans les négociations,
accélère et multiplie nos jouissances. Aussi cette profession est-
elle précieuse à raison des talents qu'elle exige, des vertus morales
qu'elle suppose, des services qu'elle rend à l'humanité : c'est par
son entremise que toutes les parties de la terre s'entre-touchent ;
que chaque climat parvient à s'approprier les productions et l'industrie des autres climats ; que les hommes se sentent unis les uns aux

autres par le lien de leur intérêt commun ; que la société générale enfin développe tous ses avantages, et nous fait jouïr de tout le bonheur qui nous est destiné.

Telle est l'idée que nous devons nous former des vrais commerçants : mais en même-temps que je rends à cette profession l'hommage qui lui est dû, je me fais un devoir, pour elle-même, de ne point dénaturer ses intérêts, de ne point les faire sortir du rang où cet ordre immuable, l'ordre essentiel des sociétés les a placés ; ce seroit leur rendre un mauvais office : au-lieu d'être les amis et les associés des autres hommes, ils deviendroient leurs ennemis. Je dis donc que malgré l'utilité dont ils sont, ils ne forment dans la société générale qu'une classe d'hommes salariés par tous les autres hommes, et servant toutes les nations indistinctement, tous les premiers propriétaires des choses commerçables. Dans cette position il est évident que les intérêts particuliers des commerçants nationaux ne sont point cet intérêt majeur que nous nommons l'intérêt du commerce ; que ce dernier au-contraire consiste principalement dans l'intérêt commun de ces premiers propriétaires, les seuls qui dans chaque nation forment essentiellement le corps politique de l'état, parce que tous les avantages de leur *existence sociale* sont attachés à [374] la conservation de l'Etat, et des liens qui les tiennent unis à l'Etat.

Si le commerce extérieur étoit institué de manière que l'intérêt de ces premiers propriétaires fût sacrifié à celui des commerçants nationaux, la masse des reproductions, et par-conséquent des choses commerçables, diminueroit progressivement ; le commerce alors altéré dans son principe, seroit lui-même l'instrument de sa ruine, et les commerçants enveloppés *nécessairement* dans ce désordre général, deviendroient bientôt les victimes de leurs intérêts mal entendus.

Si au-contraire le commerce favorise, comme il le doit, l'intérêt de ces mêmes propriétaires, on peut compter sur les plus grands efforts possibles pour féconder la reproduction, par conséquent sur la plus grande abondance possible des choses commerçables ; les moyens de consommer se multipliant ainsi de toutes parts, chaque nation s'assure le plus grand commerce possible ; et dans ce cas les profits des commerçants doivent se multiplier comme les consommations. Tel est donc l'avantage inestimable de l'ordre, qu'il n'est dans la société aucune classe d'hommes dont l'intérêt particulier, quand il est bien entendu, ne fasse partie de l'intérêt général, ou plutôt dont l'intérêt particulier, pour être bien entendu, ne doive être parfaitement d'accord avec l'intérêt commun de toutes les autres classes.

Plus vous creuserez cette réflexion, et plus vous trouverez que l'ordre de la nature ramene à l'unité toutes les sociétés particulieres, et même toutes les classes particulieres de chaque société ; qu'elles peuvent se différencier par les fonctions, mais jamais par les intérêts ; que sur ce dernier article les hommes sont tous associés par une nécessité naturelle et impérieuse à laquelle ils ne peuvent se soustraire ; qu'il est [375] dans cet ordre immuable qu'ils soient tous utiles les uns aux autres, qu'ils jouïssent tous les uns par les autres, qu'ils s'entre-servent tous mutuellement pour l'augmentation commune de leurs jouïssances : si quelques-uns d'entre eux veulent s'écarter de cet ordre essentiel ; se séparer de cette société générale ; isoler leurs intérêts particuliers, les détacher de l'intérêt commun des autres hommes, tous leurs intérêts alors s'entre-choquent, s'entre-nuisent réciproquement : troublés par les contradictions dans lesquelles ils tombent à chaque pas, ils ne se proposent plus de remédier à un désordre que par un autre désordre ; bientôt l'art de s'entre-nuire devient l'étude dont chacun croit devoir s'occuper ; et de cette étude on voit naître des principes politiques qui ne peuvent servir qu'à augmenter la confusion et les maux qui en résultent nécessairement.

La maniere dont l'intérêt bien entendu des commerçants tient à l'intérêt commun des autres hommes, sappe par les fondements tout systême qui tend à concentrer le commerce d'une nation dans une classe particuliere de commerçants, pour en exclure toutes les autres classes ; par ce moyen vous diminuez la concurrence, vous l'énervez ; elle n'a plus assez de force pour obliger les agents de votre commerce de tenir au rabais leurs salaires ou leurs profits : de-là s'ensuit que les consommateurs nationaux achétent plus cher et vendent à plus bas prix. Ainsi la plus grande liberté possible du commerce est évidemment le moyen unique de concilier l'intérêt particulier des commerçants nationaux avec l'intérêt commun de la nation : sans cette liberté ces deux intérêts sont toujours et *nécessairement* en opposition ; dès-lors l'intérêt particulier se détruit lui-même en détruisant l'intérêt commun.

Qu'on ne dise donc plus aux puissances *foncieres*, aux

[376] nations agricoles et productives : « Voyez tel et tel peuple ;
« voyez comme ils s'enrichissent par le commerce ; et que leur
« exemple vous apprenne que l'intérêt du commerce est dans l'intérêt
« de vos commerçants. » Nous pouvons désormais leur répondre : Il
est naturel que chez un peuple qui n'est composé que de commerçants, l'intérêt du commerce ne soit vu que dans l'intérêt particulier de ces mêmes commerçants; puisque ces peuples n'ont d'autres
revenus, que les salaires qui leur sont payés par les nations qui se
servent d'eux pour commercer entre elles, toute leur politique,
toutes leurs vues doivent se tourner vers l'augmentation de ces
salaires ; mais chez les nations agricoles et productives, l'intérêt
du commerce est *l'intérêt de la reproduction* ; car c'est par le
moyen de la reproduction, et pour la reproduction que le commerce est institué ; c'est sur elles-mêmes que sont pris les salaires
ou les bénéfices des commerçants ; la diminution de ces mêmes
salaires, est donc ce qu'elles doivent se proposer, parce que cette
diminution devient pour elles augmentation de richesses.

De tels peuples different des puissances *foncieres*, en ce qu'ils ne
forment point de véritables corps politiques, au-lieu que ces puissances ont une consistance *physique*, et dont rien ne peut ébranler
les fondements. En effet, chez ces peuples un commerçant ne tient
à l'Etat par aucun lien qui ne puisse rompre *aisément* ; par-tout
ailleurs il peut être également commerçant, faire les mêmes opérations et les mêmes profits. Il n'en est pas ainsi des hommes *vraie-
ment nationaux* ; leurs intérêts les tiennent *attachés* au sol, de
maniere qu'ils ne peuvent que perdre en s'expatriant. D'ailleurs un
peuple de commerçants n'existe que par le commerce qu'il fait
des productions étrangeres ; commerce qui demain peut lui être
enlevé par [377] d'autres nations. Son existence politique dépend
de quelques préférences qu'il peut perdre d'un instant à l'autre ;
ainsi le propre d'une puissance de cette espece est de pouvoir être
détruite sans coup férir, et sans injustice.

Une autre différence encore c'est qu'un peuple de commerçants,
quels que soient leurs profits, ne peut jamais former un Etat riche,
parce que la richesse des particuliers n'est point du tout celle de
l'Etat ; il est sensible qu'ils ne peuvent s'enrichir que par leurs
œconomies ; or, l'autorité publique d'un Etat ne peut rien prendre
sur le produit des œconomies ; car on n'œconomise que pour
jouïr ; et *nécessairement* vous devez cesser d'œconomiser, dès que

les œconomies cessent de rester à votre profit. Ce n'est pas cependant que chez un peuple de cette espece, la richesse des particuliers ne puisse quelquefois permettre à l'Etat de faire de grands efforts ; mais cela ne peut avoir lieu que dans des temps d'une grande effervescence, d'un grand enthousiasme : ces sortes d'événements, qui sont des jeux de l'opinion, et qui tiennent à l'arbitraire, n'ont rien de commun avec un ordre immuable qui renferme en lui-même le principe de sa durée.

Il n'y a donc que les nations agricoles et productives qui, en raison de leur territoire, peuvent fonder une grande puissance, une puissance solide : chez elles la richesse de chaque particulier n'est point un bénéfice fait sur un autre particulier de la même nation ou sur un étranger ; elle ne peut croître que par une plus grande abondance ou par une plus grande valeur vénale de ses productions ; cet accroissement par conséquent ne peut avoir lieu, que la richesse personnelle du Souverain, ainsi que la richesse commune et disponible de la nation, ne croissent en même temps. L'intérêt du commerce est donc pour une telle nation l'intérêt de la culture ; c'est là le [378] seul et véritable objet qu'elle doive se proposer dans son commerce extérieur, si elle veut le faire servir à l'accroissement de sa richesse et de sa population. Or, il est évident que pour remplir cet objet, la plus grande liberté possible est celle qui convient à son commerce extérieur ; que ce n'est qu'à la faveur de cette grande liberté, que le cultivateur peut être assuré du plus grand débit possible et au meilleur prix possible ; conditions sans lesquelles la plus grande abondance possible des productions ne peut jamais avoir lieu, ni donner à aucune nation et à son Souverain, la plus grande richesse possible.

CHAPITRE XL.

Du meilleur état possible d'une nation ; en quoi il consiste ; besoin qu'il a de la plus grande liberté possible dans le commerce. Fausses idées sur l'argent et sur la richesse d'une nation : sa véritable richesse n'est qu'une richesse en productions. Une richesse en argent n'est que l'effet de la première, et ne s'entretient que par la première. Différences essentielles entre ces deux sortes de richesses.

Le commerce n'est *qu'un échange de valeur pour valeur égale.* De cette définition a résulté 1°. Qu'il n'y a que les premiers propriétaires des valeurs échangées qui fassent le commerce ; 2°. que l'intérêt du commerce n'est autre chose que l'intérêt [379] commun de ces premiers propriétaires ; 3°. Que leur intérêt commun consiste à faire entre eux leurs échanges à moins de frais qu'il est possible ; à profiter ainsi, tant en vendant qu'en achetant, des prix que la concurrence fixe à chaque chose commerçable.

Ces premières notions du commerce rapprochées de la véritable idée qu'on doit se former du meilleur état possible d'une nation, de celui qui convient le plus aux intérêts personnels du Souverain et à ceux de ses sujets, démontrent sans replique, la nécessité dont il est que le commerce jouïsse de la plus grande liberté. Vous ne pouvez trouver ce meilleur état possible, que dans *la plus grande richesse possible.* J'entends ici par le terme de *richesse,* une masse de valeurs *disponibles,* de valeurs qu'on puisse consommer au gré de ses desirs, sans s'appauvrir, sans altérer le principe qui les reproduit sans cesse.

Le meilleur état possible est évidemment celui auquel est attaché la plus grande somme possible de jouïssances, et la plus grande sureté ; il consiste donc dans la plus grande masse possible de valeurs *disponibles ;* car ce sont les seules dont nous puissions toujours jouïr, et sur lesquelles la sureté puisse s'établir. Je dis que la masse des richesses disponibles est dans chaque nation la mesure de la sureté politique, parce que c'est toujours en raison de cette masse, que croissent l'industrie, la population, et de plus cet intérêt que chacun prend à la conservation du corps politique ; intérêt qui naît naturellement de l'aisance dont nous jouïssons, et qui nous rend capables de tous les sacrifices, de tous les efforts nécessaires à sa conservation.

Le sens dans lequel on doit prendre ici le terme de *richesse* étant ainsi déterminé, il devient évident que la plus grande [380] richesse possible ne peut être que le résultat de la *plus grande abondance possible des productions nationales, jouissant constamment de leur meilleur prix possible ;* prix qui ne peut regner dans une nation, que par le moyen de la plus grande liberté possible dans son commerce. Prenez garde que je ne dis pas que le bon prix des productions ne peut s'établir que par un grand commerce ; mais bien *par une grande liberté* de commerce, cette observation est importante ; car le commerce n'a lieu qu'après que les prix ont été fixés par une concurrence qui ne peut résulter que de la liberté. Ainsi ce bon prix peut très-bien exister avec une grande liberté sans un grand commerce extérieur, mais jamais avec un grand commerce extérieur sans liberté.

Le *bon prix* des productions est une condition doublement essentielle pour se procurer une grande richesse : au moyen de ce que c'est lui qui fait que les productions nous enrichissent, il se trouve que nous lui sommes encore redevables de leur abondance : il est évident que sans un *bon prix*, les cultivateurs manqueront tout à la fois de moyens et de bonne volonté pour provoquer l'abondance, dès que son produit net ne répondra point à la somme de leurs avances et de leurs travaux. Ainsi par les effets que le *bon prix* produit, nous pouvons juger de quelle importance est la liberté qui procure ce *bon prix*.

Je voudrois bien que mes lecteurs donnassent à cette vérité toute l'attention qu'elle mérite : je voudrois bien qu'ils saisissent que la richesse ne consiste que dans les valeurs *disponibles*, qu'on peut consommer sans aucun inconvénient ; par conséquent, qu'il n'y a que le produit net des cultures qui soit richesse, parce qu'il est, dans la masse des reproductions, la seule partie dont nous puissions disposer pour nos jouïssan[381]ces : le surplus de cette masse n'est pas *disponible* pour nous ; il appartient à la culture ; c'est elle qui tous les ans doit le consommer ; nous ne pouvons le lui dérober, que nous n'en soyons punis par l'extinction de nos richesses.

Rien de plus simple donc que l'enchaînement des vérités qui naissent ici les unes des autres : le seul produit net est richesse ; mais sans le *bon prix* et l'abondance, point de produit net ; or sans la liberté, point de bon prix, point d'abondance ; ainsi sans la liberté, point de produit net, point de richesse.

Il ne faut pas confondre cependant le *bon prix*, avec la cherté ; une marchandise est *chere* quand son prix est au-dessus de son niveau, quand il excede la mesure qu'il doit avoir, en proportion du prix des autres marchandises. J'ai déjà fait voir que ce désordre ne peut être qu'accidentel et momentané. Ce qu'on appelle *cherté* ne peut donc être l'objet de nos spéculations ; elle contraste avec un ordre institué pour ne jamais varier, parce qu'il n'admet aucuns profits faits par les uns aux dépens des autres. Une marchandise peut être très-*chere* quoique son prix soit médiocre en lui-même ; elle peut aussi n'être pas *chere*, quoiqu'elle soit d'un grand prix. La *cherté*, qui n'est aussi *qu'un prix démesuré*, commence par être à charge aux acheteurs, et retombe ensuite sur le vendeur ; il ne peut plus trouver le débit de sa marchandise.

Le *bon prix* est tout l'opposé de la *cherté :* il est précisément le prix qui naturellement et *nécessairement* se trouve attribué par la concurrence à chaque marchandise, et en raison de ceux des autres marchandises. Ainsi quel qu'il soit, il est toujours proportionné, et jamais démesuré ; il est enfin ce qu'il doit être pour l'intérêt commun des vendeurs et des acheteurs.

[382] L'abondance habituelle et constante suppose toujours le bon prix ; le bon prix habituel et constant amene toujours l'abondance ; les deux forment ensemble ce qui constitue le meilleur état possible d'une nation. Il n'est point de vérités plus sensibles, plus évidentes par elles-mêmes ; et je ne crois pas qu'un homme raisonnable puisse élever quelque doute à cet égard. Mais ces principes admis, vous ne pouvez plus en rejetter les conséquences ; elles sont également marquées au coin de l'évidence : vous ne pouvez plus vous dispenser de convenir de la nécessité dont il est de procurer au commerce la plus grande liberté possible, afin que la plus grande concurrence possible vous fasse jouir du meilleur prix possible tant en vendant qu'en achetant.

Qu'est-ce que c'est que l'intérêt du commerce ? C'est l'intérêt de ceux pour qui se fait le commerce.

Qu'est-ce que c'est que la liberté du commerce ? C'est la liberté de ceux qui font le commerce, et qui sont les mêmes que ceux pour qui le commerce se fait.

Pourquoi cette liberté leur est-elle nécessaire ? Pour acheter et vendre au prix qui convient le mieux à leurs intérêts.

Quel est-il ce prix qui convient le mieux à leurs intérêts ? C'est celui que la concurrence assigne à chaque chose commerçable, et qui ne peut être établi que par la concurrence.

Par quelle raison ce prix est-il le plus avantageux à tous ceux qui commercent entre eux ? Parce qu'il est celui sans lequel les marchandises ne pourroient plus *s'entre-payer*, s'échanger les unes contre les autres ; au moyen de quoi bientôt les acheteurs manqueroient de vendeurs, et les vendeurs manqueroient d'acheteurs.

[383] Qui sont donc ceux qui font le commerce, et pour qui le commerce se fait ? Ce sont les premiers propriétaires des choses commerçables, ceux qui concourent à les faire renaître annuellement pour les échanger entre eux.

Comment enfin, le bon prix qu'ils retirent des productions, est-il un objet si important ? C'est que ce prix est *nécessairement* la mesure des efforts qu'ils feront pour accroître leurs cultures, les améliorer, les féconder ; il décide par conséquent, de l'abondance des reproductions futures, de la richesse du Souverain et de la Nation : essayez maintenant de rompre la chaîne que ces vérités forment entre elles.

En général, on n'a qu'une idée très-fausse de la richesse, et conséquemment du meilleur état possible d'une nation. Nombre de gens, par le terme de richesse, n'entendent autre chose que de l'argent ; ils se persuadent que l'argent est *le principe et la mesure de la prospérité d'une nation.* Il est pourtant vrai, et je l'ai déjà fait observer, qu'avec plus d'argent on peut être plus pauvre. On ne consomme point l'argent en nature ; une richesse en argent ne se réalise que par l'échange qu'on en fait contre des choses usuelles : cette richesse n'est donc point une richesse *absolue*, une richesse par elle-même ; elle n'est au contraire qu'une richesse *relative*, une richesse dont la valeur dépend absolument de la quantité des choses usuelles qu'on peut se procurer en échange pour son argent.

Une autre preuve encore que l'argent n'est ni le principe, ni la mesure de la prospérité d'une nation, c'est que *l'argent ne multiplie point les choses usuelles ; mais les choses usuelles multiplient l'argent*, ou du moins lui impriment un mouvement qui tient lieu

de sa multiplication : *un seul écu* qui change de main 100 fois,
équivaut à 100 écus, et rend les mêmes services ; car il est parvenu
successivement à représenter une va[384]leur de 100 écus en marchandises. Qu'a-t-il donc fallu pour que les ventes de ces 100 parties de marchandises ayent eu lieu ? Il a fallu ces 100 parties de
marchandises, la liberté du mouvement nécessaire à leur consommation, et *un seul écu*. L'emploi qu'on a fait de ce *seul écu*, à
l'occasion de ces 100 différentes ventes successives, pouvoit même
se répéter pour 1000, pour beaucoup plus encore ; et son utilité
sera toujours la même, tant qu'il se trouvera dans le cas de servir
de *gage intermédiaire* aux consommateurs qui auront des marchandises à échanger entre eux. Au moyen de ce *seul écu* et de
100 parties de marchandises, il s'est fait 100 ventes, 100 consommations, qui toutes ensemble ont valu 100 écus. Qu'on me dise à
présent en quoi consistoit la richesse des 100 consommateurs qui
ont fait ces consommations ; si c'étoit dans le *seul écu* qu'un
d'entre eux possédoit, qui existe encore parmi eux, et qui n'a
servi qu'à faciliter leurs échanges par sa circulation, ou si c'étoit
dans les 100 parties de marchandises dont ils ont joui, et qui
avoient pour eux une valeur réelle de 100 écus.

Si vous êtes embarrassé pour décider cette question, changez
l'espece ; donnez à ces consommateurs, 100 écus avec une seule des
100 parties de marchandises supposées ; calculez maintenant combien vaudra leur consommation : en vain ferez-vous passer d'un
acheteur à un autre, cette partie de marchandise ; certainement
elle ne grossira point en changeant de main ; après 100 ventes et
reventes, elle ne sera qu'une marchandise d'un écu, et ne pourra
jamais occasionner qu'une consommation de la valeur d'un écu.
Faites plus encore : supprimez cet écu ; laissez renaître annuellement les 100 parties de marchandises ; disposez les choses de
maniere qu'elles puissent être échangées en nature, et dites-moi si
la [385] valeur de la consommation annuelle ne sera pas de 100 écus.

Qui ne sait pas que l'argent n'est qu'un *moyen d'échange ?* Que
tous les jours même on le supplée par le crédit et le papier, de
maniere que les plus grandes affaires dans le commerce se font
sans argent ? Mais tandis qu'il est divers expédients qui suppléent
l'argent, il n'en est aucun pour s ppléer les productions : quelle
est donc la véritable richesse, ou de la chose dont on se passe très-
bien, ou de celle dont on ne peut se passer ?

Voyez maintenant combien vous vous tromperiez grossierement, si vous vouliez juger de la richesse d'une nation par la multitude des ventes et des reventes qui se font dans son intérieur, et par le plus ou le moins d'argent qu'elle peut posséder. Qui dit *richesse*, dit *moyen de jouïr ;* et cette définition vous montre évidemment qu'il n'y a de *richesse* qu'un produit net, un produit disponible ; car il n'y a que ce produit qui puisse être consommé par nos jouïssances.

Dans ces climats fortunés où des millions d'hommes vertueux et véritablement hommes, ont été inhumainement égorgés par des monstres qui se croyoient plus saints, plus parfaits ; où des furieux ont employé le fer et le feu, pour établir une religion qui n'est que de grace et d'amour, dans ces climats, dis-je, l'or et l'argent n'étoient point une *richesse*, parce qu'ils n'étoient point *des moyens de jouïr*, des valeurs représentatives des choses qui servent à nos jouïssances : il est vrai qu'ils le sont devenus parmi nous ; mais lorsque nous les considérons comme une *richesse*, il ne faut point, dans nos idées, les détacher de leur ensemble ; les séparer de la véritable source qui nous donne les moyens de les acquérir, et de la maniere dont nous pouvons en jouïr.

[386] Qu'on me permette de répéter ici que l'argent ne pleut point dans nos mains, ne croît point dans nos champs en nature : pour avoir de l'argent, il faut l'acheter ; et après cet achat, on n'est pas plus riche qu'on l'étoit auparavant ; on n'a fait que recevoir en argent, une valeur égale à celle qu'on a donnée en marchandises. Une nation agricole est très-riche, nous dit-on, quand on lui voit beaucoup d'argent ; on a raison sans doute de le dire ; mais on a tort de ne pas voir aussi qu'avant d'acquérir cet argent, elle étoit également riche, puisqu'elle possédoit les valeurs avec lesquelles elle a payé cet argent ; elle ne peut même jouïr de cette richesse en argent, sans la faire disparoître pour toujours, à moins qu'elle ne l'entretienne par la reproduction des valeurs dont la vente ou plutôt l'échange lui ont procuré une richesse en argent. Cette richesse en argent n'est ainsi qu'une richesse seconde et représentative de la richesse premiere à laquelle elle est substituée.

Il est donc évident que ceux qui, pour apprécier la richesse d'une nation, ne font attention qu'à la quantité d'argent qu'elle possede, prenne l'effet pour la cause ; car une richesse *en argent n'est que l'effet d'une richesse en productions, converties en argent par le moyen des échanges.* Entre ces deux sortes de richesses il est une grande différence : la richesse en argent, séparée de la source qui la reproduit pour vous, se dissipe par vos dépenses, de sorte que vous ne pouvez en jouïr, sans vous appauvrir ; elle n'est ainsi que passagere ; au-lieu que la richesse en productions se nourrit et se perpétue par la consommation même, tant que cette consommation n'est point de nature à altérer les causes naturelles de la reproduction.

Une autre différence encore ; c'est que par la raison qu'on [387] ne peut faire de l'argent le même usage qu'on fait des productions ; qu'il ne nous sert, qu'autant que nous l'échangeons contre les choses qui, par elle-mêmes et immédiatement, satisfont à nos besoins, il se trouve que *plus une nation a de productions, et moins elle a besoin d'argent pour jouir ;* plus au contraire elle a d'argent, et plus elle a besoin de productions, pour le convertir en jouissances. Ainsi celles qui recueillent chez elles beaucoup de productions, et dont le commerce tant intérieur qu'extérieur se fait avec une grande liberté, auront toujours assez d'argent ; tandis que celles qui ne recueillent qu'une quantité médiocre de productions, sont obligées, pour jouïr de faire le sacrifice de leur argent.

Je sais bien cependant que par leurs grandes œconomies, disons le mot, *par leurs privations,* des peuples dépourvus de productions, et ne faisant commerce que de leur main-d'œuvre, de leur industrie, peuvent parvenir à thésoriser, à se former une grande richesse pécuniaire ; mais *impossible à eux de la conserver, s'ils veulent en jouir :* en effet qu'est-ce qui leur aura procuré cette richesse pécuniaire ? *Les privations* aux-quelles ils se seront soumis ; si donc les *privations* cessent, voilà la source de leur richesse absolument tarie ; il faut *nécessairement ;* que leurs jouïssances les appauvrissent. La singuliere richesse, que celle dont on ne peut jouïr qu'on ne l'annéantisse sans retour ! telle est pourtant une richesse en argent, quand elle se trouve isolée, et séparée d'une richesse en productions annuellement renaissantes : aussi, tout peuple qui ne possede qu'une richesse en argent, doit-il régler ses dépenses avec une œconomie qui ne convient point aux nations agricoles et productives : ceux-là s'enrichissent *en ne consommant point ;* et celles-ci se procurent, par la voie de [388] la reproduction, une richesse *disponible* qu'elles perpétuent *par la consommation même* qu'elles en font.

Un homme a gagné par son industrie 100 mille francs : que fait-il pour en jouïr ? Il les échange contre une autre espece de richesse qui puisse lui donner une reproduction annuelle de 4 ou 5 mille livres ; par ce moyen, il fait tous les ans, et sans jamais s'appauvrir, une consommation de 4 ou 5 mille livres. Cet usage constant nous montre bien qu'une richesse en argent n'est point une véritable richesse, n'est point une richesse dont on puisse jouïr sans inconvénient, à moins qu'elle ne soit l'effet d'une richesse en productions.

CHAPITRE XLI.

Suite du Chapitre précédent. Erreurs contraires aux vérités qui y sont démontrées. Balance du Commerce. Fausseté des systêmes établis à cet égard : leurs contradictions, et les préjudices qu'ils causent à une nation et à son Souverain. Fausses spéculations sur l'accroissement annuel de l'argent en Europe ; comme cet accroissement doit nécessairement se partager entre les nations commerçantes. Nécessité de la libre circulation de l'argent. Comment sa masse peut grossir dans une nation et en indiquer la richesse.

Je l'ai déja dit, et je le redis encore : les erreurs forment entre elles une chaîne comme les vérités : c'est parce qu'on a pris l'argent pour le principe et la mesure de la prospérité d'une nation, que les politiques ont adopté comme une *maxime d'État,* que le commerce extérieur n'étoit avantageux qu'autant qu'il faisoit entrer beaucoup d'argent chez une nation sans l'en faire ressortir : de-là, le système de toujours vendre et de ne jamais acheter, du moins, de vendre beaucoup et d'acheter peu des étrangers ; de-là, l'invention de ce qu'on a nommé la balance du commerce ; de cette maniere de com[390]parer la somme des ventes en argent avec celle des achats en argent, pour juger, par le résultat de cette comparaison, à qui restoit l'avantage du commerce ; de-là, pour tout dire enfin, cette idée chimérique de commercer avec les autres nations pour *gagner* sur elles, pour s'approprier une partie de leur argent. Mais que dis-je ? Une partie ? C'est la totalité que cette fausse politique doit se proposer de dévorer ; car un tel système n'a point de bornes : personne ne peut marquer le point fixe auquel ses spéculations doivent s'arrêter : dès qu'on admet qu'il est utile de *gagner* sur les autres nations, cette utilité doit *nécessairement* être toujours la même ; il faut donc étendre *nécessairement* aussi cette spéculation jusqu'à faire passer chez vous tout l'argent qu'elles ont chez elles ; il faut en un mot, que dans votre système, elles ne cessent de perdre, jusqu'à ce que vous les ayez réduites à une *impuissance absolue* d'alimenter vos profits en argent.

Eh bien, aveugle et cupide politique, je vas combler vos vœux : je vous donne toute la quantité d'argent qui circuloit chez les nations avec qui vous commerciez : la voilà rassemblée chez vous ; que voulez-vous en faire ? Je vois déja que vous avez perdu autant de consommateurs étrangers que vous en avez ruinés : vous en aviez besoin cependant ; et faute de ces consommateurs, qui ne peuvent se remplacer pour vous, il va se faire un vuide dans la consommation de vos productions ; une partie doit rester invendue, et dégénérer en superflu ; dès lors vos cultivateurs vendent, non-seulement en moindre quantité, mais encore à moindre prix ; car l'effet de la sur-abondance est de faire diminuer les prix ; elles ne renaîtront plus pour vous ces productions qui sont réduites à manquer de débit.

Voila donc le désordre dans la classe qui chez vous repro[391]duit les valeurs disponibles ; voilà qu'une portion de vos terres va rester en friche ; que la diminution de la masse de vos productions va en occasionner une proportionnelle dans votre population ; avec une plus grosse masse d'argent, vous allez avoir moins de valeurs renaissantes, moins de travaux, moins d'hommes entretenus, moins de revenus réels, moins de moyens de jouïr pour le Souverain et pour les propriétaires fonciers ; quel avantage l'accroissement de cette masse d'argent vous aura-t-il donc procuré ? Celui d'être obligé d'employer 100 écus pour payer ce qui ne se vendoit que 10 ; mais en cela je ne vois qu'un fardeau de plus, qu'un embarras de plus dans votre commerce intérieur.

Il est pourtant encore d'autres inconvénients attachés à cette révolution : 1°. Votre nouvelle opulence invite toutes les nations à venir reprendre sur vous par la force, ce que vous leur avez enlevé par votre politique spoliatrice. En second lieu, la cherté excessive de tout ce qui se vend dans votre intérieur, est garante que malgré toutes les précautions que vous pourrez prendre, il entrera chez vous une grande quantité de marchandises étrangeres, qui ne seront point échangées contre les vôtres, parce que les vôtres sont trop cheres, mais bien contre votre argent, parce qu'il est à bas prix. Par cette voie, votre argent, tel qu'une riviere, qui ne pouvant plus être contenue dans son lit, s'éleve au-dessus des digues qu'on lui oppose, se déborde, et répand ses eaux de tous côtés, votre argent, dis-je, refluera chez tous les étrangers qui ne cesseront d'introduire clandestinement chez vous des marchandises ; ce même argent alors ne reviendra plus à votre classe productive ; celle-ci verra ses ventes diminuer d'autant ; nouvel échec dans les revenus du Souverain et des propriétaires fonciers ; nouvelle cause du dépérissement de [392] votre agriculture ; nouvelle diminution dans la masse de vos productions et dans votre population : tel est l'ordre de la nature, que vous ne pouvez le violer qu'à votre propre préjudice.

Je ne finirois point si je voulois parcourir tous les inconvénients inséparables de la prétendue fortune que vous venez d'acquérir par votre commerce extérieur, ou plutôt dont je viens de vous faire un présent funeste ; il me suffit de vous faire observer qu'à peine est-elle faite, qu'elle se change en appauvrissement ; que votre ruine est une suite nécessaire de vos succès : ils sont donc des désordres, puisqu'ils portent avec eux leur punition.

Pour combattre d'une maniere plus victorieuse encore les idées bisarres qu'on s'est formées de la balance du commerce, et des avantages qu'on a cru trouver à rendre aux étrangers moins d'argent qu'on en reçoit d'eux, perdons de vue la brillante et chimérique hypothèse que je viens de présenter, suivons pas à pas les systêmes de la politique à cet égard, et voyons s'ils ne seroient point impossibles dans leur exécution.

Le commerce extérieur ne peut faire entrer chez une nation plus d'argent qu'il n'en fait ressortir, qu'autant qu'elle porte aux étrangers plus de marchandises que d'argent, et qu'en retour elle en reçoit plus d'argent que de marchandises. Mais si chaque nation policée, ou soit disant, adopte la même politique, il n'est plus possible qu'il se fasse entre-elles aucun commerce ; toutes n'auront que des marchandises à vendre pour de l'argent, et aucune ne voudroit donner son argent en échange des marchandises des autres. Comme une telle politique est contre nature, comme elle fait violence au penchant naturel qui porte les hommes à vendre pour [393] acheter et jouïr ; qu'ainsi elle ne peut s'établir qu'en détruisant toute liberté, chaque gouvernement fera valoir sa politique par les prohibitions et la force qu'il emploiera pour les faire observer : dans cette position respective, la société des nations n'existe plus ; les voilà rivales, jalouses, ennemies les unes des autres ; bientôt des guerres cruelles et destructives viendront les punir de leurs contraventions à l'ordre essentiel de cette société.

Plus nous analyserons cette politique, et plus ses contradictions se multiplieront à nos yeux : nous venons de la voir anéantissant tout commerce, quoique son but soit de faire de grands profits en argent par le commerce ; examinons présentement dans le détail, quels moyens elle emploie pour se ménager ces mêmes profits.

Le commerçant, agent intermédiaire du commerce extérieur, est un homme qui doit être indemnisé de tous ses frais ; il lui est dû en outre, des salaires, et des intérêts pour toutes les sommes qu'il est dans le cas d'avancer : lorsqu'en retour des productions exportées, il rapporte des marchandises étrangères, toutes les reprises de ce commerçant lui sont payées *en commun*, par la nation dont il exporte les productions, et par les étrangers dont il fait consommer aussi les marchandises. Mais lorsqu'en échange des productions exportées, il ne rapporte que de l'argent, ces productions deviennent le seul objet sur lequel ses reprises puissent s'exercer : quoique ses voitures ou ses vaisseaux reviennent à vuide, il n'en fait pas moins les mêmes frais pour leur retour, si vous en exceptez ceux qui sont particulièrement occasionnés par les chargements et les déchargements, et ce sont des articles peu importants. Ce n'est donc que sur le prix de ces mêmes productions exportées, qu'il peut prendre tout ce que [**394**] ses opérations lui donnent le droit d'exiger. Cela posé, il est de toute nécessité qu'il achète d'autant moins cher les productions qu'il exporte ; car il ne peut les revendre chez les étrangers qu'au prix courant du marché général : ainsi le propre de cette façon de commercer est de faire baisser *nécessairement* le prix de ces productions dans l'intérieur de la nation cultivatrice qui en est première propriétaire.

Cet inconvénient ne frappe pas sur les seules productions exportées, il affecte encore toutes celles qui se consomment chez cette nation, 1°. Parce qu'une même espece et qualité de marchandise n'a qu'un même prix courant pour tous les acheteurs ; 2°. Parce qu'il règne habituellement un équilibre nécessaire entre les valeurs vénales de toutes les productions d'une nation : ainsi par la seule raison que les productions exportées perdent une partie du prix qu'elles devroient avoir dans les mains des premiers vendeurs, toutes les autres productions, quoique consommées dans l'intérieur de la nation, sont contraintes de subir le même sort. Jugez maintenant quelle doit être la diminution des revenus communs du Souverain et des propriétaires fonciers : heureux encore si cette perte étoit la seule que cette fausse politique leur fait éprouver, mais nous en découvrirons d'autres dans un moment.

Voici donc que, déduction faite des reprises des commerçants, la valeur des productions exportées revient en argent ; il s'agit de savoir ce qu'il va devenir.

Quelle que soit cette somme d'argent, elle n'est que le représentant d'une valeur semblable en productions cueillies sur le territoire de la nation qui les vend, et consommées par l'étranger qui les achete. Cet argent se distribue donc à tous les premiers propriétaires de ces productions : ainsi par le [395] moyen de cet échange, s'il pouvoit se renouveller tous les ans, il se trouveroit que l'étranger seroit assuré d'un revenu annuel en productions, quoiqu'il n'en cueillît point, et que la nation supposée ne se verroit qu'un revenu annuel en argent, quoiqu'elle cueillît ces mêmes productions. Qu'on me dise donc de quelle utilité lui sera ce revenu en argent, si elle ne le convertit pas en choses usuelles, en choses propres à procurer des jouïssances. Mais si elle veut fair cette conversion, comment pourra-t-elle y parvenir, puisque les choses usuelles ne se trouvent plus chez elle, et qu'elle ne veut point acheter de celles qui sont chez l'Étranger ?

Peut-être me demandera-t-on pourquoi il ne se trouve plus dans cette nation une quantité de choses usuelles dans l'achat desquelles elle puisse dépenser son revenu en argent ; mais la raison en est bien simple : puisqu'elle a vendu aux étrangers une portion de marchandises pour de l'argent, cela fait qu'il se trouve chez elle plus d'argent et moins de marchandises ; qu'ainsi la somme d'argent qu'elle a reçue de l'étranger, ne peut plus trouver à s'employer. Développons cette vérité, car elle est d'une grande importance.

Distraction faite de la portion des denrées que le Souverain, les propriétaires fonciers et le; cultivateurs consomment en nature, divisons les productions en deux parties, dont l'une est vendue aux étrangers, et l'autre à la classe industrieuse. Sur la partie que cette classe achete, elle doit prendre toutes ses consommations, et le surplus doit être revendu par elle en argent, aussi cher qu'elle l'a payé. Si elle le revend moins, elle se ruine, et ce commerce ne pourra bientôt plus avoir lieu ; si elle le revend plus, elle s'enrichit aux dépens du Souverain et des propriétaires fonciers ; elle diminue la masse du produit net, et altere un des principes [396] de la reproduction. Ainsi pour que personne ne soit lésé, l'ordre veut que l'argent déboursé par la classe industrieuse lui revienne, mais aussi qu'il ne revienne que la même somme, et que par ce moyen il se fasse une circulation qui ne puisse jamais être interrompue.

Les premiers propriétaires des productions vendues à la classe industrieuse doivent donc avoir dans leurs mains, l'argent qui suffit à payer les ouvrages que cette classe se trouve à son tour avoir à leur vendre ; par-conséquent celui que ces propriétaires reçoivent de l'étranger, ne peut plus trouver à s'employer dans la nation. Dans une telle position il est moralement impossible qu'ils n'achetent pas à l'envi les ouvrages de la classe industrieuse, et qu'ils ne les fassent pas renchérir fort au-dessus du prix que ces ouvrages devroient naturellement avoir ; car dans le cas supposé toute autre jouïssance leur est interdite, et la concurrence des vendeurs étrangers ne vient point donner des loix à la cupidité des vendeurs nationaux de ces mêmes ouvrages.

Deux effets doivent alors *nécessairement* résulter de ce renché- rissement : une double diminution dans la richesse et les jouïssances du Souverain et des propriétaires fonciers, et l'enrichissement de la classe industrieuse à leur préjudice. Ces conséquences paroissent peut-être un peu précipitées ; mais voici le développement métho- dique et graduel des liaisons qu'elles ont avec leur principe.

Le renchérissement des travaux de la main-d'œuvre ne produit- il pas le même effet qu'une diminution réelle du revenu des pro- priétaires fonciers et du Souverain? Voilà donc déja une premiere perte. Mais ce renchérissement peut-il avoir lieu sans frapper aussi sur les cultivateurs, et par contre-coup, sur les avances de la culture ? Voilà donc encore [397] une seconde perte ; car de cette charge indirecte sur les avances de la culture, résulte une diminution dans la masse des productions ; diminution qui, comme nous l'avons déja fait voir, doit être entiérement supportée par les co-proprié- taires du produit net.

Le résultat d'un tel système est donc tel que je viens de le pré- senter : il doit opérer l'appauvrissement du Souverain et des propriétaires fonciers, et l'enrichissement de la classe industrieuse à leurs dépens. Mais comme tout se tient, et qu'il n'est point de désordre qui n'ait ses contre-coups, il nous faut encore examiner qui sont ceux de ce dernier inconvénient. Je demande donc quel usage la classe industrieuse fera de l'argent qu'elle gagne ainsi chaque année sur les premiers propriétaires des productions : certainement elle ne l'emploiera point en acquisitions de terres ; car dans notre hypothèse, l'état du propriétaire foncier est un mauvais état, au lieu d'être le meilleur état possible. Il faudra donc que les agents de l'industrie, à mesure qu'ils auront fait fortune, aillent avec leur argent s'établir chez l'étranger.

En dernière analyse, que gagnez-vous donc à vouloir toujours vendre aux étrangers sans rien acheter de leurs marchandises ? Vous leur échangez vos consommations, vos jouïssances pour de l'argent que vous ne pouvez conserver, et qui ressortira de vos mains sans qu'il ait pû vous être utile. Cependant pour acheter ce triste et ridicule avantage, vous commencez par enlever à vos productions une portion de la valeur vénale qu'elles devroient avoir ; vous aggravez cette perte pour leurs premiers vendeurs, en faisant renchérir le prix qu'ils sont obligés de mettre aux ouvrages de la main-d'œuvre ; vous altérez ainsi la masse des reproductions en faisant supporter aux avances de la culture une partie du poids de [398] ce renchérissement ; comptez-bien ; vous allez trouver le Souverain et les propriétaires fonciers grévés de trois manieres ; ils le sont par la diminution du prix des productions ; ils le sont par une autre diminution dans leurs récoltes ; ils le sont par le renchérissement d'une partie des choses qu'ils sont obligés d'acheter. Livrez-vous à tous les jeux de votre imagination ; choisissez entre toutes les suppositions que vous pourrez inventer ; je vous défie d'en trouver une qui puisse vous mettre à l'abri de tous ces inconvénients à la fois.

Toutes les différentes suppositions auxquelles l'imagination puisse se prêter un moment, se réduisent aux deux que voici : que les ouvrages de l'industrie ne renchériront point, ou que s'ils renchérissent, les productions renchériront à proportion.

Si les ouvrages de l'industrie ne renchérissent point, l'argent provenant des ventes faites à l'étranger est donc destiné à rester oisif dans les mains des premiers propriétaires des productions, à ne leur procurer aucunes jouïssances. Mais dans ce cas pourquoi veut-on qu'ils achetent, *par des privations*, un argent qui doit n'être pour eux d'aucune utilité ? Un tel argent n'est plus une richesse, dès qu'il n'est plus un *moyen de jouïr ;* cet état au-contraire est un appauvrissement très-réel ; car *être pauvre c'est être privé des moyens de jouïr.*

L'avare, cet esclave d'une passion qui le laisse manquer de tout pour enfouïr son argent, est très-véritablement pauvre : nous plaignons son aveuglement, et cependant le système de ce malheureux n'est en petit que ce que votre système politique est en grand ; car s'il est bien que les co-propriétaires du produit net se privent du quart ou du tiers de leurs jouissances pour s'enrichir en argent, il sera mieux encore qu'ils se privent de la totalité pour augmenter chez eux ce [399] même argent. D'après les impulsions des mobiles qui sont en nous, les hommes ne sont avides des richesses en argent, que parce qu'ils sont avides des jouïssances qu'on obtient par le moyen de ces richesses : tous desirent ainsi de s'enrichir pour jouïr ; mais dans le système factice de notre politique, il faut renoncer à jouïr pour s'enrichir ; cette seule contradiction suffit pour caractériser son absurdité.

Votre seconde ressource est de supposer que l'augmentation du prix des productions suivra celle du prix de la main-d'œuvre : ne vous égarez pas ici dans de vains raisonnements ; cette supposition est physiquement impossible : vous avez besoin des étrangers pour opérer la consommation totale de vos productions, puisque vous leur en vendez tous les ans une partie ; mais vous ne pouvez les leur vendre au-dessus du prix courant du marché général, et sur ce prix, il faut que les commerçants prélevent toutes les reprises qu'ils ont à faire ; car les étrangers, qui ne vous vendent rien, ne payent pour vos productions, que le prix courant du marché général, et rien de plus. Or il est constant que le consommateur national n'achetera pas dans son propre pays, plus cher que le consommateur étranger ; que si ce dernier cesse d'acheter, vous manquez d'un débit suffisant pour vos productions ; et que toutefois que la reproduction excede la consommation, le prix de la marchandise surabondante doit diminuer au-lieu d'augmenter. Cette supposition renferme ainsi deux choses absolument contradictoires ; le renchérissement de vos productions, et néanmoins la continuation de leur vente aux étrangers.

Si je voulois analyser plus particuliérement cette même supposition, j'y trouverois encore d'autres contradictions ; mais celle-ci suffit : revenons donc à votre première hypothèse, [400] et supposons, contre toute vraisemblance, que le produit en argent des

ventes faites à l'étranger reste oisif dans les mains du Souverain,
et des propriétaires fonciers, et qu'au moyen de son oisiveté, les
ouvrages de l'industrie ne soient vendus qu'à leur prix naturel et
nécessaire : dans ce cas même, le moins défavorable de tous, vos
prétendus avantages ne seront pas de longue durée : par la raison
que les étrangers ne vous vendent rien, leur richesse en argent
diminue *nécessairement* ; bientôt ils sont forcés d'acheter une
moindre quantité de vos productions, ou de vous en donner un
moindre prix, ou plutôt même de faire les deux à la fois : de toute
façon, la diminution du produit de vos ventes est un malheur inévitable pour vous ; et ce malheur est d'autant plus grand, qu'il
entraîne après lui une autre perte bien plus grande encore ; il enleve
à toutes les productions qui se consomment dans l'intérieur de la
nation, une partie du prix courant qu'elles avoient ; car encore une
fois, le prix courant est un prix commun, pour tous les acheteurs,
et toutes les valeurs vénales ont entre elles un équilibre habituel
et nécessaire ; le prix des unes décide du prix des autres.

Il est donc évident que cette diminution de la valeur vénale et
du débit de toutes vos productions doit être progressive ; ainsi
pour peu qu'un tel désordre continuât, tout le territoire de votre
Nation se trouveroit en non-valeur ; alors il ne vous faudroit que
des yeux pour voir évidemment que la maniere dont vous comptez
vous enrichir aux dépens des autres nations, n'est qu'un secret pour
ruiner le Souverain et l'Etat.

Une objection à laquelle je m'attends, c'est que la masse de l'argent croissant d'année en année dans notre continent, le système en
question peut, sans nul inconvénient, se réduire à s'approprier cet
accroissement, du moins pour la majeure [401] partie : je le veux
bien, mais à condition que ce sera pour en *jouïr* : car enfin, *jouïr*
est le motif et l'objet ultérieur de tous nos travaux, de toutes nos
spéculations : aussi voyons-nous qu'en général, si quelqu'un suspend
ses jouïssances, ce n'est que dans la vue d'augmenter ses jouïssances
à venir.

Cependant si vous prétendez jouïr de cet accroissement d'argent,
sans le faire repasser aux étrangers ; si vous comptez toujours
qu'ils acheteront de vous beaucoup plus qu'ils ne vous vendront ;
si vous parvenez, en un mot, à augmenter la masse de votre
argent bien au-delà de ce qu'elle augmente chez les autres nations,
toutes proportions gardées, il en résultera que cet argent diminuera

chez vous de valeur vénale, tandis qu'il conservera toujours sa même valeur vénale dans les autres pays ; je veux dire, qu'à mesure que vos richesses en argent se multiplieront, il en faudra donner une plus grande quantité en échange des choses usuelles ; mais sitôt qu'il faudra 2 écus pour acheter de vous ce qui ne se vend qu'un écu chez les autres, ils vendront, et vous ne vendrez plus ; ainsi vos marchandises qui se consommoient au-dehors, resteront invendues : les suites funestes de cet engorgement vous feront bientôt connoître que ce que vous avez regardé comme un bien, est pour vous le principe de beaucoup de maux ; qu'il est une proportion naturelle, suivant laquelle chaque nation commerçante doit participer à l'accroissement annuel de l'argent en Europe ; que prétendre excéder cette proportion, est une spéculation dont le succès ne peut être ni durable ni avantageux.

Observez cependant qu'une nation qui n'auroit que de l'argent à vendre, formeroit une exception à la loi commune, qui regle entre les nations commerçantes, le partage à faire dans l'accroissement de l'argent. Plus l'argent se multiplie, [402] et plus il perd de sa valeur vénale, tandis que les autres marchandises augmentent de valeur *par rapport à lui :* cette contrariété de progression dans les révolutions des valeurs seroit évidemment au détriment de la richesse d'une nation qui ne *cueilleroit* chez elle que de l'argent : obligée de le *cultiver* par l'entremise des productions étrangeres, d'année en année les frais de cette *culture* augmenteroient pour elle, tandis que la valeur vénale de l'argent qu'elle *récolteroit* diminueroit ; elle s'appauvriroit de jour en jour.

Je n'ai jamais conçu comment la politique pouvoit s'occuper sérieusement des moyens d'augmenter chez une nation la masse de l'argent. Je conçois bien moins encore, qu'elle puisse se proposer d'obtenir cette augmentation par l'enchaînement de la liberté de son commerce : l'accroissement annuel de cette masse d'argent dans chaque nation commerçante, est un effet naturel et nécessaire de cette liberté ; et ce n'est que par cette liberté qu'il peut s'opérer.

Les nations qui exploitent les mines d'or et d'argent, multiplient ces matieres dans notre continent. Cette exploitation les met dans le cas de faire une grande consommation de productions étrangeres ; et quand elles ne seroient pas obligées d'envoyer ces productions dans les lieux dont elles tirent l'or et l'argent, il est évident que pour convertir ces matieres en jouïssances, elles seroient encore dans la nécessité de recourir aux autres nations, et d'en acheter les marchandises usuelles.

Les nations d'Europe commerçantes se divisent donc *naturellement* en deux classes ; les unes mettent dans le commerce plus de productions que d'argent, et les autres plus d'argent que de productions: ainsi, ce que vous appelez la balance du commerce, doit être *nécessairement* chaque année [403] au profit des premieres, à quelques variations près, qui ne peuvent être que momentanées.

Il ne faut donc point regarder comme le fruit d'une politique profonde, l'avantage d'augmenter chez une nation la masse de l'argent : cet accroissement s'opere de lui-même, quand on ne fait rien pour l'empêcher ; il est l'effet nécessaire de la liberté, puisque c'est par la liberté que se multiplient les valeurs qui doivent être échangées contre l'argent, et que ce n'est qu'en raison de ces valeurs, que la masse de l'argent peut s'accroître chez tous les peuples qui font commerce de leurs productions.

L'argent est une espece de fleuve sur lequel on voiture toutes les choses commerçables, et qui arrose tous les lieux où s'étend le commerce. Voulez-vous vous en procurer une grande abondance ? multipliez, creusez, élargissez les canaux qui le reçoivent ; mais disposez-les aussi de maniere que rien ne puisse ralentir son cours : il ne doit faire que passer ; et la liberté de sa sortie doit être égale à la liberté de son entrée ; car le volume qui entre perpétuellement, se mesure toujours, et *nécessairement* sur le volume qui sort. Si pour le retenir chez vous, vous arrêtez son écoulement naturel, vous cesserez bientôt d'en recevoir la même quantité que la nature vous avoit destinée ; en tout cas, ce que vous en possédez ne pourra s'accroître que pour vous occasionner de grands ravages par ses inondations, tandis que l'interception de son cours, ne vous permettant plus de vous en servir pour l'exportation de vos marchandises, vous perdez ainsi toute l'utilité que vous deviez en retirer.

Il est sensible que les canaux désignés par cette comparaison, pour recevoir l'argent, sont toutes les productions territoria[404]les qu'une nation peut vendre aux étrangers, et que l'argent qui entre par ce moyen, doit ressortir par des achats qu'elle fait chez eux pour des sommes égales à celles de ses ventes. A mesure que la masse de l'argent s'accroît, il perd de son prix : et conséquemment il entre en plus grande abondance ; vous en possédez ainsi toujours une plus grande quantité, quoique vous en fassiez ressortir une plus grande quantité. La même augmentation encore a lieu, si pour multiplier vos achats chez les étrangers, vous parvenez à multiplier les ventes que vous leur faites. Mais cet avantage alors suppose *nécessairement* la multiplication de vos productions, et en outre une grande liberté de vendre et d'acheter ; car richesse c'est *moyens de jouïr* ; ainsi sans la liberté de jouïr, les productions ne peuvent plus ni devenir de véritables richesses, ni se multiplier.

En considérant l'argent dans le point de vue où cette comparaison nous le présente, je conviens qu'on peut juger de la richesse d'une nation agricole par la quantité d'argent qu'on voit chez elle : cette quantité, qui sans cesse se renouvelle, est toujours proportionnée à la quantité et à la valeur vénale de ses productions, en un mot, au montant des ventes qu'elle est en état de faire annuellement aux autres nations. Mais ne nous y trompons pas : l'argent alors n'est que *le signe* de la richesse ; il *l'annonce et ne la fait point* ; aussi est-ce d'après l'argent qui passe librement chez cette nation, et non d'après l'argent qui y demeure engorgé, que nous pouvons nous former une idée juste de sa véritable richesse ; de celle qui est *disponible* pour elle, dont elle peut jouïr annuellement sans s'appauvrir ; disons plus, dont elle doit *nécessairement* jouïr, si elle veut la perpétuer.

CHAPITRE XLII.

*Suite du Chapitre précédent. Fausse idée des produits de l'industrie. Erreurs résultantes de l'illusion que font ces produits apparents. Quand et comment l'industrie manufacturiere peut être utile au commerce des productions. Elle n'en augmente jamais les valeurs au profit de la Nation. Nécessi***.**l une grande liberté à tous égards pour rendre cette industrie utile à la nation. Contradictions et inconvénients des systêmes opposés à cette liberté.*

Le terme de *richesse* a, dans notre langue, diverses significations : tantôt nous l'employons pour exprimer l'état *habituel* d'une personne ; et tantôt le substituant à celui de *valeurs*, nous le donnons aux choses, à raison de l'utilité dont elles sont à nos jouïssances. Il est donc naturel qu'on ait regardé l'argent monnoie comme une richesse, puisqu'en général, on peut, avec de l'argent, se procurer toutes les choses qu'on desire, pourvû que leur valeur vénale n'excede pas celle de ce même argent.

L'argent figure dans le commerce comme le représentant de toutes les marchandises propres à nos jouïssances, sans cependant être par lui-même aucune de ces marchandises. Les hommes éblouis par le brillant de cette faculté représentative, ont insensiblement pris l'argent pour les cho[406]ses usuelles qu'il représente ; ils ont perdu de vue que son utilité n'est ni à lui, ni en lui ; qu'elle est au contraire dans les choses usuelles qu'on se procure par son moyen.

Cette illusion a produit deux effets ; le premier de nous empêcher de voir que si l'argent représente dans nos mains, les choses que nous pouvons désirer d'acheter, il y'représente aussi les choses que nous avons vendues pour avoir cet argent; le second est de nous accouiumer à confondre les différentes idées qu'on attache au terme de richesse ; à juger de la richesse *personnelle et habituelle* par la somme des valeurs en argent qu'on possede, sans examiner si les possesseurs ont ou n'ont pas les moyens de renouveller ce même argent, après qu'ils l'auront dissipé par leurs jouïssances.

Nous regarderions comme insensé tout homme qui, sans des raisons fort extraordinaires, feroit plus de cas d'une somme de 100 mille francs en argent, que d'un revenu annuel de la même valeur : telle est pourtant notre folie, lorsque nous ne prisons la richesse *habituelle* d'une nation, que par la quantité d'argent qu'elle possede, sans faire aucune attention à la différence énorme qui se trouve entre avoir ou n'avoir pas une reproduction annuelle, qui tous les ans lui restitue la même valeur en argent, et lui permette ainsi tous les ans de le dépenser en consommations.

Parmi les valeurs qui peuvent exister dans une nation, il faut toujours distinguer celles qui sont accidentelles, de celles qui sont *habituellement* renaissantes: les premieres, tant qu'elles existent, forment une richesse; mais elles ne continuent d'être les mêmes qu'autant qu'on n'en jouït pas. Les secondes au contraire, se renouvellant constamment chaque année, forment une richesse *habituelle* qui est la véritable richesse, parce que chaque année on peut en jouïr sans s'appauvrir.

[407] Il n'est personne qui ne sente la nécessité de la distinction que je viens de présenter; personne qui ne sache combien une richesse toujours renaissante differe de celle que la jouïssance éteint sans retour. Comment donc la richesse *habituelle* d'une nation peut-elle être envisagée séparément de la valeur vénale de ses reproductions annuelles ? Comment a-t-on pu perdre de vue que cette valeur est l'unique richesse qui lui permette de renouveller perpétuellement ses jouïssances; que l'argent ne peut jamais être une richesse *habituelle*, qu'autant qu'il est le prix et le représentant de cette même valeur ?

On me fera sans doute, une grande querelle sur ce que jusqu'ici je n'ai fait consister la richesse *habituelle* d'une nation que dans l'abondance et la valeur vénale de ses reproductions annuelles, sans faire aucune mention des produits de l'industrie. Il est reçu partout comme article de foi que l'industrie donne des produits, et de très grands produits ; que c'est elle qui enrichit les nations, par la maniere dont elle augmente les valeurs vénales des matieres premieres. Cette erreur a coûté bien cher à l'humanité : combien de valeurs réelles, combien d'hommes sacrifiés à ce préjugé ! Je vais donc essayer d'en démontrer tout le faux ; c'est un des services les plus importants qu'on puisse rendre à la société.

Je commence par observer que le prix des ouvrages de l'industrie n'est point un prix arbitraire, qui puisse augmenter au gré de l'ouvrier, ou diminuer au gré des acheteurs : nous devons au-contraire le regarder comme étant un prix *nécessaire*, parce qu'il est *nécessairement* déterminé par toutes les dépenses dont il faut que l'ouvrier soit indemnisé ; dépenses qui sont elles-mêmes réglées par la concurrence, de maniere que chaque ouvrier n'est pas libre de les augmenter selon sa volonté. Le prix *nécessaire* de chaque ouvrage n'est [408] donc autre chose qu'une somme totale de plusieurs dépenses additionnées ensemble, et dont le vendeur de l'ouvrage a droit d'exiger des consommateurs le remboursement, parce qu'il est réputé les avoir faites, dès qu'elles n'excedent point la mesure fixée par la concurrence des hommes de sa profession.

Je demande présentement d'où proviennent les choses dont la consommation forme la dépense *nécessaire* de l'ouvrier, et le prix *nécessaire* de son ouvrage ? Est-ce l'industrie elle-même qui en est créatrice ? Ou bien est-ce la culture qui les fournit par la voie de la reproduction ? Si c'est la culture, comme on ne peut en disconvenir, il est évident que le prix *nécessaire* d'un ouvrage de main-d'œuvre, se proportionne toujours et *nécessairement* au montant des valeurs en productions consommées par l'ouvrier ; que ce prix ne fait que représenter dans une nation, une valeur égale en productions qui n'existent plus ; qu'en cela la richesse premiere de cette nation n'a fait précisément que changer de forme, sans rien gagner à ce changement, si ce n'est une facilité de plus pour étendre la consommation ; par-conséquent, que toutefois qu'elle pourroit vendre en nature aux étrangers, les productions que l'ouvrier consomme, et les leur vendre au même prix qu'il les paye, il est très-indifférent pour elle, de les vendre sous une forme ou sous une autre, puisque de toute façon elle n'en reçoit que le même prix, et ne se trouve avoir que la même richesse.

L'ouvrier ne peut-il donc vendre ses ouvrages à l'étranger plus cher que leur prix *nécessaire* ? A cela je réponds, 1°. Que la concurrence *générale* des autres vendeurs l'en empêchera ; 2°. Que cette cherté ne peut avoir lieu que dans le cas où un talent unique et supérieur n'auroit point de concurrents ; [409] mais qu'alors aussi cette cherté retombera sur la nation même, sur les premiers vendeurs des productions : ou ils se priveront de la jouïssance d'un tel ouvrage, ou ils seront mis, comme l'étranger, à contribution par l'ouvrier qui en sera vendeur ; car l'étranger et la nation ne lui acheteront pas plus cher l'un que l'autre.

Ces deux manieres de commercer les productions nationales peuvent cependant différer entre elles, suivant les circonstances : il est des cas où la main-d'œuvre peut être nécessaire pour procurer un plus grand débit : alors elle est utile ; mais il ne faut pas prendre son utilité pour la faculté de produire ou de multiplier les valeurs : cette utilité prend sa source dans celle de la consommation même qu'elle provoque : personne ne conteste que la consommation ne soit nécessaire à la reproduction ; celle-là cependant est tout l'opposé de celle-ci.

Il arrive quelquefois encore qu'à l'aide de l'industrie qui manufacture les matieres premieres, on parvient à éviter de gros frais de transport, par conséquent à procurer aux premiers vendeurs de ces matieres, un débit plus avantageux : dans ce dernier cas, l'industrie est encore utile, sans cependant qu'on puisse lui attribuer aucune multiplication de valeurs, on lui est seulement redevable de la cessation des obstacles qui s'opposoient au débit des productions, et de la suppression des frais qui les auroient privés d'une portion du prix qu'elles doivent avoir *suivant le cours du marché général*. Dans toutes ces circonstances, la somme des valeurs en ouvrages d'industrie n'est jamais que *la représentation* d'une somme égale de valeurs en productions consommées : ce sont, pour ainsi dire, des productions qu'on vend sous une forme nouvelle, et pour la même valeur qui leur étoit acquise avant [410] qu'elles en changeassent ; ainsi toute nation qui vend, par exemple, pour 20 millions en ouvrages de son industrie, ne parvient à faire cette vente, que par une dépense de 20 millions en productions.

Si vous voulez voir cette vérité dans toute sa simplicité, réduisez à deux classes seulement, la société générale des hommes : vous en formerez une de tous les premiers propriétaires des productions, et l'autre de tous les agents de l'industrie : voyez maintenant s'il est une classe qui puisse porter constamment à l'autre plus de valeur en argent qu'elle n'en reçoit. Supposons que la classe propriétaire des productions en vende pour 100 mille francs aux agents de l'industrie ; n'est-il pas évident qu'ils ne peuvent à leur tour lui vendre que pour 100 mille francs d'ouvrages de main d'œuvre ? s'ils vendoient moins ils se ruineroient, et ne pourroient plus continuer d'acheter ; s'ils vouloient vendre plus, la classe propriétaire ne pourroit les payer ; n'ayant reçu que 100 mille francs, elle ne peut leur rendre que 100 mille francs.

A quoi se réduisent donc les opérations de ces agents de l'industrie ? à acheter pour 100 mille francs de productions ; à prendre sur cette masse leurs consommations nécessaires; à revendre le surplus manufacturé, et pour le même prix auquel ils ont payé la totalité. Ainsi après ces opérations, il se trouve sous une forme nouvelle, une valeur de 100 mille francs *représentative* d'une valeur égale en productions *qui n'existent plus*. La richesse premiere n'a donc fait en cela que *changer de forme sans augmenter*.

Si l'argent ne venoit pas ici compliquer les opérations et les idées, vous verriez que les agents de l'industrie, bien loin d'enrichir la classe propriétaire des productions, ne sont pour elle qu'une charge, qu'un sujet de dépense. De cette charge,[411] direz-vous, il résulte une utilité pour cette classe propriétaire ; oui sans doute ; et c'est à raison de cette utilité, qu'elle entretient les agents de l'industrie ; elle cultive pour eux, afin qu'ils travaillent aussi pour elle : mais encore ne faut-il pas prendre une dépense pour une augmentation de richesse ; il faut du moins voir qu'une augmentation de richesse qui n'enrichit personne, est une chimere : telle est cependant celle qu'on attribue aux travaux de l'industrie : la dépense *nécessaire* faite par l'ouvrier, est ce qui fait le prix *nécessaire* de son ouvrage ; et le prix des matieres qui entrent dans cet ouvrage, ne paroît augmenter, que par l'usage où l'on est d'apprécier en argent toutes les valeurs vénales.

Donnez à un tailleur du drap pour faire deux habits, et convenez avec lui qu'un des deux lui restera pour son salaire ; trouvez-vous dans ce marché, une multiplication de valeurs, une augmentation de richesse ? je crois que vous ne disconviendrez pas que vous avez sacrifié la moitié de votre drap pour jouïr plus agréablement de l'autre moitié. De ce sacrifice résulte pour vous une utilité ; je le sais ; mais enfin, vous achetez cette utilité par une dépense ; et c'est cette dépense que vous prenez bonnement pour une augmentation de richesse, lorsque ces sortes de marchés se font par l'entremise de l'argent, et que vous ne considérez plus dans les ouvrages de l'industrie, que leur valeur en argent, sans prendre garde aux valeurs en productions, dont ces mêmes ouvrages ont opéré, ou du moins occasionné la consommation.

La seule objection que vous puissiez me faire, c'est que si l'industrie ne multiplie point les valeurs pour la partie de ses ouvrages qui se consomment dans l'intérieur d'une nation, cette multiplication paroît du moins avoir lieu pour l'autre partie des mêmes ouvrages qu'elle vend aux étrangers. [412]. C'est en effet cette illusion, si universellement accréditée, qui a fait regarder le commerce de ces ouvrages comme propre à enrichir un état; c'est elle qui a fait éclore divers systèmes politiques pour encourager l'industrie par l'augmentation de ses profits; pour favoriser ainsi aux dépens de l'Etat, les intérêts de ceux qui sont entretenus et payés par l'Etat; qui vivent dans l'Etat sans tenir essentiellement à l'Etat, et sans que leurs richesses fassent partie de celle de l'Etat.

Le prix *nécessaire* d'un ouvrage, prix qui est le même pour tous les acheteurs, se forme des déboursés faits par l'ouvrier pour l'achat des matieres premieres, et du montant de toutes ses consommations pendant son travail. Lorsqu'il vend cet ouvrage aux étrangers, il ne fait que leur vendre sous une forme nouvelle, ce qu'il a acheté de sa nation sous plusieurs autres formes, en supposant néanmoins qu'elle lui ait tout fourni. Alors de deux choses l'une : ou ce prix *nécessaire* est de niveau au prix courant du marché général, ou il ne l'est pas : s'il est de niveau, l'ouvrier ne vend pas plus cher aux étrangers qu'à la nation; car les etrangers n'acheteront pas à plus haut prix que le cours du marché général; s'il n'est pas de niveau, il faut qu'il soit ou au-dessus ou au-dessous : au premier cas, les étrangers n'acheteront point; au second cas, ils pourront faire renchérir l'ouvrage; en le supposant ainsi, voyons si c'est un profit pour la nation.

L'ouvrier qui vend aux étrangers son ouvrage au-dessus de son prix *nécessaire*, fait un bénéfice; mais il ne le fait pas sur les étrangers, puisqu'ils n'achetent pas plus cher que le prix courant établi entre toutes les nations commerçantes. Le bénéfice de l'ouvrier est donc pris sur sa nation même, et voici comment. Le prix *nécessaire* d'un tel ouvrage chez cette nation, n'est inférieur au prix *nécessaire* de pareils ou[413]vrages chez les autres nations, qu'autant que l'ouvrier n'a pas été forcé de faire les mêmes dépenses que les ouvriers étrangers : mais cette différence dans les dépenses, ne peut provenir que d'une autre différence dans la valeur des productions employées et consommées par l'ouvrier; elles ont nécessairement coûté moins cher à l'ouvrier qui a moins dépensé; ces productions moins cheres ne sont donc pas à leur plus haut prix possible, au prix courant du marché général ; ainsi l'ouvrier qui profite de ce bon marché pour les revendre plus cher qu'il ne les achete, gagne sur ceux qui les lui ont vendues, et non sur les étrangers auxquels il les revend sous une forme nouvelle. Ce gain est donc fait sur la nation, par un homme qui ne fait point *nécessairement* corps avec la nation, et qui, peut-être, n'est lui-même qu'un étranger établi chez la nation.

Une autre observation ; c'est qu'une marchandise n'ayant qu'un même prix courant pour tous les acheteurs indistinctement, si les étrangers achetent l'ouvrage en question au-dessus de son prix *nécessaire*, la nation sera forcée de supporter le même renchérissement : sa lésion alors est évidente ; elle est en perte jusqu'à ce que ses productions soient parvenues au prix courant du marché général ; et que jouïssant ainsi de leur valeur naturelle, l'équilibre se rétablisse entre le prix des productions qu'elle vend à l'ouvrier, et le prix des ouvrages qu'elle achete de lui. Reste à examiner présentement comment cette révolution salutaire peut s'opérer.

Dans l'hypothèse où nous sommes, ce seroit une méprise impardonnable que d'attribuer à l'ouvrier le renchérissement de ses ouvrages et celui de nos productions. 1°. C'est la concurrence des consommateurs étrangers qui fait monter le prix des ouvrages jusqu'au niveau de celui du marché géné[414]ral ; ainsi cette augmentation de prix, occasionnée par la concurrence, est le fruit de la liberté. 2°. C'est à la même concurrence encore, et non à cet ouvrier, que nous sommes redevables du renchérissement de nos productions ; car ce renchérissement est contraire aux intérêts de l'ouvrier, et s'opere *certainement* contre sa volonté.

Saisissez bien cette derniere observation ; elle est un des arguments les plus victorieux qu'on puisse proposer en faveur de la liberté du commerce. Quiconque achete les productions d'une nation pour les revendre aux étrangers, soit en nature, soit après les avoir manufacturées, ne connoît d'autre intérêt que celui de les acheter à bon marché, et de les revendre cher : quelle folie donc de s'imaginer que c'est un tel homme qui met le prix aux productions, et qu'il les fait renchérir *à son préjudice !* n'est-il pas évident au contraire, que si ce prix dépendoit de lui, bien loin de le faire augmenter, il le feroit diminuer ; aussi voyons-nous qu'il ne donne jamais que le prix le plus bas auquel il lui soit possible d'obtenir les productions.

Il faut avouer qu'il est bien étonnant que les hommes n'ayent pas fait cette observation, ou que d'après cette observation, ils ne se soient pas demandé, quelle est donc cette force majeure qui assujettit à des profits médiocres, celui dont le but est de faire les plus grands profits possibles ? Quelle est cette puissance despotique qui le contraint de donner aux vendeurs des productions, le prix qu'ils demandent ; de se prêter même à des renchérissements, qui ne peuvent que diminuer les profits qu'il se propose, et pour lesquels il agit ? Alors ils auroient facilement compris que la puissance qui enchaîne ainsi sous ses loix, les volontés de cet acheteur intermédiaire, est celle de la concurrence ; que la concurrence est [415] le fruit de la liberté ; que par tout où regne une grande liberté, la concurrence décide souverainement du prix auquel le marchand doit acheter, comme du prix auquel il doit revendre : éclairés par cette vérité, ils se seroient bien gardés de rien faire qui pût altérer la concurrence en altérant la liberté.

En vain le préjugé auroit voulu réclamer ; en vain il auroit élevé la voix pour persuader que les commerçants enrichissent une nation, parce qu'ils procurent à ses productions leur plus haut prix possible ; on lui auroit répondu, de quels commerçants voulez-vous parler ? De ceux sans doute qui achetent et vendent à la nation, au prix qui convient le mieux à ses intérêts ; car enfin il faut éviter de tomber dans des contradictions évidentes : si vous prétendez que les commerçants nous enrichissent en faisant valoir nos productions ; laissez donc librement agir ceux qui pourront les faire valoir à plus haut prix : mais à quel signe les distinguerons-nous, si la concurrence ne nous les fait connoître d'une maniere *évidente* ? Si vous nous privez de cette concurrence ; si vous rendez une classe particuliere de commerçants indépendants de cette puissance naturelle, la seule qui puisse leur donner des loix ; si vous nous obligez de vendre à cette classe indépendante, et d'acheter d'elle, quel champ n'ouvrez-vous pas à la cupidité ?

Non, non, les hommes n'auroient plus été les victimes des préjugés qui ont fait adopter tant de privileges exclusifs en faveur de quelques agents du commerce en particulier ; ils auroient cessé de confondre le commerce avec les commerçants ; ils auroient reconnu que les bons effets de celui-là sont des effets *naturels et nécessaires*, qui n'ont besoin que de la liberté ; par conséquent qu'ils ne peuvent résulter des opéra[416]tions des commerçants, qu'autant que la liberté ne reçoit aucune atteinte ; que sans elle enfin, *la nécessité* qui enchaîne ces mêmes effets, disparoît, fait place à l'arbitraire, et livre à la discrétion des commerçants privilégiés, les intérêts de ceux qui sont forcés de se servir d'eux pour faire le commerce.

L'illusion par rapport aux effets de l'industrie *manufacturiere* n'est pas moins inconcevable que celle qui nous a trompés sur les effets de l'industrie simplement commerçante : le manufacturier a naturellement le même intérêt, le même systême que les commerçants, et il tient *nécessairement* la même conduite : l'objet unique de ses spéculations est de faire des profits ; de les faire les plus grands qu'il lui soit possible, par-conséquent d'acheter au plus bas prix possible, et de revendre au plus haut prix possible. En supposant donc que sa main-d'œuvre fasse augmenter le prix des productions, ne faut-il pas examiner encore au profit de qui revient cette augmentation ? Ne sent-on pas que si elle reste en entier à son profit, ce ne sont plus véritablement les productions qui se trouvent renchéries ; que c'est seulement la main-d'œuvre du manufacturier dont le prix excede celui qu'elle devroit avoir dans la nation ? Qu'un tel renchérissement, bien loin d'être avantageux à la nation, au Souverain et aux autres co-propriétaires des produits nets, tourne au-contraire entièrement à leur préjudice, puisqu'il les met dans le cas de vendre à bas prix et d'acheter cher ; de donner beaucoup de productions pour peu de main-d'œuvre?

Je suis convenu cependant que par l'entremise de l'industrie manufacturiere, il peut se faire que des productions parviennent à une valeur vénale dont elles resteroient éloignées sans ce secours. S'il falloit, par exemple, que nos chanvres et nos lins, au-lieu d'être convertis en toile, fussent [417] exportés bruts ; et tels qu'ils sont cueillis dans nos champs, certainement nous n'en retirerions pas le même prix qu'en les vendant après les avoir fait préparer et manufacturer : ce prix diminueroit en raison de l'augmentation qui surviendroit dans les frais de transport. Il est beaucoup de vins qui ne peuvent être consommés qu'en eau-de-vie, et qui ne pourroient être transportés dans les lieux où l'eau-de-vie se consomme : sans l'industrie qui fabrique ces eaux-de-vie, ces mêmes vins resteroient sans débit, on cesseroit de les cultiver. On peut dire la même chose des grains qui sur-abondent dans un pays faute d'une consommation suffisante en nature : l'industrie rend un très-bon office, lorsqu'elle les convertit en liqueurs fortes, puisque sans cela, ces mêmes grains dégénéreroient en superflu sans valeur.

Mais de tels expédients fournis par l'industrie pour procurer le débit des denrées qui devroient être consommées en nature, doivent être regardés comme un *pis-aller* : ils sont pour une nation ce qu'une voiture est pour un malade hors d'état de marcher : l'entretien de sa voiture est pour lui un surcroît de dépense : les expédients que je viens de prendre pour exemple, et tous les autres de la même espece ont donc cet inconvénient ; ils sont des moyens dispendieux de provoquer les consommations ; et les frais qu'ils font, sont toujours en déduction du produit net, seule richesse disponible pour le Souverain et pour la nation. Aussi la nécessité de ces mêmes expédients ne vient-elle qu'à la suite d'un défaut de population, d'un manque de consommateurs en état de payer leurs consommations. Mais n'importe ; quand le corps politique est languissant, il est encore heureux pour lui que sa langueur trouve dans l'industrie les secours dont il a besoin.

[418] Point de doute assurément que dans de telles circonstances, l'industrie ne soit favorable à la reproduction, et à l'entretien de la richesse nationale ; mais faites attention aussi que dans les exemples ci-dessus allégués et dans tous les cas semblables, *l'utilité de l'industrie tient essentiellement à la liberté*, et que sans la liberté, non-seulement cette même utilité s'évanouïroit, mais encore dégénéreroit *en monopoles*, et seroit ainsi remplacée par des désordres dont la ruine de l'état seroit un effet *nécessaire*.

Si vous prétendez qu'un manufacturier, qui achete à bas prix nos productions pour les revendre cher aux étrangers, enrichit la nation, il s'ensuit que, selon vous, les cultivateurs, le Souverain et les propriétaires fonciers ne forment point la nation ; qu'elle ne consiste au-contraire que dans les manufacturiers. Allez plus loin encore : soutenez que ces manufacturiers peuvent se passer des matieres premieres, de celles du-moins que la nation leur fournit ; car il faut bien que vous le pensiez ainsi, pour que vous consentiez à regarder leurs intérêts comme étant d'un ordre supérieur à ceux de la reproduction, quoiqu'elle soit la richesse unique de l'Etat, la richesse unique qui fournisse à toutes les dépenses de l'Etat.

Le commerce qu'une nation peut faire de ses productions avec les étrangers, par l'entremise du manufacturier, est un commerce *nécessaire* dans tous les cas où la consommation intérieure seroit insuffisante, et où les matieres premieres ne seroient pas susceptibles de transport, du-moins sans de grands frais. Ces matieres premieres étant manufacturées, vont jouïr au marché général, de leur meilleur prix possible, que le manufacturier *ne fait pas*, puisque c'est la concurrence qui en ordonne. Ce commerce ne contribue à la richesse de cette nation, qu'en raison de la portion que les premiers [419] vendeurs des productions prennent dans ce meilleur prix possible ; je veux dire, en raison du prix auquel ils les vendent au manufacturier.

Cette vérité me paroît être de la même évidence que celle du jour en plein midi. La conséquence que nous devons en tirer, c'est que dans les cas dont nous parlons, il est de la plus grande importance de ne gêner en rien le manufacturage des matieres premieres ; de faire jouïr d'une telle franchise, d'une telle liberté, la profession de manufacturier, que *personne de ceux qui pourroient l'exercer, n'en soit exclus :* il est bien sensible que toute police qui resserreroit cette liberté, tendroit à diminuer le nombre des manufacturiers, par-conséquent la concurrence des acheteurs de ces matieres ; qu'ainsi une telle police ne pourroit être que très-préjudiciable, puisque ce n'est que par le moyen de cette concurrence, que les premiers vendeurs de ces mêmes matieres peuvent parvenir à prendre la plus grande part possible dans le meilleur prix possible de leurs productions.

De la même vérité résulte encore évidemment qu'il n'est point de pratique plus contraire aux intérêts d'une nation, que celle qui s'oppose au commerce de ses productions en nature avec les étrangers, quoiqu'elles soient susceptibles d'exportation. Le motif de cette politique est de nourrir et d'accroître dans la nation la masse des travaux de main-d'œuvre, *parce que*, prétend-on, *c'est faire augmenter la richesse nationale et la population*. On peut dire à ce sujet que l'intention est excellente, mais que les moyens dont elle fait choix pour remplir son objet, produisent un effet tout contraire à celui qu'elle se propose ; car *ils font diminuer la richesse nationale et la population*, au lieu de les faire *augmenter*.

L'exclusion *factice* donnée aux étrangers pour l'achat des [420] matieres premieres dans une nation, *ne devient sensible qu'autant qu'elle est préjudiciable*, qu'elle empêche les étrangers de faire augmenter le prix de ces matieres au profit de cette nation : tant que nos manufacturiers acheteront nos matieres premieres plus cher que l'étranger, l'autorité n'a pas besoin de lui donner l'exclusion ; nos acheteurs seront naturellement et *nécessairement* préférés ; or ils les acheteront plus cher que lui, tant qu'elles seront dans la nation à leur plus haut prix possible : si l'étranger

les payoit à ce prix, il se trouveroit grevé par les frais de transport
que nos manufacturiers n'ont point à faire comme lui : ces frais
resteroient à sa charge, attendu que leur concurrence dans le débit
des ouvrages l'empêcheroit de les renchérir à proportion. Il ne
peut donc se presenter pour acheter nos matieres premières con-
curremment avec nos manufacturiers, qu'autant qu'elles ne sont
point parmi nous à leur plus haut prix possible ; qu'elles y sont au
contraire vendues à meilleur marché qu'elles ne le seroient chez
les autres nations, indépendamment des frais de transport que leur
exportation occasionneroit.

En deux mots, il est évident que la politique d'exclure par autorité les étrangers de l'achat des matieres premieres dans une
nation, suppose toujours et *nécessairement* qu'ils acheteront plus
cher que les autres acheteurs qu'on veut favoriser. Ces étrangers
cependant, n'achetent point au-dessus du prix courant du marché
général : ainsi, ou cette politique est sans objet, ou elle tend à
empêcher les productions nationales, d'atteindre au prix qu'elles
doivent *naturellement* avoir dans le commerce.

Impossible d'apprécier les contre-coups de cet inconvénient : on
sent bien que d'abord la nation fait une premiere perte, qui est de
toute la différence qu'on trouve entre le [421] prix altéré par les
prohibitions, et celui qui résulteroit de la liberté. Mais cette premiere perte en occasionne une seconde : en raison de ce que la
culture de ces productions donne moins de bénéfice, elle reçoit certainement moins d'avances, et devient moins productive : la reproduction se trouvant donc fort au-dessous de ce qu'elle pourroit et
devroit être : vous perdez ainsi sur la quantité de ces productions
autant et plus que sur leur valeur.

Ces deux premieres pertes ainsi cumulées, d'autres encore
viennent à leur suite : possédant moins de valeurs renaissantes,
vous faites une moindre dépense annuelle ; vous avez moins
d'hommes entretenus : les productions destinées à la consommation
intérieure trouvent donc autour d'elles moins de consommateurs,
et moins de moyens pour se procurer un bon prix. Il faut ainsi que
par contre-coup, elles diminuent de valeur vénale, ou que vous
ayez recours aux consommateurs étrangers : mais alors il vous en
coûte des frais de transport, qui retombent à la charge des premiers vendeurs de ces productions, et préjudicient à leur culture.

Je sais qu'on répond à cela, que ces frais peuvent être. du moins
en partie, gagnés par la nation même ; je sais que bien des gens les

regardent comme utiles à la population : mais si cela est vrai, *on a grand tort de ne pas les multiplier;* de ne pas gréver de plus en plus les produits nets de la culture ; car encore une fois il faut être *conséquent.* En général, il suffit d'avoir des richesses à dépenser pour trouver les moyens de les dépenser : ces moyens se multiplient naturellement et *nécessairement* parmi des hommes, dont les uns ont grand intérêt à partager dans ces richesses, et les autres grand intérêt à consentir à ce partage pour augmenter leurs propres jouïssances. L'industrie, sans cesse aiguillonnée par le désir de jouïr, [422] ne demande de nous que la liberté de jouïr : ne craignez point que dans cette position, les moyens de dépenser manquent aux richesses : ce seront plutôt les richesses qui manqueront aux moyens de dépenser. Ce dernier inconvénient est même d'une nécessité Physique par-tout où les dépenses sont faites de maniere qu'elles portent préjudice à la reproduction des richesses : et c'est le cas des frais dont on charge la consommation des productions ; car ces frais qui sont toujours à la charge du premier propriétaire de ces productions, diminuent d'autant l'empressement et les moyens de les faire renaître. L'ordre de la nature est que pour augmenter les dépenses on augmente les richesses; mais ici c'est tout le contraire ; on diminue les richesses pour augmenter les dépenses : autant vaudroit prendre les fondements d'un édifice pour les faire servir à lui donner de l'élévation [1].

Procurer aux productions leur meilleur prix possible, c'est le moyen de s'assurer de leur plus grande abondance possible : de ces deux avantages combinés résulte la plus grande richesse disponible que votre territoire puisse comporter ; à l'aide de cette grande richesse disponible, vous pouvez faire une grande dépense en travaux de main-d'œuvre ; et dès-lors vous pouvez compter sur les plus grands efforts de la part de l'industrie ; ils se proportionneront toujours à la masse des valeurs destinées à mettre le prix à ses ouvrages. Telle est la gradation par laquelle une nation peut parvenir à son degré de prospérité : elle ne doit l'attendre que du bon prix de ses productions; mais aussi ce bon prix ne peut se former que dans le sein de la liberté.

---

1. *Nota.* On voit ici tout d'un coup les désordres que doit produire ce qu'on appelle luxe d'ostentation, et généralement tout usage qui tend à rendre les consommations très-dispendieuses.

[423]

CHAPITRE XLIII.

L'industrie n'est aucunement productive : démonstration particuliere de cette vérité.

Qu'on me permette maintenant de revenir sur quelques propositions sommaires que je crains de n'avoir pas suffisamment démontrées, et qui d'ailleurs sont celles dont les hommes paroissent être les plus éloignés. J'ai dit qu'une valeur de 20 millions en ouvrages de l'industrie n'étoit que représentative d'une valeur égale en productions consommées ; et qu'une nation qui vendoit ces ouvrages aux étrangers, n'en étoit pas plus riche, que si elle leur eût vendu pour 20 millions de productions en nature, parce que ces 20 millions en ouvrage lui coûtent à elle-même 20 millions en productions. Il ne faut pas entendre par cette façon de parler, qu'après son travail, l'industrie vous revend pour le même prix, la même quantité de matieres premieres que vous lui avez vendues : elle vous revend bien *pour le même prix*, mais non pas *la même quantité;* car elle a prélevé sur cette quantité, tout ce qui est nécessaire aux consommations de ses ouvrages et de ses ouvriers.

Un tisserand achete pour 150 francs de subsistances, de vêtements, et pour 50 francs de lin qu'il vous revend en toile 200 francs, somme égale à celle de sa dépense. Cet ouvrier, dit-on, quadruple ainsi la valeur premiere du lin ; point du tout : il ne fait que joindre à cette valeur premiere, une va-[424]leur étrangere, qui est celle de toutes les choses qu'il a consommées *nécessairement.* Ces deux valeurs ainsi cumulées forment alors, non la valeur du lin, car il n'existe plus ; mais ce que nous pouvons nommer *le prix nécessaire* de la toile ; prix qui par ce moyen, représente 1°. la valeur de 50 francs en lin, 2°. Celle de 150 francs en autres productions consommées.

Telle est dans toute sa simplicité, la solution du problême de la multiplication des valeurs par les travaux de l'industrie : elle ajoute à la premiere valeur des matieres qu'elle a manufacturées, et qui sont à consommer, une seconde valeur, qui est celle des choses dont ses travaux ont déjà opéré, ou du moins occasionné la consommation. Cette façon d'imputer à une seule chose, la valeur de plusieurs autres, d'appliquer, pour ainsi dire, *couche sur couche*, plusieurs valeurs sur une seule, fait que celle-ci grossit d'autant ; mais en cela vous ne pouvez attribuer à l'industrie, aucune multiplication, aucune augmentation de valeurs, si par ces termes vous entendez une création de valeurs nouvelles qui n'existoient point avant ses opérations.

L'industrie n'est pas plus créatrice de la valeur de ses ouvrages, qu'elle est créatrice de la hauteur et de la longueur d'un mur : chaque pierre qu'elle emploie, a sa hauteur et son longueur particuliere ; et de toutes ces pierres assemblées par l'industrie, résulte naturellement la hauteur et la longueur du mur qu'elle a construit, et qui à cet égard représente sous une nouvelle forme, toutes ces différentes hauteurs et longueurs particulieres, qui existoient séparément avant sa construction.

L'industrie est créatrice des formes, et ces formes ont leur utilité. C'est à raison de cette utilité, que celui qui veut[425] jouïr de ces formes nouvelles que l'industrie donne aux matieres premieres, doit l'indemniser de toutes ses dépenses, de toutes ses consommations, et en conséquence consent à cette *addition* de plusieurs valeurs pour n'en plus composer qu'une seule, qui devient ainsi le prix nécessaire de l'ouvrage qu'il veut acheter. Le terme *d'addition* peint très-bien la maniere dont se forme le prix des ouvrages de main-d'œuvre : ce prix n'est qu'un total de plusieurs valeurs consommées et *additionnées* ensemble ; or, *additionner* n'est pas *multiplier*.

Une grande preuve que l'industrie n'est point créatrice de la valeur de ses ouvrages, c'est que cette valeur ne lui rend rien par elle-même : les dépenses faites à l'occasion de ces mêmes ouvrages, sont tellement perdues sans retour pour l'industrie, qu'elle n'en peut être indemnisée, qu'autant qu'il existe d'autres valeurs et d'autres hommes qui veulent bien l'en aider.

Je vous loue un arpent de terre 10 francs ; vous dépensez 10 autres francs pour le cultiver, et il vous donne des productions qui valent 30 : cet arpent vous rend donc votre dépense de 10 ; plus, de quoi me payer, et en outre un profit. De cette opération résulte très-réellement une augmentation de valeurs, une *multiplication*; et pourquoi? Parce qu'au lieu de 10 vous avez 30, sans avoir reçu 20 de qui que ce soit : c'est vous-même qui êtes créateur de ces 30, dont 20 sont dans la société un accroissement de richesses disponibles; car elles n'existoient point avant votre travail. Il n'en est pas ainsi de l'industrie : l'indemnité de ses dépenses n'est point le fruit de son travail; elles ne peuvent au contraire lui être remboursées, que par le produit du travail reproductif des autres hommes; tout ce qu'elle reçoit enfin, lui est fourni en valeurs *déja existantes ;* de sorte que ces valeurs qui lui sont re[**426**]mises, ne font en cela que *changer de main.*

Dans l'opinion de ceux qui se persuadent que l'industrie multiplie les valeurs des matieres premieres, les fabricants de dentelles doivent être des personnages bien importants : par leur entremise une valeur de 20 sols en lin brut devient une valeur de 1000 écus . quel accroissement prodigieux de valeur pour ce lin, et de richesse pour ceux qui le manufacturent ainsi! qu'une telle industrie doit être précieuse à l'humanité! que d'argent doit se trouver chez une nation qui de 20 sols fait 1000 écus.

Moderez votre enthousiasme, aveugles admirateurs des faux produits de l'industrie : avant de crier miracle ouvrez les yeux, et voyez combien sont pauvres, du moins mal-aisés, ces mêmes fabricants qui ont l'art de changer 20 sols en une valeur de 1000 écus : au profit de qui passe donc cette multiplication énorme de valeurs? Quoi, ceux par les mains desquels elle s'opere, ne connoissent pas l'aisance! ah, défiez-vous de ce contraste, comme on se défie de ces gens qui sous un mauvais habit, viennent offrir de vous vendre à bon compte le secret de faire de l'or.

Pour dissiper le prestige qui vous fait illusion, décomposons ce qui cause votre admiration; considérons-le successivement dans ce qu'il paroît avoir de plus miraculeux, et de plus intéressant pour une nation. Pour 20 sols de lin une valeur de 1000 écus en dentelles, voilà le phénomene : d'où provient donc ce lin qui fait une si belle fortune? Sans doute que son accroissement de valeur doit être au profit de la nation chez laquelle ce lin est cueilli : sans cela l'industrie qui procure cet accroissement de valeur, est un avantage absolument étranger à cette nation. Mais point du tout : le lin peut se cueillir dans un Pays, et la dentelle se fabriquer dans un [**427**] autre : cette industrie n'appartient exclusivement à aucune nation en particulier; elle peut habiter par tout où peut être transportée une très-médiocre quantité de ce lin. Aucune nation ne peut donc regarder cet accroissement de valeur comme une richesse qui lui soit propre et personnelle, puisqu'aucune nation ne peut en avoir la propriété exclusive.

Arrêtons-nous un moment sur trois vérités bien sensibles qui viennent de se manifester à nous : la premiere est que 1000 écus de dentelles n'appartiennent point *nécessairement* et exclusivement à la nation productive du lin ; la seconde est que ces 1000 écus sont acquis à l'industrie qui fabrique la dentelle, quel que soit le lieu qu'elle habite ; la troisieme est que les possesseurs de cette industrie ont souvent bien de la peine à subsister. Si vous rapprochez ces trois vérités, elles doivent naturellement vous conduire à douter de la réalité d'une augmentation de richesse par le moyen de cette même industrie.

Si le lin de 20 sols parvient à valoir 1000 écus, comment l'accroissement de son prix ne se partage-t-il pas entre le producteur du lin et celui qui emploie cette matiere ? Il faut donc qu'il ne soit pas vrai que la valeur premiere du lin ait véritablement augmenté. P isque toutes les nations ne font pas de la dentelle, quoique toutes pu issent se procurer du lin ; il faut donc encore que cette fabrique n'e richisse pas une nation autant que vous vous l'imaginez. Enfin pui. que les agents d'une telle industrie, bien-loin d'être riches, ne cor roissent point l'aisance, il est évident que leurs profits ne sont poi réels ; car s'ils étoient réels, ces ouvriers posséderoient néces- sai ment de grandes richesses ou du moins feroient de grandes dé¡ enses.

Les fabricants de dentelles sont pour l'ordinaire des gens [**428**] du commun et de tout âge. Cette sorte d'ouvrage est abandonnée prin- cipalement aux personnes du sexe, vieilles, jeunes, enfants même, voilà les faiseuses de miracle, et les hommes rougiroient d'en faire leur occupation. Cependant ces mêmes hommes ne sont point hon- teux de faire une autre besogne qui ne leur est payée que 20, 30, ou 40 sols par jour, quoique plus pénible : cette préférence vous montre bien clairement que les profits des fabricants de dentelles ne sont point ce qu'ils paroissent être au premier coup d'œil.

Si ces profits apparents étoient en proportion du prix de la den- telle, il n'est personne qui ne voulût en être fabricant : bientôt ce commerce seroit nul ; car bientôt chacun ne pourroit plus en faire que pour son usage personnel. Si cette industrie, qui s'acquiert aisément, ne devenoit pas universelle, du moins seroit-elle si commune, qu'il y auroit une grande multitude de fabricants, dont la concurrence feroit *nécessairement* diminuer les profits ; et dès-lors la dentelle ne seroit plus de la cherté dont elle est : cette cherté *soutenue* est donc encore une nouvelle preuve que ces mêmes profits ne sont point ce que nous les croyons.

Enfin, quand nous voyons l'industrie faire de 20 sols une valeur de 1000 écus, n'est-il pas naturel que nous nous demandions, pourquoi cette valeur ne double pas? La raison qui l'empêche d'augmenter, doit piquer notre curiosité autant que la raison qui l'empêche de diminuer.

Il faut convenir que voilà bien des mysteres à pénétrer, bien des contradictions à concilier : rien n'est plus facile cependant : 1000 écus sont le prix *nécessaire* de la dentelle ; prix *nécessaire* formé par le *montant* de toutes les dépenses que les fabricants ont à faire pendant le temps qu'ils employent à cet ouvrage ; par d'autres dépenses encore de divers ouvriers qui [**429**] concourent à la préparation des lins ; par celles aussi du marchand qui fait les avances de ces dépenses ; par les intérêts qu'il doit retirer de ces mêmes avances ; par les rétributions dues aux peines qu'il se donne personnellement ; par la valeur des différents risques auxquels son commerce l'expose.

L'addition de tous ces divers objets réunis vous donne un total qui devient le prix *nécessaire* de la dentelle ; et ce prix *nécessaire* vous apprend que la cherté de cette marchandise n'est qu'une restitution de dépenses, de valeurs déja consommées ; que cette cherté ne diminue point, parce que le marchand n'est pas marchand pour vendre à perte ; qu'elle n'augmente point non plus, parce que ces dépenses sont à peu près les mêmes dans tous les temps, et que la concurrence des vendeurs de dentelle ne leur permet pas de la renchérir arbitrairement, de la porter au-delà de son prix *nécessaire ;* par-conséquent que les profits éblouissants de cette fabrique sont de vains phantômes qu'on croit voir dans l'obscurité de la nuit, et qui se dissipent dès que la lumiere paroît ; que ces profits sont de la même espece et de la même valeur, que ceux de toutes les autres manufactures qui exigent les mêmes avances et exposent aux mêmes risques ; que le prix de la dentelle ne fait que passer dans les mains du marchand pour aller payer toutes les valeurs que lui et les ouvriers consomment, ou sont réputés consommer, parce qu'ils en ont *le droit;* qu'ainsi ce prix appartient à la nation qui fournit ces valeurs, et qu'il n'est richesse pour elle, qu'autant qu'elle tire de son propre fonds, les productions qui entrent dans de telles consommations. *Elle ne gagne donc pas plus à vendre ses dentelles, qu'elle gagneroit à vendre ces mêmes productions en nature.*

Je me suis appésanti sur les fabriques de dentelles, parce [430] que ce sont celles dont les faux produits doivent faire une plus forte illusion. Je me dispenserai donc de parler des autres : ce que je viens de dire de celles-ci me paroît suffisant pour détruire tous les arguments qu'on employe pour persuader que l'industrie enrichit une nation en créant de nouvelles valeurs, ou en augmentant celle de ses matieres premieres.

Il est pourtant une objection qu'il est à propos de prévenir, parce qu'elle tient à des dehors fort imposants pour ceux qui ne veulent rien approfondir. Eblouies par les fortunes que font quelques agents du commerce et de l'industrie, nombre de personnes en concluent que ces agents s'enrichissent par des valeurs qu'ils multiplient; elles se servent du-moins de ces exemples pour ne pas reconnoître l'existence d'un prix *nécessaire* en fait d'ouvrage de main-d'œuvre.

Tout homme qui ne dépense que le quart ou la moitié de son revenu, doit certainement augmenter sa fortune : quel que soit un agent de l'industrie, il ne peut s'enrichir que par cette voie, s'il ne vend ses ouvrages qu'à leur prix *nécessaire;* car ce prix *nécessaire* n'est que la restitution des dépenses qu'il fait ou qu'il est censé faire. Son *profit* à cet égard consiste donc dans les dépenses qu'il pourroit faire et qu'il ne fait point. Cette maniere de grossir sa fortune préjudicieroit à la circulation de l'argent, à la consommation et à la reproduction, si, comme je l'ai dit précédemment, ce désordre n'étoit balancé par un désordre contraire : lorsque la reproduction ne souffre point de ce qu'il est des hommes qui vendent plus qu'ils n'achetent, c'est parce qu'il en est d'autres qui achetent aussi plus qu'ils ne vendent.

Une seconde observation à faire, c'est que dans la formation du prix *nécessaire* d'un ouvrage, on fait entrer la valeur [431] des risques, parce que ces risques occasionnent des pertes qu'il faut évaluer et répartir. Ces risques cependant ne se réalisent pas toujours également pour tous les marchands, et de la différence qui se trouve dans ces accidents, doit naître une différence dans leurs profits : aussi en voyons-nous qui se ruinent, tandis que nous en voyons d'autres qui s'enrichissent.

Ces divers événements ne prouvent point que chaque ouvrage de l'industrie n'ait pas un prix *nécessaire*. Ce prix n'est *nécessaire* que pour le vendeur et non pour l'acheteur. Il est *nécessaire* pour le vendeur, parce qu'il seroit en perte s'il vendoit au-dessous, et dès-lors il abandonneroit sa profession. Mais ce même prix n'est pas ce qui empêche qu'il ne vende au-dessus; son desir à ce sujet ne peut-être contenu que par la concurrence ; et en cela nous retrouvons encore la nécessité de la liberté du commerce. La suppression de cette liberté ne peut jamais assujettir l'industrie à vendre habituellement les ouvrages au-dessous de leur prix *nécessaire*, tel qu'il résulte du prix des productions; elle doit au-contraire lui donner des facilités pour les vendre beaucoup plus cher, et détourner à son profit une portion des richesses qui, sans cela, seroient disponibles pour le Souverain, les propriétaires fonciers, et les cultivateurs, mais qui cessent de l'être, dès qu'elles ne sont plus employées qu'à payer à l'industrie un tribut exagéré.

Aux formes près, l'industrie ne crée rien, ne multiplie rien ; elle consomme par elle-même, et provoque les consommations des autres, voilà le point fixe dans lequel nous devons envisager son utilité ; elle est très-grande assurément; mais il ne faut pas la dénaturer ; regarder l'industrie comme productive, tandis qu'elle n'est que consommatrice, et que [432] la consommation est l'unique objet de ses travaux.

Cette façon naturelle de considérer l'industrie, est même la seule qui puisse nous conduire à voir combien elle est avantageuse aux nations agricoles : les productions n'ont jamais tant de valeur vénale que lorsqu'elles sont voisines du lieu de la consommation ; d'un autre côté, les marchandises, quelles qu'elles soient, renchérissent toujours pour les consommateurs, en proportion de l'éloignement des lieux dont elles sont tirées ; il est donc doublement important pour une nation agricole et productive, que son industrie la dispense de faire venir de loin une partie de ses consommations, et d'envoyer au-loin, par conséquent, une partie de ses productions à l'effet d'y payer les marchandises étrangeres. Pour favoriser la culture, il faut donc protéger l'industrie, et pour favoriser l'industrie il faut donc protéger la culture : tout se tient ainsi dans l'ordre naturel des sociétés.

Mais pour nous ménager ce double avantage, il est d'une nécessité physique de faire jouïr le commerce, tant intérieur qu'extérieur,
de la plus grande liberté possible ; ce n'est que par le moyen de
cette grande liberté, qu'on peut s'assurer d'une grande concurrence
d'acheteurs des productions nationales, et de vendeurs des productions étrangeres ; ce n'est que par le secours de cette double
concurrence qu'on peut faire jouïr une nation du meilleur prix possible, tant en vendant qu'en achetant ; ce n'est qu'à l'aide de ce
meilleur prix possible, que cette nation peut se procurer la plus
grande abondance possible, la plus grande richesse possible, la
plus grande population possible, la plus grande puissance possible :
tels sont les derniers résultats de la liberté.

On trouvera peut-être extraordinaire que dans l'énumération des
bons effets de la liberté, je ne parle point de l'ac[**433**]croissement
progressif de son commerce extérieur, et que je n'aie point présenté le plus grand commerce extérieur possible, comme étant inséparable de la plus grande prospérité possible d'une nation. Mais il
ne faut pas s'imaginer que ce commerce et cette prospérité croissent
dans la même proportion ; au contraire, la suite naturelle d'une
grande prospérité est de diminuer le commerce extérieur et d'augmenter le commerce intérieur.

Impossible qu'une nation trouve dans la masse de ses productions
annuelles, une grande richesse disponible, sans que son industrie et
sa population n'augmentent en proportion de cette richesse ; c'est
dans le sein de l'abondance que les hommes, les arts, les talents se
multiplient pour varier et multiplier nos jouïssances. La prospérité
d'une nation croissant ainsi dans tous les genres, il est sensible que
pour jouïr de sa richesse, elle a moins besoin que jamais du secours
des étrangers : les premiers propriétaires des productions trouvent
autour d'eux, pour ainsi dire, toutes les jouïssances qu'ils peuvent
desirer ; ils ont en outre l'avantage d'œconomiser les frais de transport, inséparables du commerce avec les étrangers ; de se ménager
ainsi toute la valeur de leurs productions, qui, en pareil cas, doivent
être toujours vendues à leur meilleur prix possible.

Ce tableau du dernier dégré de prospérité auquel une nation puisse
parvenir à l'aide de la liberté, prouve bien que le commerce extérieur n'est, ainsi que je l'ai déjà dit, qu'un *pis-aller* qu'un *mal
nécessaire :* son utilité peut bien conduire une nation à son meilleur
état possible, mais cette nation une fois parvenue à ce meilleur état

possible, elle ne fait plus le même usage des secours dont elle avoit besoin pour y arriver : à mesure que ses productions se multiplient, l'industrie [434] croît chez elle, et les consommateurs nationaux deviennent plus nombreux : son commerce extérieur diminue donc en raison inverse de l'augmentation de son commerce intérieur. Cette révolution est conséquente à la maniere dont le commerce enrichit une nation : on a vu que cet accroissement de richesse n'est pas l'effet propre du commerce, mais bien de la liberté du commerce, parce que c'est elle qui assure le bon prix, et conséquemment l'abondance des productions.

Je n'ai pas besoin que l'étranger achete mes productions, quand les consommateurs nationaux m'en offrent le plus haut prix possible ; mais pour me procurer constamment et *nécessairement* ce plus haut prix possible, il est indispensable que je puisse librement préférer l'étranger ; et que les consommateurs nationaux, au lieu de me faire la loi, la reçoivent de la concurrence. Il en est de même des ouvrages de l'industrie, qui entrent dans mes consommations : la concurrence des vendeurs étrangers m'est utile, non pour acheter d'eux, mais pour aiguillonner l'industrie nationale qui doit servir à varier et multiplier mes jouïssances, et me mettre en même-temps à l'abri d'un renchérissement démesuré de la part des vendeurs qui sont de ma nation : or, ces divers avantages que je trouve dans la liberté du commerce étant communs à tous les cultivateurs, et à tous les co-propriétaires du produit net, ils sont tous assurés de se procurer par ce moyen, leur meilleur état possible. Nous pouvons donc nous résumer, et dire qu'un grand commerce extérieur sans liberté doit *nécessairement* ruiner une Nation ; que pour enrichir au contraire, et le Souverain et les sujets, pour les porter au plus haut dégré de prospérité et les y maintenir, le plus petit commerce extérieur peut être suffisant, pourvu qu'il jouïsse de la plus grande liberté.

CHAPITRE XLIV.

Récapitulation et Conclusion de cet ouvrage. La loi de la propriété, établie sur l'ordre physique, et dont la connoissance évidente est donnée par la nature à tous les hommes, renferme en son entier l'ordre essentiel des Sociétés. Cette loi unique et universelle est la raison essentielle et primitive de toutes les autres loix. Ses rapports avec les mœurs. Combien les systêmes publics d'un Gouvernement influent sur la formation de l'homme moral. Les vertus sociales ne peuvent être que passageres, dès qu'elles sont séparées de l'ordre essentiel des Sociétés.

L'ÉTABLISSEMENT de l'ordre naturel et essentiel des Sociétés ne demande point des hommes nouveaux, des hommes qui ne soient susceptibles ni de l'appétit des plaisirs, ni de l'aversion de la douleur. Ne vous imaginez pas que pour parvenir à cet établissement, il faille commencer par l'anéantissement de nos passions : il n'appartient pas à l'humanité de pouvoir les éteindre ; mais elle peut les modifier, les diriger : *Passions, tho'selfish, lyes under the reason ;* [1] quoiqu'elles ne [436] soient jamais affectées que de leur intérêt personnel, elles nous sont données cependant comme les moyens que la raison doit employer pour nous soumettre à un ordre immuable institué par l'Auteur de la nature pour gouverner les hommes tels qu'ils sont, pour faire servir à leur bonheur temporel, ces deux mobiles auxquels nous avons donné le nom de passions, ou du-moins, qui sont le germe de toutes nos passions.

Si vous en exceptez la nécessité des ménagements qu'il faut garder quand il s'agit de rendre aux corps politiques la santé qu'ils ont perdue, il est sensible qu'un tel établissement ne peut plus trouver d'obstacles que dans une espece de léthargie dont notre ignorance

---

1. Quoique nos passions rapportent tout à elles-mêmes, elles doivent cependant être protégées par la raison. POPE, *Essais sur l'homme.*

est le principe : effrayés de la distance prodigieuse qui se trouve
entre l'ordre, et cette multitude de désordres qui dans tous les temps
ont couvert la surface de la terre, et dégradé l'humanité, nous nous
imaginons que leur réforme est un ouvrage au-dessus de nos forces ;
nous nous persuadons que l'ordre propre à opérer cette réforme,
est un ensemble très-compliqué ; qu'il demande de nous une étude
et des connoissances profondes ; qu'il exige des génies supérieurs,
des travaux pénibles et assidus ; des efforts sur nous-mêmes ; des
combats dans lesquels nous n'osons nous engager.

C'est ainsi qu'une masse énorme de difficultés imaginaires nous
en impose au point qu'elle ne nous permet pas de former le projet
de les surmonter ; elle n'est cependant qu'une pure illusion ; qu'une
vaine chimere, dont l'idée factice agit sur nos esprits, comme celle
des revenants ou des phantômes agit sur les enfants. Mais pour la
dissiper, cette chimere, et nous faire sortir de notre abattement, ne
suffit-il pas de montrer aux hommes combien est simple, combien
est évident et sensible ce même ordre à la connoissance duquel ils
[437] désesperent de pouvoir jamais s'élever ; de les convaincre qu'il
est facile à comprendre, facile à mettre en pratique, plus facile
encore à perpétuer ?

Qu'on me permette donc de rapprocher, de rassembler, pour
ainsi dire, dans un même point de vue, les vérités contenues successivement dans cet ouvrage ; de faire voir, par la nécessité de leur
enchaînement, qu'il en est une premiere dans laquelle toutes les
autres sont renfermées, et qui est *sensible* à toute intelligence : ce
coup d'œil mettra mes lecteurs dans le cas, non de croire à la possibilité de l'établissement de l'ordre naturel des sociétés dans toute sa
perfection, mais de ne pouvoir plus imaginer quelle espece d'oppositions un établissement si précieux, si désirable pourroit rencontrer,
lorsque ce même ordre sera connu dans toute sa simplicité.

Nous avons commencé par attacher nos regards sur le premier
état de l'homme, avant qu'il se réunisse librement à quelque société
particuliere : nous le voyons naître dans l'impossibilité de se passer
du secours des autres ; mais aussi pour ménager ces secours à son
impuissance absolue, nous trouvons dans ses pere et mere, des
devoirs, dont l'observation est assurée, tant par les plaisirs d'attrait
dont la nature a rendu ces devoirs susceptibles, que par la contemplation du besoin que les pere et mere auront un jour des secours
de leurs enfants.

Sur ces premiers devoirs des pere et mere envers ceux qui leur doivent le jour, vous voyez s'établir leurs premiers droits sur leurs enfants, et les premiers devoirs des enfants envers leur pere et mere : cette réciprocité de devoirs et de droits forme entre eux une société naturelle. Mais à peine les enfants sont-ils en état de rendre quelques services, que [438] les liens de cette société se resserrent encore, par les avantages *sensibles* que tous ceux qui la composent, trouvent à rester unis pour s'entre-aider mutuellement.

Nous avons passé rapidement sur ces premieres époques de notre vie, pour considérer les hommes dans l'âge où le germe des passions s'est développé, dans l'âge où la force physique de leur individu les met en état de disposer d'eux-mêmes, et sert leurs volontés. Là, nous avons observé qu'une *sensibilité involontaire* au plaisir et au mal physiques, les avertit perpétuellement qu'ils ont un devoir essentiel à remplir, celui de pourvoir à leur subsistance ; cette *sensibilité* les tient assujettis rigoureusement à ce devoir, et à tous les travaux qu'il exige d'eux pour les conduire à des jouïssances qui leur sont précieuses. De-là, le desir naturel d'acquérir ces jouïssances et de les conserver ; desir qui les dispose naturellement à saisir tous les moyens de s'assurer la possession paisible des fruits de leurs travaux ; par conséquent à vivre en société.

Vivre en société, c'est *connoître et pratiquer les loix naturel'es et fondamentales de la société, pour se procurer les avantages attachés à leur observation*. Cette définition nous montre que la nature est le premier instituteur de l'homme social parvenu à l'âge où ses passions et ses forces doivent être dirigées par la raison. Je dis qu'elle en est le premier instituteur, parce que c'est elle qui a voulu la réunion des hommes en société ; c'est elle qui a dicté les conditions essentielles à cette réunion ; c'est elle enfin qui leur rend *sensibles* la nécessité de la société, et celle des conditions auxquelles ils doivent se soumettre, pour que la société puisse se former et se perpétuer.

En effet, le desir d'acquérir et de conserver, nous presse [439] naturellement d'éviter tout ce qui pourroit mettre des obstacles à l'accomplissement de ce desir : nous *sentons* même en nous, une disposition naturelle à employer toutes nos forces pour surmonter ces obstacles. Cette disposition, conséquente à notre premier desir, est donc une leçon très-intelligible que la nature nous donne, et par laquelle elle nous fait comprendre qu'il est de notre intérêt de ne pas provoquer ces mêmes obstacles que nous nous proposons d'écarter ; en un mot, de ne rien faire qui puisse nous empêcher de jouïr paisiblement et constamment du *droit* d'acquérir et de conserver.

Je me sers ici du terme de *droit*, parce qu'il n'est *aucun homme* qui, dans ce premier état, ne *sente* la nécessité absolue dont il est pour lui, de pouvoir librement se procurer les choses dont sa conservation a besoin ; *aucun homme* qui ne comprenne que la liberté de les acquérir seroit nulle en lui, sans la liberté de les conserver ; qu'à raison de cette même nécessité absolue, *qui fait son titre*, on ne peut, sans injustice, offenser en rien sa liberté.

Dès ce moment je vois des hommes instruits et formés pour vivre en société : la *sensation* ou la connoissance intuitive qu'ils ont de leurs premiers droits, leur donne aussi *nécessairement* la connoissance intuitive de leurs premiers devoirs envers les autres hommes : ce qui se passe dans leur intérieur leur fait facilement comprendre que tous les hommes ont des droits de la même espece ; qu'aucun d'eux ne peut se proposer de les violer dans les autres, qu'il n'éprouve de leur part la plus grande résistance possible ; qu'il ne s'expose *nécessairement* à toutes les violences qu'ils pourront à leur tour exercer à son égard. Ainsi chacun, *éclairé par l'attention qu'il donne à son intérêt personnel*, *à ses propres sensations*, est forcé de se reconnoître sujet à des devoirs ; de s'imposer l'obligation de ne point [440] troubler les autres hommes dans la jouïssance du droit d'acquérir et de conserver, afin de n'être point aussi troublé lui-même dans la jouïssance de ce droit.

Nous n'avons donc pas besoin d'un autre maître que la nature, pour parvenir à l'institution de la propriété personnelle et de la propriété mobiliaire ; car ces deux sortes de propriétés, qui au fonds n'en sont qu'une seule, présentée sous deux noms différents, ne sont autre chose que ce que je viens de nommer le droit d'acquérir et de conserver : elles se trouvent naturellement instituées par la seule force de la nécessité absolue dont elles sont à notre existence ; nécessité que le physique de notre constitution nous rend *sensible*, et d'après laquelle il ne nous est pas possible de méconnoître ni les premiers devoirs réciproques auxquels elle assujettit les hommes entre eux, ni l'intérêt qu'ils ont tous à s'y conformer.

Tel est le premier état du genre humain ; tel est l'état de la société primitive, de cette société naturelle, tacite et universelle qui a dû précéder l'institution des sociétés particulieres et conventionnelles. C'est dans cette source que j'ai puisé les premieres notions du juste et de l'injuste absolus, des devoirs et des droits réciproques dont la justice est absolue, parce qu'ils sont d'une nécessité absolue dans des êtres créés pour vivre en société.

Mais en quoi consistent-ils, ce juste et cet injuste absolus ? Présentent-ils, dans leurs principes ou dans leurs conséquences, des vérités compliquées, des vérités à la connoissance desquelles notre intelligence ne puisse s'élever que par de grands efforts ? Non, non, cette connoissance n'est point réservée à quelques hommes en particulier ; il n'en est point à qui la nature n'ait donné la faculté de voir évidemment ces vérités à l'aide de la lumiere qui éclaire en eux cette faculté.

[441] La lumiere et la faculté de voir sont deux choses qu'il ne faut pas confondre ; car sans la lumiere, les yeux de nos corps ne nous sont d'aucune utilité. La raison, cet assemblage de facultés intellectuelles, est ce que nous pouvons nommer les yeux de l'ame ; mais dans l'ordre des choses humaines, les seules qui appartiennent à mon sujet, la raison ne peut servir à nous conduire, qu'autant qu'elle est frappée d'une lumiere qui lui permet de distinguer et de connoître les objets. Cette lumiere dont je veux parler, est celle qui *luit dans les ténebres, qui éclaire tout homme venant dans ce monde, et qui est la vie des hommes* [1] ; ce sont nos sensations physiques et involontaires qui forment en nous cette lumiere par l'attention que nous leur donnons : au moyen de cette attention naturelle et volontaire, nous *sentons*, comme je viens de le dire, nous voyons évidemment qu'il est d'une nécessité, et par conséquent d'une justice absolues, que nous ne soyons point *arbitrairement* troublés dans le droit d'acquérir et de conserver les choses utiles à notre existence ; nous voyon évidemment que cette nécessité et cette justice sont *nécessai-ment* les mêmes dans tous les êtres de notre espece ; qu'elles assjettissent invariablement chacun d'eux en particulier à *ne point faire aux autres ce qu'il ne voudroit pas qu'il lui fût fait.*

Nous voici donc, sans aucun effort, parvenus à la connoissance sublime du juste et de l'injuste absolus ; nous possédons le premier principe de tous les devoirs réciproques qui nous sont

---

1. S. Jean Evang. ch. 1.

imposés par un ordre essentiel et immuable qui est la *raison uni-*
verselle [1] ; nous connoissons cette loi qui est *écrite dans tous les*
cœurs, dans ceux même qui sont assez malheureux pour être pri-
vés du jour que répand le flambeau de la foi [2] ; cette loi *qui* [442]
nous est enseignée par la nature, et dont on ne peut s'écarter sans
crime [3] ; cette loi dont l'institution est *l'ouvrage d'une Sagesse qui*
gouverne l'univers par des regles invariables [4] ; cette loi qui est
moins un présent de la Divinité que la Divinité elle-même, de
maniere que *pécher contre la loi c'est pécher contre la Divinité* [5].
Il ne s'agit plus ainsi que d'en développer les conséquences, et de
trouver dans ce développement l'ordre naturel et essentiel des
sociétés ; essayons donc de les former, mais sans autres secours
que celui de cette premiere connoissance.

J'observe d'abord qu'il n'est point question entre nous de
décider si chacun sera propriétaire de sa personne et des choses
acquises par ses recherches ou ses travaux : ce premier *droit* est la
premiere loi du juste absolu, dont nous savons que notre intérêt
personnel ne nous permet pas de nous écarter. Il ne s'agit pas
non plus de savoir si quelques-uns peuvent être autorisés à violer
arbitrairement la propriété personnelle et mobiliaire des autres :
nous ne nous réunissons en société que pour prévenir et empêcher
ce désordre *évident* ; ce désordre qui anéantiroit un droit dont la
nécessité et la justice absolues nous sont évidentes. Pour découvrir
les devoirs que nous devons nous imposer réciproquement, prenons
la voie la plus courte et la plus simple ; examinons qui nous
sommes avant de nous réunir en société ; quels sont les droits
dont nous jouïssons, et quel est l'objet que nous nous proposons
par cette réunion.

Chacun de nous est un être qui déja connoît la justice par
essence, mais qui cependant peut à tout instant devenir injuste ;
chacun de nous se présente avec un droit de propriété [443] pleinement indépendant, et dont il cherche à s'assurer la jouïssance ;
chacun de nous sait que ce droit est d'une justice absolue ; mais
chacun sait aussi qu'il peut être troublé dans cette jouïssance par

1. Malebr. Tr. de Mor. ch. 2.
2. S. Paul aux Rom. 2.
3. B. Thomas 2. 2. q. 133. ar. 1.
4. Cic. de Leg. L. 2.
5. Arist. de Caus. Civil.

les autres hommes, et qu'il lui importe beaucoup de ne pas l'être :
alors l'objet de notre réunion en société est *sensible* ; il consiste à
établir en faveur de chacun de nous, la sureté qu'il desire de procurer à son droit de propriété, et *dans toute l'étendue que ce droit
a naturellement.* Mais dès que l'évidence de cet objet réunit toutes
nos volontés, nous serons bientôt d'accord sur les moyens de le
remplir.

Il ne nous annonce donc que des vérités *sensibles* et évidentes,
celui qui parmi nous, éleve la voix et nous dit « Mes freres, l'ordre
« immuable de la nature est que chacun soit pleinement proprié-
« taire de sa personne et de ce qu'il acquiert par ses recherches ou
« ses travaux : ce double droit est d'une nécessité absolue ; et
« dans cette nécessité nous découvrons tous les premiers prin-
« cipes d'une justice par essence, d'une justice dans laquelle nous
« devons puiser toutes les conventions qu'il nous faut adopter
« pour notre félicité commune. Ce n'est même qu'en prenant pour
« guide, la connoissance évidente de cette justice, qu'il nous sera
« possible de remplir l'objet de notre réunion en société ; qu'il
« nous sera possible de garantir le droit de propriété, de tous les
« troubles qu'il pourroit éprouver dans un homme dont la force
« personnelle feroit toute la sureté : il est donc dans l'ordre de cette
« justice, dans l'ordre de nos intérêts communs, et de l'objet que
« nous nous proposons tous uniformément, qu'il se fasse une
« réunion de toutes nos forces au soutien du droit de propriété ;
« par conséquent qu'il y ait un signe sensible de ralliement, au
« moyen duquel elles puis[444]sent se rassembler dans un seul
« tout, pour ne plus former qu'une force unique et commune, qui
« par ce moyen, se trouve toujours en état de protéger efficace-
« ment le droit de propriété : ainsi que chacun de nous s'impose
« le devoir de rallier ses forces particulieres au centre commun
« dont nous conviendrons ; par ce nouveau devoir il acquerra le
« droit de jouïr de la force de tous, et sa foiblesse, fortifiée par
« ce secours, sera toujours une force irrésistible ; il n'aura jamais
« rien à craindre pour son droit de propriété ».

Ce plan de réunion adopté, car il est impossible qu'il ne le soit
pas, la rédaction des conventions est la partie dont notre société
naissante va s'occuper ; mais nulle difficulté sur cet article, dès
que nous ne perdrons pas de vue notre objet.

Nous cherchons à consolider le droit de propriété, et point du

tout à l'énerver : nos vues et nos intérêts communs sont *de garantir
la jouissance de ce droit dans toute la plénitude, dans toute l'étendue qu'il avoit avant de songer à nous réunir en société particuliere* ; or, avant cette réunion il étoit de l'essence du droit de
propriété, que nous fussions tous *également libres d'en retirer la
plus grande somme possible de jouissances* ; ce droit, qui dans
chaque homme, étoit naturellement et *nécessairement* indépendant
des volontés arbitraires des autres hommes, ne pouvoit être borné
dans chacun de nous, que par la nécessité de ne point blesser dans
les autres, le même droit et son indépendance.

Telle est l'étendue naturelle et primitive du droit de propriété
que nous venons tous mettre sous la protection de la société,
et qui doit nous être à tous conservé dans tout son entier :
ainsi pour n'être point en contradiction avec nous-mêmes, nos
conventions sociales, ou les loix que nous adop[**445**]terons, ne
doivent rien retrancher de ce droit : si elles l'assujettissent à des
devoirs qui ne lui étoient point imposés avant la réunion, il faut
nécessairement qu'il en résulte pour lui une nouvelle utilité ; que
chacun, par les nouveaux devoirs qu'il contracte, acquiere de nouveaux droits : sans cela il seroit évident qu'on porteroit atteinte à
cette nécessité et à cette justice absolues qui caractérisent le droit
de propriété pris dans toute son étendue naturelle, et qui doivent
servir de base à toutes nos conventions.

Remarquez-ici comme la liberté sociale se trouve naturellement
renfermée dans le droit de propriété. La propriété n'est autre chose
que le droit de jouïr ; or il est évidemment impossible de concevoir le droit de jouïr séparément de la liberté de jouïr : impossible
aussi que cette liberté puisse exister sans ce droit, car elle n'auroit
plus d'objet, attendu qu'on n'a besoin d'elle que relativement au
droit qu'on veut exercer. Ainsi attaquer la propriété, c'est attaquer
la liberté ; ainsi altérer la liberté, c'est altérer la propriété ; ainsi
PROPRIÉTÉ, SURETÉ, LIBERTÉ, voilà ce que nous cherchons, et ce que
nous devons trouver évidemment dans les loix positives que nous
nous proposons d'instituer ; voilà ce que nous devons nommer LA
RAISON ESSENTIELLE ET PRIMITIVE de ces mêmes loix : celles-ci ne
doivent être que le développement, que l'expression de cette raison
essentielle dans l'application qu'elles en font aux différents cas
qu'elles veulent prévoir : ce n'est qu'à cette condition qu'elles
pourront porter l'empreinte sacrée d'une nécessité absolue, d'une

justice immuable dont l'évidence deviendra le lien indissoluble de notre société, parce que *nécessairement* cette évidence ne cessera de réunir nos volontés et nos forces pour maintenir et faire observer ces loix.

Propriété, sureté, liberté, voilà donc l'ordre social [446] dans tout son entier ; c'est de-là, c'est du droit de propriété *maintenu dans toute son étendue naturelle et primitive* que vont résulter *nécessairement* toutes les institutions qui constituent la forme essentielle de la société : vous pouvez regarder ce droit de propriété comme un arbre dont toutes les institutions sociales sont des branches qu'il pousse de lui-même, qu'il nourrit, et qui périroient dès qu'elles en seroient détachées.

La premiere de ces institutions est la législation positive. Mais qu'est-ce que c'est que cette législation ? L'exposition, le tableau fidele de tous les devoirs et de tous les droits réciproques que les hommes ont naturellement et *nécessairement* entre eux. Et qui sont-ils ces devoirs et ces droits réciproques ? Ils consistent tous dans la liberté de retirer de ses droits de propriété, la plus grande somme possible de jouïssances, sans offenser les droits de propriété des autres hommes ; car c'est ce devoir qui assure le droit.

La propriété étant ainsi *nécessairement* dans chaque homme, la mesure de la liberté dont il doit jouïr, il est évident que les loix positives sont *toutes faites ;* qu'elles ne peuvent plus être que des actes déclaratifs des devoirs et des droits naturels et réciproques, qui sont tous renfermés dans la propriété : tout ce qu'elles peuvent y ajouter c'est l'établissement des peines, des réparations auxquelles il est évidemment juste d'assujettir le mépris de ses devoirs et la violation des droits d'autrui ; encore cet établissement n'est-il qu'une conséquence naturelle et *nécessaire* de la sûreté qui doit être invariablement acquise à la propriété.

Nos loix positives ne peuvent donc avoir rien d'arbitraire : comme il n'est point pour elles de milieu entre être favorables ou préjudiciables à la liberté, elles sont ou *évidemment* justes ou *évidemment* injustes ; elles sont ou évi[447] 'emment conformes ou *évidemment* contraires à l'objet que nous nous sommes proposé.

Ainsi en partant de cet objet, de la nécessité de maintenir la propriété et la liberté *dans toute leur étendue naturelle et primitive*, rien de plus simple que les loix qui concerneront les diffé-

rentes conventions que les hommes pourront faire librement entre
eux, et généralement tout ce qu'on peut comprendre sous le nom
de commerce : ces loix ne doivent tendre qu'à assurer l'exécution
de ces mêmes conventions, et à prévenir tout ce qui pourroit
altérer la liberté que chacun doit avoir de faire les marchés et les
échanges qui lui conviennent ; de vendre et d'acheter au prix le
plus avantageux qu'il puisse se procurer ; de ne prendre, en un
mot, que son intérêt personnel pour guide, dans tout ce qui
n'excede point la mesure naturelle et nécessaire de cette liberté
dont il doit jouïr en vertu de ses droits de propriété.

On a vu qu'il est de l'essence de l'ordre que l'intérêt particulier
d'un seul ne puisse jamais être séparé de l'intérêt commun de tous ;
nous en trouverons une preuve bien convaincante dans les effets
que produit naturellement et *nécessairement* la plénitude de la
liberté qui doit regner dans le commerce, pour ne point blesser la
propriété. L'intérêt personnel, encouragé par cette grande liberté,
presse vivement et perpétuellement chaque homme en particulier,
de perfectionner, de multiplier les choses dont il est vendeur ; de
grossir ainsi la masse des jouïssances qu'il peut procurer aux autres
hommes, afin de grossir, par ce moyen, la masse des jouïssances
que les autres hommes peuvent lui procurer en échange. *Le
monde* alors *va de lui-même ;* le desir de jouïr et la liberté de jouïr
ne cessant de provoquer la multiplication des productions et l'accroissement de l'industrie, ils impriment [448] à toute la société, un
mouvement qui devient une tendance perpétuelle vers son meilleur
état possible.

Comme il est dans l'ordre physique que les hommes ainsi réunis
en société se multiplient promptement, par une suite naturelle et
nécessaire de cette multiplication ils vont être réduits à manquer de
subsistances, s'ils ne les multiplient en même-temps par la culture.
Ainsi du devoir et du droit qu'ils ont tous de pourvoir à leur
conservation, naissent le devoir et le droit de cultiver. Mais
avant de cultiver il faut défricher, faire diverses dépenses pour
préparer les terres à recevoir la culture. Ces premieres dépenses
une fois faites, on ne peut plus enlever aux terres défrichées, les
richesses qu'on a consommées en les employant à ces opérations :
il faut donc que la propriété de ces terres reste à ceux qui ont fait
ces dépenses : sans cela leur propriété mobiliaire seroit lésée. Ainsi
de même que la propriété personnelle devient une propriété mobi-

liaire par rapport aux effets mobiliers que nous acquérons par nos recherches et nos travaux, de même aussi elle doit *nécessairement* devenir une propriété fonciere par rapport aux terres dans le défrichement desquelles nous avons employé les richesses mobiliaires que nous possédions.

On voit ici que la propriété fonciere n'est point une institution factice et arbitraire ; qu'elle n'est que le développement de la propriété personnelle, le dernier dégré d'extension dont celle-ci soit susceptible ; on voit qu'il n'existe qu'un seul et unique droit de propriété, celui de la propriété personnelle ; mais qui change de nom selon la nature des objets auxquels on en fait l'application.

Une autre observation, c'est que déja il ne nous est plus possible de ne pas reconnoître le droit de propriété pour être [449] une institution divine ; pour être le moyen par lequel nous sommes destinés, comme causes secondes, à perpétuer le grand œuvre de la création, et à coopérer aux vues de son Auteur. Il a voulu que la terre ne produisît presque rien d'elle-même ; mais il a permis qu'elle renfermât dans son sein un principe de fécondité, qui n'attend que nos secours pour la couvrir de productions. Il est évident que ces secours ne seront point administrés à la terre, si le droit de propriété n'est solidement établi ; par conséquent que ce droit est une branche essentielle de l'ordre physique même ; qu'il est une condition essentielle à la multiplication des êtres de notre espece ; multiplication que nous voyons manifestement être dans les intentions du Créateur.

Il seroit superflu de dire que la propriété des terres renferme nécessairement la propriété de leurs productions : la propriété c'est le droit de jouïr; or la jouïssance d'une terre est précisément la jouïssance des productions qu'on peut en retirer.

Cependant comme il ne suffit pas d'avoir fait les premieres dépenses préparatoires à la culture pour que les productions renaissent annuellement, et qu'il peut se faire que les propriétaires de ces premieres dépenses manquent des facultés nécessaires pour subvenir à tous les frais que la culture exige encore chaque année, *il est dans l'ordre de la propriété* que quiconque se chargera de ces frais, partage dans les productions avec ceux par qui les premieres dépenses ont été faites.

Quelle sera donc la disposition de nos loix à ce sujet? Que statueront-elles sur ce partage, sur les proportions qu'on sera tenu de garder, afin que la reproduction ne puisse jamais manquer des avances annuelles dont elle a besoin ? Ma réponse est simple : les loix ne statueront rien ; comme il n'est [450] point de liberté sans la sureté, elles ne s'occuperont que des moyens d'assurer l'exécution des conventions, parce que cette sureté est nécessaire pour faire regner dans cette partie, comme dans toutes les autres, la plus grande liberté possible : du sein de cette liberté on verra naître une grande concurrence d'hommes qui se présenteront à l'envi avec des richesses mobiliaires, et les offriront *au rabais* pour servir d'avances à la culture : au moyen de cette concurrence, les propriétaires fonciers se procureront ces richesses au meilleur marché possible, et se réserveront ainsi toujours la plus grande part possible dans les productions, qui par l'entremise de ces richesses, croîtront annuellement dans l'étendue de leurs domaines.

La liberté des conventions à faire entre les propriétaires fonciers et les cultivateurs ou entrepreneurs de culture, n'est point une liberté *stérile;* car d'après ces traités, et en supposant que toute sureté soit acquise, comme elle doit l'être, à la propriété personnelle et mobiliaire dans les cultivateurs, ils n'ont pas de plus grand intérêt que de multiplier leurs avances pour multiplier les productions, puisque leurs profits doivent s'accroître en raison de cette multiplication. Ainsi à cet égard la liberté est encore le germe de l'abondance et de tous les avantages que celle-ci procure à la société ; germe d'autant plus fécond, que *l'abondance est naturellement progressive;* les profits faits par les cultivateurs, devenant dans leurs mains, des moyens pour provoquer de plus en plus l'abondance.

Considérons maintenant une troisieme classe d'hommes, ceux qui ne sont ni propriétaires fonciers, ni cultivateurs : l'institution de la propriété fonciere paroît préjudicier à leur droit de propriété ; les voilà privés de la liberté de profiter [451] des productions spontanées qui croîtroient sur les terres que vous cultivez; on leur impose, au contraire, le devoir de respecter celles qui naîtront annuellement à votre profit. Mais faites attention que vous ne pouvez jouïr de toutes vos productions que par l'entremise des autres hommes; que pour convertir en jouïssances la majeure partie de ces productions, vous avez besoin de l'industrie et des travaux de cette troisieme classe; qu'ainsi vos propres besoins, soit naturels, soit factices, lui assurent le droit de partager dans vos récoltes.

Si la propriété des productions n'étoit point acquise à ceux qui les font renaître, il n'y auroit ni culture ni récoltes; les productions seroient par conséquent insuffisantes; et d'ailleurs chacun seroit obligé d'aller les chercher, au risque de ne pas les trouver. Le devoir de respecter les récoltes est donc avantageux à cette classe industrieuse; non seulement elle ne craint plus de manquer des productions dont elle a besoin; mais elle est sure encore que les productions viendront la trouver, dès qu'elle voudra les appeller à elle par ses travaux : ainsi dans cette classe le droit de propriété, bien-loin de perdre, a beaucoup gagné.

Un partage à faire chaque année entre les premiers propriétaires des productions renaissantes et les autres hommes, est encore un article qui n'a rien d'embarrassant pour notre législation : le maintien de la propriété et de la liberté *dans toute leur étendue naturelle et primitive*, va faire regner à cet égard l'ordre le plus parfait, sans le secours d'aucune autre loi.

Quoique moi, agent de la classe industrieuse, je ne sois propriétaire que de ma personne, de mon industrie, de ma main-d'œuvre, il est de l'essence de mon droit de propriété qu'il me soit permis d'en retirer la plus grande somme possible [452] de jouïssances : je dois donc être pleinement libre d'échanger mes travaux contre la plus grande somme possible de productions; par conséquent de préférer entre tous ceux qui les font renaître, celui qui rendra cet échange plus avantageux pour moi. Par la même raison, vous, premier propriétaire des récoltes, vous devez avoir aussi une pleine et entiere liberté de préférer parmi tous les hommes de mon espece, celui qui dans l'échange de vos productions contre ses travaux, vous offrira les conditions qui vous conviendront le mieux : ainsi, sans offenser aucunement ni votre liberté, ni la mienne, cette double concurrence devient *naturellement et nécessairement* l'arbitre souverain de nos prétentions respectives : par ce moyen vous et moi nous retirons pareillement de nos droits de propriété, la plus grande somme possible de jouïssances; et pour nous procurer cet avantage, nous n'avons besoin que de la liberté qui préside à nos conventions, et de la sureté de leur exécution.

La consommation, et par-conséquent la reproduction, voilà les deux objets capitaux qui intéressent l'humanité; c'est à ces deux objets que se rapportent directement ou indirectement tous les devoirs et tous les droits réciproques que les hommes contractent entre eux; aussi est-ce à l'occasion de ces deux objets, que se

forment les divers états qui composent une société : les uns disposent les terres à recevoir la culture ; d'autres les cultivent ; d'autres
encore préparent les productions qu'elles donnent, en augmentent
l'utilité par leur industrie ; d'autres aussi sont chargés du soin de
maintenir l'ordre des devoirs et des droits réciproques que ces différentes classes ont entre elles pour raison du besoin qu'elles ont
mutuellement les unes des autres.

Le besoin mutuel dont je parle, est naturel et non factice : [453]
la consommation est la mesure de la reproduction ; il faut qu'il y
ait des hommes qui ne s'occupent qu'à faciliter les consommations,
comme il faut qu'il y en ait qui ne s'occupent qu'à faire renaître
et à multiplier les productions. Cependant cette distribution des
travaux et des occupations de la société, n'est possible, qu'autant
que la sureté des droits réciproques est suffisamment établie. Cette
sureté est le lien commun de toute la société ; c'est elle qui permet
que la mesure des devoirs et des droits soit dans tous les cas *naturellement et nécessairement* déterminée par une concurrence qui
est le fruit *naturel et nécessaire* de la liberté.

Le résultat de cet ensemble n'est pas moins important que facile
à saisir : chacun conserve sa liberté, et par-conséquent ses droits
de propriété *dans toute leur étendue naturelle et primitive ;* chacun,
sans autre intérêt que celui de varier, de multiplier ses jouïssances,
se trouve être un moyen dont l'ordre se sert pour augmenter la
somme des jouïssances au profit commun de toute la société : de-
là nous voyons naître la plus grande abondance possible de productions ; tandis que sur cette base, l'industrie s'élève à son plus
haut degré possible, et que par le concours de ces deux avantages,
le meilleur état possible est acquis à la plus grande population
possible. Tels sont les biens dont nous sommes redevables à la
liberté ; mais point de liberté sans la sureté : il n'y a donc plus que
ce dernier objet qui doive maintenant fixer notre attention ; ainsi
reste à examiner comment les institutions qui lui sont relatives, se
trouvent toutes renfermées dans la loi de la propriété.

Faut-il une intelligence supérieure pour comprendre que des
devoirs et des droits sont absolument incompatibles avec l'arbitraire ? Les premieres connoissances que nous venons [454] de
découvrir dans les hommes ne sont-elles pas suffisantes pour leur
faire sentir que l'arbitraire et le droit de propriété sont deux choses
contradictoires ? N'est-ce pas même pour mettre ce droit à l'abri

de l'arbitraire, qu'ils viennent de se réunir en société ? En un mot, leur objet est de maintenir le droit de propriété et la liberté *dans toute leur étendue naturelle;* ils en ont reconnu la justice et la nécessité ; voilà la base de toutes leurs conventions sociales ; voilà *la raison primitive et essentielle* de toutes leurs loix positives.

Il est sensible que parmi des hommes pénétrés de ce principe, il ne peut s'élever des contestations que relativement aux faits, parce qu'il n'y a que les rapports des faits avec le principe qui peuvent ne pas se trouver évidents. Il est sensible aussi que la loi de la propriété ne permet point que dans aucun cas, un homme ait le privilege d'asservir à son opinion particuliere un autre homme ; car ce seroit tomber dans l'arbitraire, et anéantir la propriété. Il est donc d'une nécessité et d'une justice absolues, d'une nécessité et d'une justice conséquentes à celles du droit de propriété, que chaque fois qu'à raison des faits, il se formera des prétentions contraires les unes aux autres, aucune des parties intéressées ne puisse en décider elle-même ; par conséquent qu'il y ait des hommes préposés pour les juger souverainement et à la pluralité des voix ; des Magistrats institués pour faire l'application de la loi aux faits particuliers sur lesquels sont fondés les prétentions ; pour être enfin les organes de la loi, et en annoncer les décisions, après avoir vérifié, par un examen *suffisant,* les rapports de ces faits avec la loi.

Ce que je dis ici sur la nécessité de la pluralité des Magistrats pour rendre un même jugement, n'est qu'une conséquence évidente de l'obligation naturelle et absolue où l'on [455] est de maintenir la propriété *dans toute son étendue primitive.* Par la raison que les Magistrats ne peuvent avoir à juger que des conjectures, des faits dont les circonstances équivoques jettent dans l'incertitude, et prêtent à ce qu'on nomme opinion, cette incertitude ne peut être fixée que par le plus grand nombre des opinions ; ce plus grand nombre étant la seule ressource que nous puissions employer pour nous guider au défaut de l'évidence. Il est donc sensible que la propriété seroit compromise, si les jugements n'étoient pas invariablement rendus à la pluralité des suffrages.

Ainsi la nécessité de maintenir la propriété et la liberté *dans toute leur étendue naturelle et primitive,* nous conduit à la nécessité de proscrire l'arbitraire ; de-là, à la nécessité d'instituer un corps de Magistrats ; de-là, à la nécessité que leurs jugements soient irréformables ; de-là, à la nécessité de les assujettir eux-mêmes à des formes qui ne leur permettent de juger, qu'après avoir éclairé autant qu'il est possible, l'obscurité des faits sur lesquels ils ont à faire parler la loi.

Les rapports de ces formes avec le maintien de la propriété sont encore évidents : impossible de rendre justice sans examen, quand elle n'est pas évidente par elle-même. Les formes sont les procédés qui conduisent à rendre l'examen *suffisant*; et voilà pourquoi la violation de ces formes seroit une injustice évidente; or, en cela qu'elle seroit évidente, elle n'est plus à craindre : quand les Magistrats oseroient s'y porter, cette injustice auroit le sort de toutes les autres de la même espece, contre lesquelles nous allons trouver un remede assuré.

Dans tous les cas équivoques, et qui paroissent prêter à ce qu'on appelle opinion, l'arbitraire étant une fois enchaîné par l'institution des Magistrats, le droit de propriété n'a plus [456] à redouter que la violence et les voies de fait, qui pourroient résulter d'une mauvaise volonté dont l'évidence seroit manifeste. Mais nous avons vu que c'est précisément pour prévenir ce désordre évident, que les hommes ont institué leur société; qu'ils sont convenus de réunir toutes leurs forces particulieres, de n'en plus former qu'une seule force commune pour l'employer au maintien de la propriété : ainsi pour garantie contre les voies de fait, contre les injustices évidentes, vous avez une autorité tutélaire armée de toutes les forces physiques de la société : voyez s'il est possible d'imaginer une sureté plus entiere, plus solide, plus absolue.

En cela même que les hommes ont reconnu la nécessité de cette force commune, ils ont aussi reconnu la nécessité d'un Souverain, et d'un Souverain unique; il est aisé de le prouver. Observez d'abord qu'au moyen de la réunion de toutes nos forces particulieres, vous ne voyez qu'une seule force publique. Observez ensuite que la force n'est point active par elle-même : elle a bien tout ce qu'il faut pour agir; elle est toujours prête à agir; mais tout cela ne suffit pas : il lui faut encore une volonté qui la fasse agir. Il est donc évident qu'il devient d'une nécessité absolue d'instituer un chef à la voix duquel la force publique se mette en action; un chef dont la volonté prescrive à cette force, les mouvements qu'elle doit faire pour la sureté commune de nos droits de propriété; il est donc évident aussi que ce Chef doit être unique; car s'il y avoit deux Chefs, il pourroit se trouver deux volontés qui se contrediroient : à laquelle des deux alors faudroit-il que la force commune obéit? Si c'est à l'une des deux par préférence, je ne vois plus qu'un Souverain unique ; si ce n'est ni à l'une ni à l'autre, il n'existe plus de Souverain tant que ces deux volontés ne sont pas d'accord pour [457] n'en plus former qu'une seule ; dans ce cas, la force publique devient *nulle*, parce qu'elle ne peut plus être mise en action ; et le droit de propriété, qu'elle doit protéger, se trouve sans appui, sans sureté.

Deux autorités *égales* présentent une contradiction évidente : elles sont toutes deux nulles, prises séparément. Deux autorités *inégales* présentent une contradiction dans un autre genre, mais de la même évidence : celle des deux qui est supérieure est tout, et l'autre n'est rien.

Qui dit autorité, dit *le droit de commander joint au pouvoir physique de se faire obéir*, ce qui suppose toujours et *nécessairement* la supériorité de la force physique. Mais qui est-ce qui a naturellement le droit de commander aux hommes, si ce n'est l'évidence ? Qui est-ce qui peut assurer au commandement la supériorité de la force physique pour se faire obéir, si ce n'est la force intuitive et déterminante de l'évidence, qui rallie à elle toutes nos forces, parce qu'elle rallie à elles toutes nos volontés ? L'évidence n'est-elle pas *une*, n'est-elle pas immuable ? Ainsi par tout où elle est le principe de la réunion des forces, il ne peut se trouver qu'une seule force publique ; impossible de diviser celle-ci, à moins de la séparer de son principe, et c'est l'anéantir ; impossible par-conséquent qu'elle puisse être placée dans plusieurs mains à la fois.

Quand les hommes sont malheureusement privés de l'évidence, l'opinion proprement dite est le principe de toutes forces morales : nous ne pouvons plus alors ni connoître aucune force, ni compter sur elle. Dans cet état de désordre nécessaire, l'idée d'établir des contres-forces pour prévenir les abus arbitraires de l'autorité souveraine, est évidemment une chimere : l'opposé de l'arbitraire, c'est l'évidence ; et [458] ce n'est que la force irrésistible de l'évidence qui puisse servir de contre-force à celle de l'arbitraire et de l'opinion.

Pour calmer toute inquiétude sur les abus de l'autorité de la part d'un chef unique, il suffit de faire attention à la nécessité manifeste dont il est pour un Souverain, de protéger le droit de propriété : il n'est Souverain que parce qu'il tient dans sa main toutes les forces physiques de la société ; mais qu'est-ce qui réunit ainsi dans la personne du chef toutes ces forces particulieres ? L'évidence de la nécessité et de la justice absolues qui caractérisent le droit de propriété, et qui nous imposent le devoir absolu de le maintenir dans toute son étendue naturelle et primitive. Ne séparez donc point l'effet et la cause qui le produit : l'évidence est ici l'intermédiaire par le moyen duquel toutes les forces de la société se rallient au Souverain : si vous anéantissez la cause, qu'est-ce qui la suppléera pour en perpétuer les effets ? Faites attention maintenant, qu'il n'est rien de plus évident que l'étendue naturelle et primitive dont la propriété, et par-conséquent la liberté doivent jouïr ; qu'ainsi il est impossible de leur porter atteinte, sans qu'un tel abus de l'autorité soit publiquement évident ; d'après cette seule observation voyez si des abus de cette espece sont à craindre ; voyez si la force naturelle et irrésistible d'une évidence publique, n'est pas suffisante pour vous en garantir ; voyez aussi combien se sont égarés ceux qui ont cherché à opposer à l'autorité du Souverain, d'autres contre-forces que celles de cette évidence, qui doit être le principe même de l'autorité, parce qu'elle est celui de la réunion des volontés.

Les spéculations d'après lesquelles on a imaginé le système des contre-forces, sont d'autant plus chimériques, que l'intention d'abuser de son autorité, au préjudice de la propriété [459] et de la liberté, est une chose qu'on ne peut jamais supposer dans un Souverain, à moins que la loi fondamentale de la propriété, et les avantages qui en résultent *nécessairement*, ne soient totalement oubliés et du Souverain même et de toute la société : sans cela il sera toujours et *nécessairement* le plus puissant protecteur de cette loi, parce qu'il trouvera toujours et *nécessairement* dans le maintien de cette loi, tous les intérêts personnels qui peuvent être l'objet de son ambition, et doivent par-conséquent influer sur ses volontés : les détails suivants nous conduiront naturellement à reconnoître cette vérité.

La sureté civile et politique que le Souverain est tenu de procurer au droit de propriété ne peut s'établir que par des dépenses ; car il faut que tous ceux qui contribuent à cette sureté soient payés : cherchons donc les moyens de pourvoir à ces dépenses communes ou publiques sans offenser le droit de propriété ; car c'est-là l'objet dont nous ne devons jamais nous écarter.

Puisque nous avons dans la société des dépenses publiques, il faut y pourvoir par l'institution d'un revenu public, dont le Souverain puisse avoir l'administration : au moyen de ce revenu public, les dépenses publiques ne coutant rien aux revenus particuliers, les propriétés particulieres et la liberté d'en jouïr seront conservées en leur entier.

Par la raison que ce revenu public, destiné à une consommation annuelle, ne peut être entretenu que par une reproduction annuelle, et qu'il n'y a que les terres dont on puisse attendre cette reproduction, il est évident que ce revenu public ne peut être autre chose qu'une portion des valeurs ou des productions que les terres donnent annuellement. Voici donc que d'un seul trait nous rayons de dessus la liste des [460] contribuables au revenu public, tous ceux qui partagent dans ces productions à tout autre titre que celui de propriétaires fonciers ; et cela parce que cette multitude d'hommes, de quelque espece qu'ils soient, ne sont que des salariés par le produit des terres, et ne prennent dans ce produit, qu'une portion que la concurrence fixe au taux le plus bas possible. La propriété personnelle et mobiliaire de ces mêmes hommes est donc maintenue *dans toute son étendue naturelle et primitive ;* dès-lors plus de doubles emplois dans la contribution au revenu public ; plus d'impôts arbitraires ni sur les entrepreneurs des cultures, ni sur les hommes qu'ils entretiennent au service de cette profession ; impôts qui frappant sur les avances, et diminuant ainsi la masse des richesses productives, causent à la reproduction un préjudice énorme, ruinent souvent les cultivateurs, et deviennent progressivement destructifs des richesses de la nation, de celles du Souverain et de la population.

Par la même raison, plus d'impôts arbitraires ni sur les salaires ou la personne des agents de la classe industrieuse, ni sur les choses commerçables ; impôts qui enrayent les travaux et arrêtent les progrès de l'industrie ; impôts qui font diminuer les consommations, le débit et la valeur vénale des productions ; impôts dont les contre-coups grevent aussi les entrepreneurs des cultures et éteignent la reproduction ; impôts qui retombent à grands frais sur les propriétaires fonciers et sur le Souverain même; impôts qui commencent par couter à ces propriétaires 4 et 5 fois plus que la somme qui en revient au revenu public ; impôts qui trompent toutes les spéculations ; qui ne permettent plus de comp-

-ter sur aucuns produits ; qui bientôt appauvrissent le Souverain au-lieu de l'enrichir, et par une progression rapide, conduisent à la [461] destruction totale des richesses, des hommes, de tout ce qui concourt à former la puissance politique de l'Etat. Voilà les maux que nous évitons naturellement et *nécessairement* tant que la propriété personnelle et mobiliaire est respectée parmi nous comme elle doit l'être ; tant qu'elle n'est point blessée par la maniere de procéder à la formation d'un revenu public.

A l'égard de la propriété fonciere, la nécessité de la faire jouïr du même avantage, nous montre évidemment que le produit des terres doit se partager entre elle et le revenu public ou le Souverain : il ne s'agit donc plus que de savoir quelles sont les conditions essentielles de ce partage.

La premiere de ces conditions et la plus importante est que la proportion du partage n'ait rien d'arbitraire ; elle ne peut l'être de la part des propriétaires fonciers ; car le revenu public n'auroit rien d'assuré ; ils pourroient à leur gré retenir à leur profit particulier, une portion de ce revenu public, qui est fait pour être une richesse commune, servant à l'utilité commune de toute la société.

Cette même proportion ne peut aussi être arbitraire de la part du Souverain ; car par ce moyen la propriété des terres se trouveroit séparée de celle de leurs produits ; à ce prix personne ne voudroit être propriétaire foncier ; et les terres incultes ne donneroient ni revenu public, ni revenu particulier ; alors il n'y auroit plus de Souverain, parce que faute de subsistances suffisantes, il n'y auroit plus de société.

Cette premiere condition essentielle du partage nous indique naturellement la seconde : les propriétés foncieres ne se forment et ne s'entretiennent que par des dépenses ; mais ces dépenses ne seront pas faites, si, toutes proportions gardées, le fruit qu'on espere en retirer n'est pas *au moins* égal à celui que donneroient les mêmes dépenses dans d'autres emplois. [462] Cette parité, et je ne dis point assez, est donc essentiellement nécessaire pour que les hommes se portent à faire et entretenir toutes les dépenses qui doivent précéder celles de la culture, et que les terres ne cessent jamais de pouvoir être mises en valeur.

D'après les deux conditions essentielles du partage, la proportion suivant laquelle il doit être fait entre le Souverain et les propriétaires fonciers, étant ainsi réglée pour toujours, il est évident que les propriétaires fonciers se trouvent, comme tous les autres hommes, exempts de la contribution au revenu public ; que la terre fournit elle-même au Souverain, ce revenu annuel à l'acquit et au profit commun de toute la société ; que ce revenu par conséquent, au lieu d'être une charge commune, devient une richesse commune, par le moyen de laquelle la Souveraineté se trouve naturellement et *nécessairement* en communauté d'intérêts avec les sujets ; car alors il lui importe personnellement que les produits des terres se multiplient pour eux, afin que la part proportionnelle qu'elle y prend, soit pour elle une plus grande richesse.

De cette communauté d'intérêts entre l'Etat gouvernant et l'Etat gouverné, nous voyons naître la derniere regle concernant l'établissement du Souverain. Cette derniere regle est l'institution du droit de succéder à la Souveraineté. Non-seulement cette institution met à l'abri de tous les inconvénients, de tous les orages qui précedent, accompagnent et suivent ordinairement l'élection d'un Souverain ; mais il en résulte encore un bien plus grand avantage : le Souverain et la Souveraineté se confondent et ne font plus qu'un ; les intérêts de la Souveraineté deviennent ceux du Souverain même ; c'est lui personnellement qui se trouve co-propriétaire du produit net des terres de sa domination ; c'est lui person[463]nellement qui se trouve en communauté d'intérêts avec ses sujets : comment supposer alors qu'il voulût porter atteinte au droit de propriété ? Il voit évidemment que le maintien de ce droit et de la liberté *dans toute leur étendue naturelle et primitive*, est le germe de la prospérité progressive de ses sujets ; il voit que cet accroissement progressif est l'unique voie par laquelle il puisse parvenir au dernier dégré possible de richesse, de puissance et de gloire ; il voit que cette loi sacrée de la propriété est instituée pour lui, et non contre lui ; que par le moyen de cette loi, qui lie tous les intérêts du corps politique ; qui nécessairement ramene à l'unité la multitude des membres qui le composent, c'est la Divinité elle-même qui gouverne, et qu'elle semble avoir tout disposé pour embellir la Souveraineté, pour que ceux qui sont sur la terre *les Ministres, les images vivantes du Très-Haut*, ne connoissent plus que le bonheur de jouïr et d'être adorés.

Il faut donc regarder l'institution de la Souveraineté héréditaire, comme étant ce qui met le comble à la sureté que nous nous proposons de procurer au droit de propriété. Ce droit dans aucun cas n'a plus rien à craindre : tout ce qui pourroit lui porter la plus légere atteinte seroit *nécessairement* un désordre évident, qui ne peut jamais être dans les intentions d'un chef dont les intérêts sont inséparables de ceux de la souveraineté. La publicité de cette évidence est une contre-force naturelle sur laquelle le Souverain peut compter dans tous les cas où l'on seroit parvenu à le tromper, à lui surprendre, par des détours criminels, des ordres ou des loix contraires à ses véritables intérêts. Je ne dis point encore assez : il faut regarder cette évidence *comme étant la divinité elle-même,* qui veille sans cesse, et d'une maniere sensible, à la sureté commune des intérêts communs du Souverain et [464] des sujets, et qui ne permet pas que les minorités des Rois soient susceptibles des plus légers inconvénients, parce qu'elle ne permet pas que des loix dont la justice et la nécessité sont publiquement évidentes, puissent perdre de leur vigueur dans aucun temps.

Si je parle ici des loix, c'est qu'il est évident que le pouvoir législatif ne peut résider que dans le Souverain tel que nous venons de l'instituer. Au moyen de ce que nous avons acquis une connoissance évidente *de la raison essentielle et primitive de toutes les loix,* il est sensible que dans la main des hommes, le pouvoir législatif n'est point le pouvoir de *faire* des loix nouvelles ; qu'il se réduit à publier celles qui sont déja faites par Dieu même, et à les sceller du sceau de l'autorité coercitive dont le Souverain est dépositaire unique. Ainsi du droit de propriété résulte encore que le Souverain est naturellement et *nécessairement* Législateur, et qu'il n'est de sa part aucun abus à craindre dans cette partie ; car il est de son intérêt personnel que les loix qu'il fait promulguer, n'ayent rien de contraire à *leur raison essentielle et primitive,* et s'il tomboit dans quelques méprises à ce sujet, il seroit d'une impossibilité morale que leur évidence échappât à la nation et principalement aux Magistrats.

Admirez présentement comme chacun jouït, tant en commun qu'en particulier, de son meilleur état possible ; j'entends, du meilleur état qu'il lui soit physiquement et socialement possible de se procurer réellement : en effet, en quoi consiste cet avantage ? Il consiste dans la plus grande liberté possible de jouïr de ses droits de propriété, afin d'en retirer la plus grande somme possible de jouïssances : or il est évident que la liberté ne peut être plus entiere, plus complette que celle qui vient de nous être garantie pour toujours : chacun [465] de nous est parfaitement libre d'employer ses biens-fonds, ses richesses mobiliaires, sa personne, son industrie, ses talents de la maniere qui convient le mieux à son intérêt personnel ; chacun de nous est assuré que les fruits de ses travaux ne lui seront point ravis ; qu'il en retirera la plus grande somme de jouïssances qu'il puisse se promettre ; et qu'en cette partie il ne connoît de loix que celles de la concurrence qui résulte naturellement et *nécessairement* d'une liberté semblable dans les autres hommes ; chacun de nous, à la faveur de cette pleine et entiere liberté, et aiguillonné par le desir de jouïr, s'occupe, selon son état, à varier, multiplier, perfectionner les objets de jouïssances qui doivent se partager entre nous, et augmente ainsi la somme du bonheur commun en augmentant celui qui lui est personnel.

Remarquez ici quel est le prix inestimable de l'ordre simple et naturel qui vient de s'établir : chaque homme se trouve être l'instrument du bonheur des autres hommes ; et le bonheur d'un seul, semble se communiquer comme le mouvement. Prenez à la lettre cette façon de parler : de quelque nature que soient les efforts que vous faites pour accroître la somme de vos jouïssances ; soit que les résultats de ces efforts donnent une plus grande abondance de productions, soit qu'ils rendent d'autres services à la société, toujours est-il vrai qu'ils ne vous seront payés qu'en raison de leur utilité ; que la concurrence ne vous permettra pas de mettre qui que ce soit à contribution ; que la balance en main, elle reglera les valeurs vénales de toutes les choses et de toutes les actions qui entrent dans le commerce, qu'au moyen de cette police rigoureuse, à l'autorité de laquelle personne ne peut se soustraire, l'équilibre sera constamment [466] gardé dans les échanges ; personne ne pourra jouïr, ne pourra s'enrichir aux dépens des autres ; alors plus de ces fortunes démesurées dans lesquelles on voit une multitude d'autres fortunes venir s'engloutir ; plus de ces amas somptueux de richesses superflues, qui détournées de la circulation, laissent une partie des membres du corps social se dessécher et périr faute de substance ; chacun ainsi dans la somme totale du bonheur commun, prendra la somme particuliere qui doit lui appartenir. Je ne sais si dans cet état nous appercevons des malheureux ; mais s'il en est, ils sont en bien petit nombre ; et celui des heureux est si grand, que nous ne devons plus être inquiets sur les secours dont ceux-là peuvent avoir besoin.

Un des grands avantages de l'ordre qui vient, pour ainsi dire, de s'établir de lui-même, est que le luxe, ce cruel ennemi du genre humain, ce monstre, dont le venin est si subtil, si actif, qu'on ne peut jeter les yeux sur lui sans en ressentir les atteintes mortelles ; ce tyran perfide, qui sous le voile trompeur de la prospérité publique, cache les cadavres des malheureux qu'il immole journellement ; le luxe, dis-je, ne peut pénétrer dans une société que nous voyons naître sous les auspices du droit de propriété.

C'est la nature et non la somme des dépenses, qui constitue le luxe ; aussi prend-il sa source moins dans les richesses acquises, que dans la façon de les acquérir ; je veux dire, dans des pratiques spoliatrices qui accumulent dans quelques mains seulement une masse considérable de richesses, dont la consommation ne peut plus se faire d'une maniere utile à la reproduction.

Par le moyen de la circulation, toutes les valeurs qui partent de la classe productive, doivent y revenir pour servir en[467]core de germe à la reproduction qui doit les rendre perpétuellement à la circulation. Le luxe, qui change toute la marche naturelle des consommations, est précisément le désordre opposé à l'ordre qui doit *nécessairement* regner dans les dépenses pour que cette circulation ne puisse jamais être interrompue : or il est impossible que ce désordre s'introduise parmi nous, tant que respectant la propriété et la liberté, nous ne nous prêterons à rien qui puisse fournir à quelques hommes, un titre et des facilités pour en ruiner d'autres, et s'enrichir de leurs dépouilles. Qu'on me permette de ne pas insister sur cette observation ; je ne pourrois le faire sans m'écarter de mon sujet. D'ailleurs il me semble qu'on n'ignore plus aujourd'hui que c'est au luxe que nous devons attribuer le mauvais emploi des hommes et des richesses ; que ce mal moral est enté sur un autre mal qu'il aggrave encore, et qui n'est autre chose que la violation habituelle du droit de propriété ; que l'autorisation des abus qui donnent des moyens pour mettre à contribution la société, pour en dénaturer les richesses, changer en richesses stériles, celles qui sont destinées à être productives, épuiser ainsi le principe de la reproduction et du bonheur public.

Tandis que dans l'intérieur de notre société, la loi de la propriété fait regner l'ordre, la justice, la paix et la liberté ; tandis que le corps social s'organise de maniere que depuis le chef jusqu'au dernier des membres, chacun jouït évidemment de son meilleur état possible, examinons ce qui peut nous intéresser à l'extérieur ; quels sont nos rapports politiques avec les autres sociétés.

J'observe d'abord que la paix est l'état naturel dans lequel les nations doivent être respectivement entre elles ; car la guerre entre deux nations est un etat violent, dangereux, [**468**] fâcheux pour l'une et pour l'autre, comme elle peut l'être entre deux particuliers : elles ont donc toutes deux également et naturellement intérêt de l'éviter.

Puisque l'état de paix est l'état naturel des nations, il doit avoir ses conditions essentielles ; ainsi on peut, en général, s'assurer cet heureux état, en remplissant ces mêmes conditions. Mais déja je les vois former la base de notre système politique ; nous les trouvons toutes renfermées dans la loi de la propriété : sitôt que nous l'avons reconnue pour être *la raison essentielle et primitive* de toutes les autres loix, il nous est impossible de regarder cette loi divine comme une institution qui nous soit particuliere ; il nous est impossible de ne pas voir que toutes les nations ne forment entre elles qu'une seule et même société, et que la loi de la propriété est une loi commune à toutes les différentes classes de cette société générale : il nous est donc évident que nous ne pouvons, sans injustice, troubler les droits de propriété et la liberté des autres nations ; il nous est évident aussi que le droit de propriété et la liberté seroient blessés dans chacun des membres de notre société, si l'on disposoit *arbitrairement* de leurs personnes et de leurs richesses pour faire violence aux autres nations ; il nous est évident enfin que les sujets de guerre ne peuvent naître entre elles et nous, qu'à l'occasion des entreprises qu'elles voudroient faire ouvertement au préjudice de la sureté et de la liberté qui doivent être acquises à nos droits de propriété.

Pour que les sujets de guerre ne puissent être arbitraires, il suffit donc de ne pas perdre de vue le droit de propriété ; de le considérer tel qu'il est, et tel qu'il doit être essentiellement soit dans chacun des membres de notre société particuliere, soit dans les membres des autres sociétés ; car il est [**469**] de la même justice et de la même nécessité dans tous les hommes. Cela posé les rapports politiques que les nations ont naturellement entre elles, ne sont plus que de deux especes ; les uns sont relatifs à la sureté, et les autres à la liberté de jouïr.

Il est sensible qu'une nation qui veut en opprimer une autre et s'aggrandir par des conquêtes, menace, de proche en proche, toutes les autres nations : il est donc dans l'ordre du droit de propriété et de la sureté dont ce droit a essentiellement besoin, que cette nation soit regardée comme un ennemi commun par toutes les autres nations : de-là, naît naturellement un intérêt commun, qui constitue toutes les autres nations dans la nécessité de se réunir pour faire une force commune capable de garantir à chacune d'elles ses droits de propriété. Sous ce point de vue les rapports politiques d'une nation avec les autres nations sont déterminés par ce même intérêt commun ; leur sureté commune exige qu'elles se regardent comme ne formant qu'une seule et unique société, distribuée en différentes classes, lesquelles, malgré cette distribution, sont toutes personnellement et fortement intéressées à se garantir mutuellement leurs droits de propriété.

Quant aux rapports politiques qui sont relatifs à la liberté de jouïr, c'est encore dans le droit de propriété qu'il faut les chercher. Ces mêmes rapports ont pour objet le commerce extérieur ou les différents échanges que les nations peuvent faire entre-elles pour leur utilité commune. Mais nous avons déja vu que la loi de la propriété veut que notre société jouïsse à cet égard d'une pleine et entiere liberté ; que chacun de nous puisse librement vendre aux acheteurs qui lui offrent un meilleur prix, et acheter des vendeurs dont les conditions lui conviennent le mieux. Ainsi sur cet article [470] nulle querelle, nul sujet de guerre entre nous et les étrangers. Quelque chose de plus : je les suppose dans des systêmes absolument contraires à cet ordre naturel ; je veux bien qu'ils gênent chez eux la liberté du commerce : et que nous importe ? En cela ils ne nous font aucun tort ; c'est à eux-mêmes, c'est à leur liberté qu'ils portent préjudice et non pas à la nôtre : cet avantage précieux dont ils devroient jouïr, n'est-il pas leur bien propre ? Ne sont-ils pas les maîtres d'en user ou de n'en pas user ? Ils ne font que ce que tout homme est libre de faire vis-à-vis d'un autre homme : ils interdisent à nos marchandises l'entrée de leur Pays ; mais ils en ont le pouvoir, parce que nous n'avons chez eux aucun droit, et que le commerce est une affaire *de convenance réciproque* : cette politique factice ne nous ôte point la liberté de recevoir chez nous leurs marchandises ; de traiter avec tous ceux à qui nos échanges conviennent ; en un mot, notre liberté est toujours la même et dans tout son entier.

Mais, dira-t-on, il faut que nous usions de réprésaille, et que nous fermions nos ports à ceux qui nous ferment les leurs : pour décider cette question, c'est à la loi de la propriété qu'il faut recourir. Or, si nous la consultons, comme nous le devons, nous y trouverons que cette prétendue réprésaille blesseroit notre liberté et par conséquent nos droits de propriété : ce procédé bisarre, ou plutôt ce désordre évident feroit diminuer la concurrence des vendeurs de qui nous achetons, et celle des acheteurs à qui nous vendons ; de-là, il résulteroit pour nous une diminution de consommateurs, de débit et de valeur vénale pour nos productions : en conservant au-contraire cette concurrence dans toute sa force, nous nous ménageons évidemment la plus grande somme possible d'échanges et aux meilleures conditions possibles ; [**471**] nous assurons ainsi à notre société, la renaissance annuelle de la plus grande abondance possible de ses productions, et conséquemment le plus grand revenu possible à la nation en général, et au Souverain en particulier.

Ainsi sans autre loi que celle de la propriété ; sans autres connoissances que celle *de la raison essentielle et primitive* de toutes les loix ; sans autre philosophie que celle qui est enseignée par la nature à tous les hommes, nous voyons qu'il vient de se former une société qui jouït au-dehors de la plus grande consistence politique, et au dedans de la plus grande prospérité ; nous voyons qu'il vient de s'établir parmi nous, une réciprocité de devoirs et de droits, une *fraternité* qui nous intéresse tous à la conservation les uns des autres, et dont les liens sacrés embrassent et tiennent unis avec nous tous les Peuples étrangers.

Ne soyez point en peine maintenant ni de notre morale, ni de nos mœurs ; il est socialement impossible qu'elles ne soient pas conformes à leurs principes ; il est socialement impossible que des hommes qui vivent sous des loix si simples, qui parvenus à la connoissance du juste absolu, se sont soumis à un ordre dont la justice par essence est la base, et dont les avantages sans bornes leur sont évidents, ne soient pas humainement parlant, les hommes les plus vertueux. Pour que de tels hommes puissent se corrompre, il faut qu'ils commencent par tomber dans une ignorance qu'on ne peut supposer, parce qu'il est contre nature de passer de l'évidence publique à l'erreur ; parce que chacun est attaché par son intérêt personnel, à la conservation de cette évidence ; parce qu'enfin il est facile, et même conforme à l'ordre, de perpétuer cette même évidence par l'instruction, en prenant l s [472] mesures nécessaires pour que tous les membres du corps social puissent y participer.

Ainsi lorsqu'il s'élevera parmi nous des Sages qui publieront *qu'or est homicide quand on n'empêche pas de périr celui qu'on peut sauver* [1] *; que c'est aimer Dieu, que c'est l'imiter, que de ne nuire à personne et de faire du bien à tous ses semblables* [2] *; que la Divinité, en nous permettant de vivre, nous fait un présent moins précieux, qu'en nous donnant les connoissances qui nous apprennent à bien vivre* [3] *; que ceux qui violent la loi naturelle* et universelle, devenue pour eux évidente par le moyen de ces mêmes connoissances, *sont au-dessous des brutes* [4] *; qu'on ne doit regarder comme un mal, que les choses honteuses, et comme un bien, que les choses honnêtes* [5], nous écouterons attentivement ces Philosophes ; nous ne les admirerons peut-être pas avec étonnement ; mais nous ferons mieux : nous les croirons, et nous pratiquerons leurs leçons, parce qu'ils ne nous enseigneront rien alors qui soit nouveau pour nous, et qui ne puisse être facilement saisi par notre intelligence ; rien qui déja ne nous soit *sensible*, et ne se trouve écrit au fond de nos cœurs ; rien qui ne soit conséquent à notre intérêt personnel évident, à la nécessité et à la justice absolues de la réciprocité de nos devoirs et de nos droits, de la garantie mutuelle que nous nous sommes promise, et que nous nous devons tous pour le maintien du droit de propriété et de la liberté *dans toute leur étendue naturelle et primitive.*

Nous pouvons dire avec vérité que dans l'ordre des choses humaines, le véritable instituteur de l'homme moral, c'est [473] le système public du gouvernement. *Regis ad exemplum totus componitur orbis :* tel est *l'esprit* de l'Etat gouvernant, et tel est aussi *l'esprit* de l'Etat gouverné. Ce n'est pas seulement sur la seule force de l'exemple que cette grande vérité se trouve établie, c'est encore sur les premiers principes qui décident de notre caractere moral et de nos volontés. Quelles que soient dans une nation les voies qui conduisent aux dignités, aux honneurs, à la considération publique, soyez certain que le desir de jouïr nous portera toujours à les embras-

---

1. Senec. in Proverb. L. II.
2. Id. de forma Vitæ.
3. Aristot. Ep. 72 et de Mor.
4. Aristot. de Vera Relig.
5. Id. Ep. 9. — Tacit. Hist. L. IV.

ser. Par-tout où les richesses seront la mesure de cette considération publique ; par-tout où l'or sera publiquement encensé comme
une Divinité et plus honoré que la vertu ; par-tout enfin où il deviendra le germe des jouissances les plus piquantes, les plus propres à
mettre nos mobiles en action, il faut *nécessairement* que les hommes
soient avides de l'or, qu'ils sacrifient tout à l'or, qu'ils se vendent
eux-mêmes pour de l'or. L'amour des jouissances et l'aversion de la
douleur, voilà les deux grands ressorts de l'humanité ; voilà ce qui
met en mouvement, non-seulement l'homme physique, mais encore
l'homme social ; c'est même dans ce dernier que la force de ces
deux mobiles se montre plus active et plus absolue : considérez de
quelle chaleur, de quel enthousiasme nos affections, nos passions
sociales sont susceptibles, et vous reconnoîtrez facilement que c'est
au Gouvernement à les diriger ; que c'est à lui, à son systême public
constamment et invariablement soutenu, qu'il est réservé de greffer
les vertus sociales sur les mobiles qui sont en nous : le propre du
desir de jouïr est de saisir les moyens de jouïr : c'est au Gouvernement qu'il appartient de faire pour nous le choix de ces moyens.

Nous savons tous par notre propre expérience, combien nos opinions particulieres influent sur notre caractere moral. [474] Nous
savons tous aussi combien nos opinions particulieres tiennent à
l'opinion publique, au systême public du Gouvernement. En général, chaque nation a un genre de fanatisme qui lui est propre, et
qui se communique plus ou moins à tous ceux qui la composent ;
les désordres privés qui naissent d'un déréglement dans les opinions
particulieres, ne sont ainsi que des contre-coups naturels et infail-
libles d'un premier déréglement dans les opinions publiques, dans
les systêmes admis par le fanatisme de la nation ; et voilà pourquoi
on a donné le nom de *vertus du siecle* à toutes celles qui, apres
avoir regné pendant quelque temps avec éclat, ont totalement disparu.

Quoiqu'une simple opinion puisse produire en nous tous les
effets de l'évidence et opérer les mêmes miracles, ne comptez pas
cependant qu'ils puissent être de la même durée. Par la seule force
de l'opinion les vertus sociales peuvent s'établir passagérement dans
une nation ; mais elles ne peuvent s'y perpétuer, dès qu'elles n'ont
pour principe que l'opinion ; car il n'est rien qui soit plus inconstant, plus orageux ; aussi est-il impossible de la fixer sans le secours
de l'évidence qui l'assujettit en l'éclairant et la dénaturant. Ces

vertus d'ailleurs sont alors *nécessairement* séparées de l'ordre essentiel des sociétés ; vu que l'institution de cet ordre ne peut être que le fruit de la connoissance évidente que les hommes en auront acquise.

Entre les vertus sociales et l'ordre essentiel des sociétés, il est cette différence, que les vertus peuvent exister passagérement sans l'ordre, au-lieu que l'ordre ne peut jamais exister sans les vertus. En effet, cet ordre n'est autre chose que la pratique de ces mêmes vertus, mais instituée d'après l'évidence de leur nécessité absolue, de leur justice immuable, [475] de l'intérêt que le corps social et chacun de ses membres en particulier ont à ne jamais s'en séparer : chacun alors voit évidemment que son meilleur état possible est inséparablement attaché à la pratique de ces vertus ; chacun est donc, pour ainsi dire, dans une impossibilité morale et sociale de n'être pas vertueux.

Vous voyez ici pourquoi de grandes vertus sociales ont brillé pendant quelques siecles dans Rome, dans Sparte, dans Athènes, dans Carthage, chez les Perses, chez les Egyptiens ; vous voyez aussi pourquoi elles ont dû s'éclipser : n'étant point nourries par l'évidence de l'ordre essentiel des sociétés, elles ne devoient leur existence qu'à l'opinion, et ne pouvoient avoir plus de solidité que leur principe. Non-seulement ce fait est évident par rapport aux Républiques que je viens de citer, puisque cet ordre, qui n'admet qu'un Chef unique, est incompatible avec le gouvernement de plusieurs ; mais il est encore de la même évidence par rapport au gouvernement des Perses, à celui des Egyptiens, et de tous les gouvernements monarchiques de l'antiquité. Le despotisme n'y étoit que personnel et non légal : c'étoit la volonté personnelle et arbitraire d'un seul qui gouvernoit, et non la justice et la nécessité d'un ordre essentiel dont l'évidence doit *nécessairement* réunir toutes les volontés. Quand ces despotes étoient sages et vertueux, la sagesse de leur gouvernement faisoit fleurir leur Empire ; mais à la mort de ces Princes cette prospérité étoit ensévelie avec leurs vertus : d'autres opinions montoient sur le trône ; l'arbitraire déployoit toutes ses fureurs ; les despotes alors et les peuples devenoient tour-à-tour ses victimes ; arrivoit le moment où ces prétendus corps politiques, se trouvoient accablés sous le poids de leurs désordres, il falloit bien qu'ils périssent [476] enfin, puisqu'ils n'avoient aucune consistence intérieure, et qu'ils nourrissoient en eux-mêmes le principe certain de leur dissolution.

Une seule réflexion suffiroit pour prouver qu'aucun gouvernement de l'antiquité n'a conçu la premiere idée de l'ordre essentiel
des sociétés : il n'y en a pas un qui n'ait été conquérant ou qui
n'ait voulu l'être : ils ne connoissoient donc pas la loi de la propriété, puisqu'ils étoient dans le système de ramener tout à la force
par rapport aux nations étrangeres. Comment se pourroit-il que
cet esprit d'injustice, quand il forme le système public d'un gouvernement, ne passât pas dans les sujets, et ne parvînt pas à égarer leurs opinions sur l'usage qu'on peut faire de ses forces dans les
cas particuliers ? Les loix alors ne peuvent plus être observées *par
religion de for intérieur*; elles doivent être violées chaque fois
qu'on croit voir un grand intérêt à les violer.

Un gouvernement ne devient conquérant, qu'autant que ses
sujets, en général, sont pénétrés de ces sentiments véhéments et
audacieux qu'une grande ambition inspire. La violence de cette
passion ne connoît point le repos ; c'est un feu dévorant qui ne
peut exister sans consumer ; il faut tôt ou tard qu'il détruise ses
propres foyers. Voyez ce qu'il en a couté à la Republique Romaine
pour avoir établi chez elle le système de se croire permis tout ce
que la force lui permettoit par rapport aux nations étrangeres : ses
sujets ont appris de leur gouvernement à ne reconnoître de droits
que ceux de la force ; de loix qu'une volonté arbitraire et despotique : de telles opinions, dès qu'elles ne servoient plus à l'accroissement de la grandeur publique, ne pouvoient manquer de se proposer l'accroissement de la grandeur particuliere des hommes chez
lesquels elles fermentoient, et [**477**] dont elles avoient formé le
caractere : c'est ainsi que Rome, faute d'avoir acquis l'évidence de
l'ordre essentiel des sociétés, a elle-même ourdi la trame de ses
malheurs; a elle-même produit et armé les tyrans par les mains
desquels elle s'est vu déchirée.

Je parcours rapidement ces exemples parce qu'ils pourroient m'être
opposés sans être approfondis; on pourroit s'en servir pour essayer
de persuader que les hommes seront toujours vicieux ; que les
sociétés seront toujours déréglées ; que les vertus sociales ne seront
que passageres parmi nous ; qu'on ne peut se flatter, en un mot, de
voir jamais regner l'ordre essentiel des sociétés. Il est temps enfin
de reconnoître que les maux qui ont affligé l'humanité, ne paroissent
naturels, que parce qu'ils résultent naturellement et *nécessairement*
des écarts dans lesquels notre ignorance nous a fait tomber; que

les causes qui ont produit ces maux, sont factices; qu'elles n'existent par aucune nécessité dont nous ne puissions nous affranchir; que ces causes au-contraire doivent disparoître d'elles-mêmes, sitôt que nous aurons acquis une connoissance évidente de l'ordre qui constitue naturellement et *nécessairement* le meilleur état possible d'un Souverain, celui de chacun de ses sujets, et du corps entier de la société.

Vous venez de voir combien cet ordre est simple, combien son évidence est sensible : tout ce qu'il exige de nous, c'est le maintien de la propriété, et conséquemment de la liberté, *dans toute leur étendue naturelle et primitive*. Qu'elle se répande donc, cette évidence salutaire, puisqu'elle est susceptible d'être apperçue, d'être saisie par toute intelligence; qu'elle se répande assez pour que l'erreur, les préjugés et la mauvaise foi ayent épuisé leurs contradictions; qu'elle se répande, qu'elle s'établisse, et qu'on me dise pourquoi nous ne [**478**] devons pas tout attendre de sa publicité; pourquoi les Rois et leurs sujets n'embrasseroient pas un ordre si simple qui leur assure leur meilleur état possible évident; pourquoi l'évidence cesseroit d'être pour nous ce qu'elle a toujours été, d'agir sur nous comme elle a toujours agi, et comme il est dans la nature qu'elle agisse toujours : sa force irrésistible est faite pour enchaîner toutes nos opinions; pour établir un despotisme légal et personnel, qui n'est autre chose que celui de cette même évidence, par le moyen de laquelle tous nos intérêts, toutes nos volontés viennent se réunir à l'intérêt et à la volonté du Souverain, et former ainsi, pour notre bonheur commun, une harmonie, un ensemble qu'on peut regarder comme l'ouvrage d'une Divinité, et d'une Divinité bienfaisante, qui veut que la terre soit couverte d'hommes heureux.

FIN.

TABLE

DES CHAPITRES ET DES MATIÈRES

CONTENUS DANS CET OUVRAGE

La pagination entre ( ) indique celle de l'ancienne édition.

Chapitre premier.

La maniere dont l'Homme est organisé prouve qu'il est destiné par la nature à vivre en société. Nécessité physique de la réunion des Hommes en société. Elle est nécessaire à la reproduction des subsistances, et par conséquent à la multiplication des Hommes, qui est dans les vues du Créateur (page 3) 2

Chapitre II.

Chapitre III.

CHAPITRE IV.

Premiers Principes de l'ordre essentiel des sociétés particulieres. Définition de cet ordre essentiel. Il est tout entier renfermé dans les trois branches du droit de propriété. Sans cet ordre les sociétés particulieres ne pourroient répondre aux vues de l'Auteur de la nature, et remplir l'objet de leur institution. Cet objet est de procurer au genre humain le plus grand bonheur et la plus grande multiplication possibles (page 25)............... 19

Chapitre V.

*De la liberté sociale; en quoi elle consiste; elle n'est qu'une
branche du droit de propriété. Simplicité de l'ordre social par
rapport à la liberté. Ses rapports nécessaires avec l'ordre physique de notre constitution et de la reproduction. Nécessité dont
elle est à l'intérêt général d'une société* (page 31)......... 24

Chapitre VI.

*Essence, origine et caractere de l'ordre social; il est une branche
de l'ordre naturel qui est physique; il est exclusif de l'arbitraire. L'ordre naturel et essentiel de la société est simple, évident et immuable; il constitue le meilleur état possible de la
société, celui de chacun de ses membres en particulier, mais singuliérement du Souverain et de la Souveraineté; il renferme
ainsi en lui-même les moyens de sa conservation* (page 37).. 28

CHAPITRE VII.

CHAPITRE VIII.

Chapitre IX.

Chapitre X.

*De la forme essentielle de la société. Ses rapports avec la théorie
de l'ordre essentiel. Elle consiste en trois classes d'institutions
sociales. Objets que renferme chacune de ces trois classes.
Nécessité de développer les rapports des deux premieres, dont
l'une est l'institution des loix, et la seconde, l'institution d'une
autorité tutélaire* (page 67).......................... 52

Chapitre XI.

*Développement de la premiere classe des Institutions qui cons-
tituent la forme essentielle de la société. Les loix s'établissent en
même temps que la société. Il en est de deux sortes : les unes
sont naturelles, essentielles et universellement adoptées; les
autres conséquentes aux premieres, sont positives, et particulieres
à chaque société; définition des loix positives. Le motif ou la raison des loix est avant les loix. La ⌈484⌉ raison des loix naturelles*

Chapitre XII.

Suite du développement de la premiere classe des Institutions qui constituent la forme essentielle de la Société. Caractere de la certitude que les hommes doivent avoir de la justice et de la nécessité des loix; comment en général la certitude s'établit. Impossibilité sociale que le pouvoir législatif et la Magistrature soient réunis dans la même main. Nécessité des Magistrats, (page 80).. 62

Chapitre XIII.

Seconde suite du Chapitre XI. Comment s'établit parmi les peuples la certitude de la Justice et de la nécessité des loix positives. Les Magistrats sont un des premiers et des plus puissants fondements de cette certitude : par état ils doivent avoir une connois-

Chapitre XIV.

Développement de la seconde classe des Institutions qui constituent

CHAPITRE XV.

Chapitre XVI.

Chapitre XVII.

Continuation du développement de la seconde classe des Institutions qui constituent la forme essentielle de la Société. L'autorité tutélaire est nécessairement une, et par conséquent indivisible, soit qu'on la considere dans la maniere dont elle s'établit, dans le premier prin[488]*cipe dont elle émane, ou dans l'action qui lui est propre* (page 127)............................... ·98

Chapitre XVIII.

Suite du Chapitre précédent. La puissance exécutrice ne peut être exercée par plusieurs administrateurs. Inconvénients généraux de cette pluralité vue en elle-même; autres inconvénients particuliers qui naissent de la maniere de composer le corps d'administrateurs (page 130)................................... 101

CHAPITRE XIX.

Seconde suite du Chapitre dix-septieme; conséquence résultante nécessairement des démonstrations précédentes. L'autorité tuté-

Chapitre XX.

Chapitre XXI.

Chapitre XXII.

Chapitre XXIII.

Chapitre XXIV.

Chapitre XXV.

Le Despotisme légal est le même dans toutes les branches du gou-
vernement. Division des différentes parties de l'administration
en trois classes. Examen de la premiere classe, composée des
rapports des sujets entr'eux. Du recours au Souverain contre les
abus de l'autorité confiée aux Magistrats. Ce recours n'est pas
susceptible d'arbitraire. Le Despotisme légal en cette partie, est
avantageux au Souverain, autant qu'à la nation (pag. 193).   148

Chapitre XXVI.

Des rapports qui se trouvent entre la nation et le Souverain : réci-
procité du besoin qu'ils ont l'un de l'autre; rapport et confor-
mité de leurs intérêts. Notions générales dont le développement
démontrera que cette branche de gouvernement n'est point sus-
ceptible d'arbitraire (page 201) 154

Chapitre XXVII.

Formation du revenu public; ses causes, son origine, son essence. Deux sortes d'intérêts communs au Souverain et à la nation, qui paroissent opposés entr'eux; comment ils se concilient dans l'ordre essentiel des sociétés; comment ils contrastent dans un état d'ignorance. Impossible que le revenu public soit arbitraire; il ne doit être que le résultat de la co-propriété des produits nets acquise incommutablement au Souverain. Entre cette co-propriété et les propriétés particulieres, il y a des bornes communes et immuables. Intérêts personnels du Souverain inséparables de ceux de la nation (page 204).................　156

Chapitre XXVIII.

*Suite du Chapitre précédent. Ce qui est à faire avant que la co-
propriété du Souverain puisse partager dans les produits des
terres. Ce que c'est qu'un produit brut; ce que c'est qu'un produit net. Ce dernier est le seul qui soit à partager entre le Souverain et les propriétaires fonciers. Reprises privilégiées du cultivateur, sur le produit brut. Dans une société conforme à l'ordre,
ces reprises sont toujours et naturellement fixées à leur taux le
plus bas possible par la seule autorité de la concurrence : dans
cet état, le produit net est toujours aussi la plus grande richesse
possible pour le Souverain et pour les propriétaires fonciers,
en raison de leur territoire* (page 220) 168

Chapitre XXIX.

Seconde suite du Chapitre 27. Comment le produit net doit se par-

Chapitre XXXII.

Effets et contre-coups des Impôts établis sur les cultivateurs personnellement. Quand ils sont anticipés ils coutent à la nation quatre et cinq fois plus qu'ils ne rendent au Souverain. Progression de leurs désordres. Effets et contre-coups des Impôts établis sur les hommes entretenus par la culture. Ils occasionnent nécessairement, comme les premiers, une dégradation progressive des revenus du Souverain, de ceux de la nation, et par-conséquent de la population (page 269) 205

Chapitre XXXIII.

Les doubles emplois formés par les Impôts indirects retombent tous sur les propriétaires fonciers. Cette vérité démontrée par l'analyse des contre-coups d'un impôt sur les rentes et sur les loyers des maisons. Le Souverain paye lui-même une grande partie d'un tel impôt (page 287)............................ 218

Chapitre XXXIV.

Doubles emplois résultants des impôts sur les salaires de l'industrie, ou sur la vente des choses commerçables ; ils retombent

Chapitre XXXV.

Des rapport une nation et les autres nations. Il existe, sous une forme différente de celle des premiers temps, une société naturelle, générale et tacite parmi les nations ; devoirs et droits essentiels qui en résultent, et qui sont réciproques entre elles. L'ordre naturel qui régit cette société générale, est ce qui assure à chaque nation son meilleur état possible. Cet ordre, qui n'a rien d'arbitraire, doit être la base fondamentale de la politique. Il est de l'intérêt d'un Souverain et d'une nation de s'y conformer, quand même il ne seroit point adopté par les autres nations. Balance de l'Europe ; observations sur ce systême (page 317) 241

Chapitre XXXVI.

Chapitre XXXVII.

DÉFINITION du Commerce vu dans tous ses rapports essentiels.
De la maniere dont il peut enrichir une nation : fausses idées
des hommes à cet égard. Son utilité est dans les rapports
qu'il a avec les intérêts de la culture. Le commerce extérieur
n'est qu'un pis-aller et un mal nécessaire (page 345)..... 262

Chapitre XXXVIII.

De l'intérêt du commerce. Ce qu'on doit entendre par cette façon
de parler : il n'est point chez un peuple de commerçants le
même que chez une nation agricole. Véritable idée du Com-
merçant. Ce sont les consommateurs et non les Commerçants,

Chapitre XXXIX.

Chapitre XL.

[506] *Du meilleur état possible d'une nation; en quoi il consiste; besoin qu'il a de la plus grande liberté possible dans le commerce. Fausses idées sur l'argent et sur la véritable richesse d'une nation : sa véritable richesse n'est qu'une richesse en*

Chapitre XLI.

*Suite du Chapitre précédent. Erreurs contraires aux vérités qui y
sont démontrées. Balance du commerce. Fausseté des systèmes
établis à cet égard: leurs* [507] *contradictions, et les préjudices
qu'ils causent à une nation et à un Souverain. Fausses spéculations sur l'accroissement annuel de l'argent en Europe; comme
cet accroissement doit nécessairement se partager entre les
nations commerçantes. Nécessité de la libre circulation de l'argent. Comment sa masse peut grossir dans une nation, et en
indiquer la richesse (page 389)......................* 295

Chapitre XLII.

*Suite du Chapitre précédent. Fausse idée des produits de l'indus-
trie. Erreurs résultantes de l'illusion que font ces produits
apparents. Quand et comment l'industrie manufacturière peut
être utile au commerce des productions. Elle n'en augmente
jamais les valeurs au profit de la nation. Nécessité d'une grande
liberté à tous égards, pour rendre cette industrie utile à la
nation. Contradictions et inconvénients des systêmes opposés à
cette liberté* (page 405)...............................   307

Chapitre XLIII.

L'INDUSTRIE n'est aucunement productive : démonstration particulière de cette vérité (page 423)................... 320

Chapitre XLIV.

Fin de la Table des Chapitres et des Matieres.

Revue d'Histoire des doctrines économiques et sociales

1908 : Première année, 4 fasc., 456 pp., gr. in-8..... 18 fr.

Nº 1 : E. BAUER, professeur à l'université de Bâle : L'article « Hommes » de Quesnay ; M. SOMOGYI, professeur à l'Université de Budapest : Un réformateur social hongrois de la première moitié du XIXᵉ s. : Le Baron Dercsenyi. — Analyses : SCHATZ ET CAILLEMER, Le mercantilisme libéral à la fin du XVIIᵉ s. (A. Deschamps) ; A. GIRAULT. Principes de colonisation (A. Dubois) ; E. LEVASSEUR, Questions ouvrières sous la 3ᵉ république (E. Depitre) ; BÜCHLER, Thuenen und seine nationaloekonomischen Hauptlehren (H. Vouters) ; MUELLER, Die Klassenkampftheorie und das Nationalitaetsprincip der Konsumgenossenschaftsbewegung H. Vouters) ; SCHATZ, L'individualisme économique et social (A. Dubois). — Bibliographie.

Nº 2 : QUESNAY, Article « Impôts » édité par G. SCHELLE ; E. DEPITRE, Note sur les œuvres économiques de GOURNOT. — Analyses : NORTH, Discourses upon trade (A. Schatz) ; AULARD, Taine, historien de la Révolution française (E. Depitre) ; CHARBONNAUD, Les idées économiques de Voltaire (L. Brocard) ; SQUILLACE, la dottrine sociologiche (G. L. Duprat) ; BERNSTEIN, Geschichte der Berliner Arbeiterbewegung (E. Depitre) ; BÉCHAUX, Les écoles économiques du XXᵉ siècle (A. Deschamps) ; PRUDHOMMEAUX, Icarie et son fondateur Etienne Cabet (A. Dubois) ; FIGGIS, Studies in political thought (A. Testaud) ; TUNBERG ET HERLITZ, Svenska social litteratur, 1882-1907 (D. Warnotte). — Notices bibliographiques : C. KARMIN, E. DEPITRE. — Revue des Revues belges (D. Warnotte). — Bibliographie.

Nº 3 : A. DUBOIS, professeur à l'Université de Poitiers : L'évolution de la notion de droit naturel antérieurement aux physiocrates : J. LESCURE, La conception de la propriété chez Aristote. — Analyses : WYGODZINSKY, Wandlungen der deutschen Volkswirthschaft im 19. Jahrhundert (P. Boissonnade) ; BAUER, Essai sur les Révolutions (J. Lagorgette) ; MENSCH, Jean-Jacques Rousseau, der Philosoph des Naturrechts ; MAUNIER, Vie économique et vie religieuse : La division du travail (W. Oualid) ; CAIRD, Philosophie sociale et religion d'Auguste Comte (L. Brocard) ; DE MONTESQUIOU, Le système politique d'Auguste Comte (L. Brocard) ; BEER, British Colonial policy, 1754-1765 (A. Girault) ; SAINSBURY ET FOSTER, A Calendar of the Court Minutes etc, cf the East India Company (1635-1636) (A. G.) ; DREWS, Plotin nad der Untergang der antiken Weltanschauung (E. Brehier) ; FISCHER, Marx'sche Werttheorie ; UNTERMANN, Marxian economics ; BIERMANN, Weltanschauung des Marxismus (H. Vouters). — Revue des Périodiques belges (D. Warnotte). — Bibliographie.

Nº 4 : E. LEVASSEUR, Administrateur du Collège de France : Law et son système jugés par un contemporain ; RENÉ GONNARD, professeur à la Faculté de droit, Lyon : Les doctrines de la population au XVIIIᵉ siècle ; ISAAC DE BACALAN, Observations faites par M. de Bacalan, intendant du Commerce dans son voyage en Picardie, Artois, Haynaut et Flandre, l'an 1768. (Introduction et notes par A. Dubois). — Analyses : ANDRÉ LIESSE, Portraits de Financiers (Aug. Deschamps) ; CAMILLE TRAFENARD, L'Ager scripturarius (J. Lescure) ; ERNEST SEILLIÈRE, Le mal romantique. — Essai sur l'impérialisme irrationnel. — EUGEN KRETZER, Imperialismus und Romantik. Kritische Studie über E. Seillière « Philosophie des Imperialismus » (Joachim Merlant) ; FRANK H. HAWKINS, Adolphe Quetelet as Statistician (H. Vouters) ; Dᵉ KARL HOFFMEISTER, Die Soziale Lehre und Soziale Ethik der Altgermanischen Goettersage (H. V.) ; TALAMO SALVATORE, Il concetto della schiavitu da Aristotele ai dottori scolastici (G. L. Duprat) ; PAUL PIC, Traité élémentaire de législation industrielle. — Les lois ouvrières. — Annuaire de la législation du travail publié par l'office de Travail de Belgique. — Bibliographie. — Table des matières de 1908.

1909 : Deuxième année ; abonnement : France, 12 fr. ; Etranger, 14 fr.

Nº 1 : GERMAIN MARTIN, professeur à la Faculté de droit de Dijon : La monnaie et le crédit privé en France aux XVIᵉ et XVIIᵉ siècles ; les faits et les théories (1550-1864) ; ADOLPHE LANDRY, maître de conférences à l'Ecole des Hautes Etudes (Paris) : Les idées de Quesnay sur la population. — Analyses : JUSTIN GODART, Rapport fait au nom de la commission du travail chargée d'examiner le projet de loi relatif à la réglementation du travail (G. Testaud) ; FÉLIX PORTAL, La république marseillaise du XVIᵉ siècle (G. Testaud). — Thèses : PIERRE MORIDE, Le Produit net des Physiocrates et la Plus-value de Karl Marx (A. Deschamps) ; ROGER PICARD, Les idées sociales de Renouvier (A. Deschamps) ; MAURICE WALLON, Les Saint-Simoniens et les chemins de fer (A. Deschamps) ; GEORGES NARRAET, Milieux libres : Quelques essais contemporains de vie communiste en France (Marc Aucuy) ; LÉON CHAMPODUC DE SAINT-PULGENT, Les indemnités à l'occasion d'industries et de commerces monopolisés (Marc Aucuy). — Bibliographie.

Nº 2 : A. DE FOVILLE, De Malthus à Berthelot ; CHARLES GRÜNBERG, Anton Menger. Sa vie, son œuvre ; PIERRE MORIDE, Karl Marx et l'idée de justice. — Analyses et comptes rendus : G. SCHELLE, Turgot (A. Deschamps) ; A. LANDRY, Manuel d'Economique (EDGARD DEPITRE) ; GIUSEPPE PRATO, La vita economica in Piemonte a mezzo il secolo XVIII (JEAN LAGORGETTE) ; AVANTI, Een terugblik. Proeve eener Gentsche Arbeidersbeweging gedurende de XIXᵉ eeuw (DANIEL WARNOTTE) ; CLARK J. BATES, Essentials of Economic theory as applied to modern problems of Industry and Public Policy. — THORSTEIN VEBLEN, Professor Clark's Economics (H. Vouters) ; A. LORIA, La Sintesi economica (G. L. Duprat) ; VALERIO ADOLFO COTTINO, L'Usura (G. L. Duprat) ; L. COUDURIER, Une ville sous le Régime collectiviste (S. Strowski) ; A. FAURE, L'Individu et l'Esprit d'autorité (S. Strowski) ; L. L. PRICE, The Position and Prospects of the Study of Economic History (H. V.) ; EDOUARD DROZ, P. J. Proudhon 1809-1865 (EDGARD DEPITRE). — Revue des Périodiques belges (DANIEL WARNOTTE). — Notices bibliographiques. — Bibliographie.

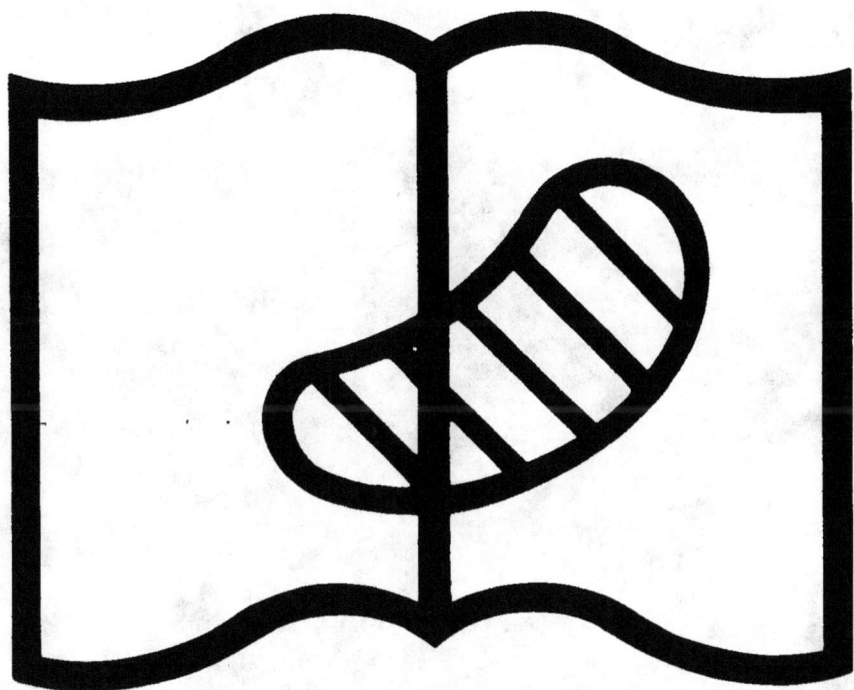

Original illisible

Paul ALLEMAND, 26, rue ...

REVUE D'...

DOCTRINES ÉCONOMIQUES ET SOCIALES

MACON, PROTAT FRÈRES, IMPRIMEURS

www.ingramcontent.com/pod-product-compliance
Lightning Source LLC
Chambersburg PA
CBHW060956280326
41935CB00009B/732